사회적경제법연구

공익법총서 4

사회적경제법연구

법무법인(유한) 태평양
재단법인 동천 공동편집

景仁文化社

발간사

우리나라는 세계가 주목하는 비약적 경제성장을 달성하였으며, 아울러 민주화를 성공적으로 이루어낸 국가로 평가 받고 있습니다. 그러나 다른 한편에서는 압축 성장으로 인하여 심화된 양극화 속에서, 외환위기와 금융위기를 겪으며 발생한 무한생존경쟁, 사회적 소외 등의 어려운 사회문제에 직면해 있기도 합니다.

오늘날, 자본주의와 시장경제질서만으로는 우리 사회가 건강한 공동체, 더 나은 사회로 발전하는 데에 한계가 있다는 반성에서, '삶의 질', '행복', '사회적 연대' 등에 대한 관심과 공감대가 커지고 있습니다. 나아가 소득 불평등과 양극화 해소라는 시대적 과제 앞에서, 사회적 경제는 우리가 안고 있는 사회문제 해결에 돌파구를 마련해 줄 수 있는 실효적 대안으로 주목 받고 있습니다.

이처럼 갈등해소를 위한 사회적 가치로 사회적 경제가 크게 주목 받고 있으나, 그 기대와 관심에 비해 그로 인한 사회적 임팩트에 대한 평가는 아직 제대로 이뤄지지 않고 있습니다. 더욱이 사회적 경제와 관련된 법률 전반의 체계나 방향에 대한 논의는 매우 부족한 실정입니다. 그런데 사회적 경제가 건강한 공동체를 만들고 양극화를 해소하는데 기여함으로써 한국경제의 새로운 대안으로 거듭나기 위해서는 먼저 법과 제도적 뒷받침이 필요하다고 생각합니다.

그래서 법무법인 태평양과 재단법인 동천은 '공익법총서' 시리즈의 일환으로 2015년부터 발간해 온, 제1편 '공익법인 연구', 제2편 '장애인법 연구', 제3편 '이주민법 연구'에 이어, 이번에 제4편으로 '사회적경제법연구'를 발간하게 되었습니다.

이번에 발간하는 '사회적경제법연구'에서는, 사회적 경제 및 그에 관한 법·제도 현황을 전반적으로 개괄하였을 뿐만 아니라, 사회적 기업을 위한 법인격, 협동조합, 사회적 금융, 사회책임조달, 사회주택, 시민자산화 등 분야별로 전문가들의 심도 있는 연구내용을 담았습니다.

특히 이번에는 집필과정에서 집필진들을 모시고 두 차례의 세미나를 개최하였습니다. 1차 세미나에서는 우리나라의 사회적 경제 법·제도의 전반적인 체계와 발전방향, 사회적 경제 기본법안, 사회적 기업 인증제도와 법인격 등을 중심으로 하여 활발한 토론이 이루어졌고, 2차 세미나에서는 사회적 경제를 구성하는 여러 분야 중 현안으로 화두가 되고 있는 협동조합과 공공조달, 사회주택을 쟁점으로 위 각 사업 분야의 현황과 이를 활성화하기 위한 제도 개선방향 등이 논의되었습니다. 두 차례의 세미나를 통하여 전달된 사회적 경제 관련 현장의 목소리가 책자에 충실히 반영되어 연구의 깊이가 더해졌을 것으로 생각합니다.

아무쪼록 이번에 발간하는 책자가 향후 사회적 경제와 관련된 제도나 입법 연구 등에 도움이 되었으면 합니다.

법무법인 태평양과 재단법인 동천은 그동안 해왔듯이 앞으로도 사회적 경제 주체들에 대한 법률지원, 입법연구, 법률교육 등 다양한 법률지원 등을 통하여 사회적 경제의 발전에 기여할 수 있도록 노력하겠습니다.

끝으로 소중한 논문을 집필해 주신 필자들과 애써 주신 편집위원들께 깊은 감사를 드립니다.

2018. 6.
재단법인 동천 이사장 차한성

차 례

한국 사회적경제의 의의와 역할

이은애*

Ⅰ. 대통령 개헌안, 경제민주화를 위한 사회적 경제 활성화를 주장하다

2018년 3월 22일, 대통령 개헌안 전문이 발표되면서 사회적경제에 대한 호기심과 질의가 이어졌다. 한국경제에서의 비중도가 적게는 1%, 포괄적으로 잡아도 5% 수준인 사회적경제를 통해 경제민주주의를 확장해 나가겠다는 구상에 의아함조차 감추지 않았다.

우리뿐 아니라 세계경제가 장기적 경기침체와 양극화로 몸살을 앓고 있고, 저출산·고령화로 인한 인구절벽 시대의 도래까지 전망되는 상황에서 나온 사회적경제에 대한 기대와 관심이어서 무거운 책무감으로 현재 상황을 맞고 있다.

사회적경제는 이윤 극대화를 최고의 가치로 두는 시장경제와 달리, 사람의 가치를 우위에 두고 시민들의 필요에 기반하여 시민들의 연대적인 공동생산과 소비, 재투자의 순환구조를 만드는 호혜성의 경제라고 정의된다.

이러한 과정에서 커뮤니티가 요구하는 재화의 혁신적 공급은 물

* 서울시 사회적경제지원센터장

론 노동시장에서 배제되기 쉬운 취약계층의 일자리의 양질 제고와
커뮤니티 내에 재분배성을 높여 양극화 해소에 기여하고 경제민주
화를 확장시킬 수 있으리라는 기대를 받게 된 것이다.

　　이러한 사회적경제의 사회적 역할로 인해 다양한 법제정 및 제도
발전도 이루어져 왔다. 1999년 김대중 정부 시절 국민기초생활보장
법 제정과 2000년 비영리민간단체지원법 제정에 이어 2006년 아시
아 최초로 사회적기업 육성법이 제정되고 2012년 협동조합 기본법
이 제정되었다. 2010년 지방선거를 계기로 지역발전전략으로서 사
회적경제가 본격 대두되면서 2014년 19대 국회에서 3개 정당이 사
회적경제 기본법과 사회적가치법 등을 발의하였고, 2016년 20대 국
회에서 2개 정당이 같은 법을 재발의 했다.

　　본고에서는 이러한 사회적경제의 출현 배경과 함께 사회적경제
의 개념 및 사회적 역할(의의)에 대해 간략히 정리해보려 한다.

Ⅱ. 사회적경제의 등장과 발전과정

1. 사회적경제의 세계사

가. 시장자본주의의 폐해에 대응한 시민들의 상호부조적 활동으로
　　등장

　　18세기 영국에서 시작된 산업혁명이 다른 국가들로 확대되면서
미숙련 노동력에 기반한 대량생산의 공장시스템이 시장자본주의의
골간을 이루게 되고, 결국 봉건적 농업과 소공인들의 도제시스템의
해체를 가져왔다. 산업화·도시화 과정에 편입될 수밖에 없는 노동자

들은 저임금과 장시간 노동은 물론 열악한 주거·위생환경과 높은 물가의 늪에 빠지게 되었다.

이러한 상황을 돌파하고자 하는 다양한 노력들이 전개되는 가운데, 1844년 영국의 인민헌장 제창자들과 노동자들은 생존권 확보 차원에서 생활필수품 공동구매조합인 로치데일선구자조합을 설립하게 되었다.[1] 이 소비조합은 이후 150년의 역사를 거쳐 소비자조합원 810만명, 연매출 13조원에 달하는 거대조직인 코퍼라티브 그룹(The Co-operative Group)로 성장하였다.[2] 그리고 이러한 소비생협의 운영원리가 1990년대 우리나라에 도입되어 국내 최대 규모의 사회적경제 조직으로 성장하게 된다.

한편, 자본주의의 발전 속도가 완만했던 프랑스에서는 저비용의 공장제 대량생산뿐 아니라 숙련된 노동자들의 고품질 생산방식이 보호받는 가운데 노동자협동조합들이 등장하였다. 소공인들의 길드조직은 보통선거와 노동자 주권을 받아들여 소규모 직종별 조직으로 전환되었고 이러한 흐름 속에 1901년 비영리 민간단체에 대한 법률제정이 이루어졌다.

한편 각종 생활상의 위험요인들에 대응하기 위한 공동체의 상호부조적 공제조합(mutuals)도 발전하게 된다. 식민지 개척시절 선원들이 사망·사고시 마을주민들이 '머니박스(money box)'에 모은 돈으로 유가족을 도왔던 공동체적 경험으로 노동자들의 실업과 질병에 공동 대응하는 공제조합 설립이 추진되었다. 이에 영국의 총 노동인구가 1천만 명 수준이던 1815년 공제조합 9,672개소, 조합원 92만 5천

---

1) George Jacob Holyoake (정광민 역), "Self-Help by the People: The History of the Rochdale Pioneers"("로치데일공정선구자협동조합-역사와 사람들"), 그물코 (2013).

2) Icoopkorea, "영국 코퍼라티브 그룹의 위기와 거버넌스 개혁", 국제협동조합의 날 기념 지속가능한 협동조합을 위한 (재)아이쿱협동조합연구소 제34회 포럼I, 아이쿱협동조합연구소

명의 수준으로 성장하게 되었다.3) 프랑스 공제조합도 1852년 법률로 인정받으면서 1만 3천 개소에 조합원 210만 명으로 성장하였다. 이러한 공제조합 모델은 유럽 전역으로 전파되어 20세기 초 이탈리아의 공제조합원이 100만 명에 이르게 되었다.4)

농업협동조합은 미국에서 등장하였다. 자본집약적 농업과 농산물 가공기술 발달, 철도를 통한 수송으로 1867년 이미 미국 낙농업인들의 치즈생산공장 400여 곳이 생산협동조합 형태로 운영되었고 가축 판매협동조합도 등장하였다. 이후 스위스와 덴마크와 같은 낙농업 밀집국가에서는 농업분야 구매협동조합도 출현하게 되었다. 1900년대 초 덴마크에는 이미 1천여 개의 낙농업협동조합이 설립되어 자국 내 우유 생산량의 80%를 공급하는 시장점유율을 보이기 시작하였다.5)

근대 민주주의의 발전으로 사회적경제의 또 다른 한 축을 이루는 비정부 민간단체 발전도 가속화 되었다. 민간단체의 등장은 먼저 영국에서 민간 모금으로 운영되던 자선단체 활동으로 나타났다.6) 한편, 19세기 중반이후 스칸디나비아 국가들의 민간단체는 지배계급에 저항적인 정당운동과 노동조합운동을 추진해 온 노동자와 농민들의 결사체 민주주의 조직으로서 성장하게 된다. 이들은 주택협동조합, 스카우트, 연금수급자 조직, 절제운동 조직, 성인교육 조직 등 수많은 문화단체들로 나타났다.7)

---

3) Johnston Birchall, 사람중심 비즈니스, 협동조합: 진화하는 조합원소유 비즈니스, 한울아카데미 (2012).
4) 신명호, "사회적경제, 복지국가로 가는 길인가?", 열린지식협동조합 '좋은나라' 제4차 월례지식포럼 "사회적경제, 복지국가의 대안인가?", 지식협동조합 좋은나라 (2013. 10. 21. 발표), 2.
5) 임영선, 협동조합의 이론과 현실: 농업협동조합을 중심으로, 한국협동조합연구소 (2014).
6) 장-루이 라빌 외, 세계화 시대의 새로운 복지: 사회적경제와 제3섹터, 자활정보센터 (2008).

중공업 발달이 늦었던 농업국가 독일에서는 1860년대 들어 소농들의 고리채 문제를 해결하기 위한 라이파이젠 신용협동조합과 금융조직이 외면하는 소상공인을 위한 대부조합 등이 등장하여 협동조합 금융의 성공모델로서 전세계로 전파되나, 독일에서는 종교기반 민간단체들의 활동이 두드러지게 나타났다.8)

유럽에서 시작된 협동조합·공제조합·민간단체의 조직운동과 사상은 유럽의 식민지(인도, 아프리카, 남미)와 유럽 이민자들이 건립한 국가(북미, 호주 등)들로 확산되었다.

이와 같이 사회적경제는 국가별로나 시기별로 우선시되는 사회적 역할과 조직 유형 상에 차이는 보이나 대체로 18세기 초부터 20세기 전반에 이르기까지 전세계적으로 확산되고 성장하는 과정을 보였다.

나. 복지국가의 등장과 사회적경제의 축소, 그리고 재등장

독일과 이탈리아의 파시즘 체제에서의 협동조합에 대한 탄압을 제외하면, 대체로 협동조합들은 정부와 우호적인 환경 속에서 발전하였다. 안타까운 것은 대부분의 협동조합들이 일반기업들과 경쟁하며 생존전략을 키우는 가운데 폭넓은 사회적 가치 지향은 축소되었고 마침내 시장자본주의 기업들과 동형화되며 시장경제에 편입되는 모습을 보였다는 점이다.9)

또한 공제조합의 사업은 2차 세계대전 이후 유럽의 복지국가가 건설되는 과정에서 공공주도의 사회보험-의료·고용·산재 보험-체계

---

7) V.A. Pestoff, democratic architecture for the welfare state, Routledge (2008), 21.
8) 스테파노 자마니 베라 자마니 (송성호, 김현대 역), 협동조합으로 기업하라, 북돋움 (2012).
9) 타나카 나츠코 (이성조 역), 이탈리아 사회적 경제의 지역 전개, 아르케 (2014).

로 대부분 흡수되었다.

민간단체들 역시 국가주도의 사회복지서비스 공급과정에 보완재 혹은 하위파트너로서 편재되며 그 위상이 낮아졌다. 1940년대 중반 영국에서는 자선단체 및 상호주의 조직을 국가의 복지체제로 포함시키는 입법 활동이 일어났고, 독일의 공제조합은 국가로부터 복지서비스의 독점적 공급권과 보조금을 제공받는 존재로 변화하였다. 파시즘을 반성하며 개헌을 이룬 이탈리아의 1948년 공화국 헌법에 협동조합과 비영리 민간단체의 역할이 명시되나, 실제 사회서비스는 정당의 통제를 받는 공공기관에 의해 공급되었고 헌법의 의도와는 무관하게 사회적경제조직들은 더욱 위축되었다.[10]

이러한 시기를 거쳐 사회적경제 개념이 역사적으로 재부상하게 된 것은 1970년대 말 복지국가 위기 이후이다.

1970년대 말 오일쇼크 이후 유럽 국가들에서는 '국가주도의 높은 세금부과, 높은 복지제공'이 어려워졌고, 1980년대 들어 전 세계적으로 신자유주의 경제체제가 자리 잡기 시작하였다. 이에 실업과 불안정 고용문제는 물론 불평등과 사회적 배제문제가 심각해지기 시작하였다.

또한 저성장과 함께 저출산·고령화로 국가재정의 위기가 가중되면서 공공주도의 복지체계가 급격히 위축되거나, 다양화하는 시민수요에 능동적으로 대응하지 못하는 관료화의 문제를 보이게 되었다.

이러한 시장과 국가의 실패과정에서 새로운 고용과 사회적 편익 증대를 위한 새로운 경제운동을 제안하는 시민사회의 움직임이 프랑스에서 시작되었다.

프랑스의 사회적경제조직들은 사회문제에 대한 공동대응과 대정

---

10) 신명호, "사회적경제, 복지국가로 가는 길인가?", 열린지식협동조합 '좋은나라' 제4차 월례지식포럼 "사회적경제, 복지국가의 대안인가?", 지식협동조합 좋은나라 (2013. 10. 21. 발표), 5.

부 교섭기구로서 '상호공제조합, 협동조합, 민간단체 전국연락위원회(CNLAMCA)'를 결성하였고, 1977년 앙리 데로쉬(Henri Desroche)의 제안으로 스스로를 '사회적경제'로 표현하기 시작하였다.[11) 이후 이 개념은 유럽연합을 통해 다른 나라들로 확산되기 시작했다.

프랑스의 영향으로 1989년 유럽연합(EU)의 집행기구인 유럽위원회는 경제정책 부서에 사회적경제국(Social Economy Unit)을 신설하였고, 1990년부터는 유럽의회 회원국 간의 사회적경제에 관한 비공식 포럼인 '사회적경제인터그룹(European Parliament Social Economy Intergroup)'이 가동되었다.[12)

2009년 유럽의회가 90%의 찬성으로 채택한 사회적경제 결의안을 보면, "이윤 동기가 아니라 사회적 편익에 의해 추동되는 '다른 방식의 기업가 정신'에 입각한 경제"(제8조), "기업의 사회적 책임과 적극적인 사회적 통합을 촉진하며"(제18조), "노동시장 불균형의 3대 요소인 실업과 고용 불안 및 사회적 배제를 바로잡기 위해 상조회와 민간단체, 재단을 포함하는 제3섹터 전반에 대해 법 제도와 통계 장치를 적절히 갖출 것을 촉구"(제20조)하는 등 사회적경제의 필요를 강조하였다.[13)

이러한 흐름의 결과물이자 촉진기제로서 새로운 사회적경제 주체인 사회적기업과 소셜벤처 등을 개념화하거나 사회적경제에 대한 사회적 위상부여와 지원제도를 규정하는 입법들도 이어졌다. 이탈리아의 사회적협동조합법(1991년), 프랑스의 공익적 협동조합법(2001년), 영국의 지역공동체 이익 회사법 (2004년), 한국의 사회적기업 육성법(2007년), 캐나다 퀘백의 사회적경제 기본법(2013년), 프랑

---

11) 엄형식, "경제위기 속에서 사회적경제의 역할과 전망: 유럽의 최근 동향을 중심으로", 모심과 살림 포럼_9차, http://www.mosim.or.kr/bbs/sub3_3/45538 (2009. 8. 26 발표).

12) C. Borzaga, J. Defourny. (박상하 외 역), 사회적기업 1, 시그마 프레스 (2009).

13) 정태인 이수연, 협동의 경제학, 레디앙 (2013).

스의 사회연대경제법(2014년) 등 전 세계적인 흐름이 이어지고 있다.

2. 국내 사회적경제 발전과정[14]

우리나라의 사회적경제 역사는 시민사회 진영의 자발적 운동기와 외환위기 이후의 정부주도적 고용복지정책의 파트너십 시기로 나누어진다.

먼저 자발적 운동기는 일제 강점기 농촌 기반으로 시작되나 이후 도시화·산업화 과정에서 대부분 단절된다. 이후 1980년대 말, 도시빈민과 노동자를 대상으로 하는 생산자협동조합운동과 풀뿌리 생활운동 민간단체들의 지역 탁아·방과후교육·인권보호활동 등이 한국 사회적경제 조직의 원형으로 재등장한다. 이들의 활동은 1998년 국민기초생활보장법 제정운동과 2003년 사회적일자리 창출사업 과정을 거치면서, 시민사회섹터를 통한 도시 빈곤층의 고용복지 제고 가능성을 인정받아 자활공동체기업과 사회적기업 육성의 법제화로 이어진다.

1990년대 들어서는 한국경제의 고도성장 속에 중산층이 확대되면서 이들의 안전한 먹거리와 의료서비스 수요를 반영한 소비자생활협동조합의 성장도 이어진다.

그러나 2012년 지방자치단체 수준에서의 포괄적 사회적경제네트워크들이 설립되기 이전까지 취약층 고용과 보편복지적 사회서비스 확충을 주목적으로 하는 지역공익형(public) 사회적경제 조직들-자활기업, 사회적기업, 커뮤니티비지니스 등-과 조합원 내부의 공동이익 실현(collective)을 주목적으로 하는 사회적경제 조직들-생활협동조합

---

14) 이은애, "사회적경제와 복지: 한국 사회적경제 생태계와 전망", 복지동향 제232호 (2018. 2), 참여연대 복지동향 출판부

등-간의 교류나 연대는 매우 미미한 채 상호 분절적인 발전을 이어 오게 된다.

이에 한국의 사회적경제가 계층을 뛰어넘는 시민들의 호혜적 연대와 시민적 사회자본 활용-시민들의 공동참여를 통한 출자와 소비, 공유자산 형성과 커뮤니티 관계자본 확충-으로 이어지지 못하였고, 결국 정부의 사회적경제 제도기반이 더 강했던 지역공익형(public) 사회적경제 조직 평가를 중심으로 "사회적경제의 공익성이 높을수록 공공재원에 대한 의존도가 심각하다"는 평판을 낳게 된다.

한편 2007년 세계경제 위기가 확산되면서 수도권의 파멸적 비대화 문제를 제기해 온 지방 소도시-완주, 홍성, 원주 등-에서 커뮤니티비지니스 시범사업 등 지방주도의 실험이 시작되었다.

이러한 20여년에 걸친 사회적경제 조직들의 분절의 역사와 중앙정부 부처 간의 경쟁적인 정책주도의 역사를 뒤흔드는 변화가 2011년 지방자치단체들에서 일어나게 된다. 서울뿐 아니라 충남·강원·제주·경기·대구 등의 광역 지자체는 물론, 성북·광진·광주 광산구·완주·안산·아산·전주·서귀포 등의 기초 지자체들 역시 부문별 제도를 뛰어넘는 통합적인 연대촉진과 정책혁신을 제기하며 지역기반의 사회적경제 성장 생태계를 조성하기 시작하는 것이었다.

이는 대부분의 경제사회 정책을 중앙정부가 탑다운 방식으로 주도해온 한국의 역사에서 매우 의미 있는 변화이다.

〈표 1〉 한국 사회적경제 발전사 개괄

구분	일제 강점기	1960's~1980's	1990's	2000's	2010's
경제 환경	-	고도성장기 / 수출주도성장 주류화		저성장기 도래/부채주 도성장	양극화·내수 침체 심화/소 득주도 성장 론 대두
자발적 운동기	지식인, 농촌 기반 coop	- 농촌신용 coop	- 소비생활 coop	- 비수도권 지 역순환경제	- 제도별 분절 을 융합하는

구분	일제 강점기	1960's~1980's	1990's	2000's	2010's
주체	생성, 정치적 탄압	- 도시빈민 생산coop 시도	- 정치민주화 운동에서 풀 뿌리 생활복 지운동 확산 (지역탁아, 실업, 여성 운동 등)	강화전략 대두	선도적 지자 체의 자치분 권적 사회적 경제정책실 험 대두
제도화 역사	-	-	외환위기, 국 민기초생활보 장법 도입 연 계해 수급자/ 도시빈민 자활 공동체기업 제도화 (복지부)	사회적일자 리로 청년/여 성/고령자 참 여확대 → 사 회적기업법 육성법 도입 (고용노동부)	- 세계 경제위 기로 마을기 업, 협동조합 기본법 도입 (행정자치 부, 기획재 정부) - 사회적경제 법·사회적 가치법 추진

사회적경제의 역사에서 지난 6년은 '중앙 실패 & 지자체 민관의 협치 성공 & 정당 약진을 보이며 정책 간 통합 높인 시기'로 향후 분명 한국의 사회적경제사에 기록될 것이다.

이에 새 정부에게는 지난 6년간 변화를 주도해온 지방자치단체 들의 정책혁신 과정을 학습하는 공식적 구조를 만들고, 사회적경제 정책 역사 최초로 상향식 정책수립을 이끌 사명이 있다.

그러나 안타깝게도 2017년 10월 발표된 새정부 사회적경제 활성 화정책은 '거버넌스에 기초한 생태계 조성과 시민사회 역량강화'라 는 정책기조와 달리, 구체적이고 혁신적인 정책변화를 담고 있지 못 하다는 평가를 받았다.

특히 사회적경제조직 간의 자조적 연대촉진과 지역화를 위한 관 점과 지역협의 절차가 매우 부족하여, 자치분권을 강조하는 문재인 대통령의 의지조차 반영하지 못했다는 평가를 받고 있다.

또한 사회적경제 기본법 제정으로 정부 부처 간의 칸막이행정을 해소하겠다고 하나 관료제 하에 문화로 내면화되고 부처별, 관료별로 단기성과를 평가받는 구조에서 단일 입법만으로 융합행정을 이끌기는 쉽지 않으리라 전망된다.

사회적경제 기본법이 제정된 국가들에서 기본법 제정의 동력은 사회적경제 민간 부문이 중심이 되어 내부 장벽을 허물고 포괄적 연대로 나아가고자 하는 각성과 노력에 기인하였다. 반면 아직도 정부주도성이 큰 우리 사회에 '민관협치 전에 민민자치'의 원칙을 정립하려는 노력이 요구된다.

III. 사회적경제의 개념

1. 사회적경제의 개념 출현과 최근 이슈

'사회적경제(Economie Sociale)'라는 용어는 1830년 프랑스의 자유주의 경제학자 샤를 뒤느와이에(Charles Dunoyer)가 발표한 논문에 등장하나 현재 우리가 이해하는 개념과는 무관하다는 분석이다. 이보다는 프랑스 협동조합운동의 리더였던 샤를 지드(Charles Gide)가 1905년 발간한 보고서를 통해, '비인간적인 자본주의 시장경제에 대한 대안이자 사적 이윤을 공유할 수 있는 방안으로서 사회적경제의 세 범주인 협동조합 및 공제조합 등과 같은 결사체, 고용주의 사회적 공헌, 그리고 사회적 입법과 같은 공공규제를 제기'한 것이 현재 통용되는 개념의 원형이라 본다.15)

---

15) 엄형식, "경제위기 속에서 사회적경제의 역할과 전망: 유럽의 최근 동향을 중심으로", 모심과 살림 포럼_9차, http://www.mosim.or.kr/bbs/sub3_3/45538

그러나 이러한 개념의 등장 역시 이론적 흐름일 뿐, 1970년대 프랑스에서 '상호공제조합, 협동조합, 민간단체 전국연락위원회(CNLAMCA)'가 결성되면서 시대적 사명 앞에 각 조직 유형을 뛰어넘는 포괄적 연대와 사회적 위상 확보를 제안하기 이전까지 전통적 사회적경제 조직들은 조직 유형별로 각개 약진할 뿐 적극적 상호교류나 동일한 정체성의 공유를 통한 공동의 전략을 구사하지 못했다.16)

1860년대 시작된 프랑스의 사회적경제가 2014년 7월에야 '사회연대경제법'을 제정하게 된 것도 100년이 넘는 분절적 역사의 결과라 해도 과언이 아니다. 비록 1977년 '상호공제조합, 협동조합, 민간단체 전국연락위원회(CNLAMCA)'가 설립되었으나, 이미 거대해지고 이질화된 사회적경제 부문 내부에 동질성을 회복하는 과정이 필요했다. 이에 프랑스 사회적경제조직 간의 30년 이상의 화합 노력을 거쳐 결국 2014년 법제정에 이르게 된 것이다.17)

그리고 법 제정 시 사회적경제에 전통적인 조직 유형 4가지-협동조합, 상호공제조합, 시민단체 및 협회, 재단-외에 다섯 번째 유형으로 사회연대경제의 규칙을 준수하는 사회적기업을 포함하기 시작했다.

그런데 이러한 프랑스의 사회적경제 입법화 과정이 우리 사회에 주는 시사점이 매우 크다. 즉, 프랑스는 1970년대부터 사회적경제계 내부의 자발적 연대와 통일된 가치 정립의 노력들이 토대가 되어 상향식으로 입법이 이루어졌다. 반면 한국은 이러한 자발적 토대 없이, 2014년 정당 간의 정책경쟁처럼 사회적경제 기본법 입법 논의가

(2009. 8. 26 발표.).

16) 엄형식, "경제위기 속에서 사회적경제의 역할과 전망: 유럽의 최근 동향을 중심으로", 모심과 살림 포럼_9차, http://www.mosim.or.kr/bbs/sub3_3/45.

17) 티에리 장떼 사회연대경제기업가국제포럼(FIESS) 회장, 사회적경제 혁신가 초청 국제포럼 :프랑스 사회연대경제법에 담긴 혁신 코드, http://sehub.blog.me/221197733298, 서울시사회적경제지원센터, 세모편지 (2018. 1. 17).

시작되었고, 이에 사회적경제의 개념과 범주, 입법의 최소조건 등에
대한 현장조직 내부의 충분한 합의가 진행되지 못하고 있다.

한국은 사회적경제의 역사가 30년 정도로 매우 짧고 사회적경제
조직유형 간의 상호이해나 연대 경험도 일천하며, 오히려 7개 이상
의 정부 부처로 나뉘어 있는 유사 제도 간의 칸막이행정 속에서 제
도별 조직유형-자활기업, 사회적기업, 협동조합, 마을기업-으로 편협
하게 스스로를 개념화하거나 조직유형별 연대체 활동을 추진해 왔다.

아마도 2011년 충남과 서울에서 시작된 지방자치단체 수준에서
의 사회적경제네트워크 촉진 과정조차 없었더라면, 과연 자발적이
고 포괄적인 연대와 공동의 정체성 모색이 가능했을지 의문이다.

결국 이러한 국내 사회적경제 진영들의 내부정책 생산과 연대의
부족, 19대 국회로부터 시작된 사회적경제 관련 각종 입법-사회적경
제 기본법, 사회적 가치법, 사회적기업 우선구매촉진법, 마을공동체
기업법 등-의 정치그룹 주도가 지속되는 가운데 새정부의 사회적경
제 정책 협의와 사회가치금융 추진 과정 등에서도 민관 간의 정보
불균형 문제나 당사자들의 객체화 상황이 종종 나타나고 있다.

사회적경제의 규모와 형태는 복지국가 형태에 따라 상이하며 공
공경제와의 관계도 달라진다.

중남부 유럽과 캐나다, 오세아니아 국가들에서는 사회적경제의
강한 전통으로 인해 사회적경제가 정부의 강력한 파트너로서 사회
서비스 제공에 참여하며, 시민들의 높은 소득수준과 시민의식을 기
반으로 사회책임 투자 및 윤리적 소비운동도 활발하다. 한편 과감한
복지개혁을 이룬 북유럽 사민주의 국가들에서 사회적경제의 사회서
비스 전달체계 기능은 상대적으로 적은 편이다.

서구 복지국가 모델과는 다른 유교적 복지국가 모델로도 분류되
는 한국에서는 외환위기 직전까지 경제발전을 최우선 가치화하며
사회복지를 가족에게 전가시켰다. 이에 잔여적 사회복지가 주를 이

루고, 사회적경제의 발달이 지체되는 역사를 갖는다.[18] 이 시기 한국의 교육·의료·사회서비스의 전달체계는 공적 보조금을 받는 시장경제 조직들로 형성된다. 이러한 공급주체를 CPP(Citizen Public Partnership) 모델의 사회적경제 방식으로 변화시킨다면 공익성과 수요자의 참여도를 동시에 높일 수 있을 것이다.

2. 사회적경제의 개념

사회적경제는 시대와 국가에 따라 다양한 정의와 필요가 존재한다. 한 사회에서 사회적경제의 개념은 구성원 간의 숙의와 합의 절차를 거쳐 구성되며 실천양상의 변화나 새로운 사회주체의 출현 시 변화하는 역사적 진화 관점을 요구받는다.

보통 사회적경제의 개념은 공공경제 및 시장경제와 공존하면서, 자본보다는 사람 중심의 가치를 기반으로, 다자간의 호혜적 연대를 통해 시대적으로 요구받는 사회적 가치를 우선 고려하는 경제로 정의되곤 한다. OECD(1999)에서는 "사회적경제란 국가와 시장 사이에 존재하는 모든 조직으로서 사회적 요소와 경제적 요소를 동시에 가진 비영리섹터와 시민사회조직을 포함한다."고 정의하고 있다. 칼 폴라니는 사회적경제를 "상호배려 정신에 입각한 호혜성의 원리, 나눔을 원칙으로 재분배의 원리가 작동하는 경제"라고 말하였다. 또한 폴라니는 사회적경제에서 가장 중요한 요소로 세 가지를 강조하였는데 첫째, 구성원 또는 공공의 이익을 위하는 사회적 목적을 지니고 있고 둘째, 자본에 의해 이윤이 배분되는 것을 제한하고 사람을 중심에 두는 의사결정을 선호하며 셋째, 자본과 권력의 힘으로부터

---

18) 김영범, "한국복지국가의 제도적 특징과 유형화 문제", 고려대학교 사회학 콜로키움 발표문 (2002. 5. 13. 발표).

자유롭고 민간이 주도하면서 자율성을 지녀야 한다는 것이다.[19]

사회적경제 개념을 정의하는 하나의 방법으로 사회적경제가 포괄하는 다양한 조직들의 공통점을 강조하는 방법도 있다. 유럽연합이 정의하고 국내에서 관련 법률 제정 시 고려했던 사회적경제의 고유한 특성은 다음과 같다.

> 조직 설립의 일차적인 목적이 조직 구성원 혹은 더 넓은 지역사회의 필요에 대응하는 것
>
> 공공기관으로부터 의사결정의 통제를 받지 않는 경영의 자율성 확보
>
> 구성원에 의한 민주적 통제 (1주 1표제 배제)
>
> 경제적 지속가능성을 추구하나, 잉여 분배에 있어 사람과 사회적 목적이 자본에 우선함 (자본배당 제한, 사업 재투자 적립, 사회목적 위한 잉여의 긴급사용 등)
>
> 폐업 또는 매각 시, 잔여재산은 유사 목적을 공유하는 조직에 귀속됨

첫 번째 특성으로 조직 설립의 목적을 '공익적 기여'에 두고 있다는 것은 사회적경제조직의 경제 활동이 투자된 자본에 대한 재정적 보상을 위한 도구가 아니라는 점을 의미한다. 즉, 경제 활동을 통해 발생한 이익은 구성원 또는 더 지역사회에 필요한 재화의 지속적 공급을 위한 재투자 수단이지 활동의 주요 동기가 아님을 말한다. 이에 사회적경제 조직의 수익이 발생할 경우, 개인의 자산화보다는 투자 자본에 대한 배당 제한, 노동과 이용고에 따른 배당 도입, 공익 목적사업을 위한 비분할 적립 및 재투자 등 다양한 실천 방안들이 사용된다.

두 번째 특성인 '경영의 자율성 확보'는 사회적경제를 공공 부문

---

19) 엄형식, 한국의 사회적경제와 사회적 기업: 유럽 경험과의 비교와 시사점, 실업극복국민재단 (2008).

과 구분하는 주요 요소로, 시민들이 주도하는 결사체 조직의 역동성을 근거로 하는 넓은 의미의 자율성을 의미한다.

세 번째, '구성원에 의한 민주적 통제'란 영리기업의 일반 원리인 '1주 1표'가 아닌 '1인 1표'의 원리 혹은 지배구조에 다양한 이해관계자의 민주적 참여와 자본보다 사람 우위 경영선의 특성과 연결된다.

다섯 번째 '잔여재산 처분'에 관한 특성은 '공익적 기여'를 조직의 설립 목적으로 하는 첫 번째 특성과 연결된다.

사회적경제 조직들은 경제적 목적과 사회적 목적을 동시에 수행하기 때문에 혼합조직(hybrid organization)이라고 불린다. 이러한 사회적경제조직들로는 다양한 형식의 협동조합, 사회적기업, 커뮤니티 비즈니스 조직, 소셜벤처, 수익사업을 하는 비영리조직이나 시민단체, 이들의 연합회 및 전문 지원조직 등이 포함된다.

3. 사회적경제의 유형 및 현황

정태인(2013)[20]은 사회적경제의 유형에 대하여 니낙스(Ninacs & Toye, 2002)의 사회적경제 구성요소를 인용하여 <그림 1>과 같이 설명하였다.

영미권에서는 사회적경제 보다는 <그림 1>의 우측의 비영리 조직 중심의 제3섹터 개념이 우세하다. 자유주의형 복지국가 모델에서 민간자원과 자원봉사정신에 입각한 재단·자선단체 등의 자발적 기여가 컸기 때문일 것이다.

반면 흰 바탕의 좌측 조직들이 유럽의 사회적경제의 대표조직들이다. 프랑스어권 유럽, 캐나다는 물론 국가복지가 약했던 이탈리

---

20) 정태인·이수연, "서울시 사회적경제 발전 5개년 계획", 서울시 사회적경제 지원센터 (2013).

아·스페인 등에서 사회적경제조직들의 사회서비스 제공 역할이 상
대적으로 더욱 강조되었다.

그러나 현재적 의미에서 사회적경제는 경제적 가치와 사회적 가
치를 동시에 수행하는 모든 조직을 포괄하므로, 흰색 바탕 부분의
전체조직을 아우르는 것이 타당하다는 국제적 합의도 높아졌다.

또한 1980년대 이후 새로운 고용과 사회서비스 제공 분야에서 생
겨난 조직들-이탈리아, 스페인의 '사회적협동조합', 포르투갈의 '사
회연대 협동조합', 캐나다의 '연대 협동조합', 스웨덴의 '보육 협동
조합', 덴마크의 '프로젝트 개발', 영국과 미국의 '공동체 이익회사'
'사회적기업' 등-을 "새로운 사회적경제(New Social Economy)"라고
구분하기도 하는데, 전통적 사회적경제에 비해 다양한 이해관계자
들이 의사결정에 참여한다는 특징을 보인다.

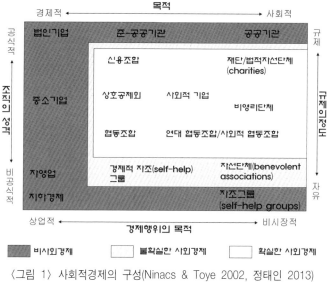

〈그림 1〉 사회적경제의 구성(Ninacs & Toye 2002, 정태인 2013)

우리나라의 현행 법제도 상에 사회적경제를 구성하는 대표적 조

직으로는 사회적기업·협동조합·자활기업·마을기업·소셜벤쳐·중간지
원조직 및 연합회 등을 꼽을 수 있다.

기업 유형의 차이는 핵심미션과 참여자 특성, 지역 범주, 법인격
특성 등에 의해 나뉘나, 더욱 결정적인 요인은 중앙정부의 인허가에
따른 제도상의 유형화에 있다. 이에 최근 들어서는 조직형식은 협동
조합이면서 마을기업으로 창업하여 사업 성장기에 이르면 인증 사
회적기업 형식도 갖추는 식의 중복 정체성의 기업이 증가하고 있다.

사회적경제가 전체 경제에서 차지하는 비중을 일자리 중심으로
분석하면, 2003년 유럽연합의 6.8%를 차지한다.[21]

〈표 2〉 취업자 수로 본 EU의 사회적경제 비중(2003년 기준)

국가	협동조합	공제조합	결사체	합계	전체취업자	현 비중(%)
전체	3,663,534	351,291	128,058	11,142,883	164,604,599	6.8
프랑스	439,720	110,100	1,435,330	1,985,150	21,865,200	9.1
이탈리아	837,024	-	499,389	1,336,413	16,125,000	8.3
스페인	488,606	3,548	380,060	872,214	14,127,400	6.2
영국	190,458	47,818	1,473,000	1,711,276	28,046,000	6.1

국내에서 제3섹터의 일자리 비중은 2006년 기준하여 113만 명
(7.3%)으로 추정된다.[22] 이는 2006년 대분류 산업 취업자들과 비교
하면 제조업, 도소매업, 숙박음식업, 사업서비스업, 교육서비스업을
제외한 그 외 모든 산업보다 많은 수다. 특히 제3부문은 우리 경제
의 고용 창출이 부진해지던 1990년대 후반 이후 빠르게 증가해 왔
다. 한국은행 자료에 따르면 가계봉사(돌봄) 비영리단체의 국내총생
산 대비 비중이 2000년 4.2%에서 2010년 5.7%로 증가했다.[23]

---

21) 이철선, "협동조합 기본법 관련 현황조사 연구", 기획재정부 (2012), 150.
22) 김혜원, 사회적기업 육성정책의 현황과 발전 방안, 고용노동부 (2009), 92.
23) 장종익, 사회적경제 혁신가 초청 국제포럼: 프랑스 사회연대경제법에 담긴

〈표 3〉 국내 사회적경제 현황

조직유형	사회적기업	협동조합	마을기업	자활기업	합계
조직 수(개)	1,906	12,975	1,446	1,269	17,596

* 사회적기업(2018.3 기준), 협동조합(2018.3 기준), 자활기업(2017년 말 기준), 마을기업(2016년 말 기준)

좁은 의미의 사회적경제조직은 2000년대 이후 우리 사회에서 급성장했다.

인증 및 예비 사회적기업은 2017년 7월 현재 3천여개소로 3만 8천 명을 고용하고 있으며 이중 60%가 취약계층에 해당한다. 사회적 목적별 유형은 일자리제공형 68.4%, 혼합형 9.4%, 사회서비스제공형 6.2%, 지역사회공헌형 5% 등으로 취약계층 노동통합 비중이 여전히 높은 편이다.

협동조합은 2013년 협동조합 기본법 시행 이후 급격히 증가하여 2016년 말 기준 10.615개소가 신고 및 인가된 상태며 총 조합원 31만 3천명, 취업자 수는 2만 7천명이나 무급 조합원 활동을 포함할 경우 총 종사자 수는 6만 9천명에 달한다. 사회적협동조합은 7%에 그치며, 일반협동조합 비중이 92% 이상이고 이중 사업자조합 비중이 계속 70% 이상을 차지하여 국내 소상공인들의 위기 대응 구조로써 사회적 수요가 매우 높음을 알 수 있다. 이에 주력업종 분포가 도소매업(23.6%) 및 교육서비스업(13.7%) 비중이 높고 농림어업(10.3%), 제조업(8.7%), 예술·스포츠업(8.6%)으로 나타났다(기획재정부, 2018). 폐업 및 사업 중단 협동조합이 4,447개소에 달해 이들에 대한 예방 및 대응 방안 논의가 이어질 전망이다.

자활기업은 2017년 기준 **1,269개**로 집계된다. 업종별로는 청소(24%), 집수리(17%), 간병·돌봄(14.7%) 등 5대 전략업종 비중이 높은

혁신코드, http://sehub.blog.me/221197733298, 서울시사회적경제지원센터, 세모편지 (2018. 1. 17).

것을 알 수 있다.

마을기업은 2016년 기준 1,446개소이며, 일반식품·전통식품 등 지역농산물 가공·판매 유형이 전체의 **55%**(일반식품 41.4%, 전통식품 14%)를 차지하는 등 비수도권 농·산어촌 지역에서 사업성과가 높게 나타나고 있다. 마을이 경제공동체로 기능하지 않는 대도시에서 마을기업의 지속가능성 확보 가능성이 쟁점이 되고 있다.

Ⅳ. 사회적경제의 사회적 역할 및 의의

사회적경제는 지역경제 재생 및 양극화 해소 등 다양한 수준에서 역할을 기대 받고 있다.

반면, 그간 우리 사회에서 사회적경제에 대한 일반적 인식은 주로 취약계층의 고용 창출과 저렴한 사회서비스 확대로 좁혀지거나 잔여적 관점에서 역할을 이해하는 경향도 팽배하였다. 다행히 지난 6년간 지방자치단체에서의 사회적경제의 위상제고와 다양한 사회적 가치를 둘러 싼 논의가 풍부해졌다.

고유의 특성을 발휘하며 사회적 역할을 수행해야 할 사회적경제의 존재 의의를 정리하면 다음과 같다.

1. 99%의 시민을 위한 시민의 경제로서 경제 민주화에 기여

2007년 세계경제 위기를 맞으며 신자유주의와 탐욕적 금융자본에 맞서 사회통합과 재분배 효과가 높은 '99% 시민을 위한 경제, 사회적경제'에 대한 관심이 증가하였다.

지난 20세기까지 세계 경제는 부의 창출을 최우선 과제로 삼았다. 이익의 배분기능은 복지제도나 노동자 정당, 유럽식 사회적합의제에 역할을 맡겨 두었다.

2008년 미국발 세계 금융위기에 국가들마다 기업에 공적자금을 지원했다. 90% 이상의 지원 자금이 금융위기를 유발한 금융권 기업들에게 지원되었다. 일반 시민들은 정리해고를 당하고 복지마저 축소되면서 그 부담을 고스란히 떠안게 되었다. 상위 1%가 부를 독식할 뿐 아니라 문제가 발생했을 때 그 해결비용을 99%에게 전가할 정도의 정치력까지 갖고 있는 현실이다.

경제의 규칙을 변화시키지 않는다면 이런 상황이 계속될 것임을 자각한 청년세대들은 2011년 서브프라임 경제위기에 맞서 "월스트리트를 점령하라"는 구호를 외쳤다. 99%대 1%로 대변되는 불평등한 질서에 항의하기 시작한 것이다. 왜냐하면 99대 1의 사회에서 99% 시민의 삶의 질은 1%가 정하는 규칙에 따라 주어지는 노동소득에 의해 결정되기 때문이다. 이는 불공평할 뿐 아니라 삶의 주체성이 훼손되는 불안하고 불공정한 게임이다.

'99%를 위한 부의 창출과 분배의 공정성 회복'이 가능한 경제 질서를 바로 세우는 것이 우리의 최우선 과제가 된 배경이다.

자본주의가 근본적 위기를 맞고 있다는 데는 이제 전 세계 시민들이 공감하고 있다. 하지만 대안은 엇갈린다. 시장규제를 더 풀어야 한다는 처방과 국가를 키워 시장을 제어해야 한다는 주장도 나온다. 이 같은 처방이나 주장은 이미 한계를 드러낸 시장과 국가의 실패를 인정하지 않은 채 오히려 이들의 권한을 강조하는 것이다.

사회적경제는 다른 접근법이다. 사회적경제 역시 시장경제 안에서 움직인다. 그러나 이윤 극대화를 유일한 가치로 삼고 경쟁을 부추기는 기존 자본주의 경제 패러다임과는 다른 게임의 규칙을 지향한다. 사회적경제는 공공성의 확대를 지향하지만, 국가가 그 역할을 독점하기보다는 자발적인 시민공동체가 함께 나서야 해결될 수 있다고 믿는다. 시장을 움직이던 이기심과 물욕 대신 이타심, 호혜성, 협동, 사회적 소유, 커뮤니티를 위한 재투자 같은 동기로 움직이는 경제가 가능함을 사회적경제는 보여준다.

실제 세계 경제위기 속에 남부 유럽국가들에서 국가 파산위기와 대량실업이 발생했으나, 스페인 북쪽의 인구 10만 명의 소도시인 몬드라곤시에 소재한 몬드라곤협동조합연맹은 11만 명 이상을 고용한 스페인 7대 규모의 기업체로 성장한 상황에서 2008년 들어 신규고용을 1만5천명이나 확대하는 저력을 보여주었다. 또한 연맹 산하의 개별조합이 산업구조조정이나 폐업위기가 도래하면 원칙적으로 해고를 금지한 상태에서 직원들을 성장분야 그룹사로 순환보직 시키거나 급여의 80%를 받으며 전직 훈련기간을 갖는 노동복지시스템을 가동하였다.[24]

이에 UN에서는 경제위기에 강한 대응력을 보인 지역과 국가를 분석한 결과를 반영하여 2012년을 협동조합의 해로 지정하고 전 세계적으로 지속가능성과 포용성이 높은 경제 패러다임의 전환을 촉구하기에 이르렀다.

지금까지 대한민국은 국민의 1%만을 위한 경제·정치·문화를 중시해 왔다. 통계청 자료와 국회 보고서를 보면 2014년 우리나라 전체 기업의 0.8%인 4천여개 대기업이 전체 기업 매출의 64%를 차지하고 있다. 반면 50만 개가 넘는 99.2%의 중소기업 매출은 35.6%에 불과하다. 이 같은 중·소·대기업 간의 부의 불평등은 각 기업에서 일하는 사람들의 격차로 이어졌다.[25]

---

24) 윌리엄 F. 화이트, 캐서린 K. 화이트 (김성오 역), 몬드라곤에서 배우자: 해고 없는 기업이 만든 세상, 역사비평사(2012).
25) 이형빈 기자, "통계청, 2014년 기준 영리법인 기업체 행정통계 잠정결과 (2016.1. 17 발표)", 더비지니스 (2015.12.19.)

대기업 대주주와 지대로 살아가는 상위 1% 국민의 연평균 소득
(3억8천만 원)이 평범한 시민들의 연평균 소득(2,510만 원)의 15배를
넘고 있다.[26] 한강의 기적을 이루며 성실하면 부자가 될 수 있다는
신화를 써 온 대한민국은 이제 미국과 멕시코, 스위스에 이어 세계
4위의 불평등 국가가 되었다.

2018년 3월 통계청이 발표한 2017년 한국의 사회지표에 따르면,
고용률은 60.8%로 지난해보다 0.2%p 증가하였으나, 남자 고용률은
71.2%인데 반해 여자는 50.8%로 여전히 격차가 심각하다. 실업률은
지난해와 같은 3.7%로 나타났으나, 20대의 실업률은 지난해 9.8%에
서 2017년 9.9%로 0.1%p증가했다.[27]

우리나라의 공식 실업율의 집계방식의 문제로 인해 국민들이 느
끼는 체감실업률은 2.8~3배 정도로 높은 상황이어서 새로운 고용창
출력을 확보하는 것이 필요하다. 특히 심각한 청년실업률 문제로 인
해 지난 1월 25일 청년일자리점검회의에서 문재인 대통령이 "청년
실업, 국가재난 수준"이라며 종합적 대책을 지시한 상황도 주목해야
한다.

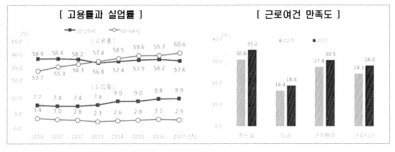

〈그림 2〉 한국사회지표(통계청, 2017)

---

26) 부의 양극화...상위 100명 '중간'의 860배, KBS뉴스(http://blog.naver.com/
graphai/140198797914), (2013.10.11.).
27) 고용율 약간 상승 20대 실업율 계속 증가, 투데이코리아(http://www.today
korea.co.kr/news/view.php?no=252020), (2018. 3. 22).

그런데 중요한 것은 청년세대는 창의성이 핵심 동인인 창조사회의 인재로서 준비되어야 한다. 이 때 창의성은 다양성·협력과 신뢰·관용성 등이 활성화된 분위기 속에서 가장 잘 발휘될 수 있기 때문에 창의적 사회환경을 만드는 것이 매우 중요하다.

이에 청년 사회적경제 기업가들이 사회문제를 혁신적으로 진단하고 해결해보는 경험을 쌓는 것은 미래 창의인재 육성과정으로서도 매우 의미 있는 경로가 될 것이다. 현재 정부가 추진하는 사회적 기업가 육성사업 등 청년인재 육성과정이 이러한 방향으로 작동하는지 점검할 때이다.

또한 젠더관점에서도 사회적경제는 여성친화적 분야에서 주로 설립되어 여성들의 높은 참여율과 리더십 훈련의 장이 되고 있다는 점에 주목할 필요가 있다.

이렇듯 전통적인 경제조직들의 국민경제 기여도가 추락하고 저성장기의 장기화가 예측되는 상황에서, 시민들의 고용 및 소득의 위기에 맞서 자주적인 일자리를 창출하고 고용의 질을 개선하려는 사회적경제의 도전과 역할이 다양하게 나타나 사회적 의의를 높이고 있다.

대도시로 유입된 청년층을 위한 최소주거기준을 준수할 수 있도록 시민들의 부실자산이 되어 가는 빈집을 활용하여 시중가의 70%로 사회주택을 설치·운영하는 '민달팽이유니온', 대기업들의 골목상권 침투에 맞서 동네 빵집을 운영하는 소상공인들이 가장 인기 있는 품목의 제과제빵 생지공장을 공동 설립하여 공동구매·공동생산·공동판매로 경쟁력을 높인 '동네빵네협동조합', 중장년 여성들이 노인요양서비스에서 일일 3교대 근무제와 고품질 서비스를 제공하며 6백 명이 넘는 일자리를 창출한 '다솜이재단', 버려지던 물건을 시민들이 공유·교환하는 재사용가게를 통해 저성장·저소득시대에 적합한 생활문화를 이끌며 연매출 3백억 원을 지역 내에서 순환시키는 '아름다운가게', 장애인이 더 이상 사회의 짐이 아니라 공익적 노동자가 될 수 있음을 보여준 '웹와치' 등 시민의 협동과 공유로 새로운 경제규칙을 세우며 새로운 고용모델과 사회문제 해결방법을 제시하고 그 수익으로 자립생활을 영위하는 사회적경제 기업들이 성장 중에 있다.

높은 경제성장률과 고용률, 이에 더한 고금리 시대를 살아온 산업화 및 민주화 세대들은 '많이 벌어 많이 쓰는' 고성장기에 익숙한 직업윤리를 갖고 있었다면, 저성장시대 시민들이 취할 수 있는 생활방식은 '적게 벌고 적게 쓰면서도 품격 있는 노동과 생활이 가능한' 경제활동에 참여하는 것이다.

2. 내발적 지역경제 실현에 기여

한편 우리나라 주요 산업의 경쟁력 약화로 구조조정의 소용돌이를 맞고 있는데, 이것이 비수도권 지역경제에 엄청난 타격으로 나타날 전망이다.

우선 지난해 사상 최대의 실적을 기록했던 은행권에서 대규모 희망퇴직 등을 통한 인력 조정이 이어지고 있다. 국민·신한·KEB하나·우리은행 등 4대 시중 은행에서 최근 희망퇴직을 받은 인원만 2천3백여 명이며, 희망퇴직 비용만 1조4백억 원 수준이다. 지역경제에 직접적 위협을 주고 있는 곳은 한국지엠(군산)·STX조선(진해)·성동조선해양(통영) 등이다. 이미 지난해 7월 문을 닫은 군산조선소의 여파로 지난해 하반기 군산의 고용률(52.6%)이 전국 최하위권으로 떨어진 상황에서 악재가 겹치고 있다. 이외에도 대우조선해양과 삼성중공업의 구조조정 영향이 있는 거제는 반년 사이 실업률이 2배 이상 상승해 전국 최고 수준이다.[28]

대부분 다른 지역경제 회복력 요인이 부족한 전북·광주·경남 등의 비수도권 지방에서 위기가 발생하고 있어, 이들 지역의 인구 전출과 생산역량 손실로 인한 회복력 감소라는 악순환이 예측되는 상황이다.

이러한 특정 산업분야 특정 대기업의 폐업이 지역경제의 파탄으로 이어지는 문제는 과거 1970년대 중화학공업 육성책에서 특정 산업의 특정 지역 거점화 전략을 활용한데서 유래한다. 철강(포항), 자동차(울산), 조선(거제·통영·울산), 화학공업(여수) 식으로 특정 지역에서 특정 산업과 기업이 차지하는 비중이 극단적으로 높다. 특히 중화학공업 특성상 전방효과가 매우 크기 때문에 부품 생산업체들 역시 공동운명체가 된다. 문제는 이미 우리의 중화학공업은 글로벌 경쟁력 측면에서 쇠퇴기에 들어섰다. 이에 군산과 거제의 문제가 향후 주요 산업 거점도시들에서도 발생할 수 있는 문제이므로 위기가 전면화되기 이전에 다각적 대안을 모색해야 할 것이다.

세계화와 기술혁신은 양극화를 심화시켰고 도시와 농촌의 지역 공동체가 집중적인 타격을 받았다. 이에 EU를 비롯한 세계 각지에서는 지역 공동체 차원의 발전 전략이 모색되었다.

이탈리아 에밀리아 로마냐 지역은 1990년대부터 3년 단위의 주민 참여 "협상 경제계획(Negotiated Economic Planning)"을 수립하여 실행하고 있다. 캐나다 퀘벡주 역시 실업률이 14%에 달해 여성노동자들의 '빵과 장미의 행진'이 일어나는 상황에서 1996년 주정부와 기초자치단체, 경영자협회, 노동자연맹, 새로운 사회적경제 대표가 모인 '퀘벡의 경제·사회 미래에 관한 연석회의'를 구성하고, 공동체 중심의 발전전략을 채택하며 사회적경제 활성화를 통한 위기극복에 합의하였다. 그 결과로 보육분야에 집중적 사회투자를 실시한 결과

---

28) 구조조정 소용돌이 빠진 산업 시장, 일요서울 (http://www.ilyoseoul.co.kr/news/articleView.html?idxno=223270), (2018. 2. 23.).

2만 5천명이 넘는 지역고용 창출과 사회주택 1만호 신축 등 다양화
된 사회문제 해결에 기여한 경험을 보유하였다.[29]

또한 독일 최대의 광산 지역인 루르 지역은 1980년대에 폐광되어
10년간 방치되었으나, 주정부와 건축가의 협력, 지역주민의 재고용
노력에 힘입어 박물관과 극장, 컨벤션 센터, 디자인 스쿨 등의 문화
예술 공간이 있는 졸페라인(Zollverein)으로 재탄생했고, 거대한 수직
갱, 샤프트 등 85개의 건물을 그대로 살려 문화적인 체험이 가능하
도록 만들었다. 2001년 세계문화유산으로 지정됐고, 1년에 6000만
유로의 관광 수익을 올리는 문화적 도시재생의 우수 지역으로 거듭
났다.

올해 글로벌 사회적경제포럼(GSEF)은 스페인의 빌바오시에서 개
최 예정이다. 빌바오시 역시 주력산업인 철강과 조선업의 폐쇄 후
극심한 몸살을 앓았으나, 1980년대 문화와 관광산업을 통한 도시재
생 전략을 수립했다. 1997년 몬드라곤협동조합연맹 산하 건설업체
도 참여하여 구겐하임 미술관을 건립해서 수변 공간을 재개발했고,
미술관 개관 첫해 4천여개의 지역 일자리도 창출하였다. 현재 관광
객이 연 100만 명 방문하는 대표적인 관광도시이자, 유럽사회혁신파
크가 설치된 사회적경제의 대표적 도시로서 지역경제 회생의 귀감
이 되고 있다.

이렇듯 일자리의 위기, 특히 노동시장에서 배제되는 청년과 사회
적 약자를 위한 경제적 통합의 주체로 사회적경제가 기능할 수 있
으며 수도권의 파멸적 비대화가 심각한 우리 사회에서는 지역경제
를 살려내는 인재육성과 지역 주민 간의 자조적 경제활동을 조직화
하는 핵심적 기능을 수행할 수 있다는데 의의가 크다 하겠다.

---

29) 14% 실업률 허덕이던 캐나다… '사회적경제'에서 해답을 찾다, 더나은미래
(http://news.chosun.com/site/data/html_dir/2015/11/09/2015110902130.html),
(2015.11.10.).

3. 자치분권적 복지혼합 거버넌스 확장에 기여

1990년대 유럽연합이 사회적경제에 관심을 집중한 직접적 이유는 복지국가의 한계 때문이었다. 즉 세계화에 따른 압력과 장기적 저성장기 경제의 서비스화에 따른 생산성 저하, 그리고 고령화와 출산율 저하가 겹치면서 시장과 국가만이 아닌 제3의 사회적 해결의 주체를 필요로 했다. 이에 국가가 사회적경제와의 파트너십을 강력히 요구하였고, 100년이 넘는 역사에서 관료화된 전통적 협동조합들에게 지역사회 문제해결을 제기하는 새로운 사회적경제 조직들의 출현도 사회적경제의 부상을 가능하게 하였다.

즉, 사회보험 중심의 유럽 복지국가들에서 이미 노동시장의 유연화와 이중화, 서비스경제로 전환의 결과로 저임금 비정규직 등 사회보험으로 보호할 수 없는 복지 사각지대가 증가하였다. 장기실업자와 취약계층 이민자 증가 등 사회적 배제집단들이 급증하나, 전통적인 복지국가의 재정·제도·전달체계로는 양극화·다양화된 복지수요를 대응하기 어렵게 되었다.

이와 같은 국가복지의 한계·시장의 한계·전통적인 비영리조직의 한계를 극복하기 위해 사회혁신의 정신으로 도전하는 사회적경제의 역할이 절실해진 것이다.

복지국가는 자본주의 경제사회에서 발생할 수 있는 주요 사회적 위험을 보호하고 시민들의 기본생활 유지를 위해 국가가 다양한 방식으로 개입하는 것을 의미한다. 복지국가의 완성은 사회적 시민권에 대한 국가의 보편적 복지제공을 지향한다. 복지국가의 주요 제도 영역으로는 사회보험, 공적부조, 각종 수당을 통한 소득보장과 다양한 사회서비스 제공으로 나누어 볼 수 있는데, 사회적경제 조직들은 주로 지역경제 활성화와 일자리 창출, 커뮤니티 기반의 다양한 사회

서비스 공급에서 중요한 역할을 한다. 더욱 중요하게는 사회적경제
가 지향하는 민주적 거버넌스를 통해 참여민주주의를 강화하고 지
역공동체를 형성시키는 새로운 복지혼합(new welfare mix)을 만들어
나갈 수 있다. 또한 사회적경제의 성장은 서비스 공급에서 정부와
주민, 수혜자와 전문가의 다양한 이해관계자의 공동생산(co-produc-
tion)을 가능하게 함으로써 참여민주주의적 복지생산을 높일 수 있
다.30)

공동생산이란 지역사회의 서비스 전달체계를 공동으로 기획·설
계(planning and design), 관리(management), 생산(producton)하는 것을
의미한다. 그리고 이러한 과정에서 사회적경제의 가치창출 과정에
필요한 다양한 자원조달을 통해 정부는 물론 우호적 개인부터 공식
화된 지역사회의 지원, 사회적경제 상호거래와 협동네트워크에서의
비등가성의 자원공유에 이르는 동원 가능한 자원의 총량을 증가시
키는 역할을 할 수 있다.

이러한 공동생산의 사례는 실제 다양하게 발견되고 있다. 장애인
부모회가 복지상담사·재활치료사·장애인당사자와 함께 장애인 통합
서비스 사회적기업을 설립하고 공공 및 지역사회와 함께 장애인 지
원서비스 개발과 공급에서 공동생산을 하고 있다. 나아가 개별 기업
이나 업종 단위 만이 아니라 '서울시 사회적경제 민관정책협의회'와
같이 7년째 서울시 전체의 사회적경제 정책설계와 예산수립과 집행,
평가와 환류를 공동생산하는 거버넌스를 운영하는 경험들도 축적되
면서 참여민주주의적 정책운영의 전형도 만들고 있어 의의가 크다
하겠다.

이러한 참여적 공동생산 단위가 광역 및 기초 지방자치단체 단위
로 정착되면 결국 자치분권적인 복지체제 형성을 안정화 할 수 있

---

30) 정무권, 복지국가의 미래와 사회적경제의 역할: 지역공동체 중심의 새로운
   사회서비스 복지혼합과 거버넌스 (2017).

다는데 의의가 있다. 더욱이 수도권 중심의 개발독재를 거치면서 경제와 권력의 중앙집중화로 자치분권적 발전계획을 가져보지 못한 우리 사회에서 이러한 '과정' 자체로도 의미가 크다 하겠다.

4. 촛불정신을 일상화하는 생활민주주의 정착에 기여 가능

아울러 사회적경제는 구성원들이 민주주의를 학습하고 실천하는 생활현장이 될 수 있다. 민주적 지배구조 구성 및 운영을 특징으로 하는 사회적경제의 운영원리로 인해, 그동안 민주적 의사결정에 참여해보지 못했던 구성원들이 민주주의의 원리를 체득하고 실질적인 권한과 책임을 행사하며 다양한 이해관계자와의 호혜적 관계 맺기를 훈련하는 조직이 될 수 있기 때문이다.

특히 사회적경제가 시장자본주의의 발전 과정에서 배제된 취약계층들의 상호부조적 대응에서 등장했던 점, 관계재의 발전과 연대를 통한 공존을 체화하는 과정은 아래로부터 경제민주주의의 토대가 굳건해지는 과정이 될 것이다. 이러한 사회적경제조직의 확산은 민주적 경영과 커뮤니티를 구성하는 다중이해관계자들의 상호성에 기반한 공동체의 성장을 가능하게 해줄 것이다.

이에 정부의 사회적경제 인허가 기준뿐 아니라 사회적경제조직들의 내부운영 철학을 재정비하는 과정을 통해 '민주적 운영의 형식화'에 대해 설찰적 점검과 혁신에 나서야 할 때이다.

우리 사회는 경제적 위기 외에도 이 과정에서 만연한 불신과 불안심리가 큰 문제로 대두되고 있다. 층간소음과 주차시비로 이웃 간에 살인사건이 발생하고, 영구임대아파트 단지에서 사망한 독거노인의 발견이 지체되거나 학교와 직장 내 왕따 문화, 소셜네트워크서비스에서 소수자에 대한 혐오 악플 공세 등 시민들의 불안감과 불신감을 자극하는 현상들이 끊이지 않기 때문이다.

객관적 연구조사에서도 이러한 현상을 반영한 결과들이 나타나고 있다.

국제가치관조사(World Values Survey, WVS)는 5년마다 세계 각국 민간 사회단체와 사회과학자들이 국가별로 시민들의 가치관을 분석하는 지표이다.

2010~2014년 WVS에서 '자녀가 가정에서 배워야 할 가치관으로 타인에 대한 관용과 존중이 중요하다'고 꼽은 비율은 한국이 43.3%로 다른 국가에 비해 가장 낮았다. 특히 '외국인노동자, 동성애자 등 소수집단을 이웃으로 받아들이겠다'는 관용의 수준은, 한국이 5.9점으로 17개국 중 가장 낮았다. 소득계층별로 살펴보면, 저소득층 5.7, 중간소득 6.0, 고소득 6.3점으로 사회적 소외계층 간에 관용도가 오히려 떨어지는 것을 확인할 수 있다.[31]

또 다른 국제조사(OECD Better Life Index 2015)를 살펴보면, '위기상황에서 도움을 받을 곳이 없다'는 비율이 경제협력개발기구(OECD) 평균보다 높고, OECD 국가와 러시아 브라질을 포함한 36개국 조사에서 한국은 최하위를 나타냈다. 응답자 중 72%만이 도움을 받을 수 있다고 답했다. 이에 우리 사회의 '사회적 관계망'이 OECD 다른 국가나 OECD 평균(88%)과 비교해 매우 취약하다는 것을 확인할 수 있다.[32]

특히 우리 사회의 사회적 관계망의 취약성은 가족·친구 등과 같은 동질적 그룹 보다는 이웃·지역사회와 같은 이질적 집단 속에서

---

31) 장덕진, 사회적 가치 중심의 정부혁신, 서울경찰청 토론회 (2018. 3. 28).
32) 혐오·모멸감 확산, 계층 갈등...이런 '한국인의 마음' 때문, 월간조선(http://pub.chosun.com/client/news/viw.asp?cate=C01&mcate=M1003&nNewsNumb=20151118823&nidx=18824), (2015.12) .

더욱 두드러진다.

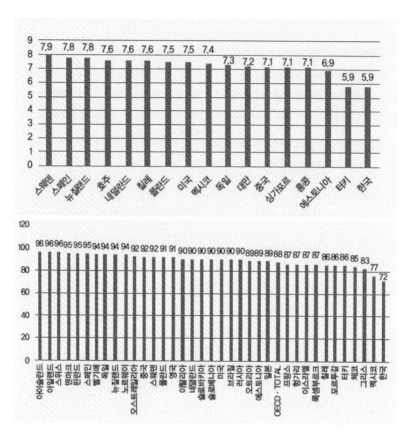

〈그림 3〉 한국인의 관용성 수준(OECD Better Life Index 2015)

지난해 시민들을 촛불혁명의 광장으로 이끈 최순실 국정농단 사태를 되돌아보자.

한국사회는 혈연·지연·학연 등 동질성에 기초한 연고형 네트워크가 발달했고, 사적 영역의 특수한 신뢰가 높게 나타나는 '결속적 사회자본'이 우세한 사회이다. 최순실과 박근혜 대통령의 강한 결속력과 사회파괴적 양상은 마피아, 지역이기주의적 님비운동, 비정규직 문제해결에 저항적인 일부 대기업 정규직 노조의 행동과 동일한 맥락에 놓여있다. 동질적 집단의 단일한 이해관계를 관철시키기 위한 폐쇄적이고 편향된 결속적 사회자본의 폐해라는 점이다.

결국 이러한 사회적자본의 부정적 외부효과를 최소화 할 수 있는 방법은 한 가지 방법 뿐이다.

대한민국 국민들의 낮은 관용도 문제의 해법이기도 한데, 바로 로버트 푸트넘이 사회적자본의 또 다른 유형이라 제시한 교량적 사회자본 즉, 이질적인 계층·성별·지역·인종·조직체 간의 이해관계를 뛰어넘는 호혜적이고 상호적인 신뢰와 네트워크의 비중을 높이는 것이다.

이러한 교량적 사회자본이 확충되는데 사회적경제의 역할이 중요하다. 원리상 다자간의 충돌 가능한 이해관계를 호혜성에 기초하여 합의·지지하는 지배구조와 사업방식을 지향하기 때문이다.

사회적경제가 발전한 사회는 그만큼 교량적 사회자본이 커질 것이며, 역으로 교량적 사회자본이 강건한 성숙한 사회일수록 사회적경제의 생태계가 지속가능하다.

이렇듯 복잡한 사회문제들 속에서 대한민국 사회가 간절하게 기대하는 사회적경제의 핵심가치는 무엇일까?

단지 정부지원을 이용해 최저임금 수준의 일자리 몇 개를 늘리거나, 커뮤니티 내부의 취향에 반응하는 공급자 만족적인 사업의 양적 확대만은 아닐 것이다. 사회문제의 근본적 원인을 해소하거나 경감시키지 못하나 참신한 사업아이템으로 투자유치에 성공한 재무가치 우위의 성과 역시 아닐 것이다.

사회적경제의 자발적 운동이 일어난 지 30년, 제도화를 통한 정부 지원망과 민간의 사회투자운동이 시작된 지 10여 년이 지난 현시점에서 혁신적 사회적경제란 바로 한국사회에 만연한 잘못된 게임의 규칙을 바꿔내는 역할에 있다고 본다.

　　승자독식의 경제규칙, 불평등한 사회관계, 그리고 동질적 집단 안에서만 허용되는 편협한 사회 관계망을 뛰어넘어 호혜적이고 교량적인 사회자본이 충만해지는 사회를 재조직해 나가는 것, 이것이 바로 지금 사회적경제인들에게 요구되는 사회혁신의 길인 것이다.

　　이에 현재 추진중인 사회적경제 관련 법률의 제·개정 방향 역시, 산술급수적으로 성장하는 사회적경제 기업들의 양산에서 벗어나 그릇된 게임의 룰을 바꿔낼 혁신적 생산자운동으로서의 파급력을 키우고 시민참여적 소비자운동 및 사회투자자운동을 새로이 촉발시키는 방향으로 보다 예각화하고 다자간의 숙의를 거쳐 추진해 나가야 할 것이다.

참고문헌

김혜원, "사회적기업 육성정책의 현황과 발전 방안", 고용노동부, (2009).

신명호, "사회적경제 복지국가로 가는 길인가?", (2014).

엄형식, 한국의 사회적경제와 사회적 기업: 유럽 경험과의 비교와 시사점, 실업극복국민재단 (2008).

_____, 경제위기 속에서 사회적경제의 역할과 전망, 모심과살림연구소 (2009).

이은애, 사회적경제, 서울연구원 (2017).

이철선, "협동조합 기본법 관련 현황조사 연구", 기획재정부, (2012).

장덕진, 사회적 가치 중심의 정부혁신, (2018).

장종익, "사회적경제 기본법", 사회적경제 혁신가 초청 국제포럼, 서울시 사회적경제지원센터 (2018 발표).

정무권, 복지국가의 미래와 사회적경제의 역할: 지역공동체 중심의 새로운 사회서비스 복지혼합과 거버넌스, (2017).

정태인 외, "서울시 사회적경제 발전 5개년 계획", 서울시 사회적경제지원센터, (2013).

정태인 외, 협동의 경제학, 레디앙 (2013).

장-루이 라빌 외, 세계화 시대의 새로운 복지: 사회적경제와 제3섹터, 자활정보센터 (2008).

V.A. 페스토프, "시장과 정부를 넘어서: 복지사회에서 사회적기업과 시민민주주의", (2008).

타나카 나츠코 (이성조 역), 이탈리아 사회적 경제의 지역 전개, 아르케 (2014).

통계청, "한국사회지표" (2017).

C. Borzaga, J. Defourny. 저, 박상하 외 역, 사회적기업, 시그마 프레스 (2009)

Ninacs & Toye, 2002, A Review of the Theory and Practice of Social Economy in Canada, SRDC Working Paper Series, 02-02.

사회적경제 법·제도 현황과 새로운 법체계 고안

양동수*

Ⅰ. 서론

"한때, 사회와 경제라는 두 영역으로 나뉘었던 개념적인 장벽이 무너져 내리고 있다."[1] 주류 시장경제 체제에서 경제적 이익과 사회적 가치는 분리되었고, 전통적인 기업에게 사회적 가치는 경쟁력 강화의 방해요소로 인식되었다.[2] 갈라져 있던 "경제"와 "사회"는 "사회적경제(social economy)"라는 영역에서 다시 화해하였다. 이때 "사회적인 것"은 "함께하는 활동이라는 의미"나 "개인의 이익이 아닌 사회의 이익을 위한 어떤 것이라는 의미"를 가지고 있다.[3] 따라서 "사회적경제"란 사회와 관계된 경제, 경제를 독립적인 이윤추구 활동으로 보지 않고, 사회 이익의 관점에서 사고하고 활동하는 경제라고 할 수 있다.

---

* 사회적경제법센터 더함 변호사

1) David Bornstein(박금자 외 번역), 사회적 기업가와 새로운 생각의 힘, 지식공작소 (2013), vii.
2) 고동현 외, 사회적경제와 사회적 가치, 한울아카데미 (2016), 17.
3) 전병길 외, 사회혁신 비즈니스, 생각비행 (2013) 78, 고동현 외, 앞의 글, 25~26에서 재인용.

한국에서도 사회적경제는 빠른 속도로 확산하면서 시장경제 영역, 공공경제 영역과 구별되는 제3의 경제 영역으로 부상하고 있다. 2016년 12월을 기준으로 1,905개 인증 사회적기업 및 10,580개 협동조합이 설립되어 운영 중이며,[4] 마을기업, 지역공동체 일자리사업, 농어촌공동체회사 등에 대한 관심이 증가하면서 지역 중심의 새로운 경제조직 또는 운동이 활성화되고 있다. 서울시는 2017년 사회적경제 종합지원계획의 추진목표를 "세계 사회적경제 중심도시, 서울"로 설정하였으며, 새 정부 출범 후 청와대는 사회적기업, 협동조합 및 공유경제의 육성·지원을 담당하는 사회적경제비서관을 신설하였다. 이처럼 사회적경제는 활발히 성장하고 있다.

그러나 빠르게 성장하는 사회적경제 영역에 비하여 법·제도의 뒷받침은 미흡한 실정이다. 현재 사회적경제 조직들의 설립 및 운영에 관한 법률로서 「사회적기업 육성법」, 「협동조합 기본법」 등이 존재하고 있는데, 근래에는 사회적경제 관련 개별 법령을 정비하고 사회적경제 관련 법제를 통일화하려는 시도가 있으며, 「사회적경제 기본법」을 비롯하여 사회적경제 활성화를 목적으로 각종 특별법 제정을 위한 움직임이 활발하게 진행되고 있다. 그러나 한국의 법체계는 비영리와 영리를 엄격히 구분하고 있어 사회적경제라는 하이브리드 영역의 법률 이슈를 완전히 담아내기 어렵다. 또한, 공공 영역이 수행하던 역할을 사회적경제가 대신하거나 사회적경제가 활동 영역을 시장 영역으로 확대하면서 생기는 충돌에 대해서 아직 적절히 대응하지 못하고 있다.

이 글에서는 사회적경제 관련 법·제도의 현황을 정리하면서 새로운 법체계 구축의 필요성을 살펴보고, 지속 가능한 사회적경제 생태

---

4) 한국사회적기업진흥원, 사회적기업 개요집 (2017. 2.), 23.; 한국사회적기업진흥원, "협동조합 설립현황 엑셀 자료", 한국사회적기업진흥원 협동조합 홈페이지, http://www.coop.go.kr/COOP/state/guildEstablish.do, (2017. 7. 5. 확인).

계 구축을 위한 법·제도 개선 방향 및 새로운 법체계를 제안하고자
한다.

II. 사회적경제 법·제도 현황 및 새로운 법체계 수립의 필요성

1. 사회적경제 법·제도 현황

가. 현행 법·제도

한국에는 아직 사회적경제 전반을 아우르는 기본법적 성격의 법
령은 없다.[5] 사회적경제 영역의 개별 법령으로는 사회적기업의 지
원 및 육성을 위한 「사회적기업 육성법」, 협동조합 및 사회적협동조
합의 설립 및 운영의 근거인 「협동조합 기본법」이 있고, 그 밖에 자
활기업을 정의하고 있는 「국민기초생활 보장법」,[6] 마을기업의 근거
법령인 「도시 재생 활성화 및 지원에 관한 특별법」, 농어촌공동체회
사에 대해서 규정하고 있는 「농어업인의 삶의 질 향상 및 농어촌지
역 개발촉진에 관한 특별법」 등의 개별법이 있다.

물론 「사회적기업 육성법」의 제정을 통해 사회적경제 제도화가
시작하기 이전에도 농업협동조합법, 신용협동조합법, 소비자생활협
동조합법 등을 통해 농협, 신협, 소비자생협 등이 존재하였고, IMF

---

5) 다음 항에서 살펴보는 바와 같이 2016년 8월 「사회적경제 기본법안」이 발의
　되어 2017년 10월 현재 국회에 계류 중이다.
6) 자활기업이라는 명칭은 「국민기초생활 보장법」이 2012년 개정되면서 규정
　한 것이고, 그 전에는 자활공동체라는 명칭이 통용되었다.

이후 국민기초생활보장법 개정을 통해 자활공동체가 제도화되었다.

「사회적경제 기본법」이 제정되기 이전임에도 불구하고 개별 지방자치단체 차원에서 「사회적경제 기본 조례」, 「사회적기업 육성 및 지원에 관한 조례」, 「사회적경제 활성화 지원에 관한 조례」, 「사회적경제기업 제품 구매촉진 및 판로지원에 관한 조례」, 「사회적경제기금 설치 및 운영조례」 등 다양한 이름의 관련 사회적경제 조례들이 제정되어 시행 중이다. 일례로 광역자치단체의 경우 「서울특별시 사회적경제 기본 조례」(2014년), 「인천광역시 사회적경제 육성 및 지원에 관한 조례」(2014년), 「경기도 사회적경제 육성 지원에 관한 조례」(2014년), 「제주특별자치도 사회적경제 기본 조례」(2014년) 등이 제정되었고, 기초자치단체에서도 사회적경제 조례들이 제정되고 있다. 그러나 중앙정부 차원의 사회적경제 관련 기본 법령의 제정 및 관련 법령들의 개정이 이루어지지 않는다면 위 조례들은 부분적으로 작동할 수밖에 없다는 명확한 한계가 있다.

나. 국회 계류 중인 법안

2016년 20대 국회 개원 후 「사회적경제 기본법안」, 「공공기관의 사회적 가치 실현에 관한 기본법안」, 「사회적경제기업 제품의 구매촉진 및 판로지원에 관한 특별법안」이 발의되어 2017년 10월 현재 국회에 계류 중이다. 「사회적경제 기본법」은 사회적경제 자체를 법적으로 승인하고, 사회적경제 관련 법체계 정비를 위한 상위법의 역할을 하게 될 것이다. 「공공기관의 사회적 가치 실현에 관한 기본법」은 공공기관의 정책 수립 및 집행과정에서 사회적 가치 실현을 기본 원리로 삼도록 하고 있으며, 「사회적경제기업 제품의 구매촉진 및 판로지원에 관한 특별법」은 공공조달 영역에서의 사회적경제기업 제품에 대한 구매촉진 및 판로지원이라는 지원체계 구축을 목표로 하고 있다.

국회 계류 중인 위 3개 법안이 제정될 경우 각각 사회적경제 생
태계 구축을 위한 기본법, 사회적 가치 기반의 공공기관 운영의 근
거, 사회적경제기업들의 경쟁력과 지속가능성 확보 수단의 역할을
하게 될 것으로 기대된다.

2. 새로운 법체계 수립의 필요성 및 고려사항

가. 새로운 법체계 수립의 필요성

사회적기업의 의미가 경제적 가치와 사회적 가치를 동시에 추구
하는 기업이라는 것에서 볼 수 있듯이 사회적경제는 영리와 비영리
의 경계에 있다. 그리고 사회적경제 조직들은 상법상 회사, 민법상
비영리법인, 일반 협동조합, 사회적협동조합, 비영리민간단체 등 영리
법제와 비영리 법제 사이에서 다양한 스펙트럼으로 존재하고 있다.

한국의 법체계는 상법이 영리기업을, 민법이 비영리법인을 규율
하는 등 영리 영역과 비영리 영역을 명확하게 구분하면서 비영리
영역의 비즈니스는 예외적인 형태로 두고 있다. 사회적기업은 상법
상 주식회사의 조직형태로 설립된다 하더라도 이윤창출보다는 사회
적 가치를 추구하면서 민주적인 경영 시스템을 두는 등 기존의 전
통적인 영리기업과는 다른 성격을 가지고 있다. 이에 따라 현행 법
제 하에서는 여전히 조직형태 측면에서는 상법을 따르면서도 운영
에서는 「사회적기업 육성법」을 준수해야 하는 등 혼란이 발생하게
된다.

사회적경제 관련 법제도 및 정책은 개별 사회적경제 조직의 운영
에 국한된 것이 아니라 사회적경제 전반의 지속가능성 및 성장을
견인할 필요가 있다. 그러나 현재 우리나라는 사회적경제에 대한 법

적 정의나 기본원칙의 설정 없이 상황에 따라 개별적으로 사회적경제 관련 법령 및 정책을 만들고 시행해왔다. 그 결과 사회적경제의 양적 성장에도 불구하고 사회적경제 법제도의 체계적인 수립과 시행 측면에서 매우 미흡한 실정이다. 일부 기업들은 사회적경제에 대한 이해 없이 단순히 정부 지원을 받을 목적으로 법인을 설립하는 경우도 있으며, 정부 부처 및 지방자치단체의 중복적인 지원 또는 불필요한 규제가 이루어지는 등 혼선이 발생하고 있다.

이러한 문제점들은 「사회적경제 기본법안」을 비롯하여 현재 국회에 계류 중인 사회적경제 관련 3개 법안이 제정되면 일부 해결될 수 있다. 그러나 사회적경제기업에 적합한 조직형태, 사회적기업 개념의 재정립 및 인증제도 문제, 사회적 금융, 사회적 부동산의 도입 등 사회적경제 생태계 구축에 필요한 법·제도는 현행 법령 및 국회 계류 중인 3개 법안의 제정만으로는 한계가 존재한다. 이에 지속 가능한 사회적경제 생태계 구축을 위한 새로운 법제도 구성을 고민할 필요가 있다.

나. 법체계 고안을 위한 고려사항[7] – 다른 영역과의 관계를 중심으로

지속 가능한 사회적경제 생태계를 위한 법체계 고안의 첫걸음으로 사회적경제 영역과 비경제·비영리 영역, 공공 영역 및 시장 영역과의 관계를 고찰할 필요가 있다. 세계 각국과 마찬가지로 한국에서도 영리-비영리의 융합, 정부-비정부 간 융합 등이 나타나면서 사회적경제 영역은 매우 다양해지고 있다.[8] 비영리 부문이 비즈니스 방

---

7) 한국고용노사학회, "사회적기업의 새로운 패러다임 모색", 고용노동부 (2016. 12.), 65~68 [양동수, 제2부 제5장 "사회적경제 기본법안의 위상과 체계 고찰, 이를 통한 육성법과의 통합 논의"].

8) 김의영·임기홍, "한국 사회적경제 조직 지형도", 경희대학교 인류사회재건

식을 도입하거나 영리기업이 사회적 책임 활동을 강화하면서 영리-비영리의 경계가 흐려지고 있다. 또한, 사회서비스의 민간위탁이나 정부 및 지자체와 시민사회 간의 협업이 늘어나면서 정부-비정부 간 연계가 활성화되고 있다.[9]

(1) 비경제·비영리 영역과의 관계

전통적으로 마을, 공동체, 지역에서의 활동은 화폐를 매개로 재화의 생산·분배·소비가 이루어지는 경제 영역이 아닌 비경제 또는 비영리 영역에서 이루어져 왔다. 환경, 생태, 복지, 여성 등의 분야에서 발생하는 문제들을 해결하는 주체도 NGO, NPO와 같은 사회 영역의 단체들이었다. 그러나 최근에 등장한 마을기업, 농어촌공동체회사 등 새로운 형태의 조직들은 공동체성, 공공성, 지역성이라는 비경제 영역의 속성을 가지고 있으면서도 기업성이라는 경제 영역의 특성도 가지고 있다.

현행 「사회적기업 육성법」에 따르면 민법상 비영리법인, 공익법인, 비영리민간단체, 사회복지법인 등 전통적으로 비영리 영역의 조직이라고 여겨졌던 조직들이 사회적기업의 형태로 인정되고 있다 (「사회적기업 육성법」 제8조 제1항 제1호, 시행령 제8조). 또 국회 계류 중인 「사회적경제 기본법」은 마을기업(「도시재생 활성화 및 지원에 관한 특별법」 제2조 제1항 제9호), 농어촌공동체회사(「농어업인의 삶의 질 향상 및 농어촌 지역 개발촉진에 관한 특별법」 제19조의3), 자활기업(「국민기초생활 보장법」 제18조) 등도 사회적경제기업의 형태로 인정하고 있다.

즉, 사회적경제라는 이름으로 비경제 또는 비영리 영역의 활동들이 경제 영역으로 편입되고 있고, 사회문제 해결을 위한 조직들도

연구원 OUGHTOPIA 30(1), (2015. 5.), 67.
9) 고동현 외, 앞의 글, 83.

기업으로서의 정체성을 받아들이는 경우가 많아지고 있다. 이에 따라 사회적경제는 비경제·비영리·사회 영역의 일부를 포함하면서 그 개념과 영역이 확장되고 있다. 그러나 한국의 법체계는 비영리법인은 민법이 규율하고, 주식회사·유한회사 등의 회사는 상법의 적용을 받는 등 비영리 영역과 영리 영역을 엄격하게 구분하고 있다. 현행 「사회적기업 육성법」, 「협동조합 기본법」 등 및 국회 계류 중인 사회적경제 관련 법률들은 전통적 회사가 아니라 사회적 목적을 추구하는 새로운 기업 형태를 상정하고 있지만, 현행법 체계상 기업에 대한 법적 규율은 주로 영리 영역의 법제 시스템이 담당하고 있기 때문에 이러한 유형의 기업 설립과 운영을 규율하는데 기존 법제 시스템만으로는 부족함이 발생할 수 있다.

한편, 비경제·비영리 영역의 조직들이 기업의 특성을 수용하고 일반적인 시장경제 영역 안으로 편입되는 과정에서 두 가지 차원의 문제가 발생할 수 있다. 첫째, 비영리 영역에서 사회적 목적을 가지고 출발한 조직이 경제 영역 안으로 들어와 정체성을 잃어버리고 일반 영리 기업화하는 현상이 일어날 수 있다. 둘째, 민법상 법인, 사회복지법인 및 공동체 기업들을 모두 경제 영역으로 포섭할 경우, 기존에 비영리 영역 또는 공공 영역이 수행하던 사회복지 대부분이 경제 영역으로 들어와 경쟁 상태에 놓이게 될 우려가 있고, 민영화의 논리에 의하여 악용될 소지도 있다.

따라서 이에 대해서는 마을기업, 농어촌공동체회사 등 비경제·비영리 영역에서 경제 영역과 가까워지는 부분을 시장 경제가 아닌 사회적경제로 편입하여 그에 따른 법·제도와 정책이 적용되게 할 필요가 있다. 나아가 비영리법인, 사회복지법인, 자활단체 등을 일률적으로 사회적경제조직으로 포함시키기보다는 사회적경제 영역으로의 편입에 대한 일정한 판단 기준을 설정하여 해당 조직들이 선택적으로 사회적경제로 진입할 수 있는 경로를 유연하게 설정해 주는 것이 바람직할 것으로 보인다. 특히 이를 위해서 현재 비영리법인과 영리법인으로 이원화 되어 있는 법인격 체계에 사회적경제의 특성을 반영한 새로운 법인격 형태를 제3의 법인격으로 신설하는 것도 논의될 필요가 있다.

(2) 공공 영역 및 시장 영역과의 관계

사회적경제는 경제 영역 내에서도 공공 영역과 시장 영역 사이에 위치하며 각각의 영역과 교차하는 부분을 가진다. 또한, 사회적경제는 기존의 공공경제가 수행하던 영역을 대신하는 역할을 하기도 하고, 민간의 시장경제 영역과 교차하는 영역에서 활동하기도 한다. 사회적경제는 기존의 공공경제, 시장경제의 실패 영역을 새롭게 풀어가거나 공공 또는 민간 영역 내에 기존에 없었던 영역을 만들어 내는 역할을 한다.

㈎ 공공 영역과의 관계

공공 영역의 역할을 사회적경제가 수행하는 모습은 「사회적기업 육성법」의 사회적기업 정의에서도 볼 수 있다. 「사회적기업 육성법」은 사회적기업을 "취약계층에게 사회서비스 또는 일자리를 제공하거나 지역사회에 공헌함으로써 지역주민의 삶의 질을 높이는 등 사회적 목적을 추구하면서 재화 및 서비스의 생산, 판매 등 영업활동을 하는 기업"이라고 정의하고 있다(「사회적기업 육성법」 제2조 제1호). 취약계층 고용과 사회서비스 제공, 지역 주민의 삶의 질 향상은 원칙적으로 국가가 수행하여야 할 역할이다. 그러나 오늘날 많은 국가가 실업, 교육, 빈곤, 의료서비스 등의 사회문제를 해결하는 데 실패하고 있고, 그 자리를 사회적경제조직들이 대신하고 있다. 그렇다면 국가는 이들 사회적경제조직이 부담하는 사회적 비용을 지원해 주고, 사회적경제조직이 이러한 공공·사회서비스를 잘 수행하면서

도 자립하고 성장할 수 있도록 지원하는 법·제도를 마련할 필요가
있다.

이를 위해 먼저 고려해 볼 수 있는 것이 정부의 상품·서비스 구
매 등 공공조달10) 과정에 사회책임조달 원리를 도입하는 것이다.11)
사회책임조달은 공공조달 과정에서 정부가 노동, 환경, 인권, 사회통
합 등 사회적 가치를 고려해야 한다는 조달 원리로서 '최저가낙찰'
에서 '사회적 가치를 고려한 낙찰'이라는 패러다임의 전환을 의미한
다. 사회책임조달 제도의 확립은 사회적 가치를 추구하는 기업에 친
화적인 공공시장을 조성할 수 있다는 점에서 중요하다.

(나) 시장 영역과의 관계

사회적경제 영역이 활성화되고 법 제도들이 제·개정됨에 따라 기

---

10) 공공조달(Public Procurement)은 행정주체가 전기·수도·도로 등 공공시설 건
설, 교육·국방·보건 등 공공서비스를 제공하기 위하여 상품이나 서비스를
구매하는 행위이다. 한국의 공공조달 규모는 연간 약 100조 원 이상인 것으
로 추산된다. 정부는 「사회적기업 육성법」 제12조 제1항에 따라 '사회적기
업 제품 공공기관 우선구매제도'를 시행하고 있다. 그러나 고용노동부의
'공공기관의 사회적기업제품 구매실적 및 구매계획'(2017. 4. 28.)에 따르면,
2016년 공공기관의 사회적기업 제품 구매 실적은 7,401억 3,900만 원 규모
로 공공기관 총 구매액 약 41조 원의 1.8%, 2016년 공공시장 전체 조달 규
모 약 117조 원의 약 0.66%에 불과한 실정이다. {고용노동부 공고 제2017-
184호, "공공기관의 사회적기업제품 구매실적(2016년) 및 구매계획(2017
년)", 고용노동부 (2017. 4. 28.), 1-2.; 조달청, "주요통계", 조달청, https://www.
pps.go.kr/kor/jsp/offerData/statistics/statistics01.pps, (2017. 7. 5. 확인).}.
11) 유럽연합의 '사회책임조달 가이드라인(2010)'은 '사회책임조달'을 "지속가
능성 기준을 고려하면서 고용기회, 양질의 일자리, 사회권, 노동권의 준수,
사회통합, 기회균등, 모두를 위한 접근 계획, 윤리적 무역, 기업의 사회적
책임에 대한 자발적 준수 등의 사회적 가치를 하나 이상 고려하는 조달"이
라고 정의하며, 독일의 '경쟁제한법(Gesetz gegen Wettbewerbsbeschränkun-
gen)'은 종합적 평가를 통한 사회적, 환경적, 혁신적 측면과 관련된 기준 고
려, 입찰참가자격제한, 입찰자격사전심사, 적격심사 등의 단계에서 사회적
책임을 고려하도록 하고 있다.

존 시장 영역을 규율하는 법률과 충돌하거나 모순이 발생하는 부분이 생기고 있다. 예를 들어 사회주택, 사회적 부동산과 관련하여 주택, 건설 관련 법령과 충돌하는 부분이 있으면 보완이 필요하다. 사회적기업은 기존의 금융시스템 내에서는 지속적 성장을 위한 금융을 확보하기가 쉽지 않기 때문에 이를 보완할 사회적 금융에 관한 법제도 확립이 중요하다. 구체적으로는 사회적 금융기관, 사회적 주식거래소, 사회혁신채권 등 다양한 사회적 금융수단들을 마련하기 위해서 사회적 금융과 관련한 특별법이 요구되며, 자본시장과 금융투자업에 관한 법령 등과 충돌하는 지점이 있으면 개정이 필요하다.

기존의 시장 영역의 영리기업들을 대상으로 갈수록 커지는 기업의 영향력에 대응하는 사회적 책임을 부여해야 한다는 요청이 증대되고 있다.[12] 이에 따라 기업의 사회적 책임(Corporate Social Responsibility), 공유가치창출(Creating Shared Value)이 주목받고 있는데, 이에 대한 법제화를 고민해 볼 시점이다. 법제화는 CSR과 CSV를 이행하는 기업에 대해 적극적으로 인센티브를 주는 방안과 CSR과 CSV를 의무화하고 불이행 시 소극적으로 페널티를 주는 방안을 고려해 볼 수 있다.[13] 기존의 벤처기업이라는 형태에 사회적 가치를

---

12) UN SDGs(Sustainable Development Goals), ISO 26000(International Organization for Standardization 26000) 등 국제 기준과 관련하여 UN은 17개 목표(Goal)과 169개의 세부목표(Target)을 중심으로 지속가능발전목표(Sustainable Development Goals)를 제시하고 있다. ISO 26000은 세계인권선언, ILO협약, 기후변화협약, OECD소비자분쟁해결권고, UN-GC 등 국제지침들을 총망라한 종합적인 '사회적 책임의 국제이행 지침'으로서, 기업, NGO, 정부 등 사회구성 조직들이 책임 있는 활동을 하는 데 필요한 지침을 제공하고 있다.

13) 인도네시아는 2007년 세계 최초로 회사법에 기업의 CSR 활동을 의무화하였다. 인도는 2013년 회사법 개정을 통해 순자산규모가 50억 루피(약 1,000억 원) 이상, 매출액 100억 루피(약 2,000억 원) 이상 또는 순이익 5,000만 루피(약 10억 원) 이상인 모든 기업(공기업, 민간기업, 외국계 법인 등)은 직전 3개년도 평균 순이익의 2% 이상을 CSR 활동에 지출할 것과 이사회 산하 기업사회책임위원회를 설치할 의무를 부과하였다. 중국은 ISO 26000에

접목해 혁신적인 방법으로 사회문제들을 해결하고자 하는 '소셜벤처'도 사회적경제 영역으로 편입시킬 수 있는 제도적 장치를 마련해야 한다.

III. 사회적경제 생태계를 위한 법체계 고안

1. 「사회적경제 기본법」의 제정

가. 제정 필요성

현행 사회적경제 관련 법제는 사회적경제와 관련된 개별법들이 통일성 없이 산재해 있다. 이는 고용노동부가 주무부처인 「사회적기업 육성법」, 기획재정부가 주무부처인 「협동조합 기본법」 등 각 정부 부처별로 개별적으로 사회적경제 주체들의 육성정책을 펼친 결과로 볼 수 있다. 오히려 사회적경제 활성화에 적극적인 의지를 보이고 있는 주요 지방자치단체에서 사회적경제 기본조례 및 특별 조례 제정을 통해 사회적경제 영역을 체계적으로 지원하는 실정이다.

이제는 「사회적경제 기본법」의 제정을 통해 사회적경제의 개념과 범위 및 기본원칙을 정하고 통합적인 정책 방향 및 추진체계를 구축하는 것이 필요하다. 「사회적경제 기본법」의 제정은 사회적경제 자체를 법적으로 승인하고, 사회적경제 생태계를 구축하기 위한 법

기초하여 민간, 외자, 국유기업별로 100대 CSR 우수기업을 선정하여 우수기업에게 정부조달 우선권을, 미흡한 기업에게 관리·감독을 강화하는 등의 제재를 부과하고 있다(김진우, "중소기업의 수출장벽으로 부상하는 사회적 책임(CSR)", IBK기업은행·IBK기업연구소 (2017. 4.), 4.).

체계 정비의 출발점이 될 수 있을 것이다.

나.「사회적경제 기본법안」[14]의 검토 및 제언

(1) 의의 및 추진경과

유럽과 북미의 선진국에서는 사회적경제조직들이 국가와 시장이 해결하지 못한 사회문제 해결의 주체로 활동하면서 고용창출, 사회서비스 제공, 사회혁신 등의 영역에서 괄목할만한 성과를 보이고 있다. 한국에서도 사회적기업, 협동조합 등이 활성화되면서 사회적경제 영역이 양적·질적으로 성장하고 있는데 현행「사회적기업 육성법」,「협동조합 기본법」만으로는 제도적 뒷받침이 미흡한 실정이다. 법안은 이러한 점에 주목하여 사회적경제 발전을 위한 정책 수립, 총괄, 조정에 관한 기본적인 사항을 정하고, 다양한 사회적경제조직들을 지원함으로써 사회적경제가 지속가능한 생태계를 만들고자 발의되었다.

「사회적경제 기본법안」은 19대 국회에서 발의되었으나 국회 상임위원회 통과가 지연된 채 계류하다가 19대 국회가 종료되며 자동 폐기되었다. 20대 국회 개원 후「사회적경제 기본법안」이 다시 발의되었다. 다음 항에서는 더불어민주당 안을 중심으로 살펴보기로 한다.

(2) 주요 내용 및 특징

법안 제1장은 총칙으로서 법의 목적, 사회적경제의 기본원칙, '사회적경제', '사회적 가치', '사회적경제기업' 등에 대한 정의규정 및 국가, 사회적경제 조직들의 책무, 다른 법률과의 관계를 규정하고 있고, 제2장은 정부의 사회적경제 발전을 위한 기본계획 수립, 제3

---

14) 윤호중 의원 발의, "사회적경제 기본법안", 2001614, (2016. 8. 17.) [계류 중].; 유승민 의원 발의, "사회적경제 기본법안", 2002616, (2016. 10. 11.) [계류 중].

장은 사회적경제발전위원회의 설치 및 운영, 구체적인 추진체계를 규정하고 있다. 제4장은 사회적 금융에 대한 제도 및 기관, 사회적 경제발전기금의 조성 및 운영에 대해, 제5장 및 제6장은 공공기관의 우선구매, 사회적성과 평가지표 개발 등 사회적경제조직의 지원 및 육성에 관한 내용을 규정하며 제7장은 보칙규정으로 자료제출요구, 국회보고 및 과태료 등에 관한 규정들을 두고 있다.

  법안은 '사회적경제'를 양극화 해소, 양질의 일자리 창출과 사회 서비스 제공, 지역공동체 재생과 지역순환경제, 국민의 삶의 질 향상과 사회통합 등 공동체 구성원의 공동이익과 사회적 가치의 실현을 위하여 사회적경제조직이 호혜협력과 사회연대를 바탕으로 사업체를 통해 수행하는 모든 경제적 활동으로 정의한다. '사회적 가치'는 사회적경제활동을 통하여 사회적·경제적·환경적·문화적 영역에서 공공의 이익과 공동체 발전에 기여하는 사회 공익적 성과로서 인권, 고용기회의 확대, 사회통합 등을 포괄하는 가치로 정의된다. '사회적경제기업'은 '사회적 가치'를 추구하면서 영업활동을 하는 사업조직으로서 더불어민주당 윤호중 의원 안은 사회적기업, 예비 사회적기업 협동조합, 마을기업, 자활기업, 농어업법인단체, 신협, 농협, 수협, 새마을금고, 산림조합, 중소기업협동조합, 엽연초협동조합 등을 포함하고 있다. 유승민 의원 안은 여기에 장애인표준작업장, 사회복지법인, 장애인직업재활시설 및 자활센터까지 사회적경제기업의 범위에 포함하고 있다.

  구체적인 사회적경제 지원정책으로는 사회적경제 원리에 적합한 금융제도를 정비하고, 민간 사회적 금융기관을 지정·육성하도록 규정하고 있다. 또한, 공공조달에 있어 우선구매비율 등을 규정하고 있다. 나아가 사회적경제 발전 정책의 원활한 추진 및 사회적경제기업 지원에 필요한 재원을 안정적으로 확보하기 위하여 사회적경제 발전기금을 설치·조성하도록 한다. 이 외에도 법안은 정부로 하여금

5년 단위로 사회적경제 발전기본계획을 수립하며 주요정책을 심의 조정하고 정책 추진을 총괄하기 위하여 대통령 소속으로 사회적경제발전위원회를 두도록 하였다.

(3) 검토

정책 방향을 제시하고 개별법 제정 및 정책 추진의 근거가 되는 기본법의 성격상 법안에는 사회적경제 영역에 대한 승인 및 사회적경제기업의 정의와 범위, 개별 주체들의 역할과 의무, 정책 수립의 방향과 원칙, 거버넌스 및 추진체계, 지원의 원칙 등에 대한 내용을 규정하고, 구체적인 실행방안은 사회책임조달법, 사회적 금융특별법 등 개별법에서 규정하는 것이 원칙적으로는 바람직하다. 그러나 이른 시일 내에 개별법 제정이 쉽지 않은 상황에서 「사회적경제 기본법」에 추상적으로 원칙과 방향만을 규정할 경우 법 자체가 형해화될 우려가 있다. 이러한 상황을 고려해서 개별법이 완비되기 이전까지는 「사회적경제 기본법」에 조달, 금융 등 일부 실행법적 성격을 가지는 규정을 한시적으로나마 둘 필요가 있다.

구체적인 규정에 대한 주요 쟁점으로는 사회적경제기업의 범위 설정에 대한 논의가 있다. 예를 들어 법안은 농·수·축협, 신협, 새마을금고, 농업회사법인 등도 사회적경제기업으로 포섭하고 있다. 그런데 위 조직들의 설립 배경 및 실제 운영방식은 사회적 가치와 목적을 우선하는 사회적경제기업과는 성격이 다르다는 비판이 제기되고 있다. 사회복지법인을 모두 사회적경제기업에 포함시킬 경우 한국의 복지서비스 대부분을 사회적경제가 수행하고 있다는 통계적 오류의 발생 문제 및 복지의 민영화로 악용될 우려가 있다. 따라서 사회적경제기업의 판단기준 및 범위 설정에 대한 보다 심도 깊은 검토가 필요하다.

사회적경제 발전기금 설치에 관하여는 기금 설치를 통해 사회적경제를 안정적으로 지원하기 위한 재원이 안정적으로 확보되는 반면, 정부 출연금 외에는 사실상 안정적인 재원을 마련하기 어렵다는 비판이 존재한다. 또한 기금의 운영방식과 관련하여 사회적경제기업에 대한 우선지원을 할 것인지, 사회적 가치와 공공성을 가지는 사업의 경우 지원할 것인지 등에 대한 논란이 있다. 사회적경제발전위원회에 대하여는 대통령 소속으로 둘 것인지 기획재정부 소속으로 둘 것인지에 대한 논의, 성격을 자문위원회로 할 것인지, 심의위원회로 할 것인지에 대한 이슈, 거버넌스와 관련하여 민·관 수평적 파트너십의 보장 문제, 현행 사회적경제 관할부처와의 관계에 따른 사회적경제계획 수립 권한 보유 논란 등이 존재한다.

「사회적경제 기본법」 제정의 필요성과 관련해서는, 사회적경제에 대한 국민의 인식 및 공감대가 부족하며, '사회적경제', '사회적 가치' 등의 정의가 모호하고 포괄적이라는 지적이 있으며, 법률 제정의 필요성이나 실익이 크지 않다는 지적도 존재한다. 그러나 경제·사회적 양극화, 소득불균형, 실업 등 사회적 문제를 해결할 수 있는 새로운 대안 모델로서의 사회적경제를 승인하고, 기획재정부(협동조합 기본법), 고용노동부(사회적기업), 보건복지부(자활기업), 행정자치부(마을기업) 등으로 나누어져 있는 사회적경제 정책의 통합적 조율을 위해서도 상위법으로서의 기본법 제정이 필요하다.

2. 사회적 가치 기반의 법·제도 도입

가. 사회적 가치 제도화의 필요성

한국 사회는 빠른 시간 내에 높은 경제성장을 이루었으나 그 이면에서는 결과 중심의 사고방식, 물질적 이익의 중시, 양극화의 심화라는 부작용을 겪고 있다. 사회의 지속가능성을 높이려면 경제성장과 더불어 공공성 구현과 공공의 이익 추구가 필요하며, 정부, 지방자치단체 및 공공기관이 공공성 구현을 선도하는 역할을 해야 한다. 그러나 한국의 공공기관의 정책 수립 및 수행과정에서 사회적 가치에 대한 고려는 초보적 수준이고 법·제도적 환경도 미비하다.[15] 공공기관의 운영도 경제적 효율성을 중심으로 평가되면서 공공의 이익 추구라는 핵심역할을 제대로 수행하지 못하는 문제점도 발생하고 있다.

해외에서는 공공 영역이 사회적 가치의 확산을 선도하는 역할을 하고 있으며, 그 핵심 기제 중 하나가 공공 영역에서 사회적 가치를 주요한 의사결정 및 정책 수행의 기준으로 삼는 것이다. 이를 위해 사회적 가치법을 제정하는 등 사회적 가치 제고를 위한 다양한 법·제도적 기반을 마련하고 있다. 이미 일부 국가에서는 공공시장에서의 최저가 낙찰제를 최적 가치(Best value) 낙찰제로 전환하면서 공공조달에 있어 사회적 가치의 반영을 고려하도록 하고 있다. 유럽연합은 2010년부터 사회책임조달 가이드라인('Buying Social: A Guide to Taking Account of Social Considerations in Public Procurement')을 시행하고 있다. 해당 가이드라인은 낙찰 기준으로 가격만이 아닌 다양한 사회, 환경, 혁신정책적 관점이 반영될 수 있도록 한다. 영국은 2012년 공공서비스(사회적 가치)법{Public Services(Social Value) Act}을 제정하여 공공기관이 발주하는 외주 사업이나 물품 조달에서 사회적, 환경적 가치를 존중하고 이를 조달의 목적으로 삼도록 요구하고 있다.

한국에서도 공공기관의 사회적 가치 실현을 제도화하고, 이를 통해 민간·시장 영역 전반에 걸쳐 사회적 가치와 공공성이 의사결정 및 실행의 주요한 기준으로 고려될 수 있도록 견인할 필요가 있다.

---

15) OECD 30개 국가 중 최하위 수준의 공공성(공익성·공정성·공민성·공개성), 서울대 사회발전연구소, 2015.

나. 「공공기관의 사회적 가치 실현에 관한 기본법안」[16)의 검토 및 제언

(1) 의의 및 추진경과

본 법안은 공공기관의 정책 수립, 시행 및 평가에 이르는 전 과정에서 사회적 가치를 고려하도록 하고, 이를 통해 사회 전반의 공공성을 제고하는 것을 목적으로 한다. 법안은 2014년 6월 발의되었으나, 「사회적경제 기본법안」과 마찬가지로 19대 국회 임기만료로 폐기되었다가 20대 국회에서 재발의되었다.

(2) 주요 내용 및 특징

사회적 가치란 공공부문의 공공성을 증진하고, 국민주권을 실질적으로 구현하며, 모든 국민이 더불어 잘 사는 미래 사회로 나아가는데 있어 우리 사회가 회복, 지향해야 할 핵심적인 가치라고 볼 수 있고 헌법적 가치 중에서 국민의 자유와 권리를 실질적으로 보장하고 국민 전체의 복리를 향상시키는데 있어 긴요하고 핵심적인 가치를 의미한다. 다만 동 법안에서는 사회 일반의 보편적 개념으로서의 사회적 가치가 아니라 공공부문의 혁신을 위한 입법상·정책상 조작적으로 개념을 정의할 수밖에 없기 때문에 사회적·경제적·환경적·문화적 영역에서 공공의 이익과 공동체 발전에 기여하는 가치로서 인권의 보호, 보건복지의 제공, 노동권의 보장과 근로조건의 향상, 사회적 약자에 대한 기회제공과 사회통합, 양질의 일자리 창출, 환경의 지속가능성 보전 등을 포괄하는 가치라고 규정하고 있다(법안 제3조 제1호).

구체적인 법안 내용을 살펴보면, 공공기관은 모든 정책 등을 수

---

16) 박광온 의원 발의, "공공기관의 사회적 가치실현에 관한 기본법안", 2009 920, (2017. 10. 26.) [계류 중].

행할 때 사회적 가치 실현을 위해 필요한 관계 법령 및 조례의 제정
및 개정, 폐지 등의 노력을 하여야 하며, 해당 기관의 특성과 여건을
반영하여 사회적 가치가 실현될 수 있도록 해야 한다(법안 제4조).
또한 공공기관은 정책 등을 수행하는 모든 과정에 있어 사회적 가
치 실현을 위해 노력하여야 하며, 정책 등을 수행하는 과정에서 물
품·공사 및 용역 등에 관한 계약을 체결하는 등의 경우 사회적 가치
를 실현하는 부문의 수주 기회가 늘어나도록 우대할 수 있다(법안
제5조). 법안 제7조에서 제10조까지는 사회적 가치 실현 기본계획
수립과 시행에 관한 내용을 규정한다. 제11조에서 제15조까지는 사
회적 가치위원회의 설치와 운영을, 제16조에서 제18조까지는 사회
적 가치 성과평가의 원칙과 방식 등을 규정하고 있다.

　구체적으로 사회적 가치 실현을 행정 운영의 기본원리로 삼아 공
공기관의 조직운영 및 공공서비스 공급과 정책사업 수행 과정에서
사회적 가치 실현을 촉진할 수 있도록 하고 있다. 즉, 공공기관이 수
행하는 조달, 개발, 위탁, 기타 민간지원 사업에 있어 비용절감이나
효율성만을 중시하기보다는 인권, 환경, 사회적 약자, 사회통합 등
사회적 가치를 고려하도록 하고, 이러한 사회적 가치의 실현을 공공
기관의 평가에 반영하도록 하고 있다. 법안의 적용대상인 공공기관
에는 중앙행정기관을 비롯하여 거의 모든 공공기관이 포함된다. 공
공기관의 운영에서 경제적 효율과 사회적 가치를 균형적으로 고려
함과 동시에 지속가능한 발전을 이루기 위하여 사회적 가치 성과평
가를 규정한다.

(3) 검토

　공공부문에서 사회적 가치를 실현하고자 하는 위 법안의 제정 취
지와 목적을 달성하기 위해서는 정부혁신의 관점에서 부처, 지자체,
공공기관 등 공공부문의 정책 목표가 사회적 가치를 기반으로 근본

적인 재설계가 이루어져야 하며, 이를 위해, 경쟁, 효율, 효과, 공급
자 중심의 관점으로 설계된 기존 정책 등을 사회적 가치 관점으로
전환해야 한다.

그리고 정책 수행 과정의 전 단계에서 사회적 가치를 고려하도록
하는 업무 프로세스, 즉 절차적 시스템에 의한 사회적 가치 실현이
담보될 수 있는 구조와 공공-소셜섹터-민간이 협력하여 사회문제를
해결하는 PSPP(Public Social Private Partnership)방식의 협치형 프로
세스를 확산해야 한다.

나아가, 예산, 인사, 조직, 공공기관 운영에 있어 사회적 가치 내
재화를 위한 조직문화 및 운영 시스템 개선과 성과평가체계를 전면
개편하여 사회적 가치 창출을 적극 지원하는 성과평가체계를 구축
해야 한다.

한편, 사회적 가치 실현 기반의 사회를 만들기 위해서는 필수적
으로 민간 영역의 사회적 가치 창출을 지원할 수 있는 법제도 및 정
책, 특히 사회혁신, 사회적경제와의 연계를 통해 정부 차원에서 사
회적 가치 확산을 지원하면서 주민 주도형 마을 공동체 활성화, 시
민사회 역량강화, 사회적경제 생태계 조성을 해나가야 한다.

이와 관련하여, 구체적인 입법 및 정책과제는 다음과 같이 생각
해 볼 수 있다.

참고. 사회적 가치 실현 확산을 위한 주요 입법 및 정책 과제

□ 입법 과제
  ◦ 공공기관의 사회적 가치 실현에 관한 기본법 입법 추진
  ◦ 사회적 가치 실현 및 확산을 주도하는 사회적경제 관련 제도 개선
    - 사회적경제 기본법, 사회적경제 활성화를 위한 구매촉진 및 판로지원에
      관한 법
□ 사회적 가치 기본법과 함께 추진되어야 할 제도 개선 과제
  ◦ 사회적 가치 실현을 위한 공공부문 평가제도 개선

- 정부업무평가법, 공공기관운영법, 지방공기업법, 지방자치 출자출연법, 대중소기업 상생협력법, 지방공기업법 등
○ 사회적 가치 실현을 위한 공공서비스 분야 제도 개선
- 국가계약법, 지방계약법, 물품관리법, 국유재산법, 국유재산특례 제한법, 공유재산법, 민간위탁 관련법, 민간투자사업 관련법 등
○ 사회적 가치 실현을 위한 공공부문의 제도 개선 일반
- 환경정책기본법, 근로기준법, 독점규제 및 공정거래에 관한 법률, 소비자 보호법, 중소기업법
- 저탄소 녹색성장기본법, 지속가능발전법
- 국민연금법, 국가재정법, 조달사업법
○ 민간의 사회책임경영, 사회책임투자, 지속가능발전을 통한 사회적 가치 확산 유도
- 중소기업진흥법, 자본시장법, 산업발전기본법
- 기금관리법, SIB법, CRA법 등
- 금융위원회, 스튜어드십 코드 등 금융 관련 제도 개선
□ 정책과제
○ 사회적 가치 평가 시스템 구축 및 성과 평가 반영
중앙행정기관·지방자치단체 및 공공기관 등을 대상으로 진행되는 '업무평가'에 사회적 가치 성과 평가가 반영될 수 있도록 할 예정
○ 사회적 금융 정책 및 제도화
사회혁신기금, 사회투자펀드 조성, 신용보증 심사기준 및 한도 완화 등 사회적경제의 특성이 반영된 금융 시스템 구축 추진
○ 사회책임조달 제도의 도입
사회책임조달은 일반적으로 "정부와 공공기관이 필요로 하는 재화 및 서비스 등을 구매하는 과정에서 정부가 고용, 사회통합, 환경 등 구매활동의 사회적 영향을 고려하는 방식"의 구매를 통칭함.

(참고) 유럽연합의 '사회책임조달 가이드라인(2010)'

"EC 조약과 조달 지침들의 원칙을 준수하고, 지속가능성 기준을 고려하면서 고용기회, 양질의 일자리, 사회권, 노동권의 준수, 사회통합, 기회균등, 모두를 위한 접근 계획, 윤리적 무역, 기업의 사회적 책임에 대한 자발적 준수 등의 사회적 가치를 하나 이상 고려하는 조달"

〈표 1〉 사회책임조달을 위한 제도들

구분	주요 내용	제도의 사례
일반경쟁시장과 사회적 입찰 방식을 매칭하는 제도	·일반경쟁 제도 하에서 사회적 입찰 방식을 적용하는 방안 ·사회적 입찰의 요건: 고용안정성, 임금 수준, 지역사회에 대한 기여, 환경적 영향 등의 사회적 가치 창출에 대한 조건을 입찰 조건에 포함	·유럽연합 사회책임조달 가이드라인 및 공공조달지침
제한경쟁시장과 사회적 입찰 방식을 매칭하는 제도	·특정기업으로 신청자격을 제한하여 서비스 구매	·수의계약 ·제한경쟁입찰
우선구매제도	·특정기업 제품에 대한 우선구매제도	·목표비율제 ·품목지정제
낙찰과정에서 사회적 이익에 대한 평가	·평가 및 선정과정에서 사회적 이익이나 영향의 창출 정도를 심사기준에 반영	·최적가치 낙찰제
정부와 민간의 파트너십	·정부와 민간이 협력하여 전략적으로 공공시장을 개발하는 방안	·이탈리아 사회적협동조합: 지방정부가 전략적으로 사회적 협동조합을 사회서비스 공급체로 육성

이러한 과정을 통해 각 영역별 사회적 가치 실현을 위한 과제가 구체적으로 수행되고 이를 통해 사회적 가치 실현 기반의 사회를 만들 수 있는 선순환 구조가 이루어질 수 있으리라 본다.

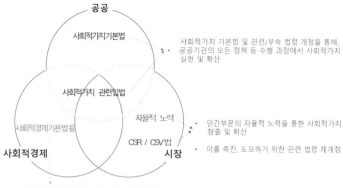

〈그림 1〉 부문별 사회적 가치 실현을 위한 과제

3. 주체별 지원법 및 분야별 특별법의 제·개정

가. 개별 영역에서 요구되는 법·제도

　사회적경제 생태계를 지속 가능하도록 구축하고, 새로운 성장 동력으로서 사회적경제가 자리매김하기 위해서는 주체별 지원법 및 분야별 특별법의 제정 또는 개정이 필요하다. 주체별 지원법 중「사회적기업 육성법」은 사회적기업 개념의 재정립, 제3의 법인격 도입을 비롯해 인증제의 등록제 전환 등을 검토할 필요가 있다.「협동조합 기본법」은 협동조합, 특히 일반협동조합의 정체성과 관련하여 이윤 극대화를 추구하는 영리기업이 아니라 구성원과 지역사회의 이익을 우선시하는 전통적인 사회적경제조직으로서의 성격과 사업체로서 성격을 조화시키는 방향으로의 보완이 필요하다. 그 밖에 자활기업, 마을기업 및 농어촌공동체회사 등의 사회적경제 주체들이 사회적기업, 협동조합과 조화를 이루며 사회적경제 생태계 내에서 안착할 수 있도록 하는 정책적 또는 법·제도적 노력이 요구된다.

사회적경제 '생태계를 튼튼히 형성하는 데 필요한 분야는 크게 조달, 금융, 부동산 등이다. 먼저 공공조달은 가장 빠른 시일 내에 효과적으로 사회적경제를 활성화할 수 있는 분야이다. 정부, 지방자치단체, 공공기관의 재화 구매 과정에서 사회적경제기업 제품의 판로를 열어줄 수 있도록 2017년 7월 현재 국회에 계류 중인 「사회적경제기업 제품의 구매촉진 및 판로지원에 관한 특별법」 통과가 요구된다. 이에 대해서는 항을 바꾸어 설명한다.

일반 영리기업과 마찬가지로 사회적경제기업의 운영에서도 자금조달을 위해 금융이 필요하며, 사회적경제 '생태계'라는 말 자체에서도 볼 수 있듯이 생태계가 돌아가도록 하기 위해서는 사회적경제라는 인식 하에 운용되는 사회적 금융이 필수적이다. 사회적 금융은 적정한 사업상의 위험 및 회수기간의 장기성을 감수하고 사회적 가치 평가에 따라 보상을 받는 인내자본의 역할을 해야 한다. 이를 위해서는 수익성과 위험성을 기준으로 하는 기존의 전통적·상업적 금융시스템에 더하여 사회적 가치를 추구하는 사회적 금융시스템의 추가가 필요하다.[17] 채권을 발행해 투자자로부터 투자를 받고 일정한 사회적 성과를 달성하면 정부 또는 지방자치단체가 투자금과 수익을 투자자들에게 상환하는 구조의 사회혁신채권(Social Impact Bond)을 활성화할 필요도 있다.[18] 또한, 새로운 금융 방식인 크라우

---

17) 노희진, 사회적 금융론, 박영사 (2015), 4~5.

18) 2010년 영국 피터버러 교도소 범죄자들을 대상으로 갱생 목적의 세계 최초의 사회혁신채권 사업이 진행된 후 현재 미국, 캐나다, 호주 등에서 청소년 범죄, 노숙인, 실업 문제 등을 해결하기 위한 사회혁신채권사업이 진행되고 있다. 국내에서는 2015년 서울시가 처음으로 사회혁신채권 사업을 진행하였다. 사업의 목표는 경계선지능 및 경증지적장애 아동 100여 명을 대상으로 3년간 정서치유와 사회성 향상, 학습능력 향상을 통해 자립성을 높이는 것이다. 운영은 팬임팩트코리아가 담당하고 사업수행기관은 대교문화재단 컨소시엄이다. 투자자금은 3년간 대상 아동들에 대한 교육 프로그램 제공

드펀딩, P2P 금융 등이 사회적경제 영역 안에서 활성화될 수 있도록 하는 법·제도를 도입해야 한다.

부동산 영역에서도 사회적경제기업이 도시 또는 지역 재생의 주요 사업자가 되도록 하는 방안, 국공유재산을 수의계약으로 매수 또는 임차하여 커뮤니티를 조성하도록 하는 방안, 유휴공간 신탁제도를 도입하는 방안 등을 제도화하고, 시민자산화, 공동체주택 등의 새로운 시도들이 정착하고 성과를 거둘 수 있도록 부동산 관련 법제에 대한 연구 및 이를 통한 법·제도의 개선이 요구된다.

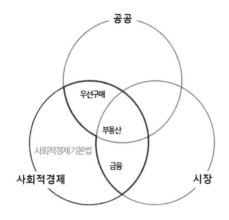

* 개별법
• 주체별 지원법 : 사회적기업육성법/협동조합기본법/마을기업관련법/자활기업관련법 등
• 분야별 특별법 : 사회적경제관련조달/금융(기금)/도시재생/부동산 분야 등

〈그림 2〉 사회적경제 영역 입법체계도

에 사용되며 투자자는 3년간 진행사업이 최대 성과목표(42% 이상 성공)를 달성했을 때 원금과 최대 30%의 인센티브를 받게 된다. 성과달성이 부분적일 경우엔 성공률에 비례해 투자금을 상환받지만, 성과목표가 최저기준(10% 이하)을 달성하지 못하면 원금이 손실된다{서울특별시, "아시아 최초 SIB사업 공식운영기관 선정", 서울특별시 내 손안에 서울, http://mediahub. seoul.go.kr/archives/926323, (2017. 7. 5. 확인)}. 경기도에서도 경기도 내 기초생활수급자 비율을 줄이는 것을 목표로 사회혁신채권사업이 진행 중이다(해봄 프로젝트).

나. 「사회적경제기업 제품의 구매촉진 및 판로지원에 관한 특별법」19)의 검토 및 제언

(1) 의의 및 추진경과

사회적경제기업들은 일반 영리기업과 달리 이윤추구가 아니라 사회문제 해결을 궁극적 목적으로 하기 때문에 기업 자체의 경쟁력 확보에 어려움이 있다. 법안은 사회적경제기업들이 경쟁력과 지속 가능성을 확보할 수 있도록 중앙정부와 지방자치단체가 판로 확대 등 적극적인 지원을 할 수 있는 제도적·입법적 근거를 마련하고자 한다. 구체적으로는 사회적경제기업 제품에 대한 구매촉진 및 판로지원을 통해 공공조달에서 사회적 가치의 구현을 확대하고 사회적경제기업의 혁신을 통한 사회문제 해결과 사회적 일자리 창출 등을 목적으로 한다. 법안은 19대 국회에서 발의되었으나 국회 임기만료로 폐기되었다가 20대 국회 개원 후 2016년 8월 재발의되었다.

(2) 주요 내용 및 특징

법안에는 주체별 역할 및 기본책무, 사회적경제기업을 위한 구매촉진에 관한 기본계획의 수립 및 시행에 관한 사항, 사회적경제기업의 판로 확대를 위한 각종 지원제도 및 권한의 위임, 위탁 및 과태료에 관한 규정을 두고 있다.

구체적으로 사회적경제기업이 직접 생산·제공하는 제품으로서 판로확대가 필요하다고 인정되는 제품은 사회적경제기업 간 제한경쟁 또는 지명경쟁입찰이 가능하도록 하고 있다. 공공기관의 장에게 구매품목이 우선구매대상 사회적경제품목으로 지정된 품목인 경우 또는 총 구매액(공사비용 제외)의 5%의 범위에서 인증사회적기업과

---

19) 서형수 의원 발의, "사회적경제기업제품의 구매촉진 및 판로지원에 관한 특별법안", 2001596, (2016. 8. 16.) [계류 중].

사회적협동조합이 생산하는 재화나 서비스를 구매할 의무를 부여하며, 민간위탁 시에는 사회적경제기업을 우대할 수 있도록 하였다. 정부는 공공기관의 장에게 구매실적의 제출을 요청할 수 있고, 구매실적을 공공기관 평가요소로 활용할 수 있다.

(3) 검토

법안은 공공조달 영역에 있어 사회적경제기업 제품에 대한 구매 촉진 및 판로지원이라는 간접지원체계를 구축하고자 하는 목적을 가지고 있다. 법안이 제정될 경우 정부와 지방자치단체가 사회적경제기업들의 판로 확대에 대하여 적극적인 지원책을 마련할 수 있는 법적 근거를 가지게 될 수 있다. 현행법상 공공조달 영역을 규율하는 법령은 「국가를 당사자로 하는 계약에 관한 법률」, 「지방자치단체를 당사자로 하는 계약에 관한 법률」, 「공공기관의 운영에 관한 법률」 등이 있다. 위 법률들은 공공조달에서 경쟁입찰을 원칙으로 하면서 제한경쟁입찰, 지명경쟁입찰 또는 수의계약 사유를 예외적으로 규정하고 있다. 대부분의 사회적경제기업들은 아직 경쟁입찰에서 일반 영리기업과 대등한 경쟁력을 가지고 있지 아니하며, 제한경쟁입찰이나 수의계약 등 예외사유에도 사회적경제기업들이 포함되어 있지 아니하다. 법안이 통과되는 경우 사회적경제기업 간 경쟁입찰, 수의계약 방식을 적용할 수 있는 법적 근거가 생기게 되며, 공공기관에 사회적경제기업 제품 우선구매 의무 등이 발생하게 된다. 그러나 사회적경제기업에 대한 수의계약, 제한경쟁입찰 등은 자생력이 취약하거나 사회적 목적을 위하여 특별히 지원할 필요가 있는 기업의 경영실적 개선에 기여할 수 있지만, 스스로 경쟁력을 강화하려는 유인을 떨어뜨려 오히려 지속적 존립 가능성을 저해할 수 있는 측면도 있다. 법안은 적용 대상인 사회적경제기업의 범위를 법인격의 유형으로만 제한하고 있고 「중소기업제품 구매촉진 및 판로

지원에 관한 법률」과 같이 상시 근로자 수, 자본금 등이 일정 규모 이하일 것을 요구하고 있지 않다. 이에 따라 경쟁입찰의 제한이 필요하지 않은 규모의 사회적경제기업들이 참여하여 지원이 필요한 기업들에 대한 역차별이 발생할 수 있으므로 이에 대한 보완이 필요하다.

이를 위해 사회적경제 활성화를 위한 구매촉진 및 판로지원에 관한 조달 원칙을 다음과 같이 세 가지 차원으로 나누어 볼 수 있다. 첫 번째로 보호시장을 만들어 입찰 과정을 거치지 않고 직접 수의계약을 할 수 있는 영역의 설정이다. 이 영역은 경쟁력은 부족하지만 높은 사회적 가치를 창출하고 있는 사회적기업을 대상으로 한다. 예를 들어 중증장애인, 노숙자, 약물 중독자 등의 취약계층에게 일자리 또는 사회서비스를 제공하는 사회적기업이 대상이 될 수 있다. 두 번째로 입찰자격을 제한하여 제한경쟁시장 영역을 만드는 것이다. 이 영역에는 사회적기업 또는 일정 수준 이상의 사회적 가치를 창출하는 기업들만이 입찰에 참가할 수 있도록 한다. 일반 영리기업보다 경쟁력이 부족하지만 사회적 가치를 창출하는 기업들을 지원할 수 있는 방안이다. 세 번째로 모든 기업들에 입찰 자격을 부여하되 낙찰제 선정 시 사회성과지표를 반영하여 궁극적으로 사회적 가치를 추구하는 기업들이 공공조달시장에서 낙찰받을 수 있는 기회를 증대시키는 것이다.[20]

---

20) 사회적경제 법센터 더함, "사회적기업 제품 우선구매 활성화를 위한 사회책임조달방안 연구", 고용노동부 (2015. 12.), 102~103.

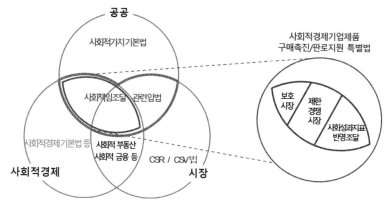

〈그림 3〉 사회적경제기업 제품 구매촉진 및 판로지원에 관한 특별법의 체계 및 내용

Ⅳ. 결론

　사회적경제는 사회적 가치와 경제적 가치를 동시에 추구하는 경제 영역이며, 영리활동을 수행하되 공익성, 자율성, 민주적 의사결정, 수익배분 제한이라는 원칙을 따르는 조직들이 만들어 내는 경제라고 정의할 수 있다. 사회적경제조직들은 19세기 초부터 등장하여 발전하다가 시장경제의 팽창 및 복지국가시스템의 성장으로 쇠퇴하였다가 1970년대 경제위기 상황 속에서 재조명되었다. 한국에서는 1997년 외환위기 후 제도화되기 시작하여 「사회적기업 육성법」, 「협동조합 기본법」 등 근거법률이 제정되면서 본격적으로 성장하였다.
　사회적경제는 공공 영역과 시장 영역 사이에 위치하면서 각각의 영역과 교차하는 부분을 가진다. 또한, 영리와 비영리의 융합, 정부와 비정부 조직의 융합 등이 나타나면서 사회적경제 영역은 매우 다양해지고 있다. 그러나 한국의 법체계는 비영리와 영리를 엄격히 구분하고 있어 사회적경제라는 하이브리드 영역에서 발생하는 법률

이슈를 완전히 담아내기 어렵다. 또한, 사회적경제가 기존의 공공 영역이 수행하던 역할을 대신하거나 시장 영역으로 활동을 확대하면서 생기는 충돌에 대해서도 아직 적절히 대응하지 못하고 있다. 지속 가능한 사회적경제 생태계 조성을 위해 현재 국회에 계류 중인 사회적경제 관련 법안의 통과가 요청되며, 이를 포함한 새로운 법체계 고안이 필요하다.

현행법을 살펴보면, 2017년 10월 현재 「사회적기업 육성법」, 「협동조합 기본법」 등 개별적인 사회적경제 조직의 지원, 육성에 관한 법률이 있을 뿐 사회적경제 전반을 아우르는 기본법적 성격의 법령이 존재하지 않는다. 이에 따라 체계적인 제도적 뒷받침이 미흡한 실정이다. 사회적경제 발전을 위한 정책 수립, 총괄, 조정에 관한 기본적인 사항을 정하고, 지속 가능한 사회적경제 생태계를 조성하기 위해서는 「사회적경제 기본법」의 조속한 제정이 필요하다. 공공기관의 사회적 가치 실현을 제도화하고, 이를 통해 민간·시장 영역 전반에 걸쳐 사회적 가치와 공공성이 의사결정 및 실행의 주요한 기준으로 고려될 수 있도록 견인하기 위하여 「공공기관의 사회적 가치 실현에 관한 기본법」의 제정도 요청된다.

조달, 금융, 부동산 등 개별 영역에서도 사회책임조달, 사회적 금융, 사회적 부동산을 위한 개별 법령의 개정 또는 특별법 제정으로 사회적경제 생태계가 조성되어야 한다. 공공조달은 빠른 시일 내에 효과적으로 사회적경제를 활성화할 수 있는 분야이다. 정부, 지방자치단체, 공공기관의 재화 구매 과정에서 사회적경제기업 제품의 판로를 열어줄 수 있도록 「사회적경제기업 제품의 구매촉진 및 판로 지원에 관한 특별법」의 제정도 요구된다. 마지막으로 사회적경제기업의 법적 형태의 개선 방안으로서 사회적기업 개념의 재정립, 사회적기업의 정체성을 가진 제3의 법인격 도입 등을 적극적으로 고려할 필요가 있다.

참고문헌

고동현 외, 사회적경제와 사회적 가치, 한울아카데미 (2016).

김의영·임기홍, "한국 사회적경제 조직 지형도", 경희대학교 인류사회재건
　　　　연구원 OUGHTOPIA 30(1), (2015. 5.).

김진우, "중소기업의 수출장벽으로 부상하는 사회적 책임(CSR)", IBK기업은
　　　　행·IBK기업연구소 (2017. 4.).

노희진, 사회적 금융론, 박영사 (2015).

이경호 외, "사회적경제 법제도 현황과 새로운 법체계 고안", 서울대학교 공
　　　　익인권법센터 공익과 인권 제17호, (2017).

전병길 외, 사회혁신 비즈니스, 생각비행 (2013).

한국고용노사학회, "사회적기업의 새로운 패러다임 모색", 고용노동부
　　　　(2016. 12.) [양동수, 제2부 제5장 "사회적경제 기본법안의 위상과 체
　　　　계 고찰, 이를 통한 육성법과의 통합 논의"]

David Bornstein(박금자 외 번역), 사회적 기업가와 새로운 생각의 힘, 지식공
　　　　작소 (2013).

고용노동부 공고 제2017-184호, "공공기관의 사회적기업 제품 구매실적(2016
　　　　년) 및 구매계획(2017년)", 고용노동부 (2017. 4. 28.).

박광온 의원 발의, "공공기관의 사회적 가치실현에 관한 기본법안", 2009920,
　　　　(2017. 10. 26.) [계류 중].

사회적경제 법센터 더함, "사회적기업 제품 우선구매 활성화를 위한 사회책
　　　　임조달방안 연구", 고용노동부 (2015. 12.).

서울특별시, "아시아 최초 SIB사업 공식운영기관 선정", 서울특별시 내 손안
　　　　에 서울, http://mediahub.seoul.go.kr/archives/926323, (2017. 7. 5. 확인).

서형수 의원 발의, "사회적경제기업제품의 구매촉진 및 판로지원에 관한 특
　　　　별법안", 2001596, (2016. 8. 16.) [계류 중].

유승민 의원 발의, "사회적경제 기본법안", 2002616, (2016. 10. 11.) [계류 중].

윤호중 의원 발의, "사회적경제 기본법안", 2001614, (2016. 8. 17.) [계류 중].

조달청, "주요통계", 조달청, https://www.pps.go.kr/kor/jsp/offerData/statistics/ statistics01.pps, (2017. 7. 5. 확인).

한국사회적기업진흥원, 사회적기업 개요집 (2017. 2.).

_____, "협동조합 설립현황 엑셀자료", 한국사회적기업진흥원 협동조합 홈페이지, http://www.coop.go.kr/COOP/state/guildEstab lish.do, (2017. 7. 5. 확인).

사회적경제 기본법—의의와 쟁점

김종걸*

Ⅰ. 사회적경제 기본법이 필요한 이유

성공하는 정책에는 몇 가지 공통점이 있다. 먼저는 정책의 목표, 대상, 수단을 명확히 규정한다. 이에 맞게 부처별 사업의 교통정리를 하며 민간과의 파트너십도 구축한다. 그리고 이 모든 것을 알기 쉽게 국민에게 전달한다. 새마을운동의 예를 들어보자. 정책목표는 빈곤 극복이고, 수단은 농지·도로·주택 정비였다. 정부의 힘을 결집했으며, 주민의 자발적인 참여도 조직했다. 그리고 그 모든 것을 패키지화해서 새마을운동이라는 명확한 언어로 표현했다. 이에 비해 사회적경제 정책은 한참 못 미친다. 정책의 통합과 조율에 실패했다. 사회적기업, 협동조합, 마을기업, 자활사업 등 많은 사업의 목적은 일자리 창출과 사회서비스 확충에 있다. 그러나 각기 따로 움직인다.

거의 붙어 있는 "협동조합의 날"(7월 첫째 토요일)과 "사회적기업의 날"(7월 1일)은 따로 기념된다. 각 사업별로 시장 지원, 금융 지원, 네트워크, 교육계획도 따로 세운다. 자활기업(보건복지부)이 마

* 한양대 글로벌사회적경제학과 교수

을기업(행정안전부)으로, 그리고 사회적기업(고용노동부)으로 성장하는 과정에서 단계별로 필요한 것을 해결해 주어야 하나 조율할 수 있는 단위는 존재하지 않는다. 자활기업 출신이 마을기업 지원을 받은 후 협동조합 형태의 사회적기업이 되어 있다면, 매년 사업보고서 및 경영공시를 각기 다른 형태로 보건복지부, 행정안전부, 기획재정부, 고용노동부에 제출해야 한다. 더욱 심각한 문제는 정부의 칸막이가 사회적경제계의 칸막이로 전이되며 결국 자발적인 운동의 분열을 조장시킨다는 점이다. 특히 이쪽 영역이 정부자원의 의존도가 높은 현실을 생각한다면 이러한 경향은 더욱 강화된다.[1]

둘째로 본래의 정책목표에도 충실한 것 같지 않다. 사회적기업 정책이 실시된 것은 재정일자리 사업의 효과를 증대시키기 위해서였다. 원래대로 한다면 11조 원이 넘는 재정일자리 예산의 일정 부분이 사회적기업으로 발전했어야 했다. 그러나 현실은 그렇지 못했다. 1500억원을 넘나드는 사회적기업의 예산 범위 내로 스스로 안주하고 말았다. 사회적기업이 이럴진대 아직 발전이 일천한 사회적협동조합이 복지 영역에서 역할을 하기는 긴 시간이 필요할지도 모른다. 당장 복지부의 인가를 받기도 참 어렵다고 한다. 강고한 칸막이가 부처 간 정책 조율을 방해하고 있는 것이다.[2]

---

1) 사회적경제정책 전반에 대한 평가 및 발전방향과 관련해서는 김종걸, "사회적경제, 시대적 의미와 정책방향", 노사공포럼 통권 제38호 (2016); "시장과 국가를 넘어서: 한국형 제3의 길", 노사공포럼 통권 제42호 (2017); 이근식 외, 한국형복지국가:자유주의자의 시각, 철학과 현실사 (2014) 참조.
2) 필자가 2011년 재정일자리사업 총 2조7069억 원(71개 사업)을 대상으로 조사한 바에 의하면 39개 사업에 대해서는 충분히 사회적기업, 사회적협동조합의 방식으로 운영될 수 있었다. 만약 각 부처에서는 자신의 분야에서 활동하고 있는 사회적경제 영역을 먼저 파악하고 대표적인 기업들에 대해서는 담당부처와의 협의과정을 통해서 성공모델을 전파했다면 사회적경제영역은 더욱 성장했을 것이다. 김종걸 등, "중앙부처 재정일자리 및 공공서비스 사업의 사회적기업 연계방안", 고용노동부(2011. 9.)

셋째로 우호세력 확대에도 그리 좋은 점수를 줄 수 없다. 사회적 경제란 시장실패와 정부실패가 야기하는 각종의 사회문제를 풀기위한 시민의 주체적 노력을 말한다. 당연히 정부자원을 별도로 친다면 자발적인 선의의 자원을 동원하는 것이 중요하다. 기업, 종교, 학교, 일반 시민의 기부와 자원봉사, 윤리적 소비와 투자가 중요한 역할을 한다. 그러나 현실은 많이 열악하다. 사회적자본은 OECD 최하위 수준이라고 일컬어진다. 자신의 자금과 노동력을 무상으로 제공할 수 있을 정도의 사회적 신뢰가 없는 것이다. 생각해보면 사회적경제정책의 최대목표는 시민 스스로 호혜적 협력망을 마련할 수 있도록 하는 것에 있다. 사회적경제란 시민의 신뢰와 호혜의 공간인 '사회'를 기반으로 하며 사회적경제의 크기란 그 "사회의 총량" 범위를 벗어나지 않기 때문이다.

따라서 이제 해야 할 정책과제는 명확하다. 첫째는 다양한 정부의 관련자원을 통합 관리하여 효율화시키며, 정부지원의 정당성도 확보하는 것이다. 정부가 사회적경제를 중시하고 지원해야 하는 이유는 명확하다. 시장에서 해결 못하는 가난, 실업, 고독, 배제, 환경 파괴 등 각종 문제를 풀어야하는 책임은 정부에게도 있기 때문이다. 둘째는 사회적경제 성장의 배후지로서 협력과 호혜의 사회를 잘 만들어가는 것이다. 원론적으로 사회적경제 성장의 가장 큰 자양분은 정부가 아니라 사회여야 한다. 기업, 종교, 학교, 일반 시민의 기부와 자원봉사, 윤리적 소비와 투자는 사회적경제를 윤택하게 만드는 중요한 저수지 역할을 하는 것이다. 본고에서는 먼저 현재 국회에 제출된 유승민 의원 대표발의법, 윤호중 의원 대표발의법, 정부의 수정안 이 3가지 법안을 비교분석한다. 이 3법에서 법 제정의 기본목적에 해당되는, ① 정부사업의 통합관리와 지원정당성 확보, ② 협력과 호혜의 사회조성 촉진이 어떻게 구현되어 있는가를 살펴보고 향후 사회적경제의 정책적 과제가 잘 작동하기 위한 과제를 설정하기로 한다.

II. 사회적경제 기본법의 성격과 쟁점

1. 전체적 성격

19대 국회에서 유승민(새누리당), 신계륜(새정치민주연합), 박원석(정의당) 등 총 142명의 국회의원이 발의한 사회적경제 기본법은 비록 임기만료에 의해 자동폐기 되었으나 상당히 의미 있는 시도였다. 사회적경제 정책조율의 최고단위로서 대통령직속 위원회와 광역단위의 위원회를 만들고 기획재정부를 주무부처로 지정하며, 실행기관으로서 중앙에 사회적경제원, 지역에 통합지원센터를 지정하는 내용이었다. 발전계획, 발전기금, 공공조달, 조세감면, 재정지원, 민간자원연계, 교육훈련지원, 조직간 협력 등 사회적경제 발전을 위한 거의 모든 수단들을 종합시켰다는 점에서도 의미가 컸다. 19대 국회 때 폐기된 법안은 20대 국회에 들어와 더불어민주당 윤호중 의원 대표발의법안(총 27명 발의, 이하 윤호중법), 새누리당 유승민 의원 대표발의법안(총 15명, 이하 유승민법)으로 다시 제출되었다. 현재는 정부의 수정 의견까지 국회 기획재정위원회에 계류되어 있는 상태다.

20대 국회에 제출된 법안은 19대 국회의 법안과 거의 유사하다. 전체적으로 윤호중법은 사회적경제의 개념과 국가의 역할 등을 세세하게 규정하고 정부의 지원 의무도 명확히 규정한다. 유승민법은 정부지원의 필요성 등 전체적인 원칙을 천명하고 있으나 세세한 지원체계를 규정하고 있지는 않다. 따라서 법조문도 유승민법이 전체

29조로 편성되어 있으나 윤호중법은 41조로 크다. 사회적 금융에 대한 지원만 비교해도, 유승민법은 "사회적경제 발전기금 조성"(제17조) 하나로 통합되어 있으나, 윤호중법은 "사회적 금융의 제도정비"(제26조), "사회적 금융기관의 설립과 육성"(제27조), "(정부 및 지방자치단체)사회적경제 발전기금조성"(제28조), "민간기금의 조성" 등 각각 정의하고 지원체계를 정비한다.

정부의 수정안은 여당인 윤호중법을 기반으로 하고 있다. 그러나 정부지원이라는 차원에서 본다면 과거 여당안인 유승민법보다 더욱 후퇴한 측면도 있다. 특히 사회적경제기금의 마련에는 상당히 부정적이다. 그러나 법조문에서 명확히 규정하고 있지 않다는 것이 지원을 하지 않는다는 것은 아니다. 일례로 2017년 10월 발표한 정부의 <사회적경제활성화방안>에는 모태펀드 추가조성(100억원+α), 사회투자펀드 신규조성 300억원 등의 정책을 발표했다. 그러나 기본법 속에 그것을 '공식화'하는 것에는 저항이 있는 듯하다.

2. 쟁점(1): 사회적경제의 개념과 범위

사회적경제 기본법 제정의 목적에 대해서 정부수정안의 제1조에서는, "이 법은 사회적경제의 기본원칙에 따른 공통의 법적 토대를 마련하고, 사회적경제조직 간의 협력과 연대를 촉진하며, 효과적인 정책추진체계 구축 등을 통해 사회적경제의 지속 가능한 발전을 위한 생태계 조성을 목적으로 한다."고 설명한다. 즉 지금까지, ① 공통의 법적토대가 존재하지 않아, ② 민간조직 간의 협력과 연대가 미흡하고, ③ 효과적인 정책 추진이 어려웠다는 상황인식을 반영한다. 그렇다면 당연히 먼저 도출되는 과제는 다음과 같다. 먼저는 무엇을 대상으로 공통의 법적 토대를 만들 것인가? 그리고 사회적경제를 묶는 기본정신을 어떻게 규정할 것인가?

〈표 1〉 사회적경제 기본법의 비교(개념과 범위)

유승민 의원 발의안	윤호중 의원 발의안	정부 수정의견
제1조(목적) 사회적경제의 통합생태계와 통합적 정책추진체계를 구축함으로서 양극화를 해소하고 건강한 공동체를 조성하며 국민경제의 균형 발전을 도모.	제1(목적) 국민경제 균형발전과 국가공동체발전에 대한 사회적경제의 기여를 인정하고 향후 지속 가능한 위해 공통의 법적 토대를 마련하고, 사회적경제조직간의 협력과 연대, 민·관 협치를 기반으로 한 효과적인 정책추진체계를 구축.	제1조(목적) 공통의 법적 토대 마련, 사회적경제조직 간의 협력과 연대, 효과적인 정책추진 체계 구축을 통한 사회적경제 발전생태계 조성.
제3조(기본원칙) 1) 사회적 가치 실현 2) 자율적이고 투명한 운영 3) 민주적 의사결정구조 및 다양한 이해관계자 참여 4) 이윤을 구성원 공동이익과 사회적 목적 실현을 위해 우선 사용 5) 조직 간 상호 협력	제2조(기본원칙) 1) 사회적 가치 추구 2) 자율적 독립적 투명한 운영 3) 민주적 의사결정구조 및 다양한 이해관계자 참여 4) 이윤을 조직과 지역공동체 발전을 위해 재투자해야 하며 이익의 사용과 배분은 구성원 전체의 공동이익과 사회적 목적의 실현을 위하여 우선 사용 5) 조직 간 상호 협력	제2조(기본원칙) 기본적으로는 윤호중법안과 동일. 단지 이윤을 구성원 전체의 공동이익과 사회적 목적의 실현을 위하여 우선적으로 사용하기를 노력하도록 규정.
제2조(정의) 1. "사회적경제" 구성원 상호간의 협력과 연대, 적극적인 자기 혁신과 자발적인 참여를 바탕으로 사회적 가치를 창출하는 모든 경제적 활동. 2. "사회적경제 활성화 사업" 국가와 지방자치단체가 사회적경제 발전을 위하여 실시하는 사업.	제3조(정의) 1. "사회적경제" 구성원의 공동이익과 사회적가치의 실현을 위하여 사회적경제조직이 호혜협력과 사회연대를 바탕으로 사업체를 통해 수행하는 모든 경제적 활동. 2. "사회적가치" 사회적경제활동을 통하여 사회적·경제적·환경적·문화적 영역에서 공공의 이익과 공동체 발전에 기여하는 사회 공익적 성과. 구체적으로는 인권·안전·노동통합·건강·사회서비스·지역재생·사회통합·양질일자리·윤리적 생산	제3조(정의) 기본적으로는 윤호중법안과 동일.

유승민 의원 발의안	윤호중 의원 발의안	정부 수정의견
3. "사회적경제조직" 　1) 사회적기업 　2) 협동조합·연합회, 　　　사회적협동조합· 　　　연합회 　3) 마을기업 　4) 광역자활센터·지 　　　역자활센터·자활 　　　기업 　5) 농어업법인·조합· 　　　단체 　6) 소비자협동조합· 　　　연합회 　7) 농업협동조합·중 　　　앙회 　8) 수산업협동조합· 　　　중앙회 　9) 산림조합·중앙회· 　　　조합공동사업법인 　10) 엽연초생산협동 　　　조합·중앙회 　11) 신용협동조합·중 　　　앙회 　12) 새마을금고·중앙회 　13) 중소기업협동조합 　14) 장애인 표준사업장 　15) 장애인 직업재활 　　　시설 　16) 사회복지법인 　17) 그 외	및 유통·친환경·시민권리신장 등 구체 적 열거. 3. "사회적경제기업" 　1) 사회적기업 　2) 협동조합·연합회, 사회적협동조합· 　　　연합회 　3) 마을기업 　4) 자활기업 　5) 농어업법인·조합·단체, 　6) 소비자협동조합·연합회 　7) 농업협동조합·중앙회. 단 농협경제 　　　지주회사 및 농협금융지주회사는 　　　제외. 　8) 수산업협동조합중앙회. 수협중앙 　　　회 출자회사 및 금융업무 제외. 　9) 산림조합·중앙회·조합공동사업 　　　법인 　10) 엽연초생산협동조합·중앙회 　11) 신용협동조합·중앙회 　12) 새마을금고·중앙회 　13) 중소기업협동조합 　14) 예비사회적기업 　15) 그 외 4. "사회적경제 중간지원조직" 중앙행정기관 또는 지방자치단체와 사 회적경제조직 간의 가교역할, 사회적 경제조직 간의 협력과 연대촉진, 사회 적경제조직의 역량 강화와 생태계 조성 을 지원하는 조직. 5. "사회적경제연대조직" 지역·업종·부문·분야·전국단위 협의 체, 연합체, 관계망 등의 연대조직. 6. "사회적경제조직" 　1) 사회적경제기업 　2) 사회적경제 중간지원조직 　3) 사회적경제 연대조직	

유승민 의원 발의안	윤호중 의원 발의안	정부 수정의견
	④ 기타 대통령령과 및 관계조례에 따라 정해진 기업·법인·단체 7. "사회적금융" 사회적경제조직과 사회적경제 관련사업에 투자·융자·보증 등을 통한 금융활동	

첫째 과제는 사회적경제의 개념을 법적 정책적 용어로 정리하는 것이다. 한국의 사회적경제 기본법이 가지는 장점은 이 논제를 ① 공통의 가치와 운영원칙의 열거방식(가치규정), ② 법 혹은 정책의 열거방식(포지티브리스트)을 겸용함으로서 해결했다는 점이다. 이 것은 '사회적경제'라는 학문적 용어를 법과 정책의 용어로 재탄생시키는데 있어 아주 탁월한 방식이었다고 필자는 평가한다.

둘째는 법의 목적과 관련된 것이다. 유승민법에서는 제1조에 양극화 해소, 건강한 공동체 조성, 국민경제 균형발전을 위해서 사회적경제가 중요하다고 언급한다. 윤호중법 또한 국민경제 균형발전과 국가공동체발전에 사회적경제가 기여했음을 강조한다. 그러나 정부수정안에는 이 문구가 빠져있다. 적어도 법 제1조의 중요성을 생각하면 사회적경제 기본법의 국민경제적 의미에 대해서 명확히 기술하는 것이 바람직하다.

셋째는 사회적경제조직이 가지는 기본원칙을 어떻게 설정할 것인가에 대한 논제다. 윤호중법, 유승민법 모두 ① 사회적 가치실현, ② 자율적이고 투명한 운영, ③ 민주적 의사결정구조 및 다양한 이해관계자의 참여, ④ 구성원 공동이익과 사회적 목적 실현을 위한 이윤의 우선사용, ⑤ 사회적경제 조직간 상호협력 등을 규정한다.

이러한 원칙은 유럽에서 주로 논의되고 있는 사회적경제 원칙들과 크게 차이가 없다. 가령 1990년, 벨기에의 왈론 지역권 사회적경제심의회(CWES)에서는, 사회적경제는 "주로 협동조합 형태를 가지는 회사, 공제회, 자치조직(어소시에이션)에 의해서 수행되는 경제활동"이라고 규정한다. 구체적으로는 ① 이윤이 아니라 조합 혹은 그 집단에 대한 서비스를 궁극의 목적으로 하는 것, ② 관리의 자율성, ③ 민주적 의사결정, ④ 이익을 자본이 아니라 인간과 노동에게 우선적으로 분배하는 것을 그 주요한 구성요소로 규정한다. 1994년의 EC위원회의 발표, "EC에서의 협동조합, 공제조직, 어소시에이션, 재단을 위한 3개년 계획(1994~96)"에서는 사회적경제의 조직은 "사회적 목적을 가지고 참가의 원칙(1인 1표 원칙)과 연대의 원칙(구성원 간 연대, 조직 간 연대, 생산자와 소비자 간 연대)에 입각해서 운영된다."고 말한다. 구체적인 조직의 특징으로서는 ① 자본보다 인간우선, ② 훈련과 교육에 의한 인간발달 중시, ③ 자유의지에 의한 결합, ④ 민주적 운영, ⑤ 자율과 시민참여 중시 등이다.[3)

넷째로 사회적경제조직의 운영원칙 천명은 유럽에서의 통상적 용어법을 따른다고 하더라도 실제로 작동되는 상황은 다르기 마련이다. 가장 중요한 것은 이윤처분과 관련된 것이다. 이윤처분이 자본소유자에 의해 사적(private)으로 점유되고 처분된다면 일반경제조직과 사회적경제조직과의 차이점은 없어진다.

이 측면에서 가장 강하게 규정하고 있는 것은 윤호중법이다. 윤호중법의 제2조4항에는 사회적경제조직은 "이익을 해당 조직과 지역공동체 발전을 위해 재투자해야 하며", 그 "사용과 배분은 구성원 전체의 공동이익과 사회적 목적의 실현을 위하여 우선적으로 사용하여야 한다."고 규정한다. 만약 윤호중법을 문면 그대로 읽는다면 이윤의 전액배당금지 형태로 읽힐 수 있다. 사회적기업의 인증조건인 "이윤1·3 이상 배당금지" 혹은 주식회사 형태의 마을기업은 이

---

3) 사회적경제 개념과 관련된 논의는 後藤和子, 市民活動論, 有斐閣 (2005); 宮沢賢治·川口清史, 福祉社会と非営利·協同セクター: ヨーロッパの挑戦と日本の課題, 日本評論社 (1999) 참조.

강한 규정에서 보았을 때 원칙에서 벗어난다. 이에 비해 유승민법은 "구성원 공동의 이익과 사회적 목적의 실현을 위하여 우선 사용하여야 한다(3조4항)."고 규정하여 조금은 완화된 표현으로 되어 있다.

가장 크게 문제가 되는 것은 바로 정부수정안이다. 수정안에는 "우선적으로 사용하도록 노력"해야 한다고 말한다. 윤호중법의 이익 재투자 의무조항이 사회적경제조직에 대한 민간투자를 저해하게 할 것이라는 금융위원회의 의견, 그리고 이익의 우선사용 의무조항은 농협법 등 관련법과의 충돌이 우려된다는 농림부의 의견이 반영된 것이다. 그러나 이것은 '노력'이라는 표현으로 넘어갈 수 있는 것이 아니다. 사회적 목적을 실현하는 사업이라는 성격은 사회적경제의 가장 핵심적이며 출발점이 되는 가치이기 때문이다. 사회적 목적 실현을 위한 이윤사용이라는 항목을 완화시키는 것은 마치 성경에서 창세기를 없애버리는 것과 같은 것이다. 이 문제에 대한 대답은 향후 한국의 사회적경제를 어떻게 규정하며 발전시켜 갈 것인가에 대한 근본적인 물음과 연결되어 있다. 현실 제도로서 작동되는 사회적 기업, 마을기업 정책을 보다 사회적경제의 기본원칙에 조응하도록 재설계해야 한다는 의견도 많다. 이러할 경우 가치규정은 더욱 더 강화되어야 한다. 이에 대해서는 제3절에서 다시 언급한다.

다섯째로 윤호중법의 장점은 사회적경제와 관련된 제반 개념들을 명확히 규정했다는 점이다. 특히 '사회적경제'와 같이 학문적으로 누구나 인정하는 공통된 개념이 성립되어 있다고 보기 어려운 단어에 대해서 법적 개념을 명확히 규정함으로서 정책실시의 예측 가능성을 높일 수 있다.[4] 예를 들어 사회적경제의 정의(제2조)에서

---

4) 일반적으로 '사회적경제조직'이라고 일컬을 때 사람들은 다음의 2가지 구성 요소를 머리에 떠올린다. 첫째는 그 조직이 사회적 문제 해결에 집중하는 조직이라는 점이다. 영국통산성(DTI)의 정의, "사회적기업이란 사회적 목적을 실현하는 기업으로서 기업의 이익이 주주 및 소유주들에게 귀속되기보다는 사업의 고유목적 혹은 지역공동체에 재투자되는 기업"이라고 정의하

유승민법은 '사회적경제조직'을 하나로 통틀어 규정하고 있으나, 윤
호중법은 그것을 '사회적 가치', '사회적경제기업', '사회적경제 중
간지원조직', '사회적경제 연대조직', '사회적경제조직', '사회적 금
융'으로 나누어 설명한다. 전체적으로 사회적경제조직이란 사회적
가치를 실현하는 ① 사회적경제기업, ② 사회적경제 중간지원조직,
③ 사회적경제 연대조직의 총칭이며, 이들을 도와주는 금융이 바로
사회적 금융인 것으로 정리되어 있다.

　여섯째로 논란의 대상이 되는 것이 바로 사회적경제기업의 범위
다. 가장 폭넓게 규정하고 있는 것은 유승민법이다. 유승민법에서는
사회적경제조직을 다음과 같이 규정한다. ①「사회적기업 육성법」에
따른 사회적기업, ②「협동조합 기본법」에 따른 협동조합, 협동조합
연합회, 사회적협동조합, 사회적협동조합연합회, ③「도시재생 활성
화 및 지원에 관한 특별법」에 따른 마을기업, ④「국민기초생활보장
법」에 따른 광역자활센터, 지역자활센터, 자활기업, ⑤「농어업인의
삶의 질 향상 및 농어촌지역 개발촉진에 관한 특별법」에 따라 재정

는 것은 바로 이러한 성격을 강조하기 위함이다. U. K. DTI(Department of
Trade and Industry), Social Enterprise: A Strategy for Success, Department of
Trade and Industry (2002). 사회적경제를 구성하는 두 번째 요소는 조직의 거
버넌스가 사람중심의 민주적 원칙을 따른다는 점이다. 사회적 목적의 실현,
그리고 민주적 거버넌스라는 2가지 축에서 본다면 유럽의 대부분의 논자는
이 2가지를 모두 갖춘 조직을 사회적경제 조직으로 생각한다. Defourny and
Nyssens, "The EMES Approach of Social enterprise in a Comparative Perspec-
tive", EMES European Research Network Working Paper, no. 12·03 (2012). 그러
나 미국에서는 다르다. 그들에게 중요한 것은 사회적 목적을 잘 실현하는
것에 있을 뿐이다. 소유·지배구조의 민주성과 같은 사람중심성은 부차적인
조건에 불과하다. 가령 미국 하버드대학의 디즈(Dees) 교수는 사회적기업이
란 사회적 목적과 비즈니스의 수법을 결합한 조직이며 그 속에는 상업활동
을 전개하는 비영리조직만이 아니라 영리목적과 사회적 목적을 동시에 추
구하는 이중목적기업, 그리고 영리기업의 사회공헌활동까지 모두 포함한다.
Dees, "Enterprising Nonprofit", Harvard Business Review, Vol.76/1 (1998).

지원을 받는 법인·조합·회사·농어업법인·단체, ⑥ 「소비자생활협동조합법」에 따른 조합, 연합회, 전국연합회, ⑦ 「농업협동조합법」에 따른 조합, 중앙회, ⑧ 「수산업협동조합법」에 따른 조합 및 중앙회, ⑨ 「산림조합법」에 따른 조합, 중앙회 및 조합공동사업법인, ⑩ 「엽연초생산협동조합법」에 따른 조합과 중앙회, ⑪ 「신용협동조합법」에 따른 신용협동조합 및 신용협동조합중앙회, ⑫ 「새마을금고법」에 따른 금고 및 중앙회, ⑬ 「중소기업협동조합법」에 따른 중소기업협동조합, ⑭ 「장애인고용촉진 및 직업재활법」에 따른 장애인 표준사업장, ⑮ 「장애인복지법」에 따른 장애인 직업재활시설, ⑯ 「사회복지사업법」에 따른 사회복지법인, ⑰ 그 밖에 사회적경제를 실현하거나 사회적경제조직을 지원하기 위하여 설립된 법인 또는 단체 등이 그것이다. 그러나 윤호중법은 중앙자활센터, 지역자활센터, 사회복지법인, 협동조합의 금융부문, 장애인사업장 등을 사회적경제조직에서 제외시켰다.

각 제도는 과거부터 이어지는 제도고유의 관성이 있으며 그것을 하나로 묶는 것은 무척 어려운 일이다. 중앙 및 광역자활센터는 복지부 정책전달의 중요한 전달기구이며 신설될 기획재정부 산하의 한국 사회적경제개발원 혹은 광역위탁기관과 통합하는 것에 대해서는 상당한 반발이 있었던 것도 사실이다. 사회복지법인 혹은 장애인사업장 또한 노동통합, 사회서비스 제공 차원에서 고용노동부의 사회적기업과 공통분모를 가지고 있음에도 쉽게 융합되지 않는다. 더구나 농수협의 금융부문은 협동조합으로서의 성격이 거의 없으며, 이미 영리기업화 되어 있는 부분까지 사회적경제 영역으로 넣는 것에 대한 반발 또한 적지 않았다. 윤호중법은 이러한 반발에 대한 타협의 산물이며, 그것은 그것대로 정치적인 의미를 가진다.

그러나 사회적경제 기본법이 각각의 개별법을 저촉하지 않는다는 것을 상기해야 한다. 사회적경제 기본법은 각각의 조직이 가지는 고유의 역할을 중시하면서도 전체의 발전과 상호협력을 규정하는데 그 목적이 있다. 자활사업은 국민기초생활보장법, 사회적기업은 사회적기업 육성법, 협동조합은 8개 개별협동조합법 및 협동조합 기본법에 의해 규율되며 지원체계도 정비되어 있다. 따라서 개별법 체계를 부정하는 것은 아니다. 단지 지금 요구되는 것은 각 제도 간의 조율이 필요하다는 점이며 그 조율하는 법적근거를 사회적경제 기본법으로 하자는 것이다. 필자는 사회적경제정책의 목적이 전통적인 시장과 국가 사이의 다양한 영역의 중요성을 인식하고 이를 육성하는 것이라고 한다면 가능한 넓게 사회적경제 영역을 규정해야 한다고 생각한다. 각국의 입법사례에서도 이러한 정신은 공통된다. 그렇다면 농축·수산협동조합, 사회복지법인, 장애인시설까지 포함해 굳이 그 포괄대상을 좁게 잡을 필요는 없는 것이다.

3. 쟁점(2): 국가의 지원체계

다음의 쟁점은 국가가 사회적경제를 위해 무엇을 해 줄 것인가이다. 이에 대해 윤호중법의 제4조는 다음과 같이 말한다. "국가와 지방자치단체는 지역기반의 사회적경제 발전을 위한 종합적인 시책과 지역적 특성을 고려한 지역균형 발전정책을 세우고, 그 추진에 필요한 예산과 조직을 확보하고 관련 시책을 수립·추진하여야 한다." 국가의 책무와 지원을 의무화한 것은 유승민법에서도 마찬가지다. 주무부처인 기획재정부는 5년마다 사회적경제의 현황, 정책목표, 지원정책, 필요재원 등을 내용으로 하는 "사회적경제발전 기본계획"을 세우며, 시·도지사는 마찬가지로 '지역계획'을 세우고 이에 따라 지원하도록 규정하고 있다.

유승민법과 비교해 윤호중법은 지원정도가 더욱 두텁다. 사회적경제육성을 위한 전체의 '기본계획' 및 '지역계획'만이 아니라, "분야별 육성계획"도 세우게 하며, 사회적경제발전위원회에 이 계획에 대한 평가단을 설치하고, 경우에 따라서는 전문평가기관을 지정·운영할 수 있도록 규정하고 있다. 또한 국가재정법, 산업발전법, 고용정책기본법, 그 밖에 사회복지, 지역균형발전, 공정거래 등 정부가 수립하는 모든 계획에 있어서 사회적경제 기본계획을 고려하거나 부합되어야 한다고 규정한다. 정부수정안에서는 계획의 중복가능성, 그리고 타법의 자율성 저해라는 이유로 부분별 계획 수립의무와 전문평가단 규정, 타법에서의 의무고려 규정 등은 삭제되어 있다.

〈표 2〉 사회적경제 기본법의 비교(국가의 지원체계)

유승민 의원 발의안	윤호중 의원 발의안	정부 수정의견
제6조(사회적경제 발전 기본계획의 수립) ① 기재부장관 5년마다 수립 ② 현황, 정책목표, 지원정책, 필요재원 등을 포함. ③ 사회적경제위원회와 국무회의 심의를 거쳐 확정. ④ 기본계획에 입각해서 매년 실행계획 수립.	제8조(사회적경제 발전 기본계획의 수립) ① 기재부장관 5년마다 수립 ② 현황, 정책목표, 지원정책, 필요재원 등을 포함. ③ 사회적경제위원회와 국무회의 심의를 거쳐 확정. ④ 기본계획에 입각해서 분야별 기본계획을 세우고 매년 실행계획 수립.	제6조(사회적경제 발전 기본계획의 수립) 윤호중 유승민 법안과 기본 동일. ① 윤호중·유승민 법안은 "사회적 금융시장 조성 및 사회적경제 발전기금 운영방안"도 명시. 정부수정안은 "사회적 금융시장 조성방안"으로 수정. ② 윤호중 법안의 분야별 기본계획항목 삭제.
제9조(지역계획 수립·시행) ① 시·도지사는 사회적경제의 발전에 관한 지역계획 수립·시행.	제10조(지역계획 수립·시행) ① 시·도지사는 사회적경제의 발전에 관한 지역계획 수립·시행. ② 사회적경제발전위원회는 부문별 시행계획, 시·도 시행계획과 추진실적을 평가. 평가자문단 설치. 지원	제8조(지역계획의 수립·시행) 윤호중·유승민 법안과 기본은 동일. 단지, ① 시·도지사가 기본계획을 수립할 때는 관할 시장·군수·구청장과 협의하여야 함을 규정. ② 평가자문단, 전문평가기

유승민 의원 발의안	윤호중 의원 발의안	정부 수정의견
	을 위한 전문평가기관을 지정·운영 가능.	관 지정·운영 등은 삭제.
제7조(다른 계획과의 관계) ① 다른 법령에 따라 수립되는 사회적경제발전사업에 관한 계획과 지역계획에 우선.	**제14조(다른 계획과의 관계)** ① 다른 법령에 따라 수립되는 사회적경제발전사업에 관한 계획과 지역계획에 우선 ② 「국가재정법」, 「산업발전법」, 「고용정책 기본법」, 그 밖에 사회복지, 지역균형발전, 공정거래 등 정부가 세우는 모든 계획은 이 법에 따른 사회적경제 기본계획을 고려하거나 사회적경제 개발에 기여하는 데에 부합되도록 수립되어야 한다.	**제9조(다른 계획과의 관계)** 기본적으로는 유승민 법안과 동일. 윤호중 법안 중 국가재정법 등의 타법에 대한 구체적인 언급은 삭제.
제17조(사회적경제 발전기금) ① 정부는 사회적경제발전기금을 설치·운영한다. ② 기금조성은, 1) 개인·법인·단체 출연금 2) 기존 사회적경제 정책기금 3) 정부의 출연금 4) 지방자치단체 출연금 등	**제27조(사회적 금융기관)** ① 국가와 지방자치단체는 민간 사회적 금융기관을 지정·육성하여야 한다. ② 국가와 지방자치단체는 민간 사회적 금융기관을 지정하여 개인·법인·단체등이 의 출자·융자·투자·기부를 통해 사회투자 민간기금을 조성할 수 있도록 재정적·행정적 편의 및 세제상의 혜택을 제공할 수 있다. **제28조(사회적경제발전기금)** ① 정부와 지방자치단체는 사회적경제발전기금을 설치·조성. ② 기금조성은, 1) 정부출연금	**제21조(사회적 금융기관)** ① 국가와 지방자치단체는 민간 사회적 금융기관을 지정가능. ② 국가와 지방자치단체는 사회적 금융기관에 재정적·행정적 편의 및 혜택을 제공할 수 있다. **제22조(기금 등에 대한 지원)** ① 국가와 지방자치단체는 사회적경제기금 등에 출연·출자 등 재정 지원 등을 할 수 있다. **제23조(지역사회적경제발전기금)** ① 지방자치단체는 지역사회적경제발전기금을 설치·

유승민 의원 발의안	윤호중 의원 발의안	정부 수정의견
	2) 지방자치단체 출연금 3) 기존 사회적경제정책 기금 4) 국가균형발전특별법에 따른 전입금 제32조(민간기금의 조성) ① 사회적 금융기관 및 사회적 경제조직은 사회투자기금인 민간기금을 설립·운영할 수 있다. ② 국가와 지방자치단체는 사회투자기금에 출연하거나 기부하는 기업·법인·단체나 개인에 대하여 재정적·행정적 편의와 세제상의 감면을 지원할 수 있다.	운용할 수 있다. ② 기금 조성 및 운영 등에 관하여 필요한 사항은 조례로 정한다. 제24조(민간기금 등의 조성) ① 사회적경제조직 및 민간 사회적 금융기관 등은 민간기금, 창업·벤처전문 경영참여형 사모집합투자기구, 투자조합 등을 결성·설정·설립할 수 있다. ② 민간기금의 조성 절차와 자격 등에 필요한 사항은 「기부금품의 모집 및 사용에 관한 법률」을 준용할 수 있다.
제21조(공공기관의 우선구매) ① 사회적기업과 사회적협동조합 제품을 공공기관별 총구매액의 100분의 5의 범위에서 기획재정부장관이 정하는 비율 이상으로 구매. 제22조(시설비 등의 지원) 제23조(조세감면·재정 지원) 제25조(교육훈련 지원) 제24조(민간참여·자원연계) 제26조(사회적경제	제33조(공공기관의 우선구매 등) ① 사회적기업과 사회적협동조합 제품을 공공기관별 총구매액의 100분의 5의 범위에서 기획재정부장관이 정하는 비율 이상으로 구매. 제35조(시설비등의 지원) 제36조(조세감면 및 재정 지원) 제37조(교육·훈련 등 지원) 제38조(민간참여·자원연계) 제39조(사경조직간 협력) 제40조(국제협력 등) 제41조(청년창업·참여증진)	제25조(공공기관의 우선구매 등) ① 사회적기업과 사회적협동조합 제품을 공공기관별 총구매액의 100분의 5의 범위에서 기획재정부장관이 정하는 비율 이상으로 구매. 제27조(시설, 재정 등의 지원) 제28조(교육훈련 지원) 제29조(민간의 참여) 제30조(사회적경제조직 간 협력과 연대 촉진) 제31조(국제협력 등) 제32조(청년창업·참여증진)

유승민 의원 발의안	윤호중 의원 발의안	정부 수정의견
의 날) 제27조(사경조직간 협력) 제28조(협동조합 간 협력) 제29조(국제협력)		

　현실적으로 작동 가능한 지원체계 중 가장 강력한 것은 아마도 금융 및 공공조달 분야일 것이다. 조세감면, 시설비지원, 교육훈련지원 등의 각종 지원들은 개별법에서 충분히 근거가 있기 때문에 사회적경제 기본법에서는 "지원할 수 있다" 정도의 상징선언 정도로 처리가능하다. 그러나 금융과 공공조달 분야는 개별법에서 구체적으로 지원이 규정되어 있지 않은 경우가 많다. 이 분야에 있어서도 윤호중법이 가장 지원정도가 강력하다. 국가와 지방자치단체는 민간의 사회적 금융기관을 지정·육성하고(27조), 정부 사회적경제발전기금을 조성하며(28조), 사회적경제 민간기금에 대한 투자자에게 재정적·행정적 편의와 세제상의 감면을 지원할 수 있도록 규정하고 있다(32조). 이에 비해 유승민법은 사회적경제발전기금(17조)만을 규정하고 있으며, 기금조성방식에 있어서도 민간의 역할을 강조한다.

　정부수정안에서는 일관되게 중앙정부의 기금설치에는 부정적이다. 정부기금조성은 의무사항이 아니며(22조), 지방자치단체의 기금도 자율이며(23조), 민간기금에 투자하는 투자자도 특별한 대우를 하지 않고 기존의 「기부금품의 모집 및 사용에 관한 법률」을 준용하도록 하고 있다. 이에 비해 정부의 공공구매와 관련해서는 사회적기업과 사회적 협동조합 제품에 한해서 공공기관별 구매 총액의 100분의 5의 범위에서 기획재정부장관이 정하는 비율 이상으로 구매하도록 3법 모두 규정한다.

향후 사회적경제에 대한 지원정도를 어느 정도로 할 것인가는 고민스러운 영역이다. 사회적경영역, 즉 협동조합이든 사회적기업이든 간에 가장 중요한 것은 사람들의 스스로 살고자 하는 의욕(self-help)을 잘 조직하는 일이다. 경우에 따라서는 과도한 정부의 지원 및 개입은 사람들의 자조능력을 상실시킨다. 국제협동조합연맹의 협동조합 7원칙 중 "자치와 자립"이 강조되는 것도 사실은 오래된 논쟁의 결과였다. 한때 협동조합에 대한 직접지원의 방식으로 후진국을 개발하려던 UN의 노력은 거의 실패한 것으로 평가되며, 지금은 협동조합에 대한 직접지원보다는 다른 기업에 비해서 역차별을 없애는 것, 그리고 교육 및 경영지원과 같은 간접지원체계를 구축하는 것에 초점을 맞추고 있음을 인식해야 한다.[5]

필자는 사회적경제의 발전을 위해서 너무 강력한 지원체계는 필요하지 않다고 본다. 사회적경제의 중요성을 국가가 인정하고 발전을 위한 간접적 생태계 조성 정도로 톤 다운시키지 않는 한 사회적경제의 생명력인 시민의 자발적 참여와 협력은 더욱 약화될 가능성이 크다. 시민의 자발적 영역은 미래의 비전제시와 윤리적 요청, 그리고 교육 등의 간접지원에 의해 커 나갈 수 있으며, 그러한 면에서 중고장대(重高長大)형 거대 공장설비를 지원하는 산업정책의 틀과는 같을 수 없다. 중요성은 강조하나 과도하지 않은 지원, 사회적경제 영역이 가져야 할 기본 정책방향이라 생각한다.

4. 쟁점(3): 정책 거버넌스

다음으로 검토할 사항은 사회적경제정책을 누가 계획하고 실행

---

5) 이에 대해서는 Hans Münkner, Co-operation as a Remedy in Times of Crisis, Institute for Cooperative Research at the Philipps-University of Marburg (2012년 제2장), 에 자세히 기술되어 있다.

할 것인가이다. 3법 모두 정책의 최고 심의 및 결정은 대통령 직속 사회적경제(발전)위원회에서 담당하는 것으로 되어 있다. 약간의 차이는 있으나 위원회 구성에 있어서 민간위원을 전체 1/2 이상으로 하며 위원장 혹은 공동위원장을 민간위원으로 위촉하는 것도 동일하다.

차이점은 위원회의 역할정도에 대한 논점이다. 유승민법은 위원회의 권한을 정책조율의 '단위' 정도로 설정한다. 이에 비해 윤호중법은 권한의 범위 및 내용 모두 상당히 넓고 구체적이다. 18개의 사항에 대한 심의 및 조정권한을 부여하고 있으며 그 내용도 "사회적경제발전을 위한 국가전략"부터 타법과의 연계(국가균형발전법), 개별부처의 인증 및 지정제도의 정비통합, 사회적경제원의 점검·평가·개선사항까지 다 망라하고 있다(제15조제2항). 당연히 상임위원, 직할사무국, 전문위원, 실무위원회 등 조직이 커지게 된다(제16~17조). 이에 대해 정부수정안은 사무국 등의 조직에 대해서 대통령령에 위임하는 방식으로 논란의 소지를 회피하고 있다.

다음의 논점은 너무 강력한 중앙통제가 개별부처의 자율성과 의욕을 잃게 만들 수 있다는 점이다. 그러나 현실에서 보이는 개별부처 간의 강고한 칸막이행정을 보면 정책조율을 위한 강력한 중앙통제의 필요성은 인정된다. 그러한 면에서 윤호중법이 더욱 현실적이다.

〈표 3〉 사회적경제 기본법의 비교(정책거버넌스)

유승민 의원 발의안	윤호중 의원 발의안	정부 수정의견
제10조(사회적경제위원회) ① 대통령 직속 사회적경제위원회 설치. ② 기본계획·지역계획 및 육성정책 등에 대한 심의·조정	제15조(사회적경제발전위원회) ① 대통령 직속 사회적경제발전위원회 설치. ② 기본계획·지역계획 및 육성정책 등에 대한 심의·조정	제10조(사회적경제발전위원회) 유승민·윤호중 법안과 거의 차이가 없음. * 심의안건 중에 사회적기금 설치 관련사항은 제외.

유승민 의원 발의안	윤호중 의원 발의안	정부 수정의견
제11조(위원회의 구성 등) ① 위원장 1명, 부위원장 1명을 포함한 30명 이내 위원. 민간위원은 1/2 이상. 임기 2년. ② 위원장은 민간, 부위원장은 기획재정부장관. ③ 기획재정부 사무국 설치. ④ 기타 필요사항은 대통령령으로.	제16조(위원회 구성 등) ① 위원장 2명 포함 40명 이내의 위원. 당연직위원과 민간위원, 국회추천위원, 민·관 상임위원 각 1인으로 구성. 민간위원 1/2 이상. ② 기재부장관과 민간위원이 공동위원장. ③ 실무위원회 구성. 상임위원을 포함한 20인 이내의 민·관 위원 구성. 이와 함께 분야별 소위원회를 구성·운영 가능.	제11조(위원회 구성 등) ① 위원장 2명을 포함하여 30명 이내의 위원. 민간위원 1/2 이상. ② 기재부장관과 민간위원이 공동위원장. ③ 실무위원회와 사무지원조직 설치가능. ④ 기타 필요사항은 대통령령으로.
제12조(시·도사회적경제위원회) ① 시·도사회적경제위원회설치. ② 구성조직 및 운영 등에 필요한 사항은 조례로 정함.	제18조(지역사회적경제발전위원회) ① 시·도 사회적경제발전위원회 설치. ② 2인위원장. 30명내외 위원. 민간위원 1/2. 상임위원, 실무위원회와, 소위원회, 사무국, 전문위원 설치 등 세세히 규정.	제12조(지역사회적경제발전위원회) ① 시·도 사회적경제발전위원회설치. ② 구성·조직 및 운영 등에 필요한 사항은 조례로 정함.
제14조(사회적경제조직 협의회) ① 사회적경제조직은 전국지역단위, 업종분야단위의 법인으로서의 협의회 설립 가능. ② 국가와 지방자치단체는 협의회에 사회적경제 활성화사업과 관련하여 필요경비 일부 지원 혹은 사무 위탁 가능. ③ 협의회의 설립과 운영에 관한 필요한 사	제22조(사회적경제연대조직의 설립) ① 사회적경제조직은 지역·업종·부문·분야 또는 전국단위 협의체나 연합체등 법인으로 설립·운영 가능. ② 사회적경제연대조직은 국가와 지방자치단체와 사회적경제발전을 위한 정책을 제안하고 협의할 수 있다. ③ 국가와 지방자치단체는 연대조직의 사회적경제 활성화사업과 관련하여 필요경비 일부 지원 혹은 사무위	제16조(사회적경제연대조직의 설립) 기본적으로는 윤호중법안과 동일. 그러나 국가 및 지방자치단체의 경비 지원 및 위탁사업 규정은 삭제.

유승민 의원 발의안	윤호중 의원 발의안	정부 수정의견
항은 대통령령으로 정한다.	탁 가능.	
제15조(한국사회적경제원의 설립 등) ① 기획재정부장관 설립.	**제23조(한국사회적경제개발원의 설립 등)** ① 기획재정부는 고용노동부와 안전행정부등 관계부처의 공동출연 받아 설립.	**제17조(한국사회적경제개발원의 설립 등)** ① 기획재정부장관 설립.
제16조(권역별 지원센터) ① 기획재정부장관은 공공기관이 아닌 비영리법인과 단체를 권역별 통합지원센터로 지정 가능. ② 기획재정부장관은 통합지원센터의 설치 및 운영에 필요한 경비의 전부 또는 일부를 지원 가능.	**제24조(권역별지원센터)** ① 정부는 공공기관이 아닌 비영리법인과 단체를 권역별 통합지원센터로 지정 가능. ② 정부는 권역별지원센터 이외에도 교육, 공공조달, 판로촉진, 사회적 금융, 지역공동체개발등 특화 중간지원기관을 지정·운영할 수 있다. ③ 정부는 권역별지원센터 및 특화 중간지원기관의 설치 및 운영에 필요한 경비의 전부 또는 일부를 지원할 수 있다. **제25조(시·도 사회적경제지원센터)** ① 시·도지사는 중앙정부가 추진하는 권역별지원센터 등과는 별도로 지자체 차원의 시·도지역별 사회적경제지원센터를 설치·운영할 수 있다.	**제18조(권역별 지원센터)** ① 기획재정부장관은 공공기관이 아닌 비영리법인과 단체를 권역별 통합지원센터로 지정 가능. ② 기획재정부장관은 권역별지원센터 이외에도 교육, 공공조달, 판로촉진, 사회적금융, 지역공동체개발 등 특화 중간지원기관을 지정·운영할 수 있다. ③ 기획재정부장관은 권역별지원센터 및 특화 중간지원기관의 설치 및 운영에 필요한 경비의 전부 또는 일부를 지원할 수 있다. **제19조(시·도 사회적경제지원센터)** ① 시·도지사는 중앙정부가 추진하는 권역별지원센터 등과는 별도로 지자체 차원의 시·도지역별 사회적경제지원센터를 설치·운영할 수 있다. 그러나 기획재정부장관과 시·도지사는 권역별 지원센터와 시도지원센터를 공동으로 지정 운영 가능.

다음 논점은 소위 간사부처와 관련된 것이다. 3법 모두 기획재정부로 하고 있다. 대통령직속 위원회의 사무국이 사회적경제진영의 민간인으로 충용된다고 하더라도 정부부처의 특성상 사무국의 간사부처를 어디로 할 것인가는 상당히 중요한 문제다. 민간인이 공적 업무수행에 있어서 공무원 세계 특유의 정보와 네트워크망에 진입하는 것은 무척 어렵기 때문이다.

필자는 사회적경제정책의 담당 주체를 선정하는데 있어서 다음의 3가지 원칙을 고려해야 한다고 본다. 첫째는 담당 주체의 힘이다. 힘이 존재하지 않은 한 각 부처별로 산개되어 있는 사회적경제 관련정책을 조율할 방법이 없다. 재정관계법에 기초한 힘을 가지고 있는 기획재정부가 사회적경제정책의 간사부처로 된 이유이기도 하다. 둘째는 조직으로서의 지속성이다. 힘 차원에서만 본다면 청와대에 사회적경제 수석비서관실을 만드는 것이 정답이다. 실제로 문재인정부 들어와서 사회적경제비서관 직제가 만들어지고 기민하게 관련정책이 정비되고 있는 것은 청와대가 가지고 있는 힘에 기인한다. 그러나 조직의 안정성 차원에서는 문제가 있다. 정권의 성격에 따라 컨트롤타워로서의 기능을 쉽게 잃어버릴 수 있기 때문이다. 셋째는 조직의 업무적합성이다. 많은 사회적경제 현장 활동가들이 기획재정부를 연상했을 때 걱정했던 것은 바로 이 지점이었다. 기획재정부는 현장부처가 아니기 때문에 현장의 세세한 문제를 파악하고 고려하는 데는 둔감할 수 있다. 경제부처로서의 성격이 강해 포용보다는 성장에 더욱 방점을 둘 가능성 또한 존재한다. 사회적경제정책은 단순한 경제정책이 아니라 사회정책의 일환이다. 복지전달의 효율성도 중요하나, 애초부터 효율을 기준으로 삼아서는 곤란한 부분이 또한 복지 영역이다. 중장기 경제정책의 방향설정, 조세 및 예산수립 등에서 보여주던 사고방식만 가지고는 이 정책의 담당주체로서 부적합하다. 골목상권, 지역경제, 취약계층, 낙후된 농어촌 등을 세심

하게 점검하고 서민경제 곳곳을 자세히 살펴보는 노력을 과연 기획
재정부가 제대로 할 수 있을까? 이에 대한 염려는 상당히 팽배하다.

한편, 사회적경제의 발전을 위해 광역 단위의 '지역계획'이 필요
할 것인가에 대한 의문도 있다. 일반적으로 사회적경제의 작동공간
은 광역이 아니다. 구체적으로는 마을인 것이고 행정적으로는 최대
시군구의 기초지자체 단위다. 주민참여, 골목상권, 지역복지 등 사회
적경제가 해결해야 할 각종 과제는 마을과 기초지자체 단위에서 제
대로 계획되고 실행될 수 있다. 사회적경제위원회를 기초단위로 내
리고 그 발전계획도 기초단위에서 추진하며, 이것을 종합적으로 수
집 보완하는 형태로 광역 및 중앙의 계획을 수립하는 것이 바람직
하다고 필자는 생각한다. 중간지원조직에 있어서도 이러한 문제제
기는 동일하게 적용된다. 3법 모두 현 고용노동부의 사회적기업진흥
원을 확대 개편하여 기획재정부(혹은 고용노동부, 행정안전부와 공
동) 산하의 공공기관으로서의 한국사회적경제개발원을 만드는 것으
로 되어 있다. 또한 광역 단위의 통합지원조직을 지정·지원하며, 이
와는 별도로 시도지사가 사회적경제지원센터를 운영(정부수정안은
중앙정부의 중간지원센터와 통합도 가능)하도록 하고 있다. 윤호중
법에서는 권역별지원센터 이외에도 교육, 공공조달, 판로촉진, 사회
적 금융, 지역공동체개발 등 특정분야의 지원기관도 지정 운영할 수
있도록 규정한다. 그러나 가장 중요한 기초지자체 단위의 지원조직
에 대한 언급이 없다. 기초단위 사회적경제활동 및 지원체계의 중요
성에 대해서는 충분히 사회적경제 기본법에서 강조해야 하는 사항
이다.6)

---

6) 영국의 중간지원조직에 대한 종합적 보고서를 발간한 사회적기업전문 컨설
  팅그룹인 OPM과 Compass Partnership에서는 ① 국가차원, ② 광역차원, ③ 준
  광역차원, ④ 기초차원, ⑤ 마을차원의 중간지원조직을 조사한 바 있다. 영
  국의 경우 약 4,000개의 마을에서 지역공동체단체를 지원조직이 있으며, 또
  한 8,900개 마을에 있는 마을회관이 비영리·공동체조직을 지원하고 있다.

마지막으로 사회적경제 당사자 연대조직과 관련된 것이다. 유승민법과 윤호중법 모두 연대조직에 필요경비를 일부 지원하거나 공적사무를 위탁 가능하도록 규정하고 있다. 여기서 당사자 조직의 대표성을 어떻게 확보할 것인가는 상당히 어려운 난제다. 대표성을 결여한 채 정부지원에 의해 연대조직이 관료화되어 간다면 이 규정은 오히려 독소조항이 된다. 강한 연대조직이란 정부의 지원에 의해서 유지되는 것이 아니라 구성원의 자발적 참여와 민주적 의사결정구조의 산물이다. 정부의 지원을 규정한다면 연대조직의 대표성 문제, 구성원의 민주적 참여의 문제에 대해 좀 더 많은 고려가 필요하다.[7]

III. 사회적경제 관련법의 발전방향

1. 위기극복수단으로서의 사회적경제

새삼 사회적경제의 중요성이 강조되는 이유는 그만큼 현대사회의 문제가 심각하기 때문이다. 기존의 자본주의와 국가의 작동방식이 공동체의 파괴, 양극화, 복지관료화 등의 다양한 문제를 양산하

OPM·Compass Partnership, "Working Towards an Infrastructure Strategy for the Voluntary and Community Sector", OPM·Compass Partnership, (2004년 2월), 21쪽. http://www.compasspartnership.co.uk/pdf/pr_1.pdf. 한국과 영국, 일본의 사회적경제 중간지원조직의 비교분석은 김종걸, "한국 사회적경제 중간지원조직의 발전방향", 전국중간지원기관 정책토론회 (2013년 7월 3일 발표문) 참조. 간단한 요약은 김종걸, "사회적경제를 위한 중간지원조직", 국민일보경제시평(2013년 7월 23일.)

7) 이탈리아 트렌티노 협동조합연합체가 개별협동조합의 이익잉여금 중 30%를 납부 받는 거대한 조직체로 커 나갈 수 있었던 것은 바로 이러한 자발성을 기반으로 한다.

고 있기 때문이다. 여기에 때때로 벌어지는 글로벌 금융위기, 재정
위기와 같은 교란요인이 더해지면 정책담당자의 고민은 더해진다.
이러한 상황에서 정부가 할 일은 분명하다. 첫째는 작지만 똑똑한
정부를 만드는 일이다. 특히 복지행정의 폭증 속에서 작은 정부가
시민사회의 역량과 잘 결합되는 것이 필요하다. 둘째는 새로운 성장
동력을 마련하는 것이다. 단기적인 재정금융정책이라는 마중물이
아닌 중장기적인 발전전략의 정비이다. 관건은 사회 전체의 경제적
참여도를 어떻게 늘려갈 것인가에 있다. 성장에서 소외받았던 지역
및 사람들을 경제적으로 재조직하는 것, 즉 새로운 내발적(內發的)
성장이 강조된다.

　그렇다면 사회적경제 영역이 어떻게 내발적이며 포용적인 성장
을 가능하게 하는가? 적어도 필자는 사회적경제의 한 축인 협동조
합의 최대 장점은 민주적인 내부통제와 협동조합 간 협동의 실현에
있다고 본다. 또 다른 축인 사회적기업은 '비영리'라는 장점 때문에
사회 속에 존재하는 각종 선의의 자원을 결합할 수 있다는 데 주목
한다. 협동조합은 자본의 수익증대를 위해 노동을 희생하는 것과 같
은 자본주의적 경영을 지양한다. 협동조합의 제6원칙(협동조합 간
협동)과 제7원칙(지역사회에 대한 공헌)은 승자독식과 지역사회의
공동화를 막아가기도 한다.[8] 사회적기업의 경우에 있어서도 애초부
터 이윤 극대화를 단일원리로 움직이는 자본주의적 기업활동과는
차원을 달리한다. 특히 비영리원칙(배당제한)에 입각하며 사회적 목

---

8) 스페인의 빌바오(Bilbao), 이탈리아의 트렌티노(Trentino), 캐나다의 퀘벡
(Québec) 등 협동조합이 발전한 곳이 모두 높은 소득수준과 생활안정을 향
유하고 있다는 현실은 협동조합의 새로운 가능성을 우리에게 일깨워주기
도 한다. 이러한 협동조합의 사회통합기능에 착목해서 UN에서는 2012년을
세계협동조합의 해로 선포했던 것이다. UN 총회 결의 제136호, "Coopera-
tives in social development", UN 문서 A/RES/64/136, http://repository.un.org/
handle/11176/246720.

적을 실현한다는 기업활동은 영업수익 이외에 사회의 자발적인 선의의 자원들과 결합하기 쉽게 한다. 전 세계적으로 사회적기업 붐이라고 일컬어질 정도로 사회적기업이 생겨나고 있는 현실, 세계 유수의 경영대학원(하버드, 옥스퍼드, 스탠퍼드 등)에서 사회적기업가 양성을 위한 별도의 교육 프로그램이 운영되고 있는 현실, 그리고 기업의 사회공헌자금이 점점 더 사회적기업을 통해 고유의 목적을 실현시키고 있는 현실은 사회적기업이 점차 한 사회 속에서 중요한 역할을 차지하고 있다는 것을 나타낸다.

사실 한국에서도 새로운 사회적경제의 실험이 벌어지고 있는 곳은 많다. 그리고 각각의 사회적경제단위들이 동일업종의 일반 영리기업보다 고용, 복지, 서비스 질 차원에서 우수하다는 사례는 많이 발견된다. 예를 들어 서울 광진구에 위치한 사회적기업 도우누리(전환 전 늘푸른돌봄센터)는 노인장기요양서비스, 장애인활동지원, 노인돌봄 및 산후도우미, 아동심리서비스 등 다양한 돌봄 사회서비스를 통합적으로 제공하며, 현재는 서울시립 중랑노인전문요양원(2013년 11월)과 광진구립 꿈맞이어린이집(2017년 3월)도 위탁운영하고 있다.9) 돌봄 서비스의 경우 일자리의 질도 동일업종 전국 최고 수준이다. 우선 정규직이 아니더라도 무기계약 형태로 장기근속을 유도하고 있고 근속 인센티브제를 도입하고 있으며, 파트타임 근로자에게도 고용보험과 산재보험을 가입하여 주고 있다. 2012년 12월 협동조합 기본법이 발효된 이후 늘푸른돌봄센터는 사회적협동조합 도우누리(2013년 4월 1일, 보건복지부 인가 1호)로 전환하게 된다. 사회적협동조합 도우누리의 성장과정은 한국 사회적경제 영역의 성장과정의 귀감을 보여준다. 2001년 서울 광진구를 중심으로 광진주민연대

---

9) 2017년 10월 현재, 직원 수는 늘푸른돌봄센터 196명, 아동발달센터 20명, 요양원 103명, 데이케어센터 8명, 어린이집 9명, 취약계층 경과적일자리 176명 등 514명.

라는 시민단체가 설립되고, 2008년에는 지역의 고용문제를 해결하는 자활공동체(늘푸른돌봄센터)가 설립된다. 2010년에는 고용노동부의 사회적기업으로 인증받고 협동조합 기본법 이후에는 사회적협동조합(2013년)으로서의 조직의 안정성을 확보했다. 시민조직이 자활사업, 사회적기업, 사회적협동조합의 전략을 채택하여 지역의 고용문제 해결의 담당자로 커 나갔던 것이다. 한 가지 특기할 만한 사항은 이들이 매년 점검하고 있는 자신들의 성과지표이다. 좋은 일자리 창출과 고용유지, 좋은돌봄 실천과 이용자 옹호, 돌봄 사회서비스 공공성 확대, 협동조합 운영원칙의 실천[4대 활동목적에 대해 사업장별로 핵심활동영역과 세부활동내용으로 관리, 도우누리 전략체계(2016~2020)]으로 조직활동의 목적을 정하고 평가과정과 결과를 공개함으로써 복지의 담당주체로서의 자기 책무에 충실하고 있다.[10]

2. 정책목표의 분열: 재정지원일자리 vs. 시민사회

도우누리와 같은 좋은 사회적경제조직이 다수 있음에도 한국사회의 고민은 사회적경제, 특히 중요 구성요소인 사회적기업, 마을기업이 한국 시민사회의 자발적 운동의 결과물만은 아니었다는 점에 있다. 정부의 공식문서에서 사용되는 어법은 취약계층 일자리, 취약계층 사회서비스 제공, 공동체, 시민사회, 연대협력, 자율민주 등 아주 다양하게 사용되나 실제로는 취약계층을 경제적, 사회적으로 안정화시키기 위한 정부 창조물의 성격이 강하다.

가장 이해하기 쉬운 한국에서의 사회적경제정책의 중요한 목적은 ① 시장에서 스스로 자립하기 어려운 사람들에게 질 좋은 일자리

---

10) 민동세 이사장(사회적협동조합 도우누리)과의 면담, 면담 장소 필요 (2017. 11.).

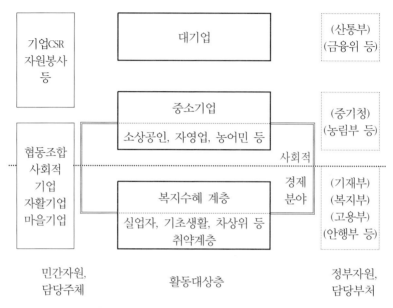

〈그림 1〉 정책대상으로서의 한국의 사회적경제 영역
자료: 필자 작성.

와 사회서비스를 제공하는 것. ② 영세자영업자의 경영안정성을 확보하는 것이다. 그러한 면에서 정책의 주요대상도 구체적으로는 영세자영업자, 농어민, 실업자, 기초수급자, 차상위계층을 염두에 둔다. 그리고 정책목표를 실현시키는 수단을 시장경제의 하위부문(마을기업, 자활공동체, 일반협동조합)과 비영리의 경제부문(사회적기업, 사회적협동조합)의 조직화로 이해된다.11) 정부의 지원대상이며

─────────────

11) 가령 사회적기업정책은 "우리 사회에 충분히 공급되지 못하는 사회서비스를 확충하고 새로운 일자리를 창출"하기 위해 실시되며(사회적기업 육성법 제1조), 협동조합정책은 "조합원의 복리증진과 상부상조를 목적"(협동조합 기본법 제5조)으로 설립된 협동조합에 대해서 정부는 '적극협조'(제6조)하고 향후 발전을 위한 '기본계획'(제11조)을 세우는 것과 같은 지원을 약속하고 있다. 자활사업은 '국민기초생활보장법' 상에 있어서 근로능력이 있는 수급자에게 "자활에 필요한 사업에 참가할 것을 조건으로 하여 생계급여를

그 목적이 일자리와 사회서비스의 제공에 있다면 굳이 사회적경제라는 고깔모자를 씌우지 않아도 정책목표는 충분히 달성될 수 있다. 만약 자활기업, 마을기업, 사회적기업이 영리분야에서 스스로 성장해 나간다면 굳이 그것을 막을 이유는 없는 것이다. 그러한 측면에서 보면 사회적경제를 "공동체 구성원의 공동이익과 사회적가치의 실현을 위하여 사회적경제조직이 호혜협력과 사회연대를 바탕으로 사업체를 통해 수행하는 모든 경제적 활동"(윤호중법 제3조)이라고 규정한 것은 애초의 정책목표와도 배반되는 것일 수도 있다. 여기서 우리는 2가지 선택기로에 서게 된다. ① 지원대상의 자립적 발전이 목적인가. 아니면, ② 사회적경제 원칙을 견지하는 조직으로서 발전해 나가는 것이 목적인가를 선택해야 한다. 정부수정안 제2조에서 사회적경제조직이 이윤을 사회적 목적 실현을 위하여 우선적으로 사용하기를 '노력'해야 한다고 규정한 것은 바로 이러한 고민의 반영이다. 그리고 그 고민이 해소되지 않은 한 사회적경제의 지속적인 발전은 어려워진다.

실시"(제9조)하며, 자활을 돕기 위한 자활센터(제15조), 자활기업에 대한 지원(제18조) 등도 규정한다. 마을기업도 안전행정부의 정책사업명으로서 2010년 '자립형 지역공동체사업'을 시작으로 2011년 '마을기업 지원사업'으로 계속되고 있다. 모두 다 취약계층의 자립지원과 사회서비스 확충이 주요한 정책목표로 되는 것이다. 사회적기업의 경우 '예비 사회적기업' 범주의 신설, 사회적 목적 속에 지역사회 공헌형 신설 등에 의해 그 범주를 확대시키고 있는 것은 사실이나, 설립된 압도적 다수는 취약계층에 대한 일자리 제공 혹은 사회서비스 제공이 목적인 기업인 것은 부정 못한다. 애초부터 사회적기업정책이 정부의 취약계층 일자리 창출사업의 일환으로 이루어졌다는 점, 그리고 고용노동부 지도하에 지원예산이 들어가 있다는 점은 사회적기업에 대한 명확한 법적 기준을 만드는 계기가 되었다. 마을기업 또한 지역주민 중심의 마을기업을 육성하는 것이 목적이며, 2017년 8월 현재 1,343개 마을기업에 14,087명이 고용되어 있는 것이 강조되기도 한다.

3. 지원의 정당성 확보: 다(多)지원과 고(高)책임의 교환

한국에서 작동되는 사회적기업, 협동조합, 마을기업, 자활기업 등에 대한 지원은 과연 정당화 가능한가? 지원의 정도는 사회적기업>자활기업>마을기업>협동조합의 순서로 이어진다.

〈표 4〉 사회적경제 유형별 주요 지원정책

구분	직접 지원	간접 지원	
		공통	개별
사회적기업	인건비, 사회보험료, 사업개발비	판로지원, 교육 및 홍보, 컨설팅, 창업 및 운영지원, 정책자금융자 등	법인세, 소득세, 부가세 감면, 기부금 인정, 모태펀드 운영 등
협동조합			
마을기업	사업비		
자활기업	인건비, 사업비, 창업자금, 컨설팅 비용		사업 및 시설자금 융자

자료: 「사회적경제활성화방안」(일자리위원회 관계부처합동, 2017.10.)

사회적기업은 인건비, 사회보험료, 사업개발비 등 일부를 지원받으며 세제혜택도 존재한다. 자활기업은 인건비, 사업비 등 일부를 지원받으며 사업 및 시설자금에 대한 별도의 융자도 존재한다. 마을기업은 사업비, 협동조합은 판로지원, 교육홍보 등의 간접지원에 불과하다.

여기서 국민기초생계보장법에 규정된 자활기업은 법적으로 엄격히 규정된 취약계층 혹은 차상위 계층을 대상으로 하고 있다는 점에서 충분히 의미가 있다. 시혜적 복지대상자를 생산적 복지로 전환시켜 가는 중요한 정책틀이며, 이에 대한 정부지원은 충분히 정당화 가능하다. 그러나 사회적기업 및 마을기업에는 여러 가지 의문이 제기된다. 현재 사회적기업의 인증조건은 ① 일자리제공형은 전체근로자 중 취약계층 고용비율이 30% 이상, ② 사회서비스 제공형은 전체 서비스 수혜자 중 취약계층의 비율의 30% 이상, ③ 혼합형은 근로자 및 사회서비스 수혜자가 각각 20% 이상, ④ 지역사회공헌형은 지역 취약계층고용 20% 혹은 서비스 제공 20% 이상, ⑤ 기타형 등으로 나누어져 있다. 그리고 사회적기업 인증조건에서 말하는 '취약계층'이란 자활사업에서의 그것보다 아주 넓은 범위라는 것에 문제가 있다. 벤츠를 몰고 다녀도 55세 이상이면 취약계층이며, 해외유학을 다녀온 청년이라도 구직에 어려움을 겪고 있으면 취약계층이다. 이렇게 넓게 취약계층을 규정시키면 대한민국의 거의 모든 민초들의 경제행위가 취약계층 사업이며, 사회적기업에 대한 정부지원은 일반 민초기업에 대한 역차별 수단이 된다. 같은 업종에서 이 상황이 발생할 경우 역차별과 불평등감은 더욱 커진다. 혹자는 사회적기업 인증조건 중 이윤배분의 제약(1/3 이상 배당금지)을 말한다. 그러나 그것은 전혀 제약조건이 아니다. 예비 및 본 사회적기업 지원을 5년 받은 이후 얼마든지 영리기업으로 전환 가능하기 때문이다.

이 역차별의 문제는 마을기업이라고 자유롭지 않다. 2016년 현재 마을기업의 업종은 일반식품(42.8%), 전통식품(15.6%)로 60% 가까이가 식품업종이다. 같은 마을에 지원받는 떡집과 지원받지 못하는 떡집이 공존하는 것이다. 공동체가 공동으로 소유하거나 이용하는 것이 마을기업의 본래 지향형태임을 생각하면 한국의 상황은 상당히 일탈되어 있다.[12]

이것을 해결하는 방식은 지원에 따른 새로운 제약조건(법인격)을

---

12) 영국의 마을기업(community business)의 상당수가 마을의 공동시설(community hub), 산촌지역의 스포츠센터 및 교통편의 사업인 것을 생각하면 현저한 차이가 난다. 전대욱, "한국 마을기업의 현황과 진단" 행정안전부 마을기업정책포럼 (2017. 10. 27. 발표).

부여하는 것이다. 자활기업과 같이 엄격히 규정된 취약계층의 경제행위에 대해 보편적으로 행해지는 지원은 충분히 정당성을 가질 수 있다. 그러나 사회적기업, 마을기업의 경우에는 지원에 따른 확실한 책임을 지게 하는 것이 바람직하다. 책임의 중요 구성요소는 이윤의 배당금지(Profit Lock)와 청산 시 잔여자산의 분배금지(Asset Lock) 규정이다. 배당금지의 정도, 외부투자자본의 회부가능성 정도 등 제도설계는 다양한 옵션이 필요하나 적어도 영국의 CIC(Community Interest Company)와 같은 새로운 법인격의 도입이 필요한 이유이기도 하다.13)

4. 관계법령의 정비: 사회적경제 기본법, 시민공익 위원회법, 지방발전법

사회적경제가 사회문제를 풀기위한 시민의 주체적 노력이라고 한다면 당연히 사회의 자발성과 선의를 동원하는 것은 중요하다. 기업, 종교, 학교, 일반 시민의 기부와 자원봉사, 윤리적 소비와 투자가 중요한 역할을 한다. 사회적경제란 시민의 신뢰와 호혜의 공간인 '사회'를 기반으로 하며 사회적경제의 크기란 그 '사회'의 총량의 범위를 벗어나지 않는 것이다.

그렇다면 우리의 과제를 다음과 같이 설정할 수 있다. 어떻게 하면 사회의 총량을 늘릴 수 있을까. 해결의 실마리는 시민의 참여의 공간을 확대하는 것이다. 시민들이 중앙 및 지역사회의 각종 문제를 풀어가는 주체로 되는 것이다.14) 필자는 사회적경제란 일상 속에서

---

13) 새로운 법인격 논의에 대해서는 김혜원, "사회적기업 인증제도 현황 및 법인격 부여 필요성", 재단법인 동천 사회적경제법제도 발전방향 세미나, 2017. 11. 27. 발표) 참조.

14) 민주주의자 밀(J.S.Mill)도 그의 『대의정부론』에서 다음과 같이 말한다. "가

의 정치 및 사회참여와 맞물렸을 때 제대로 작동될 수 있다고 믿는
다. 그러한 면에서 현재 형식적으로만 존재하는 주민자치위원회는
실질적 자치의 가장 기초단위가 되어야 한다. 경우에 따라서는 2012
년 5월 정부 행정개혁위원회에서 제안했던 모델들, 즉 현재의 읍면
동 사무소를 주민자치위원회의 산하에 두는 것과 같은 새로운 주민
참여모델이 강구되어야 한다.[15] 그것만이 아니다. 지역발전계획의
수립과 실행을 기초자치단위로 이양하는 (가칭)지방발전법 제정도
필요하다. 주민참여, 골목상권, 지역복지 등의 각종 과제는 마을과
기초 단위에서 제대로 계획되고 실행될 수 있다. 마을 주민 스스로
마을경제와 복지의 발전 계획을 세우는 것, 그리고 기초지자체가 각
각의 계획을 종합하는 것이 사회적경제발전의 중요한 기반이 되는
것이다.[16]

　다음으로 필요한 것은 시민조직의 투명성을 확보하는 것이다. 이
것을 위한 '(가칭)시민공익위원회'의 설립은 상당히 시급한 과제다.
현재의 시민조직의 회계장부는 과연 믿을 만한가. 정부의 비영리단

장 주목해야 할 점은 시민 개개인이 드물더라도 공공기능에 참여하면 도덕
적 측면에서 긍정적인 변화가 생긴다는 사실이다. 사람들이 공공의 영역에
참여하면 자기와 관련 없는 다른 이해관계에 대해 저울질하게 된다. 이익
이 서로 충돌할 때는 자신의 사적인 입장이 아닌 다른 기준에 이끌리게 된
다. 결국 자신이 사회의 한 구성원이라는 느낌을 가지게 되면서 사회 전체
의 이익이 곧 자신에게도 이익이 된다는 생각을 품는다." J.S.Mill(서병훈
역), 대의정부론 (2012), 73.

15) 지방행정체제개편추진위원회, 『대한민국 백년대계를 향한 지방행정체제개
편』, 2013년, 210쪽. 물론 지역주민의 대표성을 담보하고 참여를 독려하는
주민자치위원회 구성원칙을 마련해야 한다.

16) 지금의 국가균형발전특별법에서는 광역 단위의 발전 계획을 세우고(제7조),
이것을 지역발전위원회가 심의(제22조)하도록 되어 있다. 그러나 혁신 공간
으로서의 기초 단위(군·구·읍·면·동)에 대한 계획은 부재하다. 지방발전법
및 지방자치법개정 등에 대한 필자의 생각은 김종걸 등, "인구구조변화와 지
속 가능한 행정기능 발전 방안" [정책연구보고서], 행정자치부 (2015) 참조.

체 및 자원봉사 활성화 지원금은 투명하게 운영되는가. 아쉽게도 이 모든 것을 판단할 정보는 거의 없다.[17] 생각되어질 수 있는 규율방식은 법원이 시민사회단체의 비영리 여부만을 심사하는 미국식 모델보다는, 정부부처나 지방자치단체들로부터 독립된 하나의 기관이 시민사회단체의 비영리성과 공익성을 심사하는 영국식 모델을 고려해볼 만하다. 영국의 자선위원회(Charity Commission)는 공익성을 가진 시민조직의 활동에 대한 보고를 받고 이를 인터넷에 공개하며, 정기적으로 철저한 조사도 실시한다. 그러한 면에서 '시민공익위원회법'은 조속히 공론화 과정을 거쳐 갈 필요가 있다.

이상과 같이 사고한다면 우리는 다음과 같은 질문을 다시 던지게 된다. 과연 사회적경제정책을 기획재정부가 통괄하는 것이 맞는가? 사회적경제정책이 경제정책, 사회정책, 시민사회정책의 하이브리드 지점이라는 것을 생각했을 때 차라리 영국과 같이 별도의 시민사회청(Office of Civil Society)을 설립하는 것이 방법이 아닌가? 아니면 내년도 이후 분권형 총리가 앞으로의 시대정신이라고 한다면 총리실에 사회혁신실을 두고 그곳에서 관장하게 하는 것이 바람직하지 않은가? 과거 박근혜 정부 시기 사회적경제 활동가들이 여러 가지 우려에도 불구하고 사회적경제의 최고 조율부처로 기획재정부를 생각했던 이유는 그 정부가 시민사회의 자율성을 중요시한다고 볼 수 없었기 때문이다. 그들이 중시했던 시민사회는 냉전사고에 빠진 관제시민단체였기에 그 위험성이 더욱 컸었다. 그러나 촛불혁명 이후

---

17) 사회적경제 기본법에서도 사회적경제조직이 ① 정관, 규약 등 관련규정, ② 총회, 이사회 등 회의록, ③ 사업결산보고서, ④ 기타필요사항 등을 사회적경제 통합정보시스템에 공지하도록 하고 있다(유승민법 30-31조, 윤호중법 42-43조). 그러나 그 대상을 "대통령령"으로 규정하게 함으로 현재 사회적기업, 마을기업에 대한 정보가 제대로 유통되지 않는 것과 다를 바 없다. 따라서 사회적경제조직을 시민조직으로 발전시켜 가기 위해서는 투명성의 레벨을 한층 높여야 한다.

의 새로운 정부는 시민의 권리와 자발적 참여를 통해 경제사회의
발전을 추진해야 하는 사명이 있다. 새로운 시대에 맞는 새로운 거
버넌스 시스템을 구상할 시기에 온 것도 사실이다. 그러한 면에서
사회적경제정책의 담당부처를 별도의 청 설립, 혹은 총리실로 옮기
는 것도 고려해 봐야 한다.

　반가운 것은 현재 국회에 더불어민주당 윤호중 의원 발의의 시민
공익위원회법이 제출되어 있다는 것이다. 시민조직의 투명성을 확
보해 가는 중요한 법적 기반인 만큼 20대 국회에서 사회적경제 기
본법과 함께 시급히 입법절차를 밟기를 희망한다.

참고문헌

김종걸, "시장과 국가를 넘어서: 한국형 제3의 길", 노사공포럼 통권 제42호 (2017).

_____, "사회적경제, 시대적 의미와 정책방향", 노사공포럼 통권 제38호 (2016).

김종걸 등, "인구구조변화와 지속 가능한 행정기능 발전 방안" [정책연구보고서], 행정자치부 (2015).

이근식 외, '새로운 성장과 사회통합전략: 사회적경제', "한국형복지국가(자유주의자의 시각)", 철학과 현실사 (2014).

김종걸, "사회적경제를 위한 중간지원조직", 국민일보 (2013. 7. 23.).

_____, "한국 사회적경제 중간지원조직의 발전방향", 전국중간지원기관 정책토론회 (2013. 7. 3. 발표).

김종걸 등, "중앙부처 재정일자리 및 공공서비스 사업의 사회적기업 연계방안" [프로젝트보고서], 고용노동부 (2011. 9. 날짜 필요).

김혜원, "사회적기업 인증제도 현황 및 법인격 부여 필요성", 재단법인 동천 사회적경제법제도 발전방향 세미나, (2017. 11. 27. 발표).

전대욱, "한국 마을기업의 현황과 진단", 행정안전부 마을기업정책포럼 (2017. 10. 27. 발표).

지방행정체제개편추진위원회, 『대한민국 백년대계를 향한 지방행정체제개편』, 2013년.

Dees, "Enterprising Nonprofit", Harvard Business Review, Vol.76/1 (1998).

Defourny·Nyssens, "The EMES Approach of Social enterprise in a Comparative Perspective", EMES European Research Network Working Paper, no. 12·03 (2012).

Hans Münkner, Co-operation as a Remedy in Times of Crisis, Institute for Cooperative Research at the Philipps-University of Marburg (2012).

J.S.Mill(서병훈 역), 대의정부론 (2012).

OPM·Compass Partnership, "Working Towards an Infrastructure Strategy for the Voluntary and Community Sector", OPM·Compass Partnership (2004). http://www.compasspartnership.co.uk/pdf/pr_1.pdf.

U. K. DTI(Department of Trade and Industry), Social Enterprise: A Strategy for Success, Department of Trade and Industry (2002).

UN총회 결의 제136호, "Cooperatives in social development", UN 문서 A/RES/ 64/136, 제 64회기, http://repository.un.org/handle/11176/246720.

後藤和子, 市民活動論, 有斐閣 (2005).

宮沢賢治·川口清史, 福祉社会と非営利·協同セクター: ヨーロッパの挑戦と日本の課題, 日本評論社 (1999).

사회적기업을 위한 법인격 신설과 제도 개혁 과제

김혜원*

I. 서론

사회적기업은 경제적 가치와 사회적 가치를 동시에 추구하는 하이브리드 조직이다. 이윤을 추구하는 상법상의 회사의 특성과 사회적 목적을 추구하는 비영리기관의 특성을 동시에 가지고 있다. 그런데 현행 우리나라의 법인격 체계를 살펴보면 경제적 가치 즉, 영리를 추구하는 회사는 상법상 회사형태의 법인격을 갖고 사회적 목적을 추구하는 조직은 민법상 비영리법인 형태를 취하도록 되어 있어 하이브리드 조직인 사회적기업을 담는 법적 형태가 없는 상황이다.

사회적기업이라는 새로운 현상을 우리나라보다 먼저 경험한 선진국에서도 이러한 문제를 경험하였으며 하이브리드 조직으로서의 사회적기업을 위한 영리와 비영리 사이의 새로운 법인격을 제정하는 노력이 이탈리아의 사회적협동조합, 영국의 공동체이익회사, 미국의 사회적목적법인 등의 법인격으로 등장하였다.

우리나라는 인증제라는 독특한 제도를 통해서 영리와 비영리 사

* 한국교원대학교 교수

이의 사회적기업 정체성을 제도화하고 사회적기업을 육성했고 사회
적기업의 초기 성장과 제도 안착에 큰 기여를 했다. 하지만 인증사
회적기업의 양적 성장이 정체되고 인증을 받지 않고 실질적으로 사
회적기업 활동을 하는 조직들이 늘어나며 윤리적 투자자들이 사회
적기업 투자에 관심을 키워나가면서 윤리적 투자의 소기의 목적을
달성할 수 있는 안정적인 법적 형태에 대한 요구가 늘어났다. 법인
(legal person)은 법률에 의하여 권리능력이 인정된 단체를 말하며 사
회적기업을 위한 법인격 제도화라 함은 민법, 상법의 개정 또는 특
별법 등의 제, 개정을 통해서 사회적기업에 적합한 속성을 가진 단
체를 규정하는 것을 의미한다.

우리나라에서 사회적기업을 위한 새로운 법인격 논의를 본격적
으로 제기한 것은 황승화 외(2011)이다. 이 연구에서는 영리기업과
비영리법인이 사회적기업을 설립할 때 겪는 애로 요인을 검토하는
과정에서 현행 법률 체계에 존재하지 않는 새로운 법인격 제정이
필요함을 제시했다.[1] 김제완 외(2011, 2012), 이광택(2012), 강정혜
(2014), 김종호(2014a), 김종호(2014b) 등의 연구에서는 영국, 미국,
벨기에 등에서 사회적기업 활동을 위해 만든 법인격을 논의하였고
이들 중 일부에서는 한국에서의 새로운 법인격 제정의 필요성을 도
출하고 있다.

본 연구는 사회적기업을 위한 새로운 법인격의 필요성을 설명하
고 해외의 입법 사례를 제시하며 우리나라 법제도 환경에 적합한
새로운 법인격의 구체적 내용을 제안하며 법인격 제도 도입 과정에
서 고려해야 할 다양한 제도적 쟁점을 분석하는 것을 목적으로 한
다. 김혜원 외(2017)에서는 새로운 법인격의 구체적 내용을 상술하

---

1) 자세한 내용은 양동수, "상증법상 성실공익법인 활용을 통한 사회적기업 설
   립 활성화 방안 연구" (황승화 외), (2011), 김혜원, "사회적 기업을 위한 새
   로운 법인격의 구상" (황승화 외), (2011)을 참조.

고 있으며 본 연구 중 제4절은 이 연구에 크게 의존하고 있다. 하지만 김혜원 외(2017) 연구에서 상대적으로 부족했던 부분은 법인격의 도입에 따른 관련된 사회적기업 제도들의 변화 전망 및 관련된 여러 주체의 반응이다.

인증사회적기업들이 새로운 법인격의 신설에 어떤 태도를 취할 것이며 새로운 법인격이 신설될 경우 어느 정도의 규모가 새로운 법인격으로 전환할 것인지는 법인격 도입이라는 제도적 변화를 추진하는데 고려해야 할 중요한 변수이다. 본 연구에서는 논리적 차원에서 관련 주체들이 어떻게 대응할 것인지에 대해 이론적 예측을 제시하였고 동시에 관련 문항을 조사한 2017년 인증사회적기업 실태조사 원자료를 이용하여 실증적인 결과 또한 제시한다.

이 연구에서는 사회적기업을 위한 법인격의 명칭을 사회적목적회사로 명명하고 이 글 전체에서 사회적목적회사라는 용어를 사용할 것이다. 사회적기업법인, 공익회사, 사회적목적법인, 사회적가치회사, 공동체(이익)회사 등 다양한 명칭을 논의했으며 사회적 목적을 추구함을 주된 사명으로 한다는 점과 영업조직으로서의 회사라는 점을 보여줄 수 있다는 점에서 사회적목적회사(social purpose company)가 적절하다고 판단했다.

이 글은 다음과 같이 구성된다. 제2절에서는 우리나라 법인격 체계를 살펴보고 사회적기업을 위한 새로운 법인격의 필요성과 입법 방식을 제시하고 해외의 입법 사례를 소개하였다. 제3절에서는 새로운 법인격 도입의 기본 방향 및 검토되어야 할 세부 쟁점을 대안 중심으로 제시하였다. 세부 쟁점은 이익 배분 및 자산처분 제약, 설립 절차 및 감독 방안, 조직 변경 그리고 정부 지원과의 관계이다. 제4절에서는 법인격 도입과 관련된 다른 사회적기업 제도들의 변화 방향 및 로드맵을 검토하고 관련된 주체의 반응을 예측했다. 마지막 제5절 결론에서는 향후 과제를 담고 있다.

II. 새로운 법인격의 필요성과 해외 입법 사례

1. 법인격의 개념 및 체계

사람 또는 자연인은 민법의 법률행위에 의해 발생하는 권리와 의무의 주체이다.[2] 원칙적으로 권리와 의무의 주체는 자연인만이 될 수 있지만 경제적 활동과 사회적 활동이 집단에 의해 이루어지는 경우를 포괄하기 위해 집단에게 권리능력을 부여하게 되었다. 법인은 자연인 이외의 것으로서 법률에 의해 법인격이 부여되어 법률상의 권리의무의 주체가 된 단체 또는 재단을 말한다. 법인격이란 권리의무가 주체가 될 수 있도록 자연인의 인격에 유사한 법률에 의해 규정된 인격을 말한다.

법인은 재단법인과 사단법인으로 구분해볼 수 있다. 법인은 일정한 목적을 위해 결합한 사람의 단체에 법인격이 부여된 사단법인과 일정한 목적에 바쳐진 재산에 법적 인격이 부여된 재단법인으로 구분된다. 사단법인에는 비영리를 목적으로 하는 비영리법인만이 아니라 영리를 목적으로 하는 영리법인도 허용된다. 이에 비해 재단법인은 비영리를 목적으로 하는 법인만 인정된다.

설립 근거에 따른 유형화가 유용한데 민법법인, 상법법인, 공익법인, 특수법인으로 구분된다. 첫째, 상법법인은 상법 제169조에 의해 설립된 법인으로서 합명회사, 합자회사, 유한책임회사, 주식회사, 유한회사 등 5가지 종류가 있고 모두 영리를 목적으로 하는 법인이다. 둘째, 민법법인은 민법 제32조에 따라 설립된 사단법인과 재단

---

2) 이 소절의 법인에 대한 일반적 설명에 대한 주요 내용은 송호영, "비영리법인의 설립·해산 및 관리·운영에 관한 실무적 연구", 법무부 (2013)을 참조하였다.

법인을 의미하며 학술, 종교, 자선, 기예, 사교 기타 영리 아닌 사업을 목적으로 설립되는 법인으로서 통상 비영리법인이라 칭한다. 민법법인은 민법의 규정에 따라 설립되고 법인의 설립목적과 관련한 중앙행정기관 등이 정하는 바에 의하여 설립허가와 감독이 이루어진다.

셋째, 공익법인은 공익법인의 설립·운영에 관한 법률(이하 공익법인법)에 의거하여 설립되며 성격상 민법상 비영리법인이면서 특히 공익법인법 상 요건을 갖추어 공익법인으로 설립허가를 받은 법인을 말한다. 민법과 공익법인법은 일반법과 특별법의 관계로서 비영리법인 중에서 공익법인의 설립에 관해서는 공익법인법 규정이 민법에 우선하여 적용되고 공익법인법에 규정되지 않은 부분은 민법의 규정이 적용된다.

넷째, 현행법 상 특수법인은 "「민법」과 「상법」 외의 법령에 따라 설립된 법인"(「비송사건절차법」 제67조 제1항), "「민법」, 「상법」, 그 밖의 특별법에 따라 설립된 법인"(「박물관 및 미술관 진흥법」 제3조 제1항제3호) 등으로 규정되고 있다. 법인등기에 관하여 규정한 대법원규칙인 「민법법인 및 특수법인 등기규칙」에서도 "「민법」 및 「상법」 외의 법령에 따라 설립된 법인"을 특수법인으로 규정하고 있다 (제1조). 특수법인은 「민법」과 「상법」의 규정만으로는 설립하려는 법인의 형태나 기능, 그에 대한 감독 등에 관한 입법 목적을 충분히 달성할 수 없는 법인이다.3)

특수법인은 크게 비영리 특수법인과 특별법상의 회사로 구분될 수 있다. 비영리 특수법인은 비영리법인 중에서 민법 제32조의 규정에 의하지 않고 각종 개별법 예를 들어 사립학교법, 사회복지사업법, 의료법 등에 근거하여 설립된 법인을 통칭하며 학교법인, 사회

---

3) 법제처(2017), 법령입안 심사기준, 법제처, 2018년 2월 25일 접속
   http://www.lawmaking.go.kr/lmKnlg/jdgStd/info?astSeq=2261&astClsCd=

복지법인, 의료법인 등이 이에 해당된다. 한국은행법, 한국연구재단법 등 특수한 공공목적을 수행하기 위해서 특별법에 의해 설립된 법인도 특수법인의 개념에 포함될 수 있다.

특수법인에는 비영리법인만 포함되는 것은 아니다. 상법상 회사의 설립, 조직, 운영상의 원리에 따르면서 상법 외의 개별법에 의해 설립된 법인도 특수법인에 포함될 수 있다. 이를 본 연구에서는 '특별법상의 회사'라고 부른다.4) 예를 들어 은행법의 적용을 받는 각종 은행, 보험법의 적용을 받는 각종 보험회사, 증권거래법에 의한 증권회사, 간접투자자산운용업법의 적용을 받는 자산운용회사, 변호사법상 법무법인, 자본시장과 금융투자업에 관한 법률상 투자합자회

〈표 1〉 현행 법인격 체계

주: 송호영(2013) p. 16에 기초하되 일부는 저자에 의한 수정함

─────────────

4) 김재호, "회사의 종류와 구분개념", 상장 2006 8월호, 한국상장회사협의회 (2006)에서 특별법상의 회사라는 표현을 사용하여 이를 사용하였다. 강희철·조상욱, "특별법상의 법인기업의 설립, 조직, 운영상의 특수성", BFL 제32권 (2008)에서는 특별법상의 법인기업이라는 명칭을 사용하고 있다.

사, 자본시장법상의 투자회사, 자산유동화에 관한 법률 상의 유동화 전문회사, 부동산투자회사법에 의한 부동산투자회사, 산업교육진흥 및 산학연협력촉진에 관한 법률에 의한 산학연협력기술지주회사, 기술의 이전 및 사업화 촉진에 관한 법률에 따른 공공연구기관 첨단 기술지주회사 등이 그러한 예이다.

2. 현행 법인격 제도의 한계와 사회적기업 법인격의 필요성

일정 규모 이상으로 기업이 성장할 경우 기업은 기업 활동을 제대로 수행하기 위해 법인격을 취득할 필요가 있다. 사회적기업은 기업 활동을 규모 있게 적극적으로 수행하면서 동시에 사회적 목적을 추구한다. 현행 법제에서 사회적기업과 같이 영리와 비영리의 하이브리드 조직이 선택할 적절한 법인격을 발견할 수 없다. 영리기업은 상법상 회사의 법인격을, 비영리조직은 민법상 법인을 선택하는 것을 전제로 하여 법체계가 구성되어 있기 때문이다.

사회적기업가가 법인격 선택에 있어서 어떤 어려움을 겪는지를 구체적으로 살펴보자. 사회적기업가는 사회적 목적을 추구하므로 비영리조직이 적절하다고 생각할 수 있다. 이 경우 민법에 의거하여 재단법인이나 사단법인 형태로 설립해야 한다. 그런데 해당 법인이 재화나 서비스의 생산과 판매라는 수익활동을 하고자 할 경우 수익활동을 함에 있어서 다음과 같은 제약에 직면한다.

첫째, 재단법인과 사단법인은 주무부처나 지자체의 허가를 받아 설립되고 비영리법인의 취지대로 운영되지 않을 경우 허가가 취소될 수 있다. 우리나라의 비영리법인 허가를 담당하는 주무관청은 비영리적 목적 추구를 위한 수익 활동이라는 개념에 대해 잘 알지 못하며 수익 활동=영리 활동으로 보고 법인 설립의 취지와 위배된다고 판단할 가능성이 크다. 법인의 인가 취소를 낳을 수 있는 위험 때문에 수익 활동이 위축된다.

둘째, 경영 환경의 변화에 대응하여 사업 영역을 변경하거나 조직을 변경할 때마다 주무관청에 정관 변경 신고를 하고 승인을 받아야 한다. 승인을 받는 행정절차의 시간과 행정 비용만이 아니라 이 과정에서 법인 허가가 취소될 위험도 함께 떠안아야 한다.

셋째, 비영리법인을 설립하기 위해서는 일정 액수 이상의 기본재산이 필요한데 기본재산의 사용은 엄격히 제한되므로 사회적기업의 수익활동에 필요한 경우에 활용되지 못하는 매몰비용이 된다.

비영리법인의 경우 수익사업을 통해 얻은 이익에 대해서는 영리기업과 동일한 법인세가 부과되지만 그 이익을 비영리법인의 고유목적사업 준비금에 전출하여 사용할 경우 손금으로 인정받아 법인세를 감면받을 수 있는 장점이 있다. 그런데 법인이 수익사업의 발전을 위해 수익사업용 자산에 재투자하는 것은 고유목적사업으로 인정받지 못하며 준비금은 5년 이내에 반드시 사용해야 하는 제약을 갖는다.

그렇다면 사회적기업가가 사회적기업을 상법상 회사로 설립할 경우는 어떠한가? 수익 활동을 함에 있어서 최적화된 법인격인 상법상 회사는 문제를 낳지 않는다. 문제는 수익 활동의 목적이 사회적 목적 추구인 기업가 입장에서 상법상 회사 형태로 사회적 목적을 추구함에 있어서 제약에 직면한다.

첫째, 사회적 목적 활동을 활발히 추진하고 이윤의 사회 환원을 실행하더라도 상법상 회사라는 법적 형태 때문에 이해관계자, 시민, 정부 등으로부터 온전한 평가를 받지 못하고 충분한 신뢰를 확보하지 못한다. 회사 정관에 사회적 목적 추구와 이윤의 사회 환원을 명기하더라도 주주 등이 정관을 변경하고 더 이상 사회적 목적을 추구하지 않거나 이윤을 회사의 소유자들에게 배분하는 행위가 나중에 이루어지더라도 상법 상 합법적인 행위이므로 막을 수 없기 때문이다.

둘째, 애초의 설립목적과 운영 방침이 사회적 가치를 추구하고 민주적인 운영을 하고자 한 것이었다고 하더라도 상법상 회사 형태로 설립되고 운영되면 상법상 회사의 운영원리와 사회적기업의 운영원리가 충돌할 가능성이 크고 초기의 사회적기업 원형을 유지하지 못하고 일반 영리조직으로 변실될 위험에 처한다. 기업 내의 근로자들로부터 사회적 복적 추구의 신성성을 신뢰받지 못하게 되면 변질의 위험은 더 커진다.

대내외적 신뢰의 부족은 사회적기업이 접근하고 활용할 수 있는 자원을 대폭 감소시킨다. 사회적기업은 윤리적 투자사, 윤리적 구매자, 윤리적 가치에 공감하는 근로자, 윤리적 가치에 공감하는 거래기업이나 지역사회, 지방정부와의 협력 속에서 성장, 발전할 수 있다. 상법상 회사라는 법인격 때문에 활동에 걸맞는 신뢰를 확보할 수 없을 경우 사회적기업 성장의 제약에 직면한다.

2017년에 조사된 인증사회적기업 실태조사에서는 현재의 법인격 형태가 사회적기업을 운영하는데 용이한지, 아니면 어려움이 있는지를 설문한 바 있다. 인증사회적기업에 대한 실태조사에서 현재의 법적 형태가 사회적기업을 운영하는데 용이하다고 응답한 비중은 19%로 조사되었다(<표 2> 참조). 나머지 81%의 기업들 중에서 사회적기업 운영함에 따라 어려움을 겪고 있다고 응답한 이들이 31%이며 보통이라고 응답한 경우는 50%이다. 상법상 회사의 경우 전체의 응답 비중과 큰 차이가 없다.

상법상 회사이면서 사회적기업인 경우 영리기업 법인격을 가지고 있어서 사회적 복적 추구를 충분히 인정받지 못하는 어려움을 호소한다. 법적조직형태 때문에 서류심사에서 탈락하거나 공모사업에 지원할 수 없었던 사례가 많이 응답되었으며 예를 들어 일신하

<표 2> 법인격별 현행 법인격의 용이성

(단위: 개, %)

전환의사	민법에 따른 법인	민법에 따른 조합	상법에 따른 회사	소비자생활협동조합법에 따른 생활협동조합	협동조합기본법에 따른 협동조합	영농(어)조합법인	농업회사법인	사회복지사업법에 따른 사회복지법인	비영리민간단체지원법에 따른 비영리민간단체	비영리법인 내 사업단	그 밖에 다른 법률에 따른 법인 또는 비영리단체	합계
어려움	36	4	170	2	32	2	2	12	16	13	8	559
	28.13	66.67	30.14	40	41.03	13.33	25	22.22	43.24	86.67	72.73	
보통	63	2	281	3	30	10	5	33	15	2	3	322
	49.22	33.33	49.82	60	38.46	66.67	62.5	61.11	40.54	13.33	27.27	
용이함	29	0	113	0	16	3	1	9	6			
	22.66	0	20.04	0	20.51	20	12.5	16.67	16.22			
합계	128	6	564	5	78	15	8	54	37	15	11	881
	13.88	0.65	61.17	0.54	8.46	1.63	0.87	5.86	4.01	1.7	1.25	100

주: 저자에 의한 계산
자료: 2017년 인증사회적기업 실태조사 원자료

교의 방과후학교 공모에서 영리기업으로 분류되어 진입이 되지 않았거나 상법상 회사라는 이유로 복지분야 진출이 어렵다고 응답한 경우들이 있다. 또한 이익 잉여금의 처리 문제나 상법상 회사이기 때문에 기부금 처리가 되지 않았던 문제도 답하였다.

비영리법인인 사회적기업들 역시 어려움을 겪고 있다. 우선 과도한 서류 및 보고 시스템의 어려움을 말하고 있다. 감사가 잦다거나 정관 개정 시 주무부처로부터 승인 받아야 하는 번거로움의 문제를 호소하기도 한다. 비영리 사업이라는 이유로 사업 확장에 어려움을 겪는다는 답변도 있었다. 비영리단체이기 때문에 대출을 받기 어렵거나 중소기업 정책지원에서 소외되는 점도 답변하고 있다. 비영리법인이지만 사회적기업이라는 이중적 지위를 가지고 있어서 상법상 회사처럼 또는 영리기업인 것처럼 오해받아서 어려움을 겪는다는 어려움을 호소하고 있다. 이와 같이 한편으로 비영리법인이기에 겪는 규제에 시달리면서 다른 한편으로 기업적 성격 때문에 비영리법 인으로서의 정체성에 대한 의문에 시달리기도 한다.

요약하면 현행 법제에서는 사회적기업처럼 비영리와 영리가 혼 합되는 영역에 대한 독립적 규율이 존재하지 않기 때문에 사회적경 제 영역에서 출현하고 있는 새로운 유형의 사회적기업들의 활동에 제약이 많을 수밖에 없다. 한편으로 사회적기업이 비영리법인인 경 우 비영리법인의 목적 활동과 수익 활동에 대한 개념을 이해받지 못하고 비영리성을 의심받는 등의 여러 가지가 문제가 발생하기도 한다. 다른 한편으로 영리법인 기반의 사회적기업의 경우 사회적 목 적성에 대한 평가가 절하되고 특히 상법상 주식회사의 법적형태를 취하는 경우 주식회사의 목적 및 운영방식과의 충돌로 사회적기업 의 정체성을 상실하고 일반 영리조직으로의 제도적 동형화 현상이 발생하기도 한다.

3. 현행 인증제의 한계와 사회적기업 법인격의 필요성

2007년 시행된 사회적기업 육성법은 앞 소절에서 언급한 사회적 기업을 위한 적절한 법인격의 부재 문제를 사회적기업 인증제도를 통해 완화하고자 하였다. 사회적기업 인증제도는 주식회사, 협동조 합, 비영리법인 등 민법과 상법에서 정한 특정 조직형태, 즉 법인격 을 갖춘 조직에 대해 사회적기업으로서 최소한 갖추어야 할 요건을 충족하는지 여부에 대한 심사를 통해 사회적기업이라는 인증을 부 여하는 제도이다. 인증제는 법인격과 유사하게 유사한 명칭 사용을 금지하며 특정한 요건을 충족해야만 부여되며 인증 유지를 확인하는 감독 체계를 갖추고 있다.

인증제가 법인격의 부재 문제를 어떻게 완화했는지 비영리법인과 상법상 회사 각각의 경우로 나누어 살펴보자. 우선 민법상 비영리법인을 선택한 경우를 살펴보면, 앞서 지적한 것처럼 사회적기업으로서의 수익 활동이 주무관청으로부터 비영리법인의 비영리성을 의심 받게 할 위험을 낳는다. 만약 사회적기업 인증제도를 통해 사회적기업 인증을 받을 경우, 해당 수익 활동이 사회적 목적과 양립하는 활동임을 국가 인증을 통해 확인받게 되므로 비영리법인의 비영리성에 대한 주무관청의 의심을 줄일 수 있게 되었다.

하지만 사회적기업 인증제도를 관장하는 고용노동부 이외의 중앙부처는 사회적기업에 대한 이해도가 높지 않았으므로 비영리법인은 인증 취득에도 불구하고 주무관청에게 사회적기업 활동을 이해시기는데 어려움을 겪기도 했다. 또한 정관 변경의 행정 비용은 여전히 존재하고 기본재산 역시 수익 활동에 활용되지 못한다.

다른 한편 상법상 회사를 선택한 경우 사회적기업가의 진정성을 신뢰받기 어려운 문제는 인증제를 통해 완화될 수 있다. 인증제의 실제 운영에 있어서 인증 초기에는 신청기업 중 절반 정도만이 인증되었다. 인증 절차에서 인증 신청 기업이 사회적 목적을 얼마나 실제로 얼마나 추구하고 있는지 그리고 경제적 활동도 얼마나 지속 가능한 수준인지에 대해 현장 실사를 통해 확인하는 등 엄격한 심사를 실시하였고 이에 따라 사회적기업 인증을 받을 경우 해당 기업이 신뢰할만하다는 여론이 형성되었다.

하지만 사회적기업 인증제도는 기업의 현재 정관과 현행 운영 방식이 사회적기업적이라는 것을 보증할 뿐 향후에도 지속될 것인지를 보증하지 못하는 한계를 가지고 있다. 만약 과반수 이상의 소유자가 정관을 변경하여 더 이상 이윤을 사회적 목적에 투자하지 않고 사회적 목적을 위한 활동을 중단하면서 사회적기업 인증을 철회할 경우, 이를 막을 방법은 존재하지 않는다. 예를 들어 주식회사인 기업이 사회적기업 인증을 취득한 후 정부 지원을 받고 윤리적 투자자의 자금 지원을 받고 윤리적 구매자의 적극적인 구매에 힘입어 많은 이윤을 얻었다고 하자. 과반수 이상의 주주가 정관을 변경하여 이윤을 100% 배분할 수 있도록 고치고 배분가능이익을 주주들끼리 나눠가질 경우 정관 변경은 상법상 주식회사의 합법적 행위이므로 이를 막을 수 없다.

다시 말해서 인증제는 현재 기업이 사회적기업임을 보장할 수는 있으나 기업이 향후에도 계속적으로 사회적기업임을 보장할 수 없다. 이 때문에 상법상 회사 법인격의 사회적기업에 대한 신뢰는 불확실할 수밖에 없으며, 합리적인 윤리적 투자자나 윤리적 구매자는 이러한 불확실성 때문에, 불확실성이 없었다면 선택했을 충분한 투자와 충분한 구매를 실행하지 못한다. 또한 실제 운영에 있어서 상법상 회사 법인격의 운영 원리와 사회적기업이 운영 원리 사이의 간격이 존재하고 상법상 회사로 동형화하는 압력이 지속적으로 존재하여 기업 내부의 운영 원리와 정체성의 혼란이 지속될 수 있다.

사회적기업 인증제는 사회적기업을 위한 적절한 법인격이 없다는 문제를 완화하는 데는 일부 성과를 보였지만 법인격의 부재로 인한 문제는 여전히 남아 있으며 특히 사전 심사를 핵심으로 하는 인증제가 갖는 한계가 사회적기업의 확대에 제약을 낳았다. 사회적기업 인증제도는 인증을 위한 심사를 핵심 요소로 하는데 심사가 엄격하면 인증 사회적기업의 신뢰성은 높아지지만 인증을 통과하는 신청기업 비율이 낮아서 인증 신청을 위축시키는 결과를 낳고, 심사가 느슨하면 인증 신청은 늘지만 인증 사회적기업의 신뢰성이 낮아져서 실과적으로 진정한 사회적기업가의 인증 신청을 위축시키는 부작용을 낳는다.

4. 특수법인으로서의 새로운 사회적기업 법인격 신설

우리나라에서 영리를 목적으로 하는 법인은 대개 상법에 따라 설립되고(민법 제39조 제1항[5]) 상법은 상행위나 그 밖의 영리를 목적으로 하여 설립한 법인을 '회사'라고 하여(상법 제169조[6]) 그 종류를 합명회사, 합자회사, 유한책임회사, 주식회사와 유한회사의 5종으로 제한하여 열거하고 있다(상법 제170조[7]). 상법이 이와 같이 회사의 종류를 제한하는 이유는 회사에 관한 법률관계를 명확히 하여 법적 안정성과 예측가능성을 확보함으로써 회사 구성원과 회사와의 거래자, 채권자 등을 보호하고 회사에 대한 행정적 규제와 감독을 용이하게 하며, 회사 정책의 편의성을 도모하기 위한 취지로, 상법은 위 유형 외의 회사의 존재나 유형간의 결합을 인정하지 않는다. 이를 회사종류 법정주의라 한다.

사회적기업을 위한 새로운 법인격을 신설하려는 취지도 현재 사회적기업을 둘러싼 법률관계의 불명확성, 외부 투자의 유인, 정책의 일관성 및 편의성 등을 도모하기 위한 것으로, 법정합적인 관점에서 본다면 상법에 기존 5종의 회사 외 새로운 회사 유형을 신설하는 방안이 적절할 수 있다. 비영리적인 목적을 추구하는 수익 활동이 자유로운 조직은 기존의 유형에 포괄되기 어려운 새로운 형태이기 때문이다.

하지만 상법 개정을 위한 절차 자체에 엄청난 노력과 시간이 소

---

5) 영리를 목적으로 하는 사단은 상사회사설립의 조건에 좇아 이를 법인으로 할 수 있다.
6) 이 법에서 "회사"란 상행위나 그 밖의 영리를 목적으로 하여 설립한 법인을 말한다.
7) 회사는 합명회사, 합자회사, 유한책임회사, 주식회사와 유한회사의 5종으로 한다.

요될 것으로 예상된다. 게다가 상법상 회사의 핵심 요건인 '영리성'이 전통적으로 회사가 대외적 거래 활동을 통해 이익을 획득하고 그 이익을 구성원에 분배하는 것으로 인식되고 있는 바, 영리와 비영리가 철저하게 분리되는 현행 법체계에서 영리와 비영리의 혼합지대에 위치한 사회적목적회사를 이와 같은 상법상 회사로서 편입시킬 수 있는지에 대해서는 많은 논란이 예상된다. 따라서 상법 개정을 통해 사회적기업을 위한 회사 유형을 추가하기 위해서는 상법이 인정하는 '영리성'에 대한 폭넓고 깊이 있는 학술적·정책적인 논의 및 인식 변화가 선행되어야 할 것으로 보인다.

사회적목적회사를 반드시 상법에 규정할 필요는 없으며 개별법과 특별법에 근거한 특수법인을 통해 새로운 법인격을 도입할 수 있다. 예를 들어 부동사투자회사법을 살펴보자. 부동산투자회사법은 "일반 국민이 부동산에 투자할 수 있는 기회를 확대하고 부동산에 대한 건전한 투자를 활성화하여 국민경제의 발전에 이바지함을 목적"(당법 1조)을 효율적으로 달성하기 위해 부동산투자회사라는 법인격을 새로이 도입하기 위해 제정된 법률이다. 제3조에서는 부동산투자회사 법인격을 다음과 같이 규정하고 있다.

제3조(법인격) ① 부동산투자회사는 주식회사로 한다.
② 부동산투자회사는 이 법에서 특별히 정한 경우를 제외하고는 「상법」의 적용을 받는다.
③ 부동산투자회사는 그 상호에 부동산투자회사라는 명칭을 사용하여야 한다.
④ 이 법에 따른 부동산투자회사가 아닌 자는 부동산투자회사 또는 이와 유사한 명칭을 사용하여서는 아니 된다.

제3조 법인격 조항에서는 부동산투자회사는 상법을 준용하고 있

으며 특히 상법상 회사형태 중 주식회사로 설립되어야 함을 규정하고 있다. 상호에 부동산투자회사라는 명칭을 사용하며 동시에 이 법에 따른 부동산투자회사가 아닌 자가 부동산투자회사 또는 여 부동산투자회사법에 의한 유사명칭을 사용하지 못하도록 하여 공중이 분명히 인식할 수 있도록 하고 있다. 부동산투자회사법은 상법의 일반 규정 외에 설립 및 영업인가, 이사의 자격, 주식소유의 한도 제한, 자산의 투자 및 운용, 금지 행위의 규정, 감독 및 벌칙 등에 대한 상세한 규정을 두고 있어 투자자를 보호하고자 하고 있다.

이상의 같은 사례처럼 사회적기업의 발전이라는 정책적 목적을 감안하여 특별한 제한을 부과한 특별법인으로서 사회적목적회사라는 법인격을 새로 만들 수 있다. 상법상 회사를 기반으로 하여 그 설립절차는 신속하고 용이하게 하고 기본적인 운영구조에 있어서는 상법의 규정을 준용하게 하되 상호에 가칭 '사회적목적회사' 등의 명칭을 사용하고 사회적 가치 추구 등의 특수한 조건들을 충족시켜야만 그 설립 및 존속을 가능하게 하는 등 외부적으로 여타 상법상 회사와는 구분되는 성격을 명확하게 하는 방식의 법인격 신설 방안이 고려될 수 있을 것으로 판단된다.

사회적기업을 위한 법인격 신설은 기존의 개별법에 의한 법인격 신설과 한 가지 점에서 중대한 차이를 갖는다. 개별법에 의한 법인격은 특정 산업이나 특정 정책사업의 발전을 도모할 목적으로 만들어진 경우가 대부분이며 영리와 비영리의 경계는 명확하게 구분되었다. 예를 들어 사회복지사업과 관련해서 사회복지법인이 만들어지고 비영리를 관장하는 민법을 준용하며, 부동산사업과 관련해서 부동산투자회사가 만들어지고 영리를 관장하는 상법을 준용하고 있다. 이에 비해 사회적기업은 특정한 산업이나 특정한 정책사업과 직결되어 있지 않으며 오히려 비영리적 성격과 영리적 성격이 혼합되어 있는 것이 특징이다. 사회적기업을 정의하는 법인격은 실질적인 내용의 차원에서 기존의 법체계에서 구분된 영리와 비영리의 경계를 허물고 있다는 것이다.

다음으로 특별법 상의 회사로서 사회적목적회사를 신설할 경우 어떤 법에 둘지를 검토해보자. 세 가지 대안이 가능한데 첫째, 사회적기업 육성법 내에 둘 수도 있고 둘째, 제정을 추진 중인 사회적경제 기본법 내에 둘 수도 있으며 셋째, 특별법으로서 사회적목적회사 설립에 관한 법률을 제정할 수도 있다. 입법 기술적으로 판단할 경우 아직 제정되지 않는 사회적경제 기본법에 포함시키는 방안의 경우 법인격 도입 여부가 사회적경제 기본법의 제정 여부에 의존하게 된다는 점에서 불확실성이 매우 커지는 문제가 있다. 사회적목적회사 설립에 대한 별도의 법률을 제정하는 것은 상법 개정에 준하는 광범위한 합의와 동력이 필요할 것으로 보인다. 이런 점에서 사회적기업 육성법 상에 사회적목적회사에 대한 규정을 담은 장을 신설하여 특별법상의 회사로 신설하는 방안이 적절하다고 판단된다.

사회적목적회사에 기반이 되는 영리회사의 법적 지위를 상법상 주식회사에 한정할 것인가, 아니면 유한회사 또는 유한책임회사 등 기존의 5종류의 유형 전체를 포함할 것인가가 쟁점이 될 수 있다. 이에 대해서는 주식회사 외에도 유한회사, 유한책임회사까지 포함하도록 하는 것이 적절하다고 판단되는 바 그 이유는 다음과 같다.

첫째, 상법상 주식회사와 유한회사, 유한책임회사의 역할과 요건이 다르기 때문에 사회적목적회사도 그 특성과 유형을 인정하는 것이 보다 더 넓은 선택지를 제공할 수 있다. 둘째. 사회적기업을 위한 신설 법인격을 상법상 주식회사로 한정할 경우 기존에 다양한 상법상 회사 유형을 채택하여 운영하고 있는 사회적기업들이 신설 법인격으로의 조직 변경이 어려워질 수 있다. 셋째, 회사 유형에 따라 내부 의사결정구조, 구성원의 책임 등이 달라지므로 개별 기업별 운영 방향에 부합하는 회사 유형을 선택할 수 있도록 하는 것이 바람직하다. 이러한 논의에 근거하여 신설 법인격은 상법상 회사 중 어느한 유형으로 제한하는 것이 아니라 일반적인 영리법인 유형인 주식회사, 유한회사 또는 유한책임회사를 기반으로 하는 것이 적절할 것으로 보인다.

요약하면 상법 개정을 통한 사회적목적회사와 같은 새로운 회사 유형의 신설은 현재 실현 가능한 방안이 되지 못하므로 신설 법인격은 부동산투자회사 등과 같은 개별법상 법인의 형태와 유사하게 영리법인형태의 특수법인으로 규정하고 현행 사회적기업 육성법에 새로운 장을 신설하여 추가하는 것이 적절할 것이다.

5. 해외의 입법사례

사회적기업 현상은 1970년대 이탈리아를 시작으로 유럽 각국과 미국에서 1980년대와 1990년대에 널리 퍼지고 성장하였다. 그리고 사회적기업의 출현과 발전은 영리기업과 비영리조직이라는 이분법적 법체계의 수정을 요구했다. 이에 따라 많은 나라들에서 영리기업과 비영리조직 사이의 하이브리드형 기업형태를 새로운 법인격으로 만들게 되었다.

최초의 사회적기업 관련 법인격으로 일컬어지는 이탈리아의 사회적협동조합은 이탈리아에서 많이 활용되고 있던 협동조합 법인격이 갖는 한계를 넘어선 새로운 시도였다. 일반적으로 협동조합은 수익 배분을 조합원 내로 한정하고 있는 데 이것을 수혜자 및 일반 공중으로 넓힌 것이 사회적협동조합이다. 사회적협동조합 법인격의 제정을 통해 협동조합과 비영리조직의 성격을 동시에 갖는 하이브리드형 기업 형태가 만들어진 것이다.

영국의 경우 공동체이익회사(Community Interest Company, CIC)라

는 새로운 법인격을 만들었다. 공동체이익회사는 상법상 회사의 유형 중 보증유한책임회사(Company Limited by Guarantee, CLG)와 주식회사(Company Limited by Shares, CLS) 중 하나의 형태를 취할 수 있다. 회사법의 하위규정인 공동체이익회사 법규(Community Interest Company Regulation)에 따른 요건을 충족할 시 공동체이익회사로 설립하거나 조직 변경할 수 있도록 했다.

공동체이익회사는 사회적 목적을 추구함을 선언하며 동시에 이윤과 자산이 소유자의 이익을 위해 분배 또는 처분되지 않고 사회적 목적을 위하여 회사 내에 또는 사회적 소유형태로 보존되고 사용될 수 있도록 이윤 배분 제약과 자산 처분 제약을 두고 있다. 이윤 배분 제약이란 배분 가능 이익 중에서 일정 비율 이하만을 주주에게 배분할 수 있도록 제한하는 것이며, 자산 처분 제약이란 회사 청산 시 순자산이 있을 경우에 주주가 나눠가질 수 없고 자산 처분 제약을 갖는 공동체이익회사나 비영리기관으로 이전해야 한다는 것이다. 상법상 회사사의 규정을 준용하되 이윤과 자산의 처분에 제약을 부과하여 영리기업과 비영리조직의 특징을 동시에 가지고 있다.

공동체이익회사 이익 배분 제약을 좀 더 자세히 설명하면 다음과 같다. 최초 입법 과정에서 설정된 이익 배분 제한은 다음의 세 가지이다. 첫째, 배분 가능 이익에서 배당금이 차지하는 비중이 35% 이하여야 한다는 것이다. 둘째, 주식액면가 대비 배당금의 비율 상한을 제한하여 영란은행 대출 기준금리 더하기 5%p 이상을 넘지 말아야 한다. 셋째, 미지급 배당금 이월은 5년으로 제한한다는 것이다. 네 번째는 성과연동 대출이자율 상한을 제한한다는 것이다.

공동체이익회사의 이익 배분 제한은 2014년 개정되었는데 개정의 방향은 단순화이다. 구체적으로 이익 배분 제한 중에서 두 번째 미지급 배당금 이월이 5년으로 제한된다는 규정과 세 번째 주식액면가 대비 배당금의 비율 상한 제한 규정을 폐지하였다. 결과적으로 첫째, 배분 가능 이익에서 배당금이 차지하는 비중이 35% 이하여야한다는 것과 넷째, 성과연동 대출 이자율의 상한을 제한한다는 것만 남게 되었다.

2014년에 개정된 것은 2013년 12월 발표된 공동체이익회사에 대한 전문가회의 결과 보고서에 근거하였다. 전문가회의 결과 보고서에 따르면 배당의 비중 35% 이하와 미지급금 이월의 5년 제한을 동시에 규제하는 것이 복잡하고 제약이 심한 것으로 인식되고 있다는 것이다. 복잡한 조건은 주주로서의 투자자들이 공동체이익회사의 경영성과를 공유하는 것을 막고 있었다고 평가되었다. 결과적으로 배당에 대한 이중의 규제는 투자자들이 CIC에 투자하는 것을 저해하는 것으로 판단되었고 이에 따라 배당에 대한 규제를 완화하게 된 것이다.[8]

영국 정부는 이러한 개정을 통해서 2014년 현재 25% 미만에 불과한 주식회사형태의 공동체이익회사의 비중이 좀 더 늘어날 것으로 기대하고 있다. 2013년 말 전체 공동체이익회사의 22%가 주식회사 형태이며 이 중에서 10%p가 민간투자자에게 이익을 배당하는 회사이며 나머지 12%p는 자선단체나 다른 CIC에게만 이익을 배분하는 회사이다.[9]

미국의 경우에도 사회적 목적과 경제적 수익을 동시에 추구하는 것을 명시적으로 규정한 법인격이 존재한다. 저수익유한책임회사

---

8) K. Slight, "Community Interest Companies: New legislation encourages social investment", Harper Macleod LLP, https://www.harpermacleod.co.uk/hm-insights/2014/september/community-interest-companies-new-legislation-encourages-social-investment/, (2014.09.18.).

9) I. Grave, "New rules could 'open the investment floodgates' for Community Interest Companies", Pioneers Post, https://www.pioneerspost.com/news/20131211/new-rules-could-open-the-investment-floodgates-community-interest-companies, (2013.12.11.).

(Low-Profit Limited Liability Company, L3C), 공익회사(Benefit Corporation), 공공이익법인(Public Benefit Corporation), 사회적목적법인(Social Purpose Corporation) 등이 그것이다.[10] 저수익유한책임회사는 2008년 버몬트주에서 입법화된 법인격이다. 회사는 유한책임회사를 기본으로 하되 일반적인 유한책임회사와 달리 자선적 또는 교육적 목적의 증진을 추구하며 이익 창출을 주된 목적으로 하지 않아야 하는 추가적인 특징을 가지고 있다. 저수익유한책임회사는 유한책임회사의 속성을 발전시킨 것인데 애초 미국의 유한책임회사는 회사 목적에 있어서 영리성을 요하지 않는 점과 법인세를 부과하지 않는다는 과세 상의 장점이 있다. 사회적 목적을 추구하는 기업 입장에서 영리성이 전제되지 않았다는 점과 절세의 장점을 가진 유한책임회사 법인격을 적극적으로 발전시킨 것이다.

공익회사는 2010년 매릴랜드주와 버몬트주에서 최초의 입법이 시작되어 미국 각주로 확산된 법인격으로서 공공의 이익을 최우선으로 하는 회사이다. 공공의 이익은 일반적 공익과 특정 공익으로 구분되는데 일반적 공익은 사회와 환경에 대한 실질적이고 긍정적인 영향을 총칭하며 특정 공익은 취약집단에 대한 서비스 및 경제적 기회의 제공, 환경 보존, 건강 증진, 예술, 과학 또는 지식 발전의 증진 등 그 외 사회와 환경에 대해 특정한 이익을 가져다주는 것이다. 공익회사의 이사는 주주의 이익과 회사 및 자회사, 공급업자, 근로자의 이익과 소비자의 이익을 고려하며 그 외 지역공동체와 사회적 배려 및 지역과 환경을 고려할 의무를 지닌다. 만약 이러한 의무를 다하지 않을 경우 주주들이 소송을 제기하여 책임을 물을 수 있다.

공익회사는 매년 공익을 추구한 방법과 달성 정도를 담은 연차보고서를 주주에게 송부하고 홈페이지에 게시해야 한다. 제3자 기준

---

10) 이예은, "미국과 영국의 법인격", 미간행 자료 (2017)

(third-party standard)에 의해 측정된 사회적, 환경적 성과 평가 결과가 연차보고서에 담겨야 한다. 이때 제3자 기준이란 기업의 사회적, 환경적 성과를 정의하고 보고하고 평가하는 기준으로서 해당 공익회사와 독립적인 기관에서 개발되어야 하며 측정 관련 정보가 투명해야 한다.

공공이익회사 역시 공익회사와 유사하다. 공공이익회사는 공익을 창출할 목적으로 만들어진 영리회사이며 주주의 금전적 이익과 회사의 행위로 영향받는 이해관계자의 이익 그리고 공익 삼자가 조화되도록 경영된다.

사회적목적법인은 2012년 워싱턴주에서 회사법을 개정하여 도입한 법인격으로서 주식회사 형태로 설립되지만 자선적, 공익적 활동 목적이나 직원과 이해관계자, 지역공동체와 사회 그리고 환경에 긍정적 영향을 촉진하는 목적을 증진함을 회사 정관에 담고 있어야 한다. 경영자의 경영판단에 이러한 사회적 목적을 반영할 것을 의무화하고 있다는 점에서 기존 일반적인 영리회사에서의 경영판단 원칙에서 진일보한 것으로 평가할 수 있다.

미국의 하이브리드 법인격에서는 이익 배분을 제한하는 명시적인 제한이 법규정에 없다. 회사의 목적이 사회적 가치의 창출이며 이익의 창출이나 자산가치의 증가에 있지 않다는 규정을 통해 정관과 총회를 통해 이익배분을 제한할 수 있는 법적 근거를 마련하고 있을 뿐이다.[11] L3C는 중간배당을 결정한 경우에만 출자액에 따라 사전에 합의된 비율대로 이익을 배분하는 제한을 가지고 있을 뿐 이윤배분의 제한을 명시하고 있지 않다. L3C는 프로그램 관련 투자를 유치하기 위한 목적으로 만들어졌는데 미국 국세청의 프로그램 관련 투자의 소득증대 관련 기준을 통과해야 한다. 이런 점에서 명

---

11) 원문에서 다음과 같이 규정하고 있다. "no significant purpose of the company is the production of income or the appreciation of property"

시적인 이익 배분 제한은 없더라도 국세청의 프로그램 관련 투자의 소득증대 관련 기준을 통과해야 한다는 제약을 통해 이윤 배분의 실질적 효력이 발생한다.

공익회사, 공공이익법인, 사회적목적법인에서도 이익 배분을 명시적으로 제한하지 않는데 이러한 법인격을 별도로 만든 이유는 공익회사 등이 이윤을 최대화하지 않는다는 이유로 주주로부터 소송당하지 않도록 보호하고 나아가 경영진이 사회적 목적을 추구하지 않을 경우 소송할 수 있도록 보장하기 위함이다.

III. 법인격 신설의 쟁점과 대안[12]

1. 방향과 기본 원칙

사회적기업으로 진입 단계를 엄격한 심사를 통해 규제할 경우 사회적기업으로의 진입과 신규 사회적기업의 설립을 막을 위험이 있다. 사회적기업가의 헌신, 윤리적 투자자의 자선적 투자, 윤리적 구매자의 구매 행위, 사회적기업에서 일하려는 근로자의 결심과 인적 자본 투자 이 모든 것은 사회적기업의 자산과 이윤이 사회적 목적을 위해 계속해서 활용될 것이라는 보장에 의해 투입가능하다. 사회적기업의 조직적 정체성에 부합하면서 민간의 자율성과 역동성을 보장하는 제도를 마련하는 것이 중요하다.

이와 관련하여 영국의 사회적기업 법인격인 공동체이익회사는

---

12) 이 절의 내용은 김혜원·김성기·박향희·양동수·이예은, "사회적기업을 위한 새로운 법인격: 쟁점과 대안", 사회적기업연구 제10권 제2호, 사회적기업학회 (2017)에 크게 의존하고 있다.

시사하는 바가 크다. 영국의 공동체이익회사는 투자자의 기업 통제권에 제한을 두지 않으면서도, 이윤 배분을 제한하면서, 자산을 사회적 소유로 귀속시킨 일종의 비영리 지향의 회사 모델이다. 주식회사처럼 설립·신고주의를 적용하되, 기업이 추구하는 사회적 가치를 감독기구(Regulator of Community Interest Companies)를 통해 관리하는 방식으로 사회적기업으로의 제도 진입이 용이한 시스템을 구축하였다. 한국의 새로운 법인격을 영국의 공동체이익회사와 유사한 모델로 제시하고자 하며 한국적 상황을 감안하여 구체적인 특징을 고안하였으며 해당 법인격의 이름은 가칭 사회적목적회사(social purpose company)로 명명하였다.

우리나라의 사회적목적회사 제도는 다음과 같은 기본방향으로 도입되어야 한다.

첫째, 사회적목적회사는 자신이 추구하는 최고 가치가 사회적 가치에 있음을 스스로 천명하도록 하고(기업 정관에 명시), 사회적 가치 추구를 지지하는 자율적인 규제 시스템을 존중하면서도 정부 차원에서 등록 관리 기구를 설치하여 감독되어야 한다.

둘째, 사회적목적회사는 다중목적조직으로서의 조직적 정체성을 갖는다. 다중목적조직이란 가치 차원에서 사회적 가치와 경제적 가치를 통합적으로 추구하는 조직이다. 여기서 경제적 가치도 기업 가치를 실현하는 수단이자 목적으로서 다중적인 의미를 갖는다.

셋째, 사회적목적회사는 소유 차원에서 제한적 이윤 배당이 허용되면서 자산에 대한 사회적 소유를 채택하는 조직이다. 기업모델로서 전통적인 비영리법인의 이윤 배분 금지를 완화하여 이윤 배분을 제한적으로 허용하면서, 동시에 영리법인의 이윤 극대화 추구 역시 제어하는 혼합적 소유지배권 체제이다. 사회적목적회사는 제한적 이윤 추구를 보장받음으로써 사회적 투자자를 능동적으로 참여시킬 수 있는 추동력을 가져야 한다. 사회적목적회사는 자산동결된 사회적 소유 기업으로서 사회적 정당성을 확보하여 사회적 가치를 주 목적으로 하는 조직으로 대우받게 될 것이다.

넷째, 사회적목적회사 제도는 기존의 정부 통제형 사회적기업 인 증제가 아닌 사회적 가치 추구에 대한 감독과 결합된 등록제 형태 를 취해야 한다. '인증'이란 어떤 문서나 사람, 행위가 진실된 것인 지를 심사에 의해 확인하여 인정하는 과정이다. 반면 '등록'은 일정 한 법률 사실이나 법률 관계를 증명하기 위하여 법으로 정해진 공 부에 기재하는 일을 말한다. 인증은 인증 권한이 있는 주체의 확인 인 반면, 등록은 민간의 독립성과 자율성이 보장된다.13) 등록제의 도입은 사회적기업 운동에 참여하는 시민과 사회적기업가에게 자유 선택 의지를 보장해주면서 다양한 도전과 역동성을 발휘하게 할 것 이다. 또한, 과도한 행정 통제와 규제를 줄이고, 사회적기업 혁신 생 태계가 촉진되는데 기여할 것이다.

다섯째, 사회적목적회사의 법규정은 법률상으로 사회적기업 육 성법 체계에 포함하며 현재 법률을 기준으로 한다. 현실적으로 「사 회적기업 육성법」을 개정하여 특수목적법인 형태로 도입한다. 「사회 적경제 기본법」에 포함하는 방안도 있겠지만, 사회적경제 기본법의 제정 취지와 새로운 사회적기업 법인 제도의 도입 취지가 정합성을 갖기 힘들다. 상법의 개정을 통한 도입 방안도 가능하지만 이는 장 기적인 과제로 검토하는 것이 현실적이다.

---

13) 양동수, 인증제도의 문제점 및 개선 방안 논의", (황덕순 외), (2015) 참조.

2. 이익 배분 제한과 자산 처분 제약

이익 배분과 자산 처분의 제약은 사회적목적회사의 본질적 규정을 이루고 있다. 사회적목적회사의 사명은 사회적 목적 추구이며 경제 활동은 이를 달성하기 위한 수단이다. 사회적목적회사의 사명에 공감하는 소비자들은 회사의 제품과 서비스를 적극적으로 구매하며 투자자들은 선의에 입각하여 저수익률의 투자를 감내한다. 회사를 둘러싼 다양한 이해관계자들이 사회적 목적 추구에 공감하여 협력하는 것은 사회적목적회사가 치열한 시장경쟁에서 성장하고 발전할 수 있는 중요한 기반이다.

사회적목적회사의 경제활동이 성공적으로 수행될 경우 이익이 발생하고 자산 가치가 상승하게 된다. 회사의 소유자들은 이익을 나눠 갖고 자산을 처분함으로써 사회적목적회사가 창출한 이익을 소유자만의 이익으로 전유할 수 있다. 이러한 소유자의 전유 가능성은 사회적목적회사의 성장과 발전을 지지하는 이해관계자들이 협력하는 것을 주저하게 만든다. 소유자들이 사회적목적회사의 사명이 단지 선언에 그치지 않고 실질적인 행동으로 이어질 것이라는 신뢰를 주기 위해서 기업 소유자에 의한 이익 배분과 자산 처분에 대해 제약을 마련할 필요가 있다.

사회적목적회사 법인격 조항에서 이익 배분에 제약을 둔 것은 사회적목적회사가 경제활동을 통해 얻은 수익을 원래의 목적인 사회적 목적에 활용하는 것을 촉진하기 위해 설정된 것이다. 그리고 자산 처분에 제약을 두고 회사 청산시 자산을 사회적경제 영역으로 귀속시키는 것은 사회적목적회사를 통해 형성된 자산이 사회 전체의 자산임을 명시하기 위함이다.

법적으로 이익 배분 및 자산 처분에 제약을 명시함으로써 고수익을 목적으로 사회적목적회사에 대출하거나 사회적목적회사의 지분을 매입하는 투자자로부터 사회적목적회사를 보호할 수 있는 이점도 있다. 또한 법안에 이를 명시함으로써 사회적목적회사가 일반적인 상법상 회사와 다르다는 점을 사회적목적회사의 본질을 시민들이 제대로 이해하는 효과를 갖는다.

이익 배분의 제한에 그치지 않고 자산 처분의 제약을 두는 이유는 자산처분을 통해서 이익을 전유할 수 있기 때문이다. 기업 경제활동의 결과는 자산의 축적과 자산가치의 상승을 통해 반영된다. 이익을 배분하지 않더라도 금융자산 또는 실물자산으로 이익이 누적될 수 있고 만약 기업을 청산하여 순자산을 소유자가 나누어가지게 되면 실질적으로 이익을 배분한 것과 동일한 효과를 낳기 때문이다. 청산시 자산 처분만이 아니라 통상적인 경영활동 과정에서 자산을 처분함에 있어서도 제약이 필요하다. 자산을 시장가치 이하로 처분하게 되면 매입하는 측으로 기업 경영활동의 이익이 넘어가게 된다. 이것은 해당 사회적목적회사를 위해 제공된 협력의 가치들이 부당하게 이전되는 결과를 낳으므로 엄격히 금지될 필요가 있다. 다만 자산을 시장가치 이하로 매입하는 곳이 사회적 목적을 추구하는 기관일 경우에는 가능하게 열어둘 필요가 있다.

이익 배분과 자산 처분의 제약을 부여하는 형태는 다양하다. 이익 배분을 제한할 수 있다라는 방식으로 제약을 부여할 수도 있으며 이익 배분을 일정 수준 이하로 해야만 한다는 방식으로 제약을 부여할 수 있다. 제2절의 해외 입법 사례에서 살펴본 바와 같이 전자의 방식으로 제약을 둔 경우가 미국의 사례이고 후자의 방식으로 제약을 둔 경우가 영국의 사례이다.

우리나라에서 신설되는 법인격에서는 이익 배분과 자산 처분의 제한을 법률로 규정하는 것이 필요하다. 미국과 같이 기업의 운영에 대한 주주에 의한 다양한 견제활동과 소송제도가 활발할 경우에는

'할 수 있다'는 전제 위에서 사회적 목적을 추구하는 기업들이 시민과 선택과 주주의 감시활동 속에서 운영될 수 있다. 이러한 여건이 갖추어져 있지 않은 우리나라의 경우에는 이익 배분과 자산 처분의 제한을 명문화하고 엄격하게 집행함으로써 사회적 목적을 추구하는 기업들의 존재를 명확히 하고 진흥할 수 있기 때문이다.

우리나라에서는 어떠한 수준의 이익 배분의 제한과 자산 처분의 제약이 필요한지 검토해보자. 우선 영국의 공동체이익회사의 배당률 제한의 전례를 따를 때 이익 배분에 대한 복잡한 규제를 만드는 것보다 단순한 규제를 만드는 것이 나을 것으로 판단된다. 이에 미지급 배당금의 이월 제한이나 배당률 제한 없이 배분 가능 이익의 일정 비율 이하로 배당을 제한하는 단순한 제한을 제안한다.

배당성향의 상한에 대한 각국의 경험을 먼저 검토해보자. 실제 각국의 이윤 배분 제한 비율은 매우 다양하다. 이탈리아 사회적기업법에서는 이윤 배분을 엄격히 금지하고 있다.14) 포르투갈 사회연대협동조합에서도 이윤 배분을 제한하고 있다.15) 벨기에의 사회적목적회사에서는 수익을 배분할 때 일정한 배당률을 넘어서면 안되는데 배당수익률을 6%로 제한하고 있다.16)

프랑스 일반이익 사회적협동조합은 20%의 이윤을 의무적으로 발전기금에 할당해야 하며 50%의 이윤은 내부에 유보해야 한다.17) 결과적으로 30%의 이윤만을 배분할 수 있다. 슬로바키아의 경우 노동

---

14) Fici, A. "Recognition and legal Forms of Social Enterprise in Europe: A Critical Analysis from a Comparative Law Perspective", Euricse Working Papers(2015), 82~15.

15) Fici, A., 위의 책, 82~15.

16) Defourny, Social enterprises in local services in belgium (2005) 참조. 또한 자산 동결을 위해 청산시 남는 자산은 사회적 목적을 위해 반드시 배분되어야 한다고 규정된다.

17) European Center for Not-for-Profit Law, "Comparative Analysis of the Regulatory Framework for Social Enterprises" (2015) 참조.

통합형 사회적기업의 경우 30%의 이윤을 배분하지 않고 재투자해야 한다.[18) 이는 곧 70%까지 이윤을 배분할 수 있음을 허용하고 있다.

이탈리아 사회적협동조합은 배분 가능한 이익의 80% 이하를 배분할 수 있다. 이와 함께 배당률 제한을 하고 있어서 출자금에 대한 배당률이 2%를 넘지 않아야 한다.[19) Salamon(2016)에서는 사회적경제부문의 조작적 정의를 제시하면서 자산동결을 의무적 조항으로 규정하면서 다양한 각국의 이윤 배분 제한 규정을 검토한 후에 이윤 배분 제한을 50%로 제시하고 있다.[20)

배당성향의 상한은 1/3 또는 1/2 두가지 안을 검토해 볼 수 있다. 1/3안이 갖는 장점으로 우선 사회적기업 육성법에서 사회적기업의 인증기준으로 배분 가능 이익의 1/3을 규정하고 있어 1/3 이하의 이익배분에 대한 광범위한 사회적 합의가 이미 마련되어 있다는 점을 들 수 있다. 신설하는 법인격에서 1/2까지 이익을 배분할 수 있다고 할 때 기존의 인증사회적기업의 취지와 다른 기업이라거나 인증사회적기업보다 이익을 더 추구하는 기업이라는 식의 의도치 않은 여론을 불러일으킬 수 있다. 또한 1/2안에 비해 사회적 목적을 추구한다는 점을 명확히 하여 신뢰를 강화할 수 있다. 하지만 투자자 입장에서 수익률이 낮아서 매력을 덜 느낄 단점이 있다.

1/2안이 갖는 장점은 배당성향의 상한이 높으면 높을수록 일반 투자자의 투자유인을 높일 수 있고 시장에서의 관심을 더 촉발할 수 있다는 점에서 사회적목적회사로의 투자금 유입을 촉진할 수 있는 장점이 있다. 하지만 해당 사회적목적회사가 사회적 사명을 추구

---

18) European Center for Non-for-Profit Law, 위의 책 참조.

19) Borzaga·Santuari, "Italy -From traditional co-operative to innovative social enterprises"(Borzaga and Defourny, Eds.), The Emergence of Social Enterprise (2001), 166~181 참조.

20) Salamon·Sokolowski, "Beyond Nonprofits: Re-conceptualizing the Third", Volutas 27(2016), 1515~1545 참조

하는지에 대한 의심을 살 수 있다는 점이 단점이다.

2017년 인증사회적기업 실태조사에서는 사회적기업을 위한 새로운 법인격을 만들 경우 이윤 배분 제한을 어떤 수준에서 하는 것이 적절한지에 대해 인증사회적기업을 대상으로 설문하였다. 이 설문 결과는 <표 3>에 제시되어 있다.

현행 사회적기업 육성법의 배분 제한인 1/3 수준의 이윤 배분을 허용해야 한다는 견해는 27.11%이며 1/4 이내 또는 아예 이윤 배분이 없어야 한다는 의견까지 합하여 1/3 이하로 이윤 배분 제약을 부과해야 한다는 의견은 48.37%이다. 만약 무응답 등을 제외하면 절반을 약간 넘는 54%가 1/3 이내의 이윤 배분 허용을 찬성하고 있다. 이에 비해 1/2 이내의 이윤 배분 허용을 찬성하는 비중은 65%이며 2/3 이내의 이윤 배분을 찬성하는 비중은 75%이다. 이러한 차이는 상법상 회사 여부 등에 따라 큰 차이가 없다.

<표 3> 이윤배분 허용 범위에 대한 의견

(단위: 개, %)

	빈도	백분율(1)	누적 백분율(1)	백분율(2)	누적 백분율(2)
이윤 배분이 없어야 함	16	1.74	1.74	1.94	1.94
1/4 이내 이윤 배분 허용	180	19.52	21.26	21.79	23.73
1/3 이내 이윤 배분 허용	250	27.11	48.37	30.27	54.00
1/2 이내 이윤 배분 허용	93	10.09	58.46	11.26	65.25
2/3 이내 이윤 배분 허용	84	9.11	67.57	10.17	75.42
3/4 이내 이윤 배분 허용	21	2.28	69.85	2.54	77.97
이윤 배분 제약이 없어도 됨	182	19.74	89.59	22.03	100.00
법인운영에 따라 결정해야 한다	4	0.43	90.02		
모름/무응답	92	9.98	100		

주: 저자에 의한 계산
자료: 2017년 인증사회적기업 실태조사 원자료

　절반 정도의 인증사회적기업이 1/3 이내의 이윤 배분 허용을, 65%가 1/2 이내의 이윤 배분 허용을 희망하고 있다는 것은 거꾸로 35%만이 전체 배분 가능 이익 중 2/3 또는 3/4의 배분 허용을 지지하고 있다는 것을 의미하므로 2/3, 3/4 이상의 이윤 배분 허용은 지지받기 어렵다는 것을 알 수 있다. 1/3과 1/2는 어느 한쪽이 압도적인 지지를 받고 있다고 보기 어렵기 때문에 전략적인 판단이 필요하다고 생각된다.

　영국의 공동체이익회사와 같이 성과연동 대출 이자율의 상한 규정은 우리나라의 경우에도 필요하다고 판단된다. 영국에서 성과연동 대출 이자율 상한을 설정한 이유는 유한책임회사 형태의 공동체이익회사가 영국에서는 일반적이며 따라서 배당 제한을 받는 기업은 많지 않기 때문이다. 유한책임회사의 경우 투자자의 영향력은 경영수익에 연동하여 이자를 받는 대출계약을 통해 행사된다. 이럴 경우 대부자가 실질적으로 주주와 유사한 역할을 하게 되므로 대부자에 의한 이익 전유를 제한할 필요가 있다.

　우리나라의 경우 유한책임회사 형태의 회사가 거의 없고 사회적목적회사의 경우에도 많지 않을 것이다. 하지만 현행 법률 상에 유한책임회사가 설치되어 있으며 향후에 기업의 형태가 다양화된다면 사회적목적회사 중에도 유한책임회사 형태를 갖는 기업이 증가할 수 있다. 또한 주식회사의 경우에도 경영실적에 연동하여 이자율이 달라지는 대출계약을 맺을 수 있고 이것은 우회적으로 이익의 상당 부분을 대부자가 가져가서 사회적 목적 추구를 유명무실하게 만들 수 있다. 이런 점에서 성과연동 대출 이자율 상한을 정하는 것이 필요하다.

　청산 시 잔여재산의 처분에서 큰 쟁점은 없다. 사회적목적회사의 자산이 공동체 전체의 자산이라는 관점에서 청산 시 순자산이 존재할 경우 공동체에 귀속되는 것이 필요하다. 이런 점에서 비영리기

관, 국고 또는 사회적목적회사와 같은 자산 처분이 제약된 기업으로
귀속될 필요가 있다. 쟁점이 되는 하나의 지점은 주주의 출자금 권
리를 보장할 것인지 여부이다. 일반적으로 주식회사에서는 부채를
변제한 후에 출자금을 보장하지 않지만 사회적목적회사의 경우에는
보장할 것인지가 쟁점이 된다. 출자금을 보장할 경우 주주가 투자할
유인이 강화된다는 점에서 출자금 보장을 인정하는 것이 적절할 것
으로 판단된다.[21]

3. 설립 절차 및 감독

가. 설립 절차

사회적기업을 표방하는 신설 법인 설립을 절차상 간소하고 기본
요건을 갖추면 되는 신고나 등록으로 할 경우 난립할 우려가 있다
는 반론이 제기될 수 있으므로 현실적으로 신고·등록으로 할 것인
지 인가·허가로 할 것인지의 결정이 중요하다. 새로운 사회적기업
법인의 설립에 대한 법적 절차는, 사회적기업 육성법에 따른 사회적
기업 '인증'이나 협동조합 기본법에 따른 사회적협동조합 '인가'와
달리 '신고'로 하도록 하여 사회적기업의 현행 인증제도의 절차상의
까다로움을 완화하는 기본 방향을 채택하였다.

새로운 사회적기업 법인의 신고 절차 및 신고 내용을 논의하기
전에 영국 CIC의 설립 절차에 대해 살펴보기로 한다. 왜냐하면, 법
인격 설립을 '신고'로 한다는 점에서는 협동조합 기본법에 따른 일
반협동조합의 설립 신고와 유사하지만, 이번 장에서 살펴볼 새로운
사회적기업 법인의 신고 절차 및 내용 등을 살펴보면 기본 요건에

---

21) 영국 CIC에서도 출자금을 보장하고 있다.

대한 결격 사유를 확인하는 수준 이상의 사회적 목적성을 판단하는 절차가 있으며 이는 영국의 지역공동체이익회사(Community Interest Company, 이하 CIC)의 사례를 참고로 했기 때문이다.

영국 CIC 등록절차에 있어서 가장 큰 특징은 등록제이면서도 '법으로 정한 등록절차와 요건을 준수하면 특별한 결격사유가 없는 한 인정'하는 수준이 아닌 '공동체 이익 테스트'라는 심사 절차를 거치는 것이다. 이 심사를 맡고 있는 곳이 BEIS 소속 CIC 감독관리국이고 CIC 등록 심사 등을 맡는 사람을 '규제담당관(Regulator)'이라고 하며 규제담당관에 대한 지위 및 역할 등을 「Regulator's status, role, function and location」('17. 7)에서 규정하고 있는데 CIC 설립 결정에서부터 해산 청구의 역할까지 매우 다양하며, 감독관으로서의 역할뿐만 아니라 CIC 발전을 위한 지도와 지원 등도 주요한 역할로 포함하고 있다.

CIC의 공동체 이익 테스트(Community Interest Test)는 제출된 공동체 이익 선언서를 통해 지역사회에 이익이 되는 활동을 할 것으로 예견할 수 있는지를 규제담당관이 판단하게 되며, 공동체 이익 선언서에는 (Section A) 공동체 이익 추구 선언, 공헌하고자 하는 지역(수혜자) 설명, (Section B) 비전, 추구하는 활동 내용, 제공하는 서비스 및 제품과 일반회사와의 차별성, 지역사회가 얻는 이익, 이익 잉여금 사용계획, (Section C) 정치 활동과 연관성 유무 확인 세가지를 담고 있다. 그리고 공동체 이익 선언서에 작성된 3가지 주요내용으로 근거로 하여 CIC의 설립목적, 해당 조직이 참여하는 사업범위에 대한 설명, 활동을 통해 이익을 얻을 수 있는 대상자(수혜자)에 대한 설명 등 3가지 관점으로 공동체성 여부를 판단하며 사실관계 확인을 위한 현장실사는 진행하지 않는다.

이상과 같이 영국 CIC의 설립 절차, 공동체 이익 테스트 등을 살펴봤는데, 우리나라의 신설 사회적기업 법인의 설립 절차도 이에 준하는 수준으로 하되 우리나라의 상황에 맞도록 적용하는 것이 바람직해보이며, 적용 시 고려해야 할 몇 가지 논의된 사항을 정리하고자 한다.

먼저, 설립 절차는 상법상 절차에 따라 출자를 이행하거나 창립총회 의결을 거친 후 중앙행정기관에 법으로 정해진 서류를 구비하여 신고해야 하며, 중앙행정기관의 장은 설립 신고를 반려하거나 보완을 요구하는 경우를 제외하고는 신고확인증을 발급하는 것으로 정리했다. 물론 법인이 성립되기 위해서는 신고확인증 발급 이후 법인 등기, 사업개시를 위해서는 사업자 등록을 하는 절차는 추가로 진행해야 한다.

설립 신고 시 제출서류는 추후 대통령령으로 정하는 것까지만 논의하였으나, 현재 논의된 바에 따른 필수서류를 정리해보면 1) 상법상 절차에 따라 법인 설립에 필요한 제반 서류, 2) 정관, 3) 사회적 목적 이행 선언서이다.

위 3가지 제출서류 중 새로운 사회적기업 법인의 본질적 특성을 반영하는 서류는 정관과 사회적 목적 이행 선언서이므로, 구체적으로 반드시 담아야 할 내용을 정할 필요가 있다.

정관에는 1) 추구하고자 하는 사회적 목적에 관한 사항 2) 이윤배분 제한에 대한 사항 3) 자산동결에 관한 사항 4) 기타 상법으로 정관에 포함하도록 정한 사항을 반드시 포함하여 할 것이다.

이 중 '사회적 목적'의 범위는 포괄적 개념이더라도 구체적으로 명시하는 것이 바람직하다고 판단하였고, 새롭게 '사회적 목적'의 개념을 정의하지 않고 윤호중 의원이 발의하여('16.8.17) 위원회 심사단계에 머물고 있는 사회적경제 기본법안 제3조 제2호에서 다룬 '사회적가치'를 추구하려는 목적으로 정의하고자 한다. 그리고 법에서 정한 이윤 배분의 제한과 자산동결[22)]에 대한 사항을 반드시 정관에 담도록 하고 이에 대한 이행 여부를 지속적으로 확인해야 할 것이다.

설립 절차에 포함된 '사회적 목적 추구'심사는 어느 수준에서 할 것인지에 대한 의견은 다양했으나 사회적목적회사의 설립 기본원칙에 따라 사회적 목적 판단 수준을 정리했다. 사회적 목적을 추구하는 것이 신설 법인의 명확한 존재 이유라는 명목으로 현행 사회적기업 인증이나 사회적협동조합 인가에 대한 심사에 준하는 절차를 거칠 경우 사회적목적회사의 설립을 '신고'의 수준으로 하자는 원칙과 모순이 발생하며, 사회적기업 인증제도와 다르지 않는 설립 절차 상의 까다로움을 재현하게 되는 것이다.

따라서, 사회적목적회사의 원칙과 요건을 법으로 명확히 규정하고, 이 내용이 설립 신고 시 정관과 사회적 목적 이행 선언서에 담겨있는지를 확인하는 수준의 심사가 적절한 것으로 판단된다. 설립 시 제출하는 서류로 판단하는 이 외에도 영국의 CIC처럼 법으로 사회적목적회사의 정치적 목적이나 특정집단의 이익을 추구하지 못하도록 하고, 사회적목적회사의 정체성을 명확히 하기 위해 영리 활동은 하지만 금전적 이익을 중심으로 운영되지 않는다는 조항도 법에 명시하는 것이 필요하다. 그리고, 사회적 목적에 대한 이행 여부는 설립단계에서가 아니라 운영 단계에서 제대로 이행되고 있는지를 확인하는 절차를 의무화하는 것이 더 적합할 것이다.

마지막으로 설립 절차에서 검토할 사항은 설립 신고에 따르는 행정 실무를 누가 담당할 것인가 하는 것인데, CIC는 중앙행정기관인 BEIS에 규제담당관을 두어 공동체 이익 선언서 등을 검토하고 설립 여부를 결정하는 등의 역할을 하고 있다. 이 때 제출된 서류에 대한 확인을 위해 현장실사를 진행하지는 않는 것이 우리나라 사회적기업 인증 및 사회적협동조합 인가 절차와 다른 점이다.

---

22) 이윤 배분의 제한과 자산동결은 다른 장에서 구체적 내용을 다루고 있으므로 상세 기준 등은 설명하지 않음

　그렇다면, 우리나라는 신고에 따르는 실무를 CIC처럼 중앙행정기관에서 직접 할 것인지, 혹은 한국사회적기업진흥원과 같은 공공기관에 업무를 위탁할 것인지에 대한 논의도 필요하다. 현재 사회적기업 및 사회적협동조합은 모두 해당부처가 인증(인가)의 권한을 가지고 있지만, 사회적기업 및 사회적협동조합의 요건을 충족하는지를 판단하기 위한 현장실사는 한국사회적기업진흥원과 권역별지원기관이 실행하며 보고서를 작성하여 해당부처에 제출하면 이를 근거로 사회적기업은 사회적기업육성위원회에서, 사회적협동조합은 해당부처에서 최종 결정을 하는 복잡한 절차를 거쳐야 한다.

　이러한 절차는 인가나 인증에서는 일정 부분 필요하다고 할 수 있으나, 사회적목적회사의 설립 절차는 간소하고 용이하게 하도록 방향을 정했고, 사회적목적회사도 경영공시 등 의무를 가지게 된다면 현재 사회적기업의 경영공시, 사업보고 등의 업무를 고용노동부로부터 위탁받아 수행 중인 한국사회적기업진흥원이 업무를 위탁받는 것이 효율적일 수도 있으므로, 향후 다양한 방향으로 추가 논의가 필요하다.

나. 감독

　영국 CIC를 감독하는 규제담당관은 권한과 역할의 강도가 매우 세다. CIC가 더 이상 공동체 이익을 위해 공헌하지 못하다고 판단할 경우 법원에 해산을 청구할 수 있으며, 대표자의 보수가 과다하다고 판단될 경우 공동체이익 테스트에서 탈락시킬 수 있는 권한이 있고, CIC가 디폴트(채무불이행)상태에 놓이게 된 경우 대표이사를 해임할 수 있는 권한과 임명할 수 있는 권한, 신탁자로서의 권한도 있다.

　우리나라 감독당국에도 CIC에 준하는 감독의 권한을 부여할 것인지 판단이 필요한데, 만약 이러한 권한이 감독당국에 없다면 대표이사의 전횡을 주주들 스스로가 해결할 수 있어야 하므로 주주에 의한 자율적 감독이 이루어질 것이라는 낙관적 견해를 취할 것인지 아니면 감독당국의 CIC에 대한 적극 개입을 열어둘 것인지에 대한 것이다.

우리나라의 경우 사회적기업이나 사회적협동조합은 법 위반사항 등에 대해서는 시정명령, 과태료 부과 등의 조치를 취할 수 있고, 인가 및 인증 취소 사유가 발생한 경우는 정해진 절차에 따라 취소도 가능하도록 되어 있기는 하다.

그러나, 영국의 규제담당관과 같이 기업의 대표이사를 해임 및 임명의 권한, 신탁자로서의 권한 등은 우리나라의 경우 아직 사례를 찾아보기 어렵고, 정서적으로도 이러한 부분은 기업의 고유한 영역으로 받아들여지고 있으므로 우리나라의 다른 사회적경제기업에 준하는 감독으로 정하는 것이 무난할 것으로 보인다.

즉, 해당부처의 장이 사회적목적회사의 설립과 운영 사무를 감독하고, 감독에 필요한 명령을 할 수 있으며, 감독의 결과 법으로 정한 사항을 위반한 사실이 있을 경우 시정 조치를 할 수 있도록 하는 것이다. 시정 조치는 법 위반 사항이 무엇이냐에 따라 수준이 달라질 수 있는데, 위반사항에 따른 시정조치 수준은 추후 구체적인 논의가 필요하다.

영국의 경우 CIC 규제담당관은 CIC가 보고서 제출과 관련된 의무를 이행하지 않으면 이사를 기소하거나, 회사에게 민사 제재를 가할 수 있는 조치도 취할 수 있도록 되어 있는데, 우리나라는 이 경우 어떤 수준으로 시정 조치할 수 있을지에 대한 구체적 조치 방안을 논의해야 한다는 것이다.

다. 경영공시

사회적목적회사의 설립 시 사회적 목적 추구 심사를 법에서 정한 내용을 정관 등에 담고 있고 설립 절차 상 위배 되는 사항이 없다면 신고 수리를 하는 수준으로 논의한 이유는 사회적목적회사의 사회적 목적 달성 여부는 설립 단계가 아닌 운영 단계에서 확인해야 한다는 것 때문이었다. 이에 운영 단계의 감독이 원활히 이루어지기 위해서는 사회적목적회사의 경영공시가 의무화되는 것이 바람직하다고 판단된다.

우리나라의 경우 사회적기업 경영공시는 자율경영공시로 의무화되어 있지 않고 2011년 시범공시를 시작했고, 2016년부터는 영국 CIC의 경영공시처럼 기본공시와 확장공시로 구분하였으며, 공시 시기는 회계연도 결산일로부터 3개월 이내로 되어 있다.

사회적협동조합은 법적 의무로 규정되어 있고, 공시 포함내용은 정관과 규약(규정), 사업결산보고서, 총회 및 이사회 등 활동현황, 사업결과보고서, 소액대출 및 상호보조사업 결과보고서이며, 일반협동조합은 조합원 수 200인 이상이거나 직전 연도 사업결산보고서에 적힌 출자금 납입총액이 30억 원 이상인 협동조합만 의무적으로 경영공시를 하도록 되어 있다.

본 연구에서는 사회적목적회사는 영국 CIC와 우리나라 사회적협동조합과 같이 경영공시를 의무화하고, 공시 시기는 매 회계연도 4월 말까지 해당부처가 지정하는 인터넷 사이트에 공시하도록 할 것을 제안한다.

사회적목적회사의 경영공시 의무화에 대해서는 이견이 없을 듯하다. 누구나 사회적기업이 자율적인 경영 투명성을 확보해야 한다고 하지만, 정작 사회적기업의 자율경영공시 참여율은 낮다. 2016년 경영공시에 참여한 기업 수는 267개로 2015년 12월 말 기준 사회적기업 수 1,506개에 대비하면 17.7%, 2017년 참여기업 수는 367개로 2016년 12월 말 기준 사회적기업 수 1,713개에 대비하면 소폭 상승한 21.4%가 참여한 것으로 나타난다. 사회적기업에 대한 경영공시 의무화에 대한 의견이 종종 있지만, 실행 중에 의무화로 변경하는 것이 쉽지는 않다.

따라서, 사회적목적회사 신설 초반부터 경영공시에 대한 의무화를 확정하는 것이 제도 운영상 효율적일 것이며, 사회적목적회사는 이윤 배당의 제한, 자산동결 등 법적 요건을 유지해야 하고 이를 확인받아야 하는 의무도 가지고 있으므로 현장의 수용성도 높을 것으로 추측된다.

그리고, 경영공시에 포함할 사항으로는 설립 시 제출한 사회적 목적 이행 선언서에 대한 실적을 담은 사회적 목적 추구 이행 보고서, 법과 정관에 따른 배분 가능한 이익에 대한 배당내역 등을 반드시 포함할 것을 법으로 명시했다.

4. 조직 변경과 합병 및 분할

가. 조직 변경

사회적목적회사라는 법인격이 신설되는 경우, 창업하는 사회적기업들이 이를 선택하는 경우도 있지만, 기존의 맞지 않는 옷을 입고 있던 기존의 사회적기업(광의의 사회적기업을 포함) 중에서 신설 법인격으로 전환하고자 하는 수요들이 많을 것으로 예상된다.

한편 법인격의 동일성은 유지하면서 그 법률상의 조직을 변경하여 다른 종류의 회사 또는 법인으로 전환하는 것, 즉 조직 변경은 법률상의 명시적인 근거 없이는 불가능하다. 이는 구성원의 내부 구성이나 외부에 대한 책임의 범위가 전혀 다른 법적 주체 간 조직 변경을 인정하게 될 경우 오히려 해당 법적 주체에 대해 형성된 이해 관계에 균열을 가져올 수 있고 새로운 법적 주체를 설립하는 것보 다 시간과 비용의 낭비가 초래될 위험이 있기 때문에 이러한 법적 인 효과는 법에서 그 요건과 효과가 규정되어 있어야 가능한 법률 행위이다.

따라서 조직 변경 규정을 두지 않거나 타법의 조직 변경 규정을 준용하지 않을 경우, 한 법인격이 다른 법인격으로 조직을 변경하는 것은 해산 후 설립의 방법으로만 가능하기 때문에, 신설 법인격의 조직 변경에 대한 규정을 별도로 마련할 필요가 있다.

신설 법인격의 조직 변경과 관련하여 문제되는 부분은 첫째, 상 법상 회사 등에서 신설 법인격으로의 조직 변경, 둘째, 신설 법인격 에서 상법상 회사 등으로의 조직 변경, 셋째, 신설 법인격과 비영리 법인간의 조직 변경이다.

우선 상법상 회사 등의 신설 법인격으로의 조직 변경에 관하여는 상법상 회사 등 일반 영리법인이 신설 법인격으로 유인될 수 있도 록 조직 변경 규정을 별도로 두어 이에 대한 조직 변경이 가능할 수 있도록 규정할 필요가 있다. 이때 신설 법인격으로의 조직 변경에 관한 신고를 감독 주무관청에 하도록 하여 신고 절차를 통해 사회 적 목적 이행 선언서 등을 제출할 수 있도록 하였고 그 외 조직 변 경에 관한 구체적인 규정은 상법의 규정을 준용해야 한다.

한편, 조직 변경의 법적 요건과 관련하여, 현행법상 상법상 회사, 협동조합 기본법상 협동조합 및 사회적협동조합, 영농(어)조합법인, 법무법인 등 일반적으로 조직 변경에 관한 총회의 결의는 원칙적으 로 구성원 전원의 일치로 하도록 되어 있다.

따라서 신설 법인격의 조직 변경 규정 역시 여타 조직 변경 규정 과 동일 또는 유사하게 엄격한 의결정족수를 규정하여야 할 것이다. 그러나 초기 기존 영리회사에서 신설 법인격으로의 조직 변경을 유도·확산을 위한 방안이 강구될 필요가 있다. 이를 위한 방안으로, 조직 변경에 관하여는 총회 결의에서 구성원 전원의 일치라는 상법의 규정을 준용하지 않고 별도의 규정을 두거나 구성원 전원의 일치라는 규정을 두되 부칙으로 한시적으로 조직 변경의 결의요건을 완화하는 것을 고려해볼 수 있다.

참고로 협동조합 기본법의 경우 2012. 1. 26. 제정 당시 조직 변경 규정을 두지 않고 부칙규정으로 결의요건을 구성원 과반수의 출석과 출석자 3분의 2 이상의 찬성으로 완화하여 한시적으로 조직 변경 결의 요건을 완화하였다.

또한 미국의 L3C, Benefit Corporation(Public Benefit Corporation) 및 Social Purpose Corporation의 경우 일반 회사가 위 사회적기업 법인격으로 조직 변경을 하기 위해서는 의결권 있는 주식의 2/3 이상의 동의를 요하고 있으며 영국의 CIC로의 조직 변경은 75% 이상의 동의를 요하도록 하고 있어 상법의 일반적인 조직 변경 결의 요건보다 완화된 요건을 설정하고 있다.

주식회사 등으로의 조직 변경의 경우 신설 법인격은 이익배당의 제약, 해산 시 잔여재산의 분배 등 신설 법인격의 사회적 목적 추구에 있어 핵심적 방향키의 역할을 하는 규정들을 두고 있으며 이를 위하여 감독기관의 시정조치, 벌칙 등을 두어 일반 영리법인과 같은 이윤의 배분을 엄격히 규제하고자 한다.

신설 법인격의 영리법인으로의 조직 변경을 허용할 경우 이와 같은 이윤 배분에 대한 제한 규정들을 조직 변경이라는 방법으로 우회하여 이익 배당을 실현할 수 있으므로 일반 영리법인으로의 조직 변경을 허용하는 것은 적절하지 않은 것으로 판단된다.

다음으로 신설 법인격 및 비영리법인 간 조직 변경에 대해 살펴보자. 조직 변경은 법률상 근거를 필요로 한다. 우리나라 법체계는 영리부분과 비영리부분을 상법과 민법의 규율영역으로 엄격하게 분리하고 있는바 상법과 민법은 상호간의 조직 변경에 관한 규정을 두고 있지 않고 따라서 현행법상 상법상 회사와 민법상 법인의 경우 상호간 조직 변경은 불가능하다. 이러한 논리에 의해 신설 법인격에서 비영리법인으로의 조직 변경 및 비영리법인에서 신설 법인격으로의 조직 변경은 가능하지 않다.[23]

협동조합 기본법에서 민법상 법인의 규정을 준용하는 사회적협동조합의 경우 사회적 목적의 추구, 이익 배당의 금지 등 신설 법인격과 유사한 운영 취지 및 구조를 가지고 있어 사회적협동조합으로의 조직 변경에 관하여는 이를 허용해야 하는지도 검토할 필요가 있다.

현재 협동조합 기본법 제105조의2 제1항 제4호[24]은 영리법인의 사회적협동조합으로 조직 변경이 가능한 것으로 규정하고 있다. 아직 상법상 회사 및 상법을 준용하는 영리법인의 사회적협동조합으로의 조직 변경 사례는 없는 것으로 파악되지만 실현 가능성은 별론으로 하고, 협동조합 기본법에 근거하여 신설 법인격에서 사회적협동조합으로의 조직 변경은 허용되는 것으로 보아 협동조합 기본

---

23) 그러나 신설 법인격의 경우 영리와 비영리영역 중간에 위치한 성격의 법인격이고 사회적 목적의 추구, 이익 배당의 제한 등 그 운영 취지와 구조에 있어서는 비영리법인에 보다 유사하게 운영되는 것이므로 신설 법인격과 비영리법인간의 조직 변경에 관한 법률 근거 마련에 관하여는 추가적인 논의 및 연구가 필요할 것으로 보인다

24) 다음 각 호에 따른 조합 또는 법인(이하 이 조 및 제108조의2에서 "조직 변경대상법인"이라 한다)은 소속 구성원 전원의 동의에 따른 총회의 결의로 이 법에 따른 사회적협동조합으로 그 조직을 변경할 수 있다. 이 경우 기존의 조직 변경대상법인과 조직이 변경된 사회적협동조합은 권리·의무 관계에서는 같은 법인으로 본다.
   4. 법인등
   (협동조합 기본법 제60조의2 제1항 「상법」에 따라 설립된 유한책임회사, 주식회사, 유한회사 및 그 밖에 다른 법령에 따라 설립된 영리법인(이하 "법인등"이라 한다))

법에 의해 절차를 진행하게 하면 될 것으로 보인다.

이상에서 논의한 신설 법인격의 조직 변경에 관한 내용을 요약하면 <표 4>와 같다.

〈표 4〉 조직 변경

기존 법인격	조직 변경 후 법인격	조직 변경 허용 여부
상법상 회사 및 그 밖에 다른 법령에 따라 설립된 영리법인	신설 법인격	가능
신설 법인격	상법상 회사 및 그 밖에 다른 법령에 따라 설립된 영리법인	불가능
비영리법인	신설 법인격	불가능
신설 법인격	비영리법인 (사회적협동조합 제외)	불가능
신설 법인격	사회적협동조합	가능

나. 신설 법인격의 합병 및 분할

엄밀히 말하면 조직 변경과 합병 및 분할은 구분되는 개념이다. 조직 변경은 법인격의 동일성은 유지하면서 그 법률상의 조직을 변경하여 다른 종류의 회사 또는 법인으로 변경하는 것이어서 변경 전 회사의 권리 의무가 같은 회사에 그대로 존속하는 것인 반면 합병 또는 분할의 경우 존속 회사 또는 신설 회사가 소멸 회사 또는 분할 전 회사의 권리 의무를 승계하는 작업이 필요하기 때문이다.

그러나 신설 법인격 역시 다른 신설 법인격 또는 기존 영리법인과의 합병 등을 할 수 있는 반면 위 조직 변경의 논의에서와 같이 신설 법인격의 설립 및 운영의 취지를 고려하여 합병 또는 분할이 가능한 경우와 그렇지 않은 경우를 정할 필요가 있으므로 조직 변경에 관한 논의에 합병 또는 분할의 경우도 포함하여 논의하였다.

그 결과 신설 법인격의 합병 또는 분할은 아래와 같이 제한될 수 있을 것으로 판단된다.

〈표 5〉 합병

합병의 경우		합병 허용 여부
신설 법인격 + 신설 법인격　　　 = 신설 법인격		가능
신설 법인격 + 신설 법인격 외 법인 = 신설 법인격 외 법인		불가능
신설 법인격 + 신설 법인격 외 법인 = 신설 법인격		가능

〈표 6〉 분할

분할의 경우		분할 허용 여부
신설 법인격	< 신설 법인격 신설 법인격 외 법인	불가능
신설 법인격	< 신설 법인격 신설 법인격	가능
신설 법인격 외 법인	< 신설 법인격 신설 법인격 외 법인	가능

5. 정책 지원

　현행 사회적기업 육성법에서는 사회적기업 육성을 위한 다양한 지원 제도를 규정하고 있다. 사회적목적회사는 상법상 회사가 선택할 수 있는 하나의 법인격으로서 사회적목적회사가 된다고 해서 사회적기업 인증을 자동적으로 취득하는 것은 아니다. 나아가 사회적기업 인증을 받기 위해 모든 기업이 사회적목적회사 법인격을 채택해야 하는 것도 아니다. 따라서 사회적목적회사가 사회적기업 육성법 상의 지원 제도를 자동적으로 활용할 수 있는 것은 아니다.

　사회적목적회사는 공익을 추구하고 사회문제를 해결한다는 점에서 사회적으로 장려될 필요가 있다. 특히 이윤 분배 제약과 자산 처분 제약을 법적으로 보장한다는 점에서 다른 법인격에 비해 기업을 둘러싼 다양한 이해관계자의 신뢰를 얻기에 적합하다. 이런 점에서 사회적기업 활동을 하고자 하는 이들이 사회적목적회사 법인격을 채택하도록 권장할 필요가 있다. 이에 사회적목적회사 법인격을 채택하여 설립되어 운영되는 기업에 대해서는 법인세 등의 국세와 여타 지방세를 감면할 수 있도록 규정하였다. 비영리기관의 수익사업의 경우 고유목적사업준비금을 통해서 법인세를 감면받고 해당 수익을 사회적 목적에 재투자할 수 있는 바, 1/3 또는 1/2 이상의 배당 가능 이익을 사회적 목적에 투입하는 사회적목적회사의 경우 법인세 등의 조세감면을 통해 해당 수익의 일정 부분을 사회적 목적에 재투자할 수 있다.

사회적목적회사는 인증사회적기업과 마찬가지로 현재 중요한 사회적 문제 중 하나인 일자리 창출에 기여할 것으로 기대된다. 취약계층을 채용하여 이들을 위한 괜찮은 일자리를 창출하거나 품질 좋은 사회서비스를 제공하는 과정에서 일자리 창출에 기여할 수 있다. 일자리의 간접 비용 일부를 구성하는 사회보험료를 감면할 경우 사회적목적회사에 의한 일자리 창출을 지원할 수 있으므로 사회보험료 감면에 대한 규정도 필요하다.

공익적 목적 추구를 기본 사명으로 하는 국가와 공공단체는 재정사업의 파트너로서 사회적목적회사와 협력할 필요가 있다. 국가 재정 사업 및 공익사업을 추진함에 있어서 영리기업에 비해 신뢰할 수 있고 비영리조직에 비해 효율적으로 경영활동을 수행할 가능성이 있기 때문이다. 사회적목적회사의 설립이 활발해지고 운영이 건실해지면 국가와 공공단체의 공익적 목적 추구에 큰 도움이 될 것이므로 국가 및 공공단체는 사회적목적회사의 설립과 운영에 대해 적극적으로 협조할 필요가 있다. 국가 및 공공단체는 필요할 경우 자금 지원을 할 수 있는 근거규정이 필요하다.

국가와 공공단체는 사회적목적회사만이 아니라 인증사회적기업과 협력하고 이들을 지원하면서 공익적 목적을 추구하는 것도 가능하다. 인증사회적기업과 사회적목적회사는 상당히 유사한 성격을 가지는 바 둘 사이의 관계가 어떠한지 논란이 있을 수 있다. 이에 아래에서는 현행 인증제도 하에서 인증사회적기업과 사회적목적회사 법인격 사이의 관계에 대해 설명한다.

첫째, 사회적목적회사는 인증사회적기업이 취할 수 있는 다양한 조직 유형 중 하나이다. 사회적목적회사 법인격이 신설되면 사회적기업 육성법 상의 사회적기업이 취할 수 있는 조직 유형 중 사회적목적회사가 추가되어야 한다.

둘째, 사회적목적회사라고 해서 자동적으로 인증사회적기업이 되는 것은 아니다. 인증은 별도의 절차를 거치고 별도의 요건을 갖추어야 한다. 인증 신청과 심사 과정은 사회적목적회사 신고 및 등록 이후에 별도로 진행되어야 한다. 사회적목적회사가 현행 인증 기준을 충족하기 위해서는 6개월 이상의 영업 실적을 갖추어야 하며 각 인증 유형이 요구하는 사회적 목적 추구 요건을 충족해야 한다. 또한 사회적목적회사에서는 민주적 의사결정에 대한 요건이 없으므로 인증을 원하는 사회적목적회사는 민주적 의사결정의 거버넌스를 갖추어야 한다.

셋째, 다른 영리회사 법인격과 달리 이윤 분배와 자산 처분에서 법적 제약이 있다는 점에서 일반적인 영리회사에 비해 사회적목적회사의 인증을 쉽게 허용하는 특례규정을 사회적기업 육성법 또는 시행령에 마련할 필요가 있다. 현재 사회적협동조합에 대해서 인증 요건을 간소하게 하고 절차를 단순화하고 있으므로 이를 준용하면 될 것이다.

넷째, 사회적목적회사가 신설되더라도 인증사회적기업이 취할 수 있는 조직 유형은 여전히 다양하게 열려있을 것이다. 인증을 취득하기 위해서 모든 기업들이 사회적목적회사 법인격을 채택하도록 강요받아서는 안된다.

Ⅳ. 법인격 도입과 사회적기업 관련 제도의 혁신

1. 사회적기업 인증제와 법인격의 관계

한국에서 경제적 가치와 사회적 가치를 동시에 추구하는 사회적기업의 제도화는 사회적기업 육성법 제정 및 시행에 의거한다. 지난 10여 년 동안 사회적기업이 성장한데는 사회적기업 육성정책 및 사회적기업 인증제의 기여가 크다. 2017년 5월 기준으로 정부가 인증한 사회적기업은 1,741개이며, 광역지자체가 지정한 예비 사회적기업은 1,164개이다. 2017년 5월 시점에 인증사회적기업과 예비 사회적기업을 포함하여 정부 제도에 진입한 사회적기업은 2,905개이다 (이성룡, 2017).

지난 10년 동안 사회적기업 인증제도가 이룬 성과에 대해 정책 관계자와 전문가, 사회적기업 당사자들은 사회적기업 인증 제도가 시작 단계의 사회적기업 정책이 연착륙하는 데 기여했다고 대체적으로 인정하고 있다. 인증 제도가 유사 사회적기업의 등장, 비윤리적 사회적기업의 등장을 적절한 수준에서 막을 수 있었고, 사회적기업에 대한 공신력을 부여함으로써 사회적기업의 제도적 안착에 기여했고 인증사회적기업에 정부 지원을 집중시켜 초기 폭발적인 양적 성장에 기여했다는 의미이다.

인증 제도가 가진 순기능에도 불구하고 인증 제도는 다음과 같은 비판을 받아왔다. 첫째, 사회적기업 육성법에 의거 사회적기업이라는 명칭을 인증사회적기업 이외에 사용할 수 없다. 사회적 가치를 추구하는 기업이라는 정체성을 표현하는 보통명사 '사회적기업'을 인증기업 이외에는 사용할 수 없게 함으로써 시민사회의 자율성과 사회적기업가의 표현의 자유를 침해한다는 비판이 지속적으로 제기되어 왔다. 둘째, 상법상 회사인 사회적기업의 경우 정부 지원 등을 받은 후 정관을 개정하여 인증을 철회하고 이윤을 사유화할 위험이 인증제 하에서는 항존한다. 이러한 위험은 윤리적 투자자와 윤리적 구매자의 투자나 기부 그리고 구매를 위축시키고 우수한 인적자원의 유입과 인적자원 투자를 저해하여 민간의 잠재력을 만개시키는데 한계로 작용했다. 셋째, 인증에 정부 지원이 연계되어 있고 인증제도의 속성 상 일정 수준의 실적과 수준을 보여주지 못하면 인증을 받을 수 없다는 점에서 인증의 문턱이 너무 높았다. 주식회사나 협동조합의 경우 법률이 정한 요건에 따라 정관 등을 구배하고, 등기소에 등록하여 자신의 법적 지위를 획득하는 것과 비교할 때 현행의 인증 제도는 그 자격을 부여하는 데 많은 행정비용을 소요시킨다. 당사자 입장에서 요건을 갖추고 인증사회적기업이라는 자격을 획득하는 데 적어도 2~3달의 기간이 소요되는 현실이다. 진입단계에서의 규제가 강하여 인증사회적기업의 증가 속도가 점점 낮아져 왔다.

인증 제도에 대한 세 가지 비판에 대한 대안은 각각 등록제 또는 유사명칭 사용 금지 폐지, 법인격 신설, 정부 지원 자격 및 심사 기준 개선 및 인증 요건 완화로 제시될 수 있다. 그런데 각각의 대안을 독자적으로 하나씩 실행한다고 해서 현행 인증제를 중심으로 한 제도 체계를 개선할 수 있는 것은 아니다. 각각의 제도 개선 간의 정합성이 있도록 수미일관하게 구조화해야 한다. 이러한 주제를 논하는 것은 별도의 연구이며 관련된 쟁점에 대한 부분적인 검토 결과는 본 절의 네 번째 소절에서 설명했다.

2. 법인격 신설의 정치경제학

새로운 제도의 도입은 제도에 영향을 받는 집단의 기존 이해 관계에 변화를 가져온다. 이에 따라 새로운 제도 도입을 찬성하는 그룹과 반대하는 그룹이 나뉘고 각 그룹 사이의 연합과 재편이 이루어진다. 제도 도입에 반대하는 그룹의 수와 자원이 많고 결속력이 높을 경우 제도 도입은 이루어지지 않을 가능성이 높다.

사회적기업을 위한 새로운 법인격의 도입이라는 제도적 변화에 대해서도 이해관계자에 대한 분석이 필요하다. 관련된 주체는 첫째, 이미 인증을 받은 사회적기업, 둘째, 사회적기업 활동을 실질적으로 하고 있으나 인증을 받지 않은 기업들, 셋째, 잠재적 사회적기업가들로 나누어 볼 수 있다. 사회적기업 영역에 대한 투자 자본이나 기부금, 사회적기업의 상품에 대한 구매 의향 등이 고정되어 있다고 가정하고 새로운 법인격을 도입한 기업에 대한 신뢰가 높아질 경우 새로운 법인격 도입이 세 그룹 사이에서 자원 배분에 어떤 변화를 낳을지 추론해보자.

새로운 법인격은 사회적기업의 이윤 배분 제약과 자산 처분 제약을 인증제에 비해 강화하는 효과를 낳는다. 인증제 하에서는 주식회사인 사회적기업이 주주총회를 통해 정관을 변경하여 이윤 배분 제약을 없앨 경우 이러한 행위는 합법적이다. 게다가 인증제는 자산처분 제약을 정관에 두도록 요구하지도 않는다. 이에 비해 사회적목적회사 법인격으로 회사를 설립할 경우 법적으로 이윤을 일정 수준 이상 배분할 수 없으며 청산 시 순자산을 주주들이 배분하여 가질 수 없다. 인증사회적기업 중에서 이윤의 사회적 환원을 성실하게 이행할 기업들은 사회적목적회사로 전환할 용의가 있겠지만, 이윤의 사회적 재투자를 이행할 의사가 충분하지 않은 기업들은 사회적목적회사로 전환하지 않으려 할 것이다.

사회적기업 활동을 실질적으로 하고 있지만 높은 인증 기준이나 인증 절차의 행정비용, 인증 이후 인증사회적기업으로서 요구받는 다양한 부담들 때문에 인증을 받지 않던 기업들 중에서 인증에는 관심이 없지만 사회적목적회사 법인격을 취득하는 것은 긍정적으로 생각하는 기업이 나타날 것이다. 이들 중에서 사회적목적회사 법인격을 취득하는 이들이 늘어날 것이며 잠재적 사회적기업가들 중에서도 사회적목적회사 법인격으로 사회적기업활동을 시작하는 이들이 늘어날 것이다.

결과적으로 인증사회적기업의 신뢰도가 상대적으로 하락하고 사회적목적회사의 신뢰도가 높아지게 되면 기존 인증사회적기업이 점유한 투자금이나 기부금, 상품에 대한 수요가 상대적으로 줄어들 가능성이 높다. 사회적기업에 대한 한정된 자원을 둘러싼 경쟁에서 새로운 법인격의 도입은 자원 경쟁에서 우위를 가진 인증사회적기업에 불리하게 작용할 수 있다.

물론 인증사회적기업이 사회적목적회사로 전환하지 않는 이유는 단순히 이윤의 사회적 재투자를 이행할 의사가 없기 때문만은 아니다. 앞서 설명한 것처럼 사회적목적회사는 상법상 회사를 기본으로 하지만 레귤레이터에 의해 규제 받아야 하며 특례기간이라고 해도 1/3 이상의 주주가 동의하지 않는다면 사회적목적회사로 전환하지 못하는 제약에 처해 있다. 거래하는 기업들이나 금융기관이 사회적목적회사에 대한 이해 부족으로 전환을 꺼려할 수도 있다. 이윤 배분의 제약 때문에 상업적 동기를 가진 투자자금을 충분히 끌어들이지 못하는 제약도 가지고 있다. 예를 들어 사업이 가진 위험이 크기 때문에 사회적목적회사 법인격에 규정된 제약으로는 투자자금에 대한 위험을 충분히 보상해 줄 수 없을 수 있다.

사회적 가치 생산을 위해 재투자할 의사를 진정성 있게 충분히 가지고 있는 인증사회적기업 중에는 위에서 언급한 사정에 의해 사회적목적회사가 되지 못하는 기업들이 있을 것이다. 인증사회적기업 전체는 사회적목적회사의 도입으로 상대적으로 자원 배분에서 손해를 볼 수 있고 이들은 사회적목적회사의 도입에 찬성하지 않거나 사회적목적회사의 도입에는 찬성하지만 스스로 사회적목적회사로 전환할 의향을 없을 것이다.

이상의 추론에서 우리는 사회적기업 전체에 대한 투자금, 기부금, 사회적기업의 상품 수요가 한정되어 있다고 가정했다. 그런데 사회적기업 전체에 대한 자원은 고정되어 있는 것이 아니며 사회적기업 전체가 갖는 사회적 신뢰가 높아질 때 증가할 수 있다. 사회적목적회사 법인격의 도입으로 사회적목적회사뿐만 아니라 상법상 회사 형태의 사회적기업에 대한 신뢰를 증가시킬 수 있고 결과적으로 사회적기업으로의 더 많은 투자금과 기부금의 유입, 더 나은 근로자와 경영자의 유입, 윤리적 소비와 사회책임구매의 증가를 낳을 수 있을 것이다.

2017년 인증사회적기업 실태조사에 따르면 법인격 신설에 대한 찬성과 반대의 의견 결과는 [표 7]과 같다. 전체 응답자 918명 중에서 572명이 생각해본 적이 없다고 응답하여 60%가 넘는 이들이 사회적기업을 위한 새로운 법인격 논의에 대해 알지 못하고 있음을

〈표 7〉 사회적기업 법인격 신설에 대한 찬반 의견

(단위: 개, %)

	빈도	비율 1	비율 2
동의	227	24.73	65.61
동의하지 않음	119	12.96	34.39
생각해본 적 없음	572	62.31	-
합계	918	100.00	100.00

주: 저자에 의한 계산
자료: 2017년 인증사회적기업 실태조사 원자료

알 수 있다. 찬반을 표시한 것은 새로운 법인격 논의에 대해 알고 있는 이들로 볼 수 있는데 이들 중에서 2/3에 해당하는 이들이 법인격 신설에 동의하고 있다.

설문조사 결과가 의미하는 바는 다음과 같다. 첫째, 사회적기업을 위한 새로운 법인격 논의가 아직 인증사회적기업 내에서도 충분히 알려져 있지 않다. 새로운 법인격 논의의 공론화를 위한 다양한 노력이 요구된다. 둘째, 법인격 논의를 어느 정도 알고 있는 인증사회적기업들 사이에서는 법인격 신설에 대한 동의가 과반수를 훨씬 넘고 있어 법인격 신설에 대한 공론화가 이루어질 경우 법인격 신설에 대해 인증사회적기업들 내에서의 동의 정도는 높을 것으로 예상된다. 셋째, 1/3 정도의 인증사회적기업들이 새로운 법인격 신설에 동의하지 않는다는 것은 앞선 논의에서 언급한 것처럼 사회적기업에 대한 사회적 자원 경쟁에서 현재 우위를 점하고 있는 인증사회적기업들이 새로운 법인격의 도입으로 자원 확보의 우위가 약화될 것을 우려하고 있는 것으로 해석할 수 있다.

3. 법인격 도입의 기대 효과

사회적목적회사 수가 증가하는 원천은 다음 세가지이다. 첫째는 인증사회적기업 중에서 자신의 법인격이 자신의 활동에 적합하지 않다고 인식하는 기업들이 사회적목적회사로 전환하는 것이다. 둘째는 사회적기업 활동를 실질적으로 수행하고 있으면서 인증제에 관심을 갖지 않은 기업들 중 일부이다. 셋째는 잠재적 사회적기업들이다.

첫째, 현재 인증사회적기업 중에서 우선 상법상 회사에서 상대적으로 사회적목적회사에 관심이 많을 것으로 예상된다. 또한 비즈니스 모델 측면에서 경제적 수익사업 활동과 사회적 목적 활동이 통합되어 있는 정도가 높을수록 사회적목적회사에 관심이 많을 것이다. 예를 들어 장애인 고용 확대를 기업 미션으로 하면서 장애인을 고용하여 제품을 생산하는 기업의 경우 경제적 수익 활동과 사회적 목적 활동이 통합되어 있다고 할 수 있다. 이에 비해 일반적인 사업 활동을 하면서 이윤을 공동체나 취약계층에 기부하는 것에 초점을 맞춘 기업은 그 통합성 정도가 낮다.

경제적 수익 활동이 그 자체로 수익성이 있을 경우 창출된 이익을 어떻게 쓸 것인가의 문제만 중요하다. 이에 비해 경제적 활동과 사회적 목적이 연계되어 있으면 상대적으로 수익이 나올 가능성이 낮아서 외부의 기부나 윤리적 구매가 중요하고 이를 위해 사회적 목적 추구에 대한 신뢰성 확보가 보다 중요하여 이윤 제약과 자산 처분 제약을 갖는 법인격에 더 관심을 가질 것이다.

둘째, 현재 사회적기업 활동을 하는 기업들 중에서 인증제에 관심이 없는 이유는 다양하다. 인증 제도가 갖는 절차 및 행정비용이 높아서 인증 신청을 하지 않는 경우도 많다. 또한 현재 육성법의 정의 규정과 인증 기준이 취약계층을 지원하는 기업에 초점을 맞추고 있어서 해당 사회적기업의 지향과 맞지 않다고 생각하는 경우도 많다. 그리고 인증사회적기업이 정부 지원과 밀접하게 연결되어 있어 정부 지원에 의존하는 이미지를 거부하는 기업가들은 그동안 인증을 굳이 받으려 하지 않았다. 사회적목적회사 제도의 경우 법인격 취득 절차를 간소화하여 법인격 취득의 입구를 개방적으로 설계하고 있고 특정 사회적 가치에 집중하지 않는 중립적인 제도이므로 인증 제도에 관심이 없던 기업 중에서 추가로 법인격에 관심을 가질 기업들이 있을 것이다.

셋째, 잠재적 사회적기업가 중에서 사회적목적회사 법인격의 출현은 두가지 원천에서 나올 것이다. 한편으로 아직 기업을 시작하지 않았으나 비영리법인이나 상법상회사가 자신의 정체성을 표현하는데 적절하지 않고 투자자의 신뢰를 확보하는데 어려움을 겪는 사회적기업가가 있다. 다른 한편으로 윤리적 투자처를 찾고 있지만 상법상 회사 형태의 사회적기업에 투자하기에는 기업가의 이윤 전유나 자산 처분의 위험 때문에 투자를 망설여온 투자자들이 있다. 사회적목적회사 법인격은 이러한 기업가와 투자자가 매칭될 수 있는 가능성을 높여준다. 이러한 매칭의 결과 사회적기업이 만들어지고 사회적목적회사 법인격이 채택되어 사회적목적회사 수가 늘어날 것이다.

첫째와 둘째의 원천은 법인격 도입 이후 단기적으로 사회적목적회사의 증가를 낳겠지만 세 번째 원천은 사회적목적회사 수의 지속적인 성장의 토대가 될 것이다. 둘째와 셋째는 어느 정도의 수가 있는지 추정하기 어렵고 이들에 대한 실태조사도 없기 때문에 어느 정도의 증가가 있을지 정량적으로 추정하기는 어렵다. 하지만 현재의 인증사회적기업의 경우에는 2017년 인증사회적기업 실태조사에서 사회적기업가를 대상으로 사회적목적회사 법인격이 만들어질 경우 현재의 법인격에서 사회적목적회사로 전환할 의사가 있는지를 물은 바 있다. 이를 통해 전환비율을 추정해 볼 수 있다.

전체적인 전환 의사에 관한 설문 결과는 <표 8>에 요약되어 있는 바 응답한 881명 중에서 36%가 전환할 의사가 있다고 답했다. <표 9>에서는 법인격 신설에 대한 동의 여부별로 전환 의사의 차이를 보여준다. 법인격 신설에 동의한 이들 중에서는 전환 의사가 있는 기업이 74%에 달하는데 비해서 법인격 신설에 동의하지 않는 이들은 10%만이 전환 의사가 있다고 응답했다. 법인격 신설에 대해 생각해 본 적이 없는 이들에서는 신설에 동의하지 않는 그룹보다 높지만 동의 그룹보다는 한참 낮은 27%가 전환 의사가 있다고 답했다.

〈표 8〉 법인격 신설 동의 의견

(단위: 개, %)

구분	빈도	백분율	누적 빈도	누적 백분율
전환의사 없음	559	63.45	559	63.45
전환의사 있음	322	36.55	881	100

주: 저자에 의한 계산
자료: 2017년 인증사회적기업 실태조사 원자료

〈표 9〉 법인격 신설 동의 여부에 따른 전환 의사 여부 비중

(단위: 개, %)

	법인격 신설			
	동의	동의하지 않음	생각해본 적 없음	합계
전환의사 없음	58	105	394	557
	26.01	89.74	73.1	63.37
전환의사 있음	165	12	145	322
	73.99	10.26	26.9	36.63
합계	223	117	539	879
	25.37	13.31	61.32	100

주: 저자에 의한 계산
자료: 2017년 인증사회적기업 실태조사 원자료

현행 법인격 유형에 따른 전환 의사는 <표 10>에 요약되어 있는
데, 상법상 회사인 인증사회적기업들은 평균 36%보다 약간 높은
39%가 전환할 의향이 있으며 협동조합 기본법에 의한 협동조합과
비영리단체 그리고 민법상 조합과 농업회사법인이 상대적으로 새로
운 법인격 신설 시 전환 의사가 높다. 이에 비해 민법상 사단법인과
재단법인, 사회복지법인, 소비자협동조합 등은 법인격의 전환 의사
가 낮았다. 상법상 회사와 그렇지 않은 회사를 구분하여 비교해보면
상법상 회사는 전환 의사가 39%인데 비해 비상법상 회사는 31.8%로
서 상법상 회사의 전환 의사가 비상법상 회사에 비해 5% 유의수준
에서 유의하게 높다.

<표 10> 법인격별 전환 의사 차이

(단위: 개, %)

전환 의사	민법에 따른 법인	민법에 따른 조합	상법에 따른 회사	소비자생활협동조합법에 따른 생활협동조합	협동조합기본법에 따른 협동조합	영농(어)조합법인	농업회사법인	사회복지사업법에 따른 사회복지법인	비영리민간단체지원법에 따른 비영리민간단체	비영리법인 내 사업단	그 밖에 다른 법률에 따른 법인 또는 비영리단체	합계
없음	86	1	326	5	44	11	2	45	18	13	8	559
	68.25	16.67	60.48	100	61.97	73.33	25	88.24	52.94	86.67	72.73	
있음	40	5	213	0	27	4	6	6	16	2	3	322
	31.75	83.33	39.52	0	38.03	26.67	75	11.76	47.06	13.33	27.27	
합계	126	6	539	5	71	15	8	51	34	15	11	881
	14.3	0.68	61.18	0.57	8.06	1.7	0.91	5.79	3.86	1.7	1.25	100

주: 저자에 의한 계산
자료: 2017년 인증사회적기업 실태조사 원자료

앞서 비즈니스 모델 내에서 경제적 활동과 사회적 목적이 얼마나 통합되어 있느냐에 따라 전환 의사에 차이가 있을 것으로 예측했다. 2017년 설문조사에서는 경제적 활동과 사회적 목적의 통합성을 5점 척도로 물었는데 1, 2점을 낮은 통합성, 3점을 중간 통합성, 4, 5점을 높은 통합성으로 분류하여 통합성 정도별 전환 비율의 차이를 살펴보았으며 그 결과는 <표 11>에 요약되어 있다.

설문에 응답한 유효 수인 881명 중에서 중간 이하의 통합성에서는 31~33% 정도가 전환을 원했지만 통합성이 높은 경우에는 41% 정도가 전환을 희망하여 통합성이 높은 곳이 중간 이하인 경우에 비해 8~10%p의 높은 전환 의사가 있음을 확인했다. 설문 대상을 상법상 회사로 한정하면 설문대상은 539명으로 줄어드는데 이때 경제적 활동과 사회적 목적 활동의 통합성 정도에 따른 전환 의사 차이는 더욱 확실해진다. 상법상 회사에 한정할 경우 경제적 사업과 사회적 목적 활동의 통합성의 정도가 낮은 경우 전환 희망 비율은 32% 정도인데 비해 통합성 정도가 높은 경우는 전환 희망 비율이 46%로서 둘 사이에 14%p의 전환 의사 차이가 확인된다.

〈표 11〉 경제적 활동과 사회적 목적 통합성 정도와 전환 의사

(단위: 개, %)

전환 의사	전체				상법상 회사			
	낮음	중간	높음	합계	낮음	중간	높음	합계
없음	125	177	257	559	85	110	131	326
	66.84	68.34	59.08	63.45	68	64.33	53.91	60.48
있음	62	82	178	322	40	61	112	213
	33.16	31.66	40.92	36.55	32	35.67	46.09	39.52
합계	187	259	435	881	125	171	243	539
	21.23	29.4	49.38	100	23.19	31.73	45.08	100

주: 저자에 의한 계산
자료: 2017년 인증사회적기업 실태조사 원자료

실태조사 결과에 기초하여 인증사회적기업 중에서 어느 정도가 새로운 법인격으로 전환할지를 예측해보자. 일단 [표 11]에서 보는 것처럼 최소 36.5%의 기업이 전환할 것으로 볼 수 있다. [표 11]에서 확인할 수 있듯이 신설 법인격에 대해 잘 알지 못하는 이들이 많이 있으므로 신설 법인격에 대해 알고 있는 이들에 한정하여 전환 의사가 있는 이들의 비율을 살펴보면 52%이다. 최소 36%에서 최대 52%의 사이에서 전환 비율이 결정될 것이다. 사회적목적회사는 기본적으로 상법상 회사에서의 전환을 기본으로 하므로 이에 한정하여 살펴보면 상법상 회사인 인증사회적기업 중에서 최소 39%, 최대 55%가 전환할 것으로 예측된다.

새로운 법인격의 출현이 사회적기업의 양적 성장에 어떤 영향을 미칠지 영국의 사례를 통해 살펴보자. 영국의 공동체이익회사는 2005년 75개가 등록되고 2005년 4월~2006년 3월 사이 208개가 등록

된 후 지속적으로 증가했다. 2017년 3월 기준 13,055개의 기업이 활동하고 있으며 그 동안 누적 등록 기업 수는 2만 개가 넘는다. 또한 7500여 개의 공동체이익회사가 파산하였다.

공동체이익회사의 증가는 우리나라 인증기업의 증가 추세와 비교해보면 폭발적이라고 할 수 있다. 또한 공동체이익회사로 등록한 기업 중에서 상당수가 퇴출되었으며 그 보다 더 많은 기업들이 새롭게 등록하고 있음을 알 수 있다. 새로운 기업의 출현과 경쟁력 없는 기업의 퇴출이 활발하게 이루어진 영국의 사례에서 보는 것처럼 새로운 법인격이 도입되면 우리나라의 경우에도 사회적목적회사 등록이 크게 늘어나면서 동시에 수익성과 사회적 가치를 동시에 달성하지 못한 기업들은 퇴출되는 동태적인 현상이 나타날 것으로 예상되면서 매우 동태적인 성장이 이루어지고 있음을 확인할 수 있다.

〈표 12〉 영국 공동체이익회사 증가 추이

연도	등록 기업수	퇴출 기업수	전환 기업수	누적 기업수
2006	208	0	0	208
2007	637	0	0	845
2008	814	35	3	1,621
2009	1,120	86	2	2,653
2010	1,296	372	5	3,572
2011	1,824	483	7	4,905
2012	2,087	590	11	6,391
2013	2,055	765	11	7,670
2014	2,494	976	11	9,177
2015	2,569	1,104	3	10,639
2016	2,727	1,433	11	11,922
2017	2,812	1,665	14	13,055
합계	20,643	7,509	78	13,055

자료: Regulator of Communit Interest Companies(2017), Annual Report 2016/17

4. 법인격 신설과 인증제도 개혁의 로드맵

원칙적으로 법인격 신설과 인증제는 양립 가능하다. 사회적목적회사 법인격은 인증제를 대체하기 위해 고안된 제도는 아니다. 현행 인증 제도를 유지하면서 사회적기업 인증 요건 중 사회적기업은 이러저러한 법인 형태를 취해야 한다는 요건 중에서 열거되는 법인형태에 새로운 법인격의 유형을 포함시키면 된다.

사회적목적회사가 신설될 경우 기존의 인증제를 유지하는 것이 필요한건지에 대한 논의가 필요하다. 사회적목적회사는 사회적 목적 추구와 이윤 배분 제약과 자산 처분 제약을 법적으로 보장하는 법인격이므로 인증제에서 사회적기업으로 인증하는 기업들의 핵심 요건과 유사하다. 이런 점에서 인증제를 유지할 필요 없이 사회적목적회사 법인격으로 일원화하자는 주장이 나올 수 있다.

인증제가 폐지되고 사회적목적회사 법인격으로 대체될 경우 다음의 문제에 직면한다. 첫째, 현행 인증제는 상법상 회사의 모든 형태와 비영리법인격 등 모든 법인 형태에 개방적으로 열려 있다. 상법상 회사의 경우 사회적목적회사 법인격에 한정할 경우 사회적기업으로서 활동하는 기업들이 취하는 법인격 유형을 지나치게 제한하는 부작용이 클 수 있다.

둘째, 현행 인증제는 사회적기업에 대한 정부 지원제도와 밀접한 관련을 맺고 있다. 사회적기업을 표방하는 기업들 중에서 어떤 기업이 정부 지원을 받을만한 기업인지 정보가 부족한 상황에서 인증제는 육성전문위원회의 심사를 통해 해당 기업의 경영 실적과 사회적 가치 생산의 내용을 확인하여 인증을 부여하고 있으므로 기본적인 품질을 보장하는 역할을 한다. 인증제는 사회적기업에 대한 기업 정보를 생산하여 정부 지원 결정 및 민간의 윤리적 투자와 구매 결정에 필요한 정보를 제공하고 있다. 이에 비해 사회적목적회사라는 법인격 그 자체는 사회적 목적 추구와 이윤 및 자산 배분 제한을 약속하고 계획하고 있을 뿐 실질적으로 해당 기업이 사회적 가치를 얼마나 생산하고 있는지에 대한 정보를 제공해주지 못한다.

지난 수년간 현행 인증제를 등록제로 변경하자는 논의가 진행되고 있다. 특히 인증사회적기업 수의 증가율이 둔화되면서 인증제가 사회적기업의 확산에 걸림돌이 되고 있다는 비판이 늘어나게 되었고 이로 인해 등록제 도입에 대한 검토가 사회적 압력을 받고 있다.

등록제는 인증 절차를 대폭 완화하여 간단한 서류 제출로 사회적기업으로 등록할 수 있는 제도이다. 인증제가 등록제로 전환하면 유사 사회적기업의 난립이 예상되며 사회적기업 육성법 시행 이후 10년 이상 유지해 온 사회적기업의 브랜드를 훼손할 위험이 크다. 사회적기업에 대한 신뢰의 감소는 사회적기업 전체에 대한 민간과 공공기관의 관심과 투자 그리고 구매를 줄여서 위기를 초래할 수 있다.

법인격 신설이 등록제에 선행된다면 등록제 실시로 인한 유사 사회적기업 난립의 위험이 대폭 줄 수 있을 것이다. 사회적목적회사 법인격을 선택할 수 있게 되면 윤리적 투자자, 윤리적 소비자 등 사회적기업의 이해관계자들은 등록사회적기업이 사회적 목적 추구에 진정성을 가진 기업인지 아닌지를 판별하는데 있어서 사회적목적회사 법인격 채택 여부를 중요한 지표로 활용하게 될 것이다. 이에 상응해서 이윤 배분 제약과 자산 처분 제약을 가진 수익 추구에 불편한 조직형태인 사회적목적회사는 진정성 있는 기업가와 기업에 의해서 채택될 것이다. 비록 등록제를 통해서 유사 사회적기업이 대거 진입할 수 있지만 진정성 있는 기업가는 사회적목적회사 법인격을 채택하고 투자자와 구매자들도 사회적목적회사 법인격에 신뢰를 부여할 것이다.

인증 제도의 개혁, 등록제 실시 그리고 새로운 법인격 도입은 제도 변화의 영향을 고려하여 적절한 순서대로 실시해야 한다. 왜냐하면 앞서 언급한 것처럼 새로운 법인격 도입 없이 등록제를 실시하게 될 경우 사회적기업 영역을 위축시키는 부작용을 낳을 수 있는 등 추진 순서에 따라 긍정적 부정적 영향이 달라지기 때문이다.

가장 우선적으로 추진할 과제는 현행 인증 제도 개선이다. 2016~17년간에 민간과 정부가 논의하여 만든 현행 인증 제도 개선안을 한시바삐 추진해야 한다. 두 번째로 추진할 과제는 사회적기업을 위한 법인격 도입이다. 법인격 도입에 대한 논의는 이미 8년 전부터 시작되었으며 한국사회적기업중앙협의회 등 현장 사회적기업 조직에서 공식적으로 요구하고 있으며 법인격의 내용에 대한 구상 역시 구체화된 바 있다.25) 세 번째로 추진할 과제는 등록제 도입과 인증제의 폐지이다. 등록제 도입이 세 번째라는 의미는 우선 등록제 도입이 지금 당장 추진할 과제로서의 시급성이 있는 과제도 아니라는 것이다. 등록제 도입 역시 2차 사회적기업육성 기본계획 수립 시 논의되었으나 당시에는 등록제 도입의 전제조건에 대한 충분한 논의가 없었다. 또한 신규 법인격 도입 없이 등록제를 도입하는 것은 이미 설명한 이유로 적절하지 않다는 의미이다.

인증제가 정부 지원의 대상을 엄선하는데 큰 역할을 해왔으며 등록제 실시에도 여전히 정부 지원이 계속될 것이므로 정부 지원 대상을 선별하는 기준으로서의 우수사회적기업 지정 제도 또는 사회적가치 평가 제도와 같은 사회적기업 품질 인증 제도의 실시가 등록제 실시와 함께 동시에 실시되어야 한다.

현실적으로 등록제 추진과 법인격 제정은 분리하여 독립적으로 추진될 가능성이 높다. 독립적 추진 자체는 큰 문제가 없지만 등록제 추진은 우수 사회적기업 지정 제도 또는 사회적가치 평가 제도

---

25) 김혜원 외, 앞의 글.

와 함께 추진해야 한다. 현행 정부 지원 제도는 인증제에 의한 사회적기업 품질 정보와 연관되어 있다. 지원 제도는 인증사회적기업이면 당연히 제공되는 법인세 감면, 공공구매 그리고 사회보험료 지원(이하 자동 지원)과 인증사회적기업이면서 별도의 심사과정을 거쳐야 하는 지원(이하 심사 지원)으로 구분된다.

등록제로 전환할 경우 자동 지원을 어떻게 할 것인지가 큰 쟁점이 된다. 모든 등록 기업에 자동 지원을 적용하는 것은 불가능할 것이다. 자동 지원을 심사 지원으로 바꿀 경우 현행 자동 지원을 받을 대상자를 선별하는 작업은 그 자체가 우수사회적기업 지정 제도 또는 사회적가치 평가 제도에 다름 아니다. 따라서 등록제 시행은 사회적기업의 품질에 대한 정보를 생산하는 제도 시행과 동시에 이루어지는 것이 필요하다.

V. 결론

이 연구는 사회적기업 인증제가 가진 법적 불안정성을 보완할 수 있는 새로운 사회적기업 법인격의 신설에 대한 대안을 제시하고 법인격 신설과 함께 어떠한 제도 개혁이 동시에 이루어져야 하며 제도 개혁 과정에서 주체들의 대응을 예측하기 위해 이루어졌다. 본 연구의 주된 제안 및 분석 결과를 요약하면 다음과 같다.

가칭 사회적목적회사는 상법상 회사를 기반으로 하되 이익 배분 및 자산 처분에 제약을 가지고 사회적 목적 추구를 주된 사명으로 한다는 점에서 일반적인 영리회사와는 차이를 갖는다. 사회적기업을 위한 새로운 법인격은 사회적기업 육성법 내에 법 조항을 규정하여 신설하여 규정할 것을 제안한다. 상법상 회사이면서 특별법,

개별법 등을 통해 특정한 종류의 법인을 규정한 사례가 많으므로 이와 유사한 경우로 볼 수 있다.

이익 배분의 제한에 대해서는 배분 가능 이익의 1/3 또는 1/2 이하만을 배분할 수 있도록 제한하며 자산 처분의 경우 시장 가격 이하로 처분하는 것이 금지된다. 청산 시 사회적목적회사의 남은 순재산은 이익 배분 제한과 자산 처분 제한을 받는 다른 사회적목적회사나 비영리기관으로 이전되도록 규정하여 사회적목적회사에서 형성된 자산이 공동체 전체의 자산임을 명확히 한다. 다만 일정 비율 이상의 이윤은 투자자가 배분받을 수 있으며 청산 시 출자금에 대한 우선변제권을 보장함으로써 일방적으로 투자자의 희생을 요구하기보다는 인내하는 자본으로서의 역할을 수행할 수 있게 보장하고 있다.

사회적목적회사를 설립함에 있어서 엄격하고 복잡한 인가나 허가를 요구하지 않으며 해당 회사의 사회적 사명이 반영된 정관과 사회적 목적 이행 선언서를 제출하여 감독기관의 간단한 검토 후에 신고확인증을 교부받는 신고 절차를 거치도록 하였다. 사회적목적회사는 매년 경영공시를 할 의무를 가지며 경영공시에서는 사회적 목적 추구 이행 보고서와 배분 가능한 이익에 대한 배당 내역 등을 보고하도록 하였다. 그리고 감독기관은 사회적목적회사가 설립 목적과 관련 법으로 정한 사항에서 벗어난 운영을 할 경우 시정 조치를 취하도록 명할 수 있도록 하였다.

조직 변경 및 합병과 분사에 관하여 우선 주식회사 등으로부터 사회적목적회사로의 조직 변경의 근거 조항을 마련하였고 한시적으로 구성원 전원 일치라는 상법상의 원칙을 완화하는 부칙 조항 신설을 제안했다. 둘째, 주식회사 등으로의 조직 변경은 불허하여 이윤의 우회적 배분을 금지하고 사회적목적회사의 자산이 갖는 사회적 성격을 분명히 했다. 셋째, 합병에 있어 사회적목적회사가 다른 성격의 법인과 합병하여 다른 성격의 법인으로 변경하는 것을 금지하고 분할에 있어서도 사회적목적회사가 다른 성격의 법인으로 분할되는 것을 금지하였다.

사회적목적회사를 신설하고 이를 선택할 수 있게 되더라도 인증제는 병립 가능하다. 하지만 법인격 신설과 함께 인증제 재검토가 수반될 필요가 있다. 현행 인증제를 법인격 신설 없이 등록제로 전환하면 사회적기업의 난립이 예상되는 바 사회적목적회사 법인격을 선택할 수 있을 경우 등록 사회적기업 중에서 진정성을 가진 기업을 가리는데 도움을 주고 난립의 안전판을 가질 수 있다.

본 연구에서는 사회적기업을 위한 새로운 법인격을 마련할 때 검토해야 할 사항들을 광범위하게 논의하였으나 이 글에서 포괄되지 않은 중요한 쟁점들은 여전히 남아 있다. 첫째, 이윤 배분 제약 이외에 사회적 목적 이행 실적을 보고할 때 구체적으로 어떤 사항을 보고해야 할지에 대해 추가적인 논의가 필요하다. 둘째, 사회적목적회사에서 민주적 의사결정구조에 대한 요구를 하고 있지 않지만 현행 인증사회적기업에서는 이에 대한 요건이 명시되어 있다. 사회적목적회사의 지배구조에서 민주적 의사결정구조를 요구할지는 인증사회적기업 제도를 마련할 때부터 논란의 대상이었던 바 입법 논의과정에서 심도 있게 토론될 필요가 있다. 셋째, 정부 지원이 상대적으로 많은 한국적 현실에서 사회적기업에 대한 추가적인 질적 평가 수요가 지속될 것이며 이를 위한 평가 또는 인증시스템에 대한 논의도 구체화될 필요가 있다. 이러한 수요를 사회적목적회사 내의 유형으로 흡수하는 방안에 대해서도 검토가 필요하다. 넷째, 감독기관의 역할에 대해서도 상당부분 대통령령으로 위임하고 있는 바 감독기관의 권한이 어디까지이며 시정 조치는 어떤 단계로 구성되고 감독기구는 어떻게 구성되어야 하는지 등에 대해 추가논의가 필요하다.

참고문헌

강정혜, "영국의 공동체이익회사(Community Interest Company)에 대한 논고". 서울법학, 22(2(I)) (2014), 1~28.

강희철·조상욱, "특별법상의 법인기업의 설립, 조직, 운영상의 특수성", BFL 제32권 (2008).

권순원 외, "사회적기업의 새로운 패러다임 모색", 한국고용노사관계학회·고용노동부 (2016).

길현종 외, "2015년 사회적기업 성과 보고서", 한국노동연구원·한국사회적기업진흥원, (2016).

김재호, "회사의 종류와 구분개념", 상장 2006 8월호, 한국상장회사협의회 (2006).

김제완·정태길·양동수, "사회적기업에 관한 법제개선을 위한 연구" [용역보고서], 고려대학교 산학협력단·법제처 (2012)

김제완·정태길·양동수, "사회적기업 육성을 위한 우리나라 법제의 현황과 개선 방안", 법조 제668권. (2012), 138~196.

김종호, "영국의 사회적기업과 공동체이익회사법에 관한 법적 고찰". 강원법학 제43권 (2014), 113~165.

_____, "미국의 사회적기업에 대한 정책지원과 저영리유한책임회사 제도에 관한 연구". 동아법학 제65권, (2014) 393~433.

김혜원, "사회적기업을 위한 새로운 법인격의 구상" (황승화 외), (2011), 147~175.

김혜원·김성기·박향희·양동수·이예은, "사회적기업을 위한 새로운 법인격: 쟁점과 대안", 사회적기업연구 제10권 제2호, 사회적기업학회 (2017).

_____, "사회적기업 실태와 정책 및 제도 개선 과제" (권순원 외), (2016), 73~104.

민현주국회의원실, "한국사회적기업진흥원 국정감사 보고자료". 민현주 국회의원실(2014).

법제처, "법령입안 심사기준", 법제처, 2017.

손영화, "사회적기업에 대한 회사법적 검토", 상사판례연구 제25권 제4호, (2012), 41~78.

송호영, "비영리법인의 설립·해산 및 관리·운영에 관한 실무적 연구", 법무부 (2013).

양동수, "상증법상 성실공익법인 활용을 통한 사회적기업 설립 활성화 방안 연구" (황승화 외), (2011), 135~146.

_____, "인증제도의 문제점 및 개선 방안 논의", (황덕순 외), (2015).

이광택, "사회적기업 지원을 위한 법제도의 개선". 법학논총 제24권 제3호, 239~278.

이성룡, "사회적기업육성법 제정 10주년 기념 정책토론회의 토론문", 한국사회적기업중앙협의회, (2017).

이성웅, "미국법상 저수익유한책임회사의 도입", 법학연구 제24권 제3호 (2016).

이예은, "미국과 영국의 법인격", 미간행 자료 (2017).

한신대학교 산학협력단, "사회적기업 실태조사 연구보고서", 한국사회적기업진흥원 (2012).

황덕순 외, "사회적경제 이슈와 쟁점 연구", 한국노동연구원·고용노동부 (2015).

황승화 외, "사회적기업 제도개선 과제발굴", 태평양법무법인·고용노동부, (2011).

Borzaga·Santuari, "Italy -From traditional co-operative to innovative social enterprises"(Borzaga and Defourny, Eds.), The Emergence of Social Enterprise (2001), 166~181.

Defourny, Social enterprises in local services in belgium, (2005).

European Center for Not-for-Profit Law, "Comparative Analysis of the Regulatory

Framework for Social Enterprises" (2015)

Fici, A. "Recognition and legal Forms of Social Enterprise in Europe: A Critical Analysis from a Comparative Law Perspective", Euricse Working Papers(2015), 82~15.

Grave, "New rules could 'open the investment floodgates' for Community Interest Companies", Pioneers Post, https://www.pioneerspost.com/news/20131211/new-rules-could-open-the-investment-floodgates-community-interest-compan ies, (2013.12.11.).

Salamon·Sokolowski, "Beyond Nonprofits: Re-conceptualizing the Third", Volutas 27(2016), 1515~1545.

Slight, "Community Interest Companies: New legislation encourages social investment", Harper Macleod LLP, https://www.harpermacleod.co.uk/hm-insights/2014/september/community-interest-companies-new-legislation-enco urages-social-investment/, (2014.09.18.).

UK Office of the Regulator of Community Interest Companies, Annual Report" (2014/15).

협동조합 기본법 현황과 개선 방안[*]

장종익[**]

Ⅰ. 서론

본고는 2011년 12월에 국회를 통과한 협동조합 기본법을 중심으로 협동조합 관련 법률의 현황을 살펴보고 협동조합의 지속적이고 균형 있는 발전을 위하여 개선되어야 할 점의 제시를 목적으로 한다. 이러한 목적을 위하여 본고는 크게 네 가지 작업을 시도하였다. 우선 우리나라 협동조합 관련 법률체계의 상대적 특징을 파악하기 위하여 다른 나라의 협동조합 관련 법률의 특징을 조사하였다.[1] 두 번째 작업은 2012년 1월에 공포된 이후 2차례 개정되고 2017년 10월부터 개정안이 입법 예고된 기본법과 시행령, 기획재정부 장관 고시 사항인 협동조합 업무지침 등을 분석하였다. 이 분석은 협동조합 기

* 본 원고에 대하여 깊이 있는 조언을 해주신 아이쿱협동조합연구소 김형미 소장에게 감사드림.

** 한신대학교 사회혁신경영대학원 교수

1) 이 작업은 주로 2013년에 발간된 『협동조합법에 관한 국제적 편람(International Handbook of Cooperative Law)』를 참조하여 이루어졌음. 이 책은 일정한 분석틀로 한국을 포함한 세계 31개 국가의 협동조합법률에 관하여 서술한 내용을 담고 있으며, 각 대륙의 협동조합법률의 제정 및 변천의 흐름에 대한 서술도 포함하고 있음.

본법의 내용이 협동조합의 정의와 운영원칙에 부합하는지, 기존 개별법의 내용과 어떠한 차이점을 나타내는지, 그리고 주요 선진국의 협동조합 법률과 어떠한 차이점을 나타내고 있는지를 중심으로 이루어졌다.

세 번째 작업은 협동조합 기본법의 시행으로 이루어진 성과를 설립 주체별 협동조합의 조직화 정도와 시민사회와 지방자치단체의 역량(capacity) 변화를 중심으로 살펴보고 협동조합의 정체성, 지속 가능성, 그리고 균형 발전 등 세 가지 측면에서 드러난 문제점을 분석하였다. 마지막으로 이 세 가지 측면에서 드러난 문제점을 해결하는데 기여하기 위하여 협동조합 기본법과 협동조합 관련 법률 상 주요하게 개선되어야 할 점을 정리하였다.

2장으로 넘어가기 전에 세계 협동조합법률의 제정 및 개정의 흐름을 간략히 소개한다. 해외문헌에 따르면, 세계적으로 과거에 비하여 법학자나 법률가들의 협동조합법에 대한 관심이 높아지고 있으며, 세계 여러 나라의 협동조합법에 규정된 내용은 최근 들어오면서 서로 간에 더 수렴되고 있는 것으로 분석되고 있다.2) 그 이유는 크게 두 가지인 것으로 알려지고 있다. 첫째, 1995년 국제협동조합연맹(ICA)의 '협동조합 정체성 선언(MacPherson, 1996),' 그리고 이를 바탕으로 하여 결정된 2001년 '협동조합의 발전을 위한 우호적 환경 조성을 위한 국제연합(UN)의 가이드라인'과 2002년 '협동조합의 증진에 관한 국제노동기구(ILO)의 권고 193' 등이 협동조합에 관한 각국의 법률적 정비와 개선에 적지 않은 도움이 되었다.3)

---

2) Cracogna, D., "The Framework Law for the Cooperatives in Latin America" In Cracogna, Fici, and Henrÿ (eds.), International Handbook of Cooperative Law, Berlin: Springer (2013), 165~186.

3) UN 가이드라인은 http://www.un.org/documents/ecosoc/docs/2001/e2001-68.pdf를, ILO 권고는 http://www.ilo.org/dyn/normlex/en/f?p=NORMLEXPUB:12100:0::NO::P12100_ILO_CODE:R193를 참조할 것.

둘째, 세계금융위기 이후 대안적인 경제체제 혹은 방안으로서 협동조합을 포함한 사회연대경제에 대한 관심이 크게 증가하고 있다. 유엔 총회에서 2012년을 세계 협동조합의 해로 선포하고, 국제협동조합연맹이 2013년에 '협동조합의 시대를 위한 ICA의 청사진(2013~2020)'[4]을 발표하였는데 여기에서 협동조합의 법적인 틀을 중요하게 설정하였다. 이러한 국제기구의 노력은 여러 나라에서 현 경제체제의 대안경제방식에 대한 실천적인 노력에 대한 응답이라고 할 수 있으며, 각국 정부가 세계 10억 명의 조합원을 보유한 협동조합의 유효성에 대하여 다시 관심을 갖기 시작하면서 시대의 변화에 따라 기존 협동조합 법률체제의 정비의 필요성을 인식하기 시작하였다.

실제로 버키나 파소, 기니아, 가봉, 카메룬 등 주로 서부 및 중앙 아프리카 14개 국가가 협동조합에 관한 통일된 법률 제정에 관한 노력을 2001년부터 기울이고 국제노동기구와 국제협동조합연맹의 도움에 힘입어 2011년에 17개국에서 시행되었다.[5] 그리고 유럽연합(European Union)은 2003년에 "유럽 협동조합 조직(Societas Cooperativiva Europaea(SCE))"이라는 명칭으로 유럽의회가 부여하는 비즈니스조직에 관한 하나의 법적 형태를 선포하였다. 유럽연합은 국경을 넘어서 유럽연합 차원에서 활동하는 협동조합이 설립되고, 각 국가의 협동조합 법률의 동질성을 증진하는 것을 목표로 이 법률을 제정하였다. 아직 이 법률에 의하여 설립된 협동조합의 수는 많지 않으며, 각국의 협동조합 법률도 아직은 이 유럽연합 법률에 의하여 큰 영향을 받지는 않은 것으로 평가되지만 이 유럽연합 법률의 효과성을 높이기 위한 노력은 지속되고 있는 것으로 조사되고 있다.[6]

---

4) 다음을 참조할 것.
　　https://archive.org/details/fp_ICA_Blueprint_for_a_Co-operative_Decade.
5) Hiez, D. and W. Tadjudje, "The OHADA Cooperative Regulation", In Cracogna, Fici, and Henrÿ (eds.), *International Handbook of Cooperative Law*, Berlin: Springer (2013), 89~113.

남미의 경우에도 각국에서 협동조합에 우호적인 법적 환경의 조성을 위한 대륙 차원에서의 공동 활동이 오랫동안 이루어졌는데, 2007년에 국제협동조합 남미 위원회(ICA Americas)에서 102조에 달하는 남미의 협동조합 기본법이 채택되고 이를 각국에서 협동조합법의 개선에 중요한 문서로 참고하도록 하였다.[7] 그리고 개발연대를 지나면서 개도국과 동구권에서도 협동조합에 대한 정부의 오랜 통제가 완화되고 협동조합의 자율성이 향상되는 방향으로 법적 환경이 개선되고 있는 것으로 조사되고 있다. 이러한 세계적인 변화 속에서 우리나라에서는 협동조합 기본법이 행정입법이 아니라 의원입법 형태로 2011년 12월에 국회를 통과한 것이다.

II. 우리나라 협동조합 역사 및 법률의 특징과 협동조합 기본법 제정의 의의

1. 우리나라 협동조합의 역사 및 법률의 특징

한 국가의 협동조합 법률체계는 그 나라의 전체 법률체계의 특징, 협동조합에 관한 정치 및 경제 행위자의 태도, 그리고 협동조합 섹터의 정치적·사회적 영향력 등에 의하여 결정된다고 할 수 있다.[8]

---

6) European Commission, *Study on the Implementation of the Statue for a European Cooperative Society*, European Commission, http://ec.europa.eu/growth/sectors/social-economy/cooperatives/european-cooperative-society_en(2010); Fici, A., "The European Cooperative Society Regulation", In Cracogna, Fici, and Henrÿ (eds.), *International Handbook of Cooperative Law*, Berlin: Springer (2013), 115~151.

7) Cracogna, D., 앞의 글.

8) Jang, J., "Republic of Korea", In Cracogna, Fici, Henrÿ (eds.), *International*

협동조합 기본법이 제정되기 전까지 우리나라의 협동조합은 특정 분야에서의 특정 유형의 협동조합에 적용되는 개별법에 의하여 규율되었고, 법률의 내용은 정부의 규제 및 감독적 요소를 다분히 포함하고 있었다. 8개의 특별법 중에서 농협법, 수협법, 엽연초생산협동조합법, 산림조합법은 일본 총독부에 의해 제정되어 수차례의 개정 혹은 새로운 제정을 통하여 오늘날에 이르고 있고, 중소기업협동조합법, 신용협동조합법, 새마을금고법, 소비자생활협동조합법은 1960년대 이후에 제정되었다(<표 1> 참조).

〈표 1〉 협동조합 관련 법률의 발전과정

법률명칭	법제정일	소관부처
농업협동조합법	1957. 2(일제하 연원)	농림수산식품부
중소기업협동조합법	1961. 12	중소기업벤처부
수산업협동조합법	1962. 1(일제하 연원)	농림수산식품부
엽연초생산협동조합법	1963. 5(일제하 연원)	농림수산식품부
신용협동조합법	1972. 8	금융감독위원회
산림협동조합법	1980. 1(일제하 연원)	산림청
새마을금고법	1982. 12	행정안전부
소비자생활협동조합법	1999. 2	공정거래위원회
협동조합 기본법	2011. 12	기획재정부

일제시대에 설립된 금융조합, 농회, 어업협동조합, 산림조합, 엽연초경작조합은 우리나라 역사상 소위 근대적 형태의 조직으로 등장하였지만 이러한 조직이 조합원의 필요를 충족시키기 위하여 설립한 자발적인 조직이라기보다는 정부의 필요에 의하여 하향식으로 설립된 정부산하기관의 하나로 인식되었다. 이러한 정부통제형 협동조합의 구조는 1961년에 등장한 박정희 군부정권에 의하여 더욱

Handbook of Cooperative Law, Berlin: Springer (2013), 653~65.

심화되었고, 이는 1989년까지 지속되었다.[9] 박정희 정권은 협동조합을 경제개발과 정치적 지배를 위한 중요한 도구로 활용하였고, 고리대금업의 만연으로부터 벗어나는 데 농협 등이 역할을 할 수 있도록 지원하였다. 이러한 차원에서 중소기업협동조합법도 1962년에 제정되었고 신협법도 1972년에 제정되었다.[10]

우리나라가 1960~80년대에 고도성장을 달성하여 1인당 소득수준이 1만 달러에 도달한 1990년대에 소비자생활협동조합, 노동자생산협동조합 등 새로운 협동조합이 시민들의 자발적인 노력으로 설립되어 발전해왔다. 이 시기에 등장한 소비자생활협동조합은 유기농 생활재 공동구매 협동조합, 대학생활협동조합, 의료서비스 공동구매 협동조합, 육아서비스 공동구매 협동조합 등 네 가지 종류로 나누어진다. 1980년대 후반 제도적인 민주화 이후 1999년에 소비자생활협동조합법이 제정되면서 생협은 더욱 활성화되었다. 노동자협동조합은 1980년대 말부터 노동자들의 노동자생산협동조합의 설립, 빈민지역의 생산협동조합의 설립, 노동자들의 부도 기업의 인수 등 세 가지 갈래로 전개되었으나 법적 기반이 존재하지 않았다.[11]

협동조합에 대한 개별법 체제는 적지 않은 문제점을 지니고 있었다. 첫째, 협동조합에 관한 법률이 8개나 존재함에도 불구하고 노동자협동조합이나 사회적협동조합 등 새로운 유형의 협동조합이 기존의 개별법체제하에서는 설립될 수 없었다. 이는 상법상의 회사법인

---

9) 장종익, "협동조합 기본법 제정이후 한국협동조합의 역할과 과제" 동향과 전망 통권 86호 (2012. 10), 289~320.

10) 물론 신용협동조합은 다른 유형의 협동조합과 달리 1960년대 초에 민간영역에서 자발적으로 설립하기 시작하여 확산되었음. 신협법은 신용부족과 고리채의 만연으로부터의 탈피를 목적으로 한 민간의 법 제정 요구를 정부가 수용하면서 제정된 경우라고 볼 수 있음(장종익, "협동조합 기본법 제정이후 한국협동조합의 역할과 과제").

11) 김신양·신명호·김기섭·김정원·황덕순·박승옥·노대명, 한국 사회적경제의 역사, 한울아카데미 (2016).

이 모든 업종과 영역에서 자유롭게 설립될 수 있는 것에 비하여 분
명한 차별이었다. <표 2>를 보면 현재까지 지구상에서 설립된 대표
적인 유형의 협동조합이 매우 다양함에도 기존 법률은 이를 포괄하
지 못하는 한계를 지니고 있었다. 둘째, 기존의 개별법이 관장하던
중소기업인이나 농어민, 소비자들의 협동조합 분야에서도 설립요건
등이 매우 제한적이어서 이 분야에서도 새로운 협동조합 설립이 용
이하지 않았다. 마지막으로 기존의 개별법이 해당 영역에서의 협동
조합의 설립 요건, 사업 영역, 운영방식 등의 모든 측면에서 행정부

〈표 2〉 주체 및 기능에 따른 협동조합의 유형

대분류(주체)	소분류(분야 및 기능)
소비자 협동조합 (Ⅰ)	생활재 공동구매 및 제조 (1)
	의료, 육아, 주택, 교육, 예술, 스포츠, 문화 공동구매 (2)
	전력·수도·통신서비스 공동구매 (3)
	시설 및 내구재 공동 이용 (4)
사업자(생산자) 협동조합 (Ⅱ)	농림수산업자의 공동구매·공동가공·공동판매(5)
	소공인의 공동구매·공동이용·공동판매(6)
	소매/음식/숙박업분야 소사업자의 공동구매·공동브랜드(7)
	운송 및 기타 서비스분야 소사업자의 공동구매·공동행정 사무(8)
노동자 협동조합 (Ⅲ)	운수업(9)
	제조, 건설, 유통·음식·숙박 등 전통적 서비스업, 법률, 컨설팅, 디자인, 문화, 예술, 의료(10)
금융협동조합 (Ⅳ)	경제적 약자간의 자금의 상호융통 및 보험(11)
	협동조합사업체에 대한 투융자(12)
사회적 협동조합 (Ⅴ)	취약계층에 대한 사회서비스 제공(13)
	취약계층의 노동통합(14)
	지역재생, 대안에너지 개발, 환경·문화·예술 보전(15)
	사회적 금융(16)

출처: 장종익 (2014)

의 각 담당 부처가 규제하는 방식의 법적 내용을 지니고 있어서 환경의 변화와 새로운 수요에 부응하여 협동조합의 자율적이고 혁신적인 운영을 저해하는 요소로 작용하였다.

이러한 개별적 협동조합법률 체제는 1980년대 후반 민주화 이후 여소야대 국회에서 조합장 및 중앙회장 직선제를 포함하여 민주적인 방향으로 어느 정도 개정이 이루어졌다. 그러나 IMF 외환위기 이후 우리나라가 직면한 성장, 고용, 그리고 복지의 융복합적인 시대적 과제 앞에서 협동조합이 매우 유용한 수단으로 평가됨에도 불구하고 이러한 개별법 체제는 규제적이고, 정부정책사업을 매개로 하는 통제성, 그리고 하향식 조직체계라고 하는 역사적인 한계를 지니고 있었던 것이다.

2. 협동조합 기본법 제정의 의의

2012년 1월에 공포된 협동조합 기본법은 사회적협동조합을 포함하여 모든 유형의 협동조합을 금융과 보험업 분야를 제외하고 모든 업종에서 시민들이 자유롭게 설립할 수 있도록 허용한 것으로 획기적이라고 할 수 있다. 이로서 우리나라는 협동조합에 관하여 기본법과 개별법이 공존하는 법률적 환경으로 전환되었다.

세계적으로 각국의 협동조합법은 모든 유형의 협동조합에 적용되는 기본법의 형태를 띨 수 있고, 별도의 법률에 따라 유형별로 규제하는 형태일 수 있으며, 또한 협동조합에 관한 기본법과 유형별 협동조합에 관한 개별법이 공존하는 국가도 있다. 독일, 캐나다 등은 모든 유형의 협동조합에 대하여 일반협동조합법이 규율하는 나라인 반면에,12) 일본은 10개 이상의 개별법으로 협동조합 유형 하나

---

12) Munkner, H., "Germany", In Cracogna, Fici, and Henrÿ (eds.), *International*

씩을 규율하고 있다.[13] 또한 영국[14]이나 덴마크[15]처럼 오랫동안 협동조합을 규율하는 법률이 없는 나라도 있다.[16]

프랑스, 스페인, 이탈리아는 기본법과 개별법이 공존하고 있는 것으로 알려지고 있다.[17] 즉, 신용협동조합, 공제협동조합, 노동자협동조합, 사회적협동조합 혹은 공익협동조합 등은 일반법 이외에 별도의 특별법으로 규율되는 것으로 파악되고 있다. 노르웨이나 스웨덴, 핀란드의 경우에도 모든 유형의 협동조합을 규율하는 일반법과 주택협동조합이나 신용협동조합을 규율하는 특별법이 공존하고 있다. 우리나라도 이처럼 기본법과 개별법이 공존하는 사례에 속하게 되었다.

협동조합 개별법의 문제점이 오랫동안 지적되었음에도 불구하고 최근에 들어와서야 협동조합 기본법이 도입된 배경은 기존의 사회경제적 문제점이 심화되면서 시민들의 자발적인 노력에 의한 다양한 협동조합의 설립과 운영에 대한 사회적 수요가 최근에 크게 높

Handbook of Cooperative Law, Berlin: Springer (2013), 413~430; Petrou, T., "Canada", In Cracogna, Fici, and Henrÿ (eds.), International Handbook of Cooperative Law, Berlin: Springer (2013), 289~316.

13) Kurimoto, A., "Japan," In Cracogna, Fici, and Henrÿ (eds.), International Handbook of Cooperative Law, Berlin: Springer, (2013), 503~524.

14) Snaith, I., "United Kingdom", In Cracogna, Fici, and Henrÿ (eds.), International Handbook of Cooperative Law, Berlin: Springer (2013), 735~758.

15) Groeneveld, H., Doing Cooperative Business Report: Methodology and Exploratory Application for 33 Countries, Tilburg University, Eindhoven University of Technology, ICA (2016)

16) 그런데 영국은 2014년에 Cooperative and Community Benefit Societies Act를 제정하였고, 덴마크도 유럽의 SCE 법 제정이후에 협동조합을 규율하는 법적 기반이 마련되었음. 이 정보를 제공해준 아이쿱협동조합연구소 김형미 박사에게 감사드림.

17) Hiez, 앞의 글; Garcia, I., "Spain", In Cracogna, Fici, and Henrÿ (eds.), International Handbook of Cooperative Law, Berlin: Springer (2013), 701~718; Fici, 앞의 글.

아졌기 때문인 것으로 분석된다. 협동조합은 조합원 소유제도 방식의 기업으로 거래를 활성화하여 경제발전에 기여할 뿐만 아니라 질 좋은 일자리의 제공, 사회적으로 책임 있는 기업 활동의 선구적 추진, 조합원간의 협동과 민주적 참여의 훈련, 동종 및 이종 협동조합간의 협동과 연대를 통하여 지역사회문제 해결에의 기여, 지역사회 내 신뢰와 연대의식의 함양 등의 역할을 수행할 수 있는 것으로 알려지고 있다.18) 우리 사회에 이러한 협동조합의 역할이 부각되는 근저에는 크게 세 가지 요인이 자리하고 있다. 첫째, 세계화 및 정보통신혁명으로 세계적인 생산과 분업체제가 더욱 심화되면서 구조적 실업과 양극화, 파트타임 일자리의 확대, 기술 및 시장 환경의 급격한 변화에 대한 중소상공인들의 부적응 등의 문제가 심화되고 있다. 둘째, 여성의 사회진출 확대와 노령화에 따른 휴먼서비스에 대한 수요가 증가하고 있으며, 마지막으로 자본주의적 시장만능주의가 확산됨에 따라 지역사회의 공동체성이 파괴되고 우리 사회가 매우 차갑게 변질되고 있다.19) 이러한 점에서 협동조합은 우리 경제에서 차지하는 비중이 절대적으로 높지 않다고 하더라도 마치 3%에 불과한 바닷물의 소금처럼 주식회사 중심의 시장경제의 폐단을 견제하고 약점을 보완하는 역할을 수행할 수 있기를 기대하기 때문이다.

그러나 이러한 협동조합의 순기능적인 역할이 짧은 시일 내에 뿌리내리기를 기대하기는 어렵다. 그 이유는 우리 사회에 협동의 문화가 매우 미약하기 때문이다. 우리나라의 협동조합은 1920년대 일제

---

18) Hansmann, H.,The Ownership of Enterprise, Cambridge, Massachusetts: Harvard University Press (1996); 장종익, "협동조합 기본법 제정이후 한국협동조합의 역할과 과제" ; Groeneveld, H., Doing Cooperative Business Report: Methodology and Exploratory Application for 33 Countries, Tilburg University, Eindhoven University of Technology, ICA (2016).

19) 장종익·홍 훈·유정식·김태환·박종현, "서울시 사회적경제 성과측정과 정책 평가", 서울연구원 (2016).

하에서 민간이 자발적으로 추진해온 운동을 총독부가 탄압하면서 좌절된 이후 1960년대에 신협운동으로 상향적인 협동조합운동은 맥을 이어 왔지만 개발독재체제하에서 농협, 수협, 중소기업협동조합이 관제화되고 국민들에게는 협동조합을 설립할 수 있는 자유가 허용되지 않았기 때문에 제도로서의 협동조합이 정착되지 못하였다고 평가될 수 있다. 그리하여 국민들 사이에 협동보다는 동업기피문화가 조장되었고, 협동의 노하우는 축적되지 않았으며, 연대(solidarity)의 정신은 꽃을 피우지 못한 가운데 고도압축성장이 이루어졌다.[20]

이렇게 시민사회역량이 취약한 상태에서 2007년도에 법 시행으로 추진되고 있는 사회적기업, 2012년 12월부터 시행된 협동조합 기본법에 의한 일반 협동조합 및 사회적협동조합, 사회적경제를 지원하는 사단법인과 재단법인 등의 설립이 거의 동시에 진행되고 있다. 반면에 유럽과 북미지역에서는 150년 이상 경험한 자조적 협동조합운동을 통하여 축적된 협동의 노하우와 100여 년 전부터 시민들의 자발적인 협회(association)와 박애주의적 비영리재단의 연대적 실천을 바탕으로 하여 사회적경제가 발전하고 있다는 점을 인식할 필요가 있다.[21]

이러한 점에서 2012년 12월에 시행된 협동조합 기본법을 통하여 허용된 협동조합 설립의 자유는 사회적경제의 발전에 있어서 매우 중요한 의미를 지니고 있다. 그동안 우리나라의 사회적기업 발전에 있어서 적지 않게 정부의 주도성이 강하였고 협동조합적 기업형태의 법적 근거의 부재로 인하여 사회적기업의 협동조합형태가 나타날 수 없었기 때문에 사회적기업의 확산이 더딘 측면이 있었다. 협

---

20) 장종익, "협동조합 기본법 제정이후 한국협동조합의 역할과 과제".
21) Jang, J., "The Development of Social Economy in South Korea: Focusing on the Role of the State and Civil Society", *VOLUNTAS: International Journal of Voluntary and Nonprofit Organizations*, Vol. 28(6) (2017), 2592~2613.

동조합은 공통의 경제·사회·문화적 필요와 열망을 지닌 보통사람들이 정부의 지원을 받지 않고 대안적 비즈니스기업을 자발적으로 설립하고 운영하면서 협동의 성과를 체험하고 협동의 노하우를 체득하는 계기가 마련될 수 있다. 이러한 협동의 성과를 바탕으로 보다 이타적인 사회적기업 혹은 사회적협동조합이 더 발전할 수 있을 것으로 전망된다.

III. 협동조합 기본법의 주요 내용과 특징

1. 협동조합 기본법의 주요 내용

2012년 1월 26일에 공포된 협동조합 기본법은 총 7장 119조항과 부칙 3조항으로 구성되었다. 그 후 2014년 1월과 2016년 3월에 두 차례의 개정이 있었고, 이종 협동조합 간 협동조합연합회 설립 허용, 우선출자 근거 마련, 휴면협동조합 해산절차 간소화 등의 도입과 관련하여 2017년 10월에 개정법률안이 입법 예고되었다.

협동조합 기본법의 목적은 자주적·자립적·자치적인 협동조합 활동을 촉진하고 사회통합과 국민경제의 균형 있는 발전에 기여함을 목적으로 한다고 규정되어 있다. 총 7장의 장별 구성 항목은 <표 3>과 같다.

〈표 3〉 협동조합 기본법의 장별 구성 항목

장의 구성	조항별 주요 구성 항목
1장 총칙	목적, 정의, 명칭, 법인격과 주소, 설립 목적, 기본원칙, 협동조합 등의 책무, 다른 협동조합 등과의 협력, 공직선거 관여 금지, 국가 및 공공단체의 협력 등, 경영지원, 교육훈련 지원, 협동조합에

장의 구성	조항별 주요 구성 항목
	관한 정책, 협동조합정책심의위원회, 협동조합의 날, 다른 법률과의 관계
2장 협동조합	1절 설립(설립 신고 등, 신고확인증의 발급 등, 정관, 규약 또는 규정, 설립사무의 인계와 출자납입 등, 협동조합 설립) 2절 조합원(조합원의 자격, 가입, 출자 및 책임, 의결권 및 선거권, 탈퇴, 제명, 지분환급청구권과 환급정지, 탈퇴 조합원의 손실액 부담) 3절 기관(총회, 총회의 의결사항 등, 총회의 의사록, 대의원총회, 이사회, 이사회의 의결사항, 임원, 임원의 임기 등, 임원 등의 결격사유, 선거운동의 제한, 선거관리위원회의 구성·운영, 임원의 의무와 책임, 임원의 해임, 이사장 및 이사의 직무, 감사의 직무, 감사의 대표권, 임직원의 겸직금지) 4절 사업(사업, 사업의 이용) 5절 회계(회계연도 등, 사업계획서와 수지예산서, 운영의 공개, 경영공시, 법정적립금 및 임의적립금, 손실금의 보전과 임여금의 배당, 결산보고서의 승인, 출자감소의 의결, 출자감소에 대한 채권자의 이의, 출자지분의 취득금지 등) 6절 합병·분할·해산 및 청산(합병 및 분할, 해산, 청산인, 잔여재산의 처리, 민법 등의 준용, 법인등의 조직 변경) 7절 등기(설립등기, 지사무소의 설치등기, 이전등기, 변경등기, 합병등기, 해산등기, 청산인등기, 청산종결등기, 조직 변경의 등기, 등기부)
3장 협동조합 연합회	공제사업
4장 사회적협동 조합	사업, 조합원에 대한 소액대출 및 상호부조, 공공기관의 우선구매, 경영공시, 법정적립금과 임의적립금, 손실금의 보전과 잉여금의 배당, 부과금의 면제, 잔여재산의 처리, 협동조합·비영리사단법인 및 법인등의 조직 변경, 설립등기, 감독, 설립 인가의 취소
5장 사회적협동 조합연합회	설립 인가 등
6장 보칙	권한의 위임 및 위탁
7장	벌칙

2. 협동조합 기본법의 특징

협동조합 기본법의 내용상 특징을 파악하기 위하여 협동조합 기본법 119조의 내용을 협동조합의 정의, 사업, 설립요건 및 조합원의 자격, 재무구조, 지배구조, 협동조합의 등록·전환·협동조합 간 협동, 협동조합과 정부와의 관계 및 정부의 역할 등 크게 일곱 가지 영역으로 나누어 서술한다.[22]

가. 협동조합의 정의 및 목적

첫 번째는 협동조합 정의 및 목적에 관한 내용이다. 협동조합 기본법은 협동조합과 사회적협동조합을 구분하여 정의하고 있다. 협동조합은 "재화 또는 용역의 구매·생산·판매·제공 등을 협동으로 영위함으로써 조합원의 권익을 향상하고 지역사회에 공헌하고자 하는 사업조직(제2조 1항)"으로 규정하고 있다. 반면에 사회적협동조합은 이러한 협동조합 중에서 "지역주민의 권익·복리 증진과 관련된 사업을 수행하거나 취약계층에게 사회서비스 또는 일자리를 제공하는 등 영리를 목적으로 하지 아니하는 협동조합(제2조 3항)"으로 규정하고 있다. 사회적협동조합을 비영리법인으로 규정하여 일반협동조합과 구별하고 있는 것이 특징이다. 그리고 협동조합 기본법은 "협동조합과 사회적협동조합이 자발적으로 결성하여 공동으로 소유하고 민주적으로 운영되어야 하며, 투기를 목적으로 하는 행위와 일부 조합원등의 이익만을 목적으로 하는 업무와 사업을 하여서는 아니 된다.(제6조)"고 규정하고 있는데 이는 국제협동조합연맹의 협동조

---

22) 이 분석의 구성 요소는 앞에서 소개한 『협동조합법에 관한 국제적 편람』 단행본이 채택한 것과 동일하며, 필자가 이 틀에 입각하여 한국 협동조합 기본법을 소개한 내용(Jang, J., "Republic of Korea")을 수정·보완한 것임.

합에 관한 정의에 부합한다고 볼 수 있다.

나. 협동조합의 사업과 활동

두 번째는 협동조합의 사업과 활동에 관한 규정이다. 협동조합 기본법은 금융과 보험업 이외의 모든 업종에서 협동조합을 설립할 수 있도록 하였다(제45조 제3항).[23] 또한 협동조합은 조합원과 직원에 대한 상담, 교육·훈련 및 정보 제공사업, 협동조합 간 협력을 위한 사업, 협동조합의 홍보 및 지역사회를 위한 사업 등을 포함하여야 한다고 규정(제45조 제1항)하고 있어서 국제협동조합연맹의 7대 운영원칙의 일부를 반영하였다. 사회적협동조합의 사업에 관한 규정은 보다 구체적인데, 사회적협동조합은 다음의 다섯 가지 사업 중 하나 이상을 주 사업으로 하여야 한다고 규정하고 있다(제93조). ① 지역사회의 재생, 지역경제의 활성화, 지역 주민들의 권익·복리 증진 및 그 밖에 지역 사회가 당면한 문제 해결에 기여하는 사업, ② 대통령령으로 정하는 취약계층에 복지·의료·환경 등의 분야에서 사회서비스를 제공하는 사업, ③ 대통령령으로 정하는 취약계층에게 일자리를 제공하는 사업, ④ 국가·지방자치단체로부터 위탁받은 사업, ⑤ 그 밖에 공익증진에 이바지하는 사업. 사회적협동조합의 사업에 대한 이와 같은 규정으로 볼 때, 이는 이탈리아의 사회적협동조합,[24] 프랑스의 공익협동조합(Société Coopérative d'Intérêt Collectif, SCIC),[25] 캐나다 퀘벡의 연대협동조합(Solidarity Cooperatives)[26] 등

---

23) 다만 사회적협동조합은 부차적인 사업으로서 납입 출자금 총액의 한도에서 소액대출과 상호부조를 할 수 있도록 규정하고 있음(제94조).

24) Borzaga, C., S. Depedri, and G. Galera, "Emergence, Evloution and Characteristics of Social Cooperatives: The Italian Experience in an International Perspective", 경기복지재단 심포지움 발표문, 2012. 11.15.

25) Margado, A., "A New Co-operative Form in France: Société Coopérative

을 포괄하는 넓은 의미의 사회적협동조합으로 규정하고 있다고 볼
수 있다.

조합의 사업과 관련하여 중요한 사항 중의 하나가 비조합원의 사
업 이용에 관한 규정인데, 협동조합 기본법에서는 제정 당시에는 비
조합원의 사업 이용을 엄격히 제한하였으나 2014년 개정을 통하여
협동조합은 "조합원의 이용에 지장이 없는 범위에서 정관으로 정하
는 바에 따라 조합원이 아닌 자에게 그 사업을 이용하게 할 수 있
다."고 규정하였고(제46조), 사회적협동조합도 정관으로 정하는 바
에 따라 조합원이 아닌 자에게 그 사업을 이용할 수 있다고 규정하
고 있다(제95조). 일반협동조합에 관한 2014년 개정안은 협동조합의
본질 중의 중요한 요소인 '상호성'에 관한 관점이 충분히 반영되지
않은 것으로 평가될 수 있다.[27]

다. 협동조합의 설립 요건 및 조합원의 자격

세 번째는 협동조합의 설립 요건 및 조합원의 자격에 관한 규정
이다. 협동조합 기본법은 최소한 자연인 혹은 법인 5인 이상의 설립
동의자로 협동조합이 설립할 수 있도록 하였다(제15조). 이는 기존
의 특별법에서 규정한 최소 설립동의자 수 요건에 비하여 대폭 완

---

d'IntérêtCollectif (SCIC)", In C. Borzaga and R. Spear (eds.), Trends and
Challenges for Co-operatives and Social enterprises in Developed and Transition
Countries, Trento (2004).

26) Girard, J-P, "Solidarity Cooperatives(Quebec, Canada): How Social Enterprises
Can Combine Social and Economic Goals", In *The Changing Boundaries of
Social Enterprises*, Noya, A. (ed.), Paris: OECD (2009).

27) 이는 본 글의 후반부에 보다 자세히 논하고 여기에서는 농업협동조합법에
서는 비조합원의 이용을 총 사업액의 50% 미만으로, 수산업협동조합법과
신용협동조합법에서는 총 사업액의 3분의 1미만으로 제한하고 있는 것과
대조된다는 점을 언급하고자 함.

화된 것이다. 농업협동조합의 경우 최소 설립동의자 수는 1,000명, 품목농업협동조합의 경우는 200명, 소비자생활협동조합의 경우 300명으로 규정되어 있다. 연합회는 최소 3개 조합이 설립을 동의하면 설립이 가능하다. 조합원의 자격은 협동조합의 설립 목적에 동의하고 조합원으로서의 의무를 다하고자 하는 자로 규정하고 있다(제20조). 협동조합은 조합원이 정관으로 정한 기간 이상 협동조합의 사업을 이용하지 아니한 경우, 출자 및 경비의 납입 등 협동조합에 대한 의무를 이행하지 아니한 경우가 발생할 경우 총회에서 해당 조합원의 제명을 의결할 수 있다(제25조).

이러한 규정들은 국제협동조합연맹의 협동조합 7대 운영 원칙 중 협동조합의 가입 자유의 원칙에 부합하는 것으로 판단된다. 또한 협동조합에의 조합원의 가입 동기를 조합 사업의 이용을 통한 혜택으로 명시하고 있으며, 사회적협동조합도 이를 준용하도록 규정하고 있다(제91조). 그러므로 협동조합 기본법상으로는 조합원의 종류를 서비스 수혜자 조합원, 서비스노동 공급자 조합원, 자원봉사자 조합원, 후원자 조합원, 투자자 조합원으로 명확히 구분하여 명시하고 있는 것은 아니고, 이러한 여러 종류의 조합원이 동시에 가입할 수 있는 협동조합의 유형을 사회적협동조합으로 한정하는 규정도 없는 상태이다.[28]

라. 협동조합의 재무구조

네 번째는 협동조합의 재무구조에 관한 규정이다. 협동조합의 정체성과 관련된 재무구조의 규정은 크게 세 가지로 나누어진다.[29] 첫

---

[28] 뒤에서 언급하겠지만 일반협동조합으로 설립된 다중이해관계자협동조합의 법적 근거는 불투명하며, 이는 기획재정부가 고시한 협동조합표준정관례에 따른 것임.

째는 조합원의 자본조달에의 참여에 관한 규정이고, 둘째는 출자배
당에 관한 제한 규정이며, 셋째는 불분할적립금(indivisible reserve)에
대한 규정이다. 협동조합에 관한 개별법에서는 대부분 협동조합의
설립 요건으로 최소 출자금액을 명시한 반면에30) 협동조합 기본법
에서는 이를 명시하지 않고 있으며,31) 조합원은 1좌 이상의 출자금
을 납입하면 가입이 가능하도록 하였다(제22조). 그리고 일반협동조
합에서는 출자배당의 한도를 출자금액의 10%로 제한하였고, 이용고
배당을 전체 배당액의 50% 이상이 되도록 규정하였다(제51조). 반면
에 사회적협동조합은 잉여의 배당을 금지하도록 규정하였다(제98조).

마지막으로 불분할적립금에 관한 규정인데, 국제협동조합연맹의
성명에서는 다음과 같이 규정되어 있다.

> "최소한 자본금의 일부는 조합의 공동자산으로 한다."(Macpherson,
> 1996).

이 규정에서 조합의 공동자산은 조합원의 개별지분에 포함되지
않으며, 조합 해산 시에 조합원에게 배분되지 않는 자산이라고 할
수 있다. 이러한 공동자산은 주로 이탈리아, 프랑스, 스페인 등 남부
유럽의 협동조합에서 강한 전통으로 남아 있고, 영미권의 협동조합
에서는 두드러지지 않은 것으로 조사되고 있다.32) 우리나라 협동조

---

29) Macpherson, I., *Cooperative Principles for the 21st Century*, Geneva, International
Cooperative Alliance (1996), (장종익·김신양 역, 성공하는 협동조합의 일곱
가지 원칙 , (사)한국협동조합연구소, 2001); García, F., "Cooperative Finance
and Cooperative Identity", Euricse Working Paper, N.045|12 (2012)."
30) 예를 들면, 지역농협의 설립 요건은 최소 5억 원의 출자금액을 포함하며, 소비
자생활협동조합의 설립 요건은 최소 3천만 원의 출자금액을 포함하고 있음.
31) 예외적으로 의료복지사회적협동조합만 1억 원의 출자금액을 설립 요건으
로 규정하고 있음.
32) García, F., "Cooperative Finance and Cooperative Identity".

합 기본법에서의 일반협동조합에 대한 규정에는 불분할적립금에 대한 개념이 포함되지 않은 것으로 파악되고 있다. 반면에 사회적협동조합의 적립금은 모두 불분할적립금으로 간주되어 조합원의 지분에 포함되지 않으며, 해산 시에 상급 사회적협동조합연합회 등에 귀속되도록 규정되어 있다(제104조).[33]

협동조합의 자본조달과 관련하여 언급할 필요가 있는 점은 투자자조합원제도 혹은 우선출자자제도라고 할 수 있다. 협동조합은 기본적으로 자본제공자를 사업의 이용자 혹은 노동의 제공자(노동자협동조합의 경우)로 한정함에 따라 자본조달의 한계를 지니고 있어서 성장자본의 조달에 어려움을 겪는 경우가 발생한다. 이러한 문제점을 해결하기 위하여 이탈리아와 프랑스 등에서는 1990년대 초에 제한된 범위 내에서 투자자조합원제도를 도입하였다.[34] 협동조합기본법에서는 2017년 10월 말에 법 개정안 입법예고를 통하여 자기자본의 40% 범위 내에서 우선출자를 발행할 수 있도록 하였다.[35]

마. 협동조합의 지배구조

다섯 번째는 협동조합의 지배구조에 관한 규정이다. 협동조합의 지배구조는 협동조합의 민주성이라고 하는 중요한 정체성이 유지될 수 있도록 함과 동시에 협동조합의 사업이 발전할 수 있도록 구성원 간에 적절한 역할 분담과 상호 협력 및 견제장치가 작동하도록

---

33) 그러나 사회적협동조합처럼 비영리법인으로 간주되는 대부분의 특별법상의 협동조합들에서의 적립금은 불분할적립금으로 규정되어 있지 않고, 조합원의 개별지분에 포함되어 있으며, 해산 시에 조합원에게 배분할 수 있도록 규정되어 있음(황적인, 협동조합법 I, 법경출판사 (1995)).

34) 장종익, "이탈리아, 몬드라곤, 프랑스 노동자협동조합의 발전시스템에 관한 비교분석", 「한국협동조합연구」 제31권 제2호 (2013), 209~230.

35) 농협법과 수협법에서는 우선출자제도가 오래전에 도입되었음.

하는 것이다. 일반 주식회사와 마찬가지로 협동조합도 규모가 커지면 조합원의 직접적인 의사결정 참여가 용이하지 않기 때문에 대의원회를 설치하여 대의원에게 조합원의 권한을 위임하고 이사회에서 중요한 경영에 관한 의사결정권을 이행하며, 더 나아가 경영진에게 일상적인 비즈니스에 관한 집행을 위임하게 된다. 조합원의 권한이 위임될 때, 협동조합에서도 대리인 비용(agency cost)의 발생 문제는 불가피하다. 그러므로 이를 줄이는데 기여하는 적절한 규정이 필요하다.

협동조합의 민주성과 관련하여 협동조합 기본법에서는 출자좌수와 상관없이 조합원 1인 1표의 의결권을 규정하고 있다(제23조). 다만 연합회에서는 회원인 협동조합의 조합원수, 연합회 사업참여량, 출자좌 수 등 정관으로 정하는 바에 따라 의결권을 차등하여 부여할 수 있는 부가의결권제도를 도입하였다(제75조).

협동조합 기본법은 우리나라 민법 및 상법에서의 일반적인 지배구조의 특성을 반영하고 농협법 등 특별법과 유사하게 총회(대의원회)-이사회의 2단계 구조를 명시하였고, 독립적인 감사를 설치하도록 하였다. 대의원회는 조합원수가 200명 이상인 경우에는 설치할 수 있도록 규정하였다. 그리고 협동조합이 일정 규모 이상인 경우와 연합회는 조합원의 권한 위임이 불가피하기 때문에 대리인 비용을 줄이기 위하여 경영공시제도를 도입하였다(제49조의 2). 일반협동조합의 경우에는 조합원수가 200명 이상이거나 출자 납입총액이 30억원 이상인 경우에는 정관, 규약, 사업결산보고서, 총회와 이사회 활동 상황 등을 설립 신고를 한 시·도 또는 협동조합연합회의 홈페이지에 공시하도록 규정하고 있다. 그리고 사회적협동조합은 공익적 측면이 높기 때문에 규모에 상관없이 모두 공시하도록 하였다.

바. 협동조합의 등록, 전환, 협동조합 간 협동

여섯 번째는 협동조합의 등록, 전환, 협동조합 간 협동 등에 관한 규정이다. 협동조합 기본법에 의한 일반협동조합의 법인 등록은 시도지사에 신고하는 방식을 채택하고 있는데, 이는 개별법에 의한 협동조합의 인가주의에 비하면 적지 않은 혁신이라고 할 수 있다. 반면에 사회적협동조합은 비영리법인적 성격과 공익적 특징으로 인하여 주무부처에 의한 인가주의를 채택하고 있다.

협동조합 기본법은 협동조합의 상법상 회사법인으로의 전환에 대하여 명시하지 않고 있다. 반면에 2014년 개정을 통하여 상법상 회사법인에서 기본법상 협동조합으로 전환하는 규정(제60조의 2)과 기본법상 협동조합, 민법상 비영리사단법인, 소비자생협법상 생협 등 민법 이외의 법률에 따라 설립된 비영리사단법인, 법인 등이 사회적협동조합으로 조직을 변경할 수 있는 근거(제105조의 2)를 부여하고 있다. 이는 이탈리아와 프랑스 등 외국에서 기존 상법상 회사법인이 협동조합으로 용이하게 전환될 수 있는 법적 근거가 마련되어 있다는 점에 따라 개정된 것으로 볼 수 있다.[36]

협동조합 기본법은 제8조에 협동조합 간 협력에 관한 원칙을 천명하고 있고 이에 따라 협동조합연합회와 사회적협동조합연합회에 관한 규정을 별도로 명시하였을 뿐만 아니라 2017년 10월 말 개정안 입법예고를 통하여 일반협동조합과 사회적협동조합 간에, 그리고 기본법의 협동조합 및 사회적협동조합과 특별법의 협동조합이 연합회를 설립할 수 있도록 하였다.

---

36) Soulage, F., "France: an Endeavour in Enterprise Transformation", In F. Soulage, A. Zanotti, A. Zelaia (eds.) *Beyond the Crisis: Cooperatives, Work*, Finance, Brussels: CECOP (2011); 문보경, "협동조합 기본법 시행, 그 성과와 과제", 생협평론 18호 (2015), 48~60.

사. 협동조합과 정부와의 관계 및 정부의 역할

마지막은 정부와의 관계 및 정부의 역할에 관한 규정이다. 협동 조합에 대한 정부의 태도는 협동조합 법과 정책을 결정하는데 큰 영향을 미치고 이를 통하여 협동조합의 발전에 영향을 미친다. 전통 적으로 협동조합에 관한 정부의 태도는 파괴적인(destructive) 태도에 서부터 차별적(discriminatory), 중립적(neutral), 우호적(supportive), 참 여적(participatory), 통제적인(controlling) 태도에 이르기까지 다양하 다.37) 우리나라 정부는 협동조합에 대하여 오랫동안 통제적인 태도 를 견지해왔는데, 1989년 민주화 조치 이후에 통제적인 태도가 완화 되어 왔다. 협동조합 기본법의 내용을 볼 때, 정부의 협동조합에 대 한 태도는 중립적 혹은 우호적인 것으로 평가될 수 있어서 기존 개 별법에서의 정부의 태도와는 대별된다. 협동조합 기본법 10조(국가 및 공공단체의 협력 등)에서는 국가 및 공공단체는 협동조합등 및 사회적협동조합등의 자율성을 침해하여서는 아니 된다고 명시하고 있음과 동시에 국가 및 공공단체는 협동조합 등 및 사회적협동조합 등의 사업에 대하여 적극적으로 협조하여야 하고 그 사업에 필요한 자금 등을 지원할 수 있다고 규정하고 있으며, 협동조합 등 및 사회 적협동조합 등의 의견을 듣고 그 의견이 반영되도록 노력하여야 한 다고 규정하고 있다.

협동조합 기본법은 또한 기획재정부 장관이 2년마다 협동조합실 태조사를 실시하도록, 그리고 3년마다 협동조합 기본계획을 수립하 도록 규정하고 있으며(제11조), 관계부처의 고위공무원과 전문가들 로 구성한 협동조합정책심의위원회를 설치하도록 규정(제11조의 2)

---

37) Robert, C. and G. Ingalsbe, "Structure and Scope of Agricultural Cooperatives", In D. Cobia (ed.), *Cooperative in Agriculture*, Englewood Cliffs, NJ: Prentice Hall (1989).

하고 있다. 마지막으로 협동조합 기본법은 일반협동조합에 관한 정부의 감독규정은 명시되어 있지 않은 반면에 사회적협동조합등에 대해서는 감독할 수 있는 권한(제111조)과 설립 인가의 취소 권한을 부여하고 있다(제112조). 그리고 2017년 10월 말에 개정안 입법예고안에 따르면, 휴면협동조합이 적지 않게 발생함에 따라 이에 대한 휴면협동조합에 대한 시도지사의 조사 및 시정 조치를 취할 수 있는 근거를 마련하고 있다.

IV. 협동조합 기본법 시행 5년의 성과와 과제

1. 협동조합 기본법 시행 5년의 성과

이러한 협동조합 기본법 시행의 성과는 크게 두 가지로 나누어 정리할 수 있다. 첫째, 시행 후 5년 만에 1만 2,349개의 협동조합 및 사회적협동조합이 설립되었다. 그리고 61개의 일반협동조합연합회 및 사회적협동조합이 설립되었다(<표 4> 참조). 협동조합 설립 시점 기준으로 2016년 11월 말까지 설립된 10,401개 조합을 대상으로 추정하면, 약 12만여 명의 시민들이 1,600여억 원을 출자하여 스스로 설립한 것이다.[38] 기존 자본주의적 시장경제체제에서 사회경제적 애로를 심하게 겪고 있는 자영업자, 소기업가, 프리랜서, 조기은퇴

---

[38] 이 추정치는 기획재정부 협동조합 사이트에 게시된 협동조합 설립 현황 엑셀파일에서 추계한 것임. 2015년부터 설립조합원수와 출자액이 공개되지 않음으로 인하여 2014년까지의 추계치를 바탕으로 추정하였음. 기획재정부의 2016년말 기준 실태조사결과에 따르면 실제 운영되는 5,100개의 협동조합의 조합원수는 31.3만 명이고, 총자본금액은 2,343억 원에 이르고 있음(기획재정부 보도자료, 제3차 협동조합 실태조사결과 발표).

인, 경력단절여성, 마을주민 등이 다양한 업종과 분야에서 다양한 유형의 협동조합을 설립하고 운영하기 시작하였다.

〈표 4〉 협동조합 기본법으로 설립된 협동조합의 유형별 조합 수 누계 추이

	사업자 협동조합	직원 협동조합	소비자 협동조합	다중이해관계자 협동조합	사회적 협동조합	연합회	합계
'13. 11	1,909 (63.0)	225 (7.4)	208 (6.8)	601 (19.7)	102 (3.3)	10	3,045 (100.0)
'14. 11	4,380 (76.1)	228 (4.09)	173 (3.0)	771 (13.4)	207 (3.6)	30	5,759 (100.0)
'15. 11	5,993 (72.7)	357 (4.3)	254 (3.1)	1,276 (15.5)	362 (4.4)	47	8,242 (100.0)
'16. 11	7,304 (70.6)	433 (4.2)	326 (3.2)	1,699 (16.4)	582 (5.6)	56	10,344 (100.0)
'17. 11	8,532 (69.1)	484 (3.9)	371 (3.0)	2,087 (16.9)	815 (6.6)	61	12,349 (100.0)

주: 기획재정부의 고시에 기초한 협동조합 유형 분류에 따라 설립 신고되거나 인가된 조합의 수이고, 연합회의 수치는 합계에서 제외하였음.
출처: 기획재정부 협동조합 통계 (www.coop.go.kr)

이로써 서구 사회에서 지난 150년 동안 시민들의 자발적 협동조합운동을 통하여 세대 간 전수로 형성되어온 시민사회의 역량 함양 과정이 한국에서도 형성되고 있다고 평가할 수 있다. 시민들이 스스로 협동조합을 설립하고 운영하면서 자본주의적 기업방식 이외에 협동조합 비즈니스방식에 대한 노하우를 학습하기 시작하였고, 팀 기업가정신(collective entrepreneurship)을 개발하며, 국부적(particularized or bonding) 신뢰자본에서 더 나아가 일반적(generalized or bridging) 신뢰자본을[39] 형성할 기회가 확장되고 있다. 또한 시민들의 자조적이고 자기책임적인 행동이 시민사회조직 및 자치단체로 하여금 지

---

39) Woolcock, M., & Narayan, D., "Social Capital: Implications for Development Theory, Research and Policy," *World Bank Research Observer*, 15(2): 225~251 (2000).

원하도록 유도하고 있다. 즉, 협동조합지원센터 혹은 사회적경제지원센터, 협동조합네트워크 등 협동조합운동에 대한 지원조직이 등장하고 있다.

둘째, 협동조합 기본법의 제정과 시행을 계기로 특히 광역 및 기초지방자치단체가 취약계층 일자리 창출을 위한 사회적기업 육성이라고 하는 좁은 관점에서 벗어나 대안적 경제모델이라고 하는 협동조합 및 사회적경제에 관한 관심이 증폭되었고 시민조직 및 주민조직과 파트너십을 통하여 협동조합 및 사회적경제의 생성 및 발전을 지원하는 중간지원조직을 형성하는데 커다란 역할을 하였다. 2007년 제정된 사회적기업 육성법이 고용노동부를 중심으로 한 중앙정부 주도의 발전전략에 그친 반면에, 협동조합 기본법의 제정은 서울시, 충남, 전북, 광주, 제주도 등을 중심으로 한 광역자치단체의 사회적경제지원조직의 설립을 촉발시켰고 자치단체와 시민사회조직의 파트너십이라고 하는 새로운 협력적 거버넌스의 등장을 가져왔다.40)

이로 인하여 문재인 정부는 민관파트너십을 중앙정부 차원으로 확산시켜야 하는 시대적 과제를 안게 되었다. 또한 협동조합 기본법의 시행은 지방정부 간 협력을 촉진하는 계기가 되기도 하였다. 2013년 5월에 전국 27개 지방정부 대표들이 참여하여 출범한 전국 사회연대경제 지방정부협의회는 회원 지방정부의 수가 지속적으로 늘어나고 있다. 이러한 연대조직을 통하여 지방자치단체장들은 협동조합 및 사회적경제를 지역발전 전략의 핵심 요소로 설정될 필요성을 재확인하고 이에 성공한 국내외 사례와 추진전략을 공유하고 있다.

---

40) Jang, J., "The Development of Social Economy in South Korea: Focusing on the Role of the State and Civil Society.

2. 협동조합 기본법 시행 5년의 문제점

협동조합 기본법이 당초 입법적 필요를 충족시키고 있는지, 그리고 관련 정책적 수요를 진단하기 위해서는 누가 어떠한 목적으로 협동조합을 설립하였는지, 협동조합 초기 운영에서의 애로요인은 무엇인지, 설립된 협동조합들이 협동조합의 정체성을 유지하고 있는지, 그리고 협동조합이 필요로 되는 영역에서 충분히 출현하고 있는지, 만약 그렇지 않다면 그 이유는 무엇인지 등을 파악할 필요가 있다. 이러한 문제의식 하에서 협동조합 기본법에 의하여 설립된 협동조합의 특성과 문제점을 분석한다.

우선 누가 어떠한 목적으로 협동조합을 설립하였는지를 파악하기 위하여 2014년 말 기준 서울시와 경기도에서 운영되는 협동조합 데이터에 대한 분석 결과, 설립된 협동조합의 약 44%는 소상공인 및 소기업들이 조합원 사업체의 경쟁력을 제고하기 위하여 설립한 협동조합이고, 전체의 23%는 프리랜서들이 일감을 공동으로 수주하고 나누기 위한 목적으로 설립한 협동조합으로 전체의 67%가 자영업자 및 프리랜서들이 설립한 것으로 나타났다. 그리고 지역공동체 증진이 주 목적인 일반협동조합이 전체의 19%를 차지한 것으로 나타났으며, 나머지 12%가 사회적협동조합인 것으로 나타났다. 반면에 노동자협동조합의 비중은 매우 낮으며, 소비자협동조합도 거의 나타나지 않고 있다(<표 5> 참조). 이 분석 결과, 설립된 다수의 협동조합은 조합원의 소득 증진을 기본 목적으로 설립하였음을 알 수 있다.

다음으로 설립된 협동조합이 협동조합의 정체성을 유지하고 있는가에 관한 질문이다. 협동조합 정체성(identity)의 핵심은 상호성(mutuality)과 민주성의 원칙이라고 할 수 있다. 즉, 협동조합이 공통

〈표 5〉 기획재정부 협동조합 실태조사 서울시와 경기도 데이터의 유형 재분류 결과

유형	기준	서울 조합수	경기 조합수	소계
소상공인 협동조합	조합의 주된 설립 목적이 조합원 사업체의 경쟁력 강화, 조합원 수입 증가, 조합원 고용 안정 등이라고 답변한 협동조합	190 (40.0)	159 (50.3)	349 (43.8)
프리랜서 협동조합	조합원 수입 증가, 조합원 고용 안정, 사업체 경쟁력 강화라고 응답한 협동조합	129 (26.9)	57 (18.0)	186 (23.4)
직원 협동조합	조합원이 협동조합에 고용되어 있는 협동조합	9 (1.9)	5 (1.6)	14 (1.8)
지역공동체 증진형 협동조합	지역사회 공헌 등 사회적 가치 실현, 조합원 복지 증진, 사회혁신이나 지역사회 재투자, 지역 환경 보호, 장애인 등 취약계층 지원 등이라고 응답한 협동조합	96 (20.0)	58 (18.4)	154 (19.3)
사회적 협동조합	인가기준	56 (11.7)	37 (11.7)	93 (11.7)
합계		480 (100.0)	316 (100.0)	796 (100.0)

출처: 기획재정부 협동조합 실태조사 원 데이터 (2014. 12말 기준)

의 필요와 열망을 지닌 사람들이 그러한 필요를 충족시키기 위하여 사업을 추진하고 있으며, 그러한 사람들에 의해서 공동으로 소유되고 민주적으로 운영되는가가 핵심이다. 전자는 상호성 혹은 조합원의 사업 이용 혹은 조합원의 노동 수행 원칙이라고 하고 후자는 조합원 민주주의 원칙이다.

협동조합 신고 혹은 인가사항이나 기획재정부의 협동조합 실태조사표는 이러한 상호성이나 민주성 원칙의 준수 여부에 대한 항목이 없기 때문에 전반적인 준수 여부를 평가하기는 어렵지만 필자의 관찰과 기획재정부 협동조합 사이트에 업로드되어 있는 경영공시자료에서 파악된 정보를 통하여 부분적이기는 하지만 다음과 같은 두 가지 점이 확인된다. 첫째, 사업자협동조합으로 등록되어 있는 협동

조합의 경우, 협동조합은 조합원들이 생산한 재화와 서비스를 공동 판매하거나 협동조합이 조합원들의 사업을 공동 지원하는 기능을 수행해야 함에도 불구하고, 협동조합의 상호로 이사장 개인 사업장에서 생산된 재화와 서비스를 판매하거나 이사장 개인사업 모델을 확장하기 위하여 협동조합의 이름으로 가맹점을 모집하는 경우가 관찰된다. 즉, 조합원 간의 협력을 통하여 공동 비즈니스를 발전시키기보다는 이사장이 혼자서 일하고 개인사업화되는 경향이 발생하는데, 이는 협동조합의 정체성에 부합하지 않는다고 할 수 있다.

둘째, 취약한 계층을 위하거나 혹은 위한다는 명분을 내세우고 협동조합 사업을 추진하는 경우에, 취약한 계층을 조합원으로 세워나가는 방식보다는 사업 추진자가 의사결정권을 장악하고 실제로 조합원들이 임원으로서 의사결정과정에 참여하는 기회가 배제되는 일이 발생하고 있다. 이는 협동조합의 민주성의 위반이라고 할 수 있다. 이렇게 협동조합의 정체성에 위배되는 사례가 발견됨에도 불구하고 특히 일반협동조합에 대해서는 감독방안이 아직 마련되지 않고 있는 것으로 보인다.

협동조합 기본법 시행 5년의 세 번째 문제점은 협동조합의 필요성이 높은 영역에서 협동조합이 충분히 나타나지 않고 있다는 점이다. 협동조합에 관한 조직경제학적 연구의 결과에 의하면, 협동조합은 독과점, 자산특정적인 거래관계, 정보의 비대칭성 등 시장실패상황이 높은 영역에서 발생할 가능성이 높다고 추론된다.[41] 기획재정부와 보건사회연구원이 분석하여 제시한 협동조합 기본법 시행에 따른 설립 전망에 따르면, 돌봄, 육아, 특수 고용, 자활 영역 등에서 사회적협동조합이 주로 설립될 것으로 제시되었다(이철선 외, 2012). 그리고 이러한 예측은 협동조합에 대한 수요에 관한 이론적 분석의

---

41) Hansmann, 앞의 글; 장종익, 협동조합 비즈니스전략: 개념, 비즈니스모델, 사례, 동하 (2014).

결과와 연결되기 때문에 자연스럽게 받아들여졌다. 필자도 정보의 비대칭성문제가 상당한 의료, 육아, 노인 돌봄, 자동차 정비, 이사서비스 분야, 업무의 동질성이 높아 노동자협동조합의 조직운영 비용이 낮은 분야 즉, 마을버스, 택시, 택배서비스 등에서 협동조합 설립이 활발할 것으로 예측하였다.42)

그러나 노인돌봄, 택시, 퀵서비스, 대리운전, 이사서비스 등 취약계층이 일하는 분야에서는 협동조합 설립이 상대적으로는 저조한 것으로 보인다. 그 이유는 택시운전사, 요양보호사, 퀵서비스기사 등 주체들의 역량이 매우 취약한 상황 하에서는 시장의 문제점이 심각하다고 해도 협동조합의 출현이 가시화되지 않을 수 있기 때문인 것으로 분석된다. 즉, 공공 영역이나 비영리섹터 영역에서 이러한 지원 프로그램을 운영하지 않으면, 이러한 영역에서의 협동조합은 과소 출현할 수밖에 없다는 점을 시사해준다.

V. 협동조합 기본법 개선 방안: 결론을 대신하여

1. 협동조합의 본질에 대한 법률적 재규정의 필요성

협동조합 기본법에서 협동조합의 조직적 본질은 명확하게 규정되어 있지 않은 것으로 보인다. 협동조합 기본법에서 일반협동조합은 법인, 사회적협동조합은 비영리법인으로 명시하고 있다. 즉, 일반협동조합에 대해서는 법인의 본질을 명시하지 않은 채 사회적협동조합에 대해서만 비영리법인으로 명시하고 있다. 그러나 농협 등 개

---

42) 장종익, "협동조합 기본법 제정이후 한국협동조합의 역할과 과제".

별법에서 협동조합은 협동조합 기본법에서의 일반협동조합과 같이
배당을 허용하고 있음에도 불구하고 비영리법인으로 '간주'되고 있
다. 협동조합 기본법에서 일반협동조합은 상법 상 유한책임회사에
관한 규정을 준용하도록 하였고, 상법상 "상인"은 "협동조합등"으
로, "사원"은 "조합원등"으로 본다고 규정하고 있다. 반면에 사회적
협동조합은 민법상 법인에 관한 규정을 준용하도록 하였고, "사단법
인"은 "사회적협동조합등"으로, "사원"은 "조합원등"으로 본다고 규
정하고 있다(제14조). 즉, 협동조합 기본법과 개별법에서의 협동조합
에 관한 법인격 규정이 상호 불일치하는 모순이 발생하고 있다.

이러한 사실은 한국의 법체계가 영리와 비영리를 엄격히 구분하
고 있고, 비영리법인에 대해서는 감독관청의 인가주의를 채택하는
논리가 반영된 것으로 보인다. 즉, 개별법의 협동조합에 대해서는
정부의 통제 필요상 인가주의를 채택하기 위하여 비영리법인이라고
규정한 것이다. 반면에 협동조합 기본법의 일반협동조합은 신고주
의를 채택함으로써 일반협동조합이 상법상의 영리법인으로서 취급
된 것이다. 이렇게 이윤 배분 금지조항을 핵심으로 하는 비영리법인
과 그 이외는 모두 영리법인으로 구분하는 이분법적 법체계하에서
는 협동조합과 같은 법인은 사실상 설 자리가 없다고 할 수 있다.
이 점에서 현재 비영리법인과 영리법인으로 이원화되어 있는 법인
격 체계에 사회적경제의 특성을 반영한 새로운 법인격 형태를 신설
하는 것도 논의될 필요가 있다.[43]

필자는 협동조합의 본질을 상호성(mutuality)으로 보고 있으며, 사
회적협동조합은 여기에 공익성(public interest)이 추가된 것으로 본

---

43) 더 나아가 영국의 공동체이익회사(CIC)나 미국의 저이윤유한책임회사
(LPLLC)등 새로운 법인격의 출현을 염두에 두고 이러한 사회적경제라고
하이브리드 영역의 법률 이슈를 우리나라의 법률체계가 담아내야하는 과
제가 제기되고 있음. 양동수, "사회적경제 법·제도 현황과 새로운 법체계
고안", 사회적경제법제도 발전 방향, 재단법인 동천 (2017. 11. 27 발표).

다. 즉, 협동조합이 공통의 필요와 열망을 지닌 사람들이 그러한 필요를 충족시키기 위하여 사업을 추진하고 있으며, 그러한 사람들에 의해서 공동으로 소유되고 민주적으로 운영되는가가 핵심이다. 전자는 상호성 혹은 조합원 이용 원칙이라고 하고 후자는 조합원 민주주의 원칙이다. 상호성의 원칙은 협동조합 소유자의 자격을 조합 사업을 공동으로 이용하고자 하는 사람에 한하여 허용함으로써 협동조합이 소수의 투자자를 위한 이윤 추구 행위를 구조적으로 제약하는 기능을 발휘하도록 한다.44) 예를 들면, 소비자협동조합에서 재화와 서비스의 공동 구매 혹은 공동 이용은 원칙적으로 조합원으로 한정되어야 한다. 그리고 사업자협동조합에서 협동조합이 판매하는 재화와 서비스는 조합원이 생산한 것에 한정되어야 하며, 협동조합이 조합원 사업을 지원하는 기능은 조합원이 운영하는 사업장에 한정되어야 한다. 노동자협동조합의 경우, 원칙적으로 모든 종업원은 조합원이어야 한다.45)

미국 협동조합법에는 비조합원과의 거래에 대해서는 주식회사와 동일한 법인세율을 부과하고 있다.46) 이러한 상호성의 원칙은 협동조합이 시장에서 사업을 운영하기 위한 유연성이 필요로 되면서 일정 부분 수정되기도 한다. 예를 들면, 비조합원 이용을 3분의 1 혹은 50% 미만으로 허용하고 있는 경우도 있다. 이러한 문제는 매우 중요한 사안이어서 이탈리아에서는 2003년 개정된 협동조합법에서 조합원이용 50% 미만의 협동조합에 대해서는 상호성이 주요 목적이

---

44) Munkner, H., *Cooperative Principle and Cooperative Law*, Bonn, Friedrich Ebert-Stiftung (1974); Birchall, J., *People-Centered Businesses: Cooperatives, Mutuals and the Idea of Membership*, Houndmills, UK: Palgrave Macmillan (2011) (장승권 외 역, "사람중심의 비즈니스, 협동조합", 한울아카데미, 2012); Fici, A., "The Essential Role of Cooperative Law" DQ, 4: 147~157 (2014).
45) 장종익, 협동조합 비즈니스전략: 개념, 비즈니스모델, 사례.
46) 장종익, 협동조합 비즈니스전략: 개념, 비즈니스모델, 사례.

아닌 협동조합으로 규정하고 세제 혜택 대상에서 제외하고 있다.[47][48]

　그러나 협동조합 기본법에서는 일반협동조합의 경우 영리법인이라고 사실상 규정하고 사회적협동조합은 비영리법인이라고 규정함으로 인하여 일선 현장에서 적지 않은 혼돈이 발생하고 있다. 혹자는 일반협동조합은 영리를 추구하는 법인이기 때문에 주식회사와 다를 바 없다고 하며 단지 1인1표가 그 본질이라고 주장하는데, 필자는 이러한 민주성의 근원이 바로 자본의 이익 추구가 아니라 사람 즉, 조합원의 필요 충족을 위하여 상호성을 바탕으로 한 비즈니스를 추구한다는 점에서 비롯되었다고 본다. 그러한 점에서 민주성의 원칙은 상호성 원칙으로부터 파생한 것이라고 볼 수 있다는 점에서 상호성이 바로 주식회사와 근본적으로 다른 핵심이라고 본다.

　반면에 사회적협동조합은 공익성을 주요 목적으로 하기 때문에 이러한 상호성의 원칙이 엄격히 적용되지 않는다. 예를 들면, 사회적협동조합이 조합원으로 가입되어 있지 않은 취약계층에 대한 사회서비스를 제공하는 거래에 대하여 상호성의 원칙에서 벗어난다고 하여 세제 혜택에서 제외한다면 사회적협동조합의 공익성 지향이 약화되기 때문이다. 이러한 점에서 사회적협동조합은 이윤 분배를 금지하는 비영리성을 핵심으로 하여 출현한 것이 아니라 공익성을 주요한 목적으로 설정하면서 이러한 목적을 실현하기 위해서 일반협동조합의 조직적 본질인 상호성이 완화될 필요가 있고, 잉여의 공익적 사용에 대한 명시적 규정의 필요성이 뒤따르게 되면서 잉여 배분의 제한 규정이 추가된 것이라고 할 수 있다.[49]

---

47) Fici, A., "Italy" In Cracogna, Fici, and Henrÿ (eds.), *International Handbook of Cooperative Law*, Berlin: Springer (2013), 479~502.

48) 이탈리아에서 1991년에 법적 근거가 부여된 사회적협동조합은 공익을 추구하는 협동조합이기 때문에 이러한 요건충족의 대상에서 제외되었음.

49) 상호성이 엄격히 충족되는 일반협동조합의 경우에도 잉여의 일정 비율을 지역사회 기여 활동에 사용하도록 하는 국제협동조합연맹의 원칙이 사회

협동조합의 조직적 본질에 대한 법적 규정의 문제는 비조합원이용에 대한 규제 문제, 법인세 및 배당세 등 세제 문제, 조합의 불분할적립금(indivisible reserve) 및 연대기금에 대한 세제 문제 등과 연결되어 있기 때문에 깊이 검토하여 정립할 필요가 있다.

2. 협동조합 발전에 적합한 인프라의 구축문제: 세법을 중심으로

협동조합은 협동조합법만이 아니라, 세법, 노동법, 경쟁법, 회계 및 건전성 기준, 회계장부의 작성에 관한 규칙, 감사규칙, 파산규칙은 물론 행정명령, 판례, 각종 정부 정책 등에 의하여 영향을 받는다.[50] 이러한 법적·행정적 인프라 측면에서 협동조합이라고 해서 특별히 지원되어야할 이유는 없지만 주식회사에 비하여 차별을 받지 않도록 하는 것이 중요하다. 특히, 세제, 금융, 교육훈련 등과 관련된 각종 법률이 협동조합을 주식회사의 대안적인 기업의 하나로 인식하여 차별 없이 대우하고 있는지가 중요한데, 이에 대한 체계적인 검토가 아직은 미흡한 실정이다.

우선 세제에 관한 해외 연구에 따르면, 세제와 관련하여 협동조합은 3가지로 분류될 수 있다.[51] i) 법인세가 면제되는 경우, ii) 투자자소유기업과 동일하게 법인세 적용 대상이 되지만 협동조합과 조합원 사이의 경제적 거래와 관련하여 조합원에게 지급되는 이용실적 배당액에 대해서는 공제 혜택을 받는 경우, iii) 특별한 세제 혜택

적협동조합에서는 상호성 완화, 공익성 강화로 발전하게 된 것임. 이러한 점에서 공익성 혹은 사회적 이익 추구와 비영리성 혹은 이윤 분배 금지 규정은 서로 다른 개념이라는 점을 인식할 필요가 있음. 모든 비영리조직이 반드시 공익성을 추구하는 것이 아니기 때문임.

50) Groeneveld, 앞의 글.
51) Groeneveld, 앞의 글.

을 받지 않거나 중립적 세제의 적용을 받는 경우 등이다. 이탈리아,
미국, 프랑스 등은 두 번째에 해당한다. 한국의 경우 일반협동조합
에 대해서는 세 번째에 해당한다. 개별법에 의한 협동조합과 협동조
합 기본법에 의한 사회적협동조합의 경우 비영리법인에 해당하는
세제 혜택을 받는 것으로 파악된다.

이한우(2017)의 연구에 따르면, 우리나라 협동조합의 법인세 과
세는 개별법에 따른 협동조합에 대하여 혜택이 집중되어 있는 것으
로 조사되고 있다(<표 6>과 <표 7> 참조). 개별법에 따른 협동조합
이 일반협동조합과 같이 조합원에게 이용고배당을 함에 불구하고
비영리법인으로 취급을 받는 것은 형평성에 맞지 않는다고 할 수
있다. 또한 농협 등은 취득세, 재산세 등의 감면 혜택을 받고 있지
만, 일반협동조합은 그 혜택으로부터 제외되고 있다.

<표 6> 협동조합의 법인세 과세개요

구분	세법상 취급	법인세	고유목적사업준 비금 손금산입
개별법에 따른 협동조합	비영리법인 의제	사업소득 등 수익사업소득	○
일반협동조합	영리법인	모든 소득	×
사회적협동조합	비영리법인	사업소득 등 수입사업 소득	○

출처: 이한우(2017)

<표 7> 협동조합에 대한 법인세 지원

구분	비영리법인 여부	당기순이익 과세특례
개별법에 따른 협동조합	○	○
일반협동조합	×	×
사회적협동조합	○	×

출처: 이한우(2017)

이한우(2017)는 당기순이익 과세특례제도는 일반법인과의 과세 형평성 문제를 야기하고 개별법에 따른 협동조합의 기장능력은 충분하다고 할 수 있으므로 당기순이익 과세특례제도는 폐지하고 개별법에 따른 협동조합과 기본법에 따른 협동조합 모두에 대해서 저율로 과세하는 것으로 타당하며, 지방세도 개별법에 따른 협동조합과 마찬가지로 일반협동조합이 목적사업을 위해 취득하는 부동산에 대해서는 취득세 및 재산세를 감면하는 것이 타당하다고 주장한다. 또한 그는 협동조합 기본법에 의한 일반협동조합도 지역사회의 기여라고 하는 공익성을 실현하기 때문에 이러한 세제상으로 지원이 이루어질 필요가 있다고 주장한다.

필자는 일반협동조합의 세제상의 지원 근거를 공익성에 앞서 상호성에서 찾는 것이 더 타당하고 본다. 조합원과의 거래에서 발생하는 이윤에 대해서는 법인세율을 감면하는 조치가 필요하고 조합원에 대한 배당금을 손금산입하도록 하는 것이 바람직하다고 할 수 있다.[52] 그리고 더 나아가 잉여를 개별 조합원에게 배당하지 않고 개별 지분으로 적립되는 내부유보금 이외에 조합의 공동자산으로 적립되어 분할되지 않은 "불분할적립금"이나 "연대기금"에의 잉여의 배분에 대해서는 세액면제조치를 마련하여 조합원의 세대 간 협동과 연대를 촉진할 필요가 있다. 이는 이탈리아의 협동조합이 다양한 분야에서 조합 간 네트워크 방식을 통하여 사업적으로 크게 성장하게 된 중요한 요인으로 평가되고 있다.[53]

---

52) 심태섭·김완석, "협동조합 관련 조세지원제도 개정방안", 기획재정부 연구용역보고서, (2012).
53) 장종익, "이탈리아, 몬드라곤, 프랑스 노동자협동조합의 발전시스템에 관한 비교분석".

3. 협동조합 기본법과 개별법과의 관계

협동조합 기본법과 개별법은 앞으로 상당기간 공존할 것으로 전망된다. 그리고 협동조합 기본법에서 소비자생협법에 의한 협동조합이 협동조합 기본법에 의한 협동조합으로 전환할 수 있는 근거조항을 포함하고 있고, 이종협동조합 간 연합회 설립도 가능하도록 2017년 10월에 입법 예고되었다는 점에 비추어볼 때 협동조합 기본법과 개별법 간의 상호 협력도 기대된다고 할 수 있다. 협동조합 기본법에서는 개별법으로 설립된 협동조합에 대해서는 협동조합 기본법의 적용을 제외한다고 명시하고 있으나 협동조합의 설립과 육성과 관련되는 다른 법령을 제정하거나 개정하는 경우에는 협동조합 기본법의 목적과 원칙에 맞도록 하여야 한다고 규정하고 있다(제13조). 이와 관련하여 두 가지 이슈가 제기된다.

첫째는 주택협동조합과 같이 설립과정이 복잡하고, 취급하는 재화가 독특한 자산에 해당하여 관련 법률이 적지 않아서 기본법으로는 규율이나 지원이 충분치 않을 경우에는 협동조합 기본법과는 별도의 협동조합법률이 제정될 필요가 있다는 점이다. 향후 주택협동조합에 대한 수요가 높아지고 이러한 수요를 충족시키고자 다양한 협동조합형태의 주택이 공급되면서 주택협동조합 관련 법률의 제정 필요성은 높아질 것으로 전망된다.

둘째는 기존 8개 개별법의 높은 규제수준을 협동조합 기본법의 일반협동조합에 맞추어 조정하는 방안에 관한 점이다. 농협 등 대부분의 개별법이 개발연대 정부 산업정책의 일환으로 규율되어왔기 때문에 개별법 협동조합의 조직 운영은 해당 부처의 정책집행의 보조수단으로서의 특징이 강하게 남아 있고, 협동조합에 대한 해당 부처의 감독권한이 결합되어 왔다. 만약 개별법에 의한 협동조합의 자율성과 민주성을 강화하는 방향으로 개선될 필요가 있다면 이를 실현하기 위해서는 개별법 협동조합에 대한 감독권한은 기획재정부로 일원화하고 협동조합을 통한 정책의 효과적인 목적 달성 사업은 해당 부처에서 담당하는 이원화된 구조를 마련하는 것이 효과적일 수 있다. 이 경우 기획재정부는 협동조합 사업의 활성화를 위한 정책 수단을 담당하는 것이 아니라 협동조합의 정체성을 유지하도록 하는 감독자로서의 기능을 전담할 필요가 있다.

마지막으로 현재 국회에 계류 중인 사회적경제 기본법이 제정되면 협동조합 기본법에 어떠한 영향을 미칠 것인가의 문제이다. 사회적경제 기본법은 상호성과 사회적 목적을 지향하는 경제조직들의 정체성을 재확인하고 이에 대한 체계적인 사회적 지원체계를 구축할 수 있는 법적 근거를 제공한다는 점에서 협동조합 기본법과 매우 밀접한 관계를 지니고 있다. 다만 사회적경제 기본법은 협동조합 형태의 대안적 경제조직 이외에 다른 법인격의 대안적 경제조직도 규율한다는 점에서 협동조합 기본법은 사회적경제 기본법의 부분집합이라고 할 수 있다. 그리고 사회적경제 기본법이 사회적 가치를 보다 강조하기 때문에 사회적경제 기본법이 협동조합의 사회적 가치를 보다 강조하는 방향으로 영향을 미칠 것으로 예상된다.

4. 정부의 역할과 협동조합정책의 거버넌스 문제

협동조합의 발전을 위한 정부의 역할은 협동조합이 설립되고 운영되며 마감되는 법인 생활에 있어서 주식회사와 동등하게 대우를 받을 수 있도록 법·제도적 환경을 조성하는 일과 공익적 가치를 창출하는 협동조합에 대하여 그에 합당하게 지원하는 것이다. 여기서 협동조합이기 때문에 정부가 더 지원해야 할 이유는 없다. 협동조합이 사회적 가치 즉 일종의 공공재를 창출한다면 이에 대한 사후적 혹은 사전적 지원이 필요하다는 점이다.[54] 여기에서 중요한 점은 사전적 지원이다. 사전적 지원이라고 한다면 사회적 가치가 창출될 것으로 예상되지만, 무임승차자문제 등 협동조합에 내재한 고유한 약점으로 인하여 협동조합이 설립되거나 운영되지 못한다면 기대되는 공공새 창출이 실현되기 어렵게 되기 때문에 협동조합의 창업 기획사로서의 역할이 필요하다는 점이다.[55] 시장에서의 이윤 추구 기업은 이윤 동기에 의하여 움직이기 때문에 경제적 보상의 사적 취득이 보장되지 않는 이러한 기획사 기능을 수행할 동기가 거의 없다. 이러한 점에서 비영리조직 혹은 시민사회섹터가 정부의 지원을 받아 이러한 기획사의 기능을 대신할 수도 있다. 이러한 측면에서 볼 때, 민과 관의 협력 혹은 파트너십이 매우 중요하게 된다. 이러한 정부의 협동조합에 관한 정책을 중립적 정책에서 더 나아가 지원적 정책이라고 할 수 있다.[56] 이 측면에서 다음 몇 가지 이슈를 제기하면서 결론에 대신하고자 한다.

첫째, 민간의 역량강화 및 현장 정보가 매우 중요하게 요구되는 협동조합에 관한 정책의 수립과 집행 및 평가에 있어서 정부 주도 체제에서 협동조합섹터와 행정 및 관련 전문가의 숙의체제로 전환될 필요는 없는지를 숙고할 필요가 있다. 협동조합 기본법에 규정되어 있는 협동조합정책심의회가 협동조합의 민간 역량이 함양할 수 있는 중요한 기제로 활용될 수 있는 방향으로 운영될 필요가 있다.

둘째, 협동조합 기본법에 의한 협동조합 정책과 감독은 기획재정부가 담당하고, 개별법에 의한 협동조합 정책과 감독은 해당 부처가 담당하도록 되어 있는데, 이러한 분담이 적절한지의 여부에 대한 검토가 필요하다. 또한 보다 넓게 사회적경제의 관점에서 볼 때, 협동

---

54) Groeneveld, 앞의 글.
55) 장종익, "협동조합 기본법으로 설립된 협동조합의 특성과 정책적 함의".
56) 장종익, 협동조합 비즈니스전략: 개념, 비즈니스모델, 사례.

조합 정책은 기획재정부, 사회적기업 정책은 고용노동부, 마을기업은 행정안전부, 자활기업은 보건복지부 등 이러한 칸막이 체제를 그대로 둔 채로 사회적경제 통합기능을 기획재정부에 맡기면 이러한 칸막이가 해소될 수 있는가를 검토할 필요가 있다.[57] 오히려 제도를 담당하는 부처와 정책 사업을 담당하는 부처를 분리할 필요는 없는지를 검토할 필요가 있다. 예를 들면 보건복지부가 돌봄서비스 관련 다양한 유형의 협동조합을 복지서비스의 정책적 파트너로 설정하고 돌봄서비스협동조합의 발전정책을 담당하는 것이 기획재정부가 돌봄서비스 '협동조합' 발전정책을 기획하고 담당하는 것보다 효과적일 것이다. 협동조합이 다양한 업종 및 분야에서 고루 발전하기 위해서는 정부의 모든 부처에서 협동조합에 대한 이해와 정책적 노력을 촉진하기 위한 체계적인 방안이 마련될 필요가 있다.

셋째, 협동조합이 지역을 기반으로 하고 있다는 점에서 중앙정부의 정책은 자치단체의 정책적 노력과 긴밀한 협력이 이루어질 필요가 있다. 이러한 점에서 협동조합 기본법 시행령 제4조에 명시된 "시·도 협동조합정책협의회"가 보다 활성화되는 방향으로 운용될 필요가 있다.

---

[57] 협동조합 기본법 제10조의 2와 10조의 3에서 협동조합의 경영지원 및 교육훈련 지원을 기획재정부장관이 할 수 있도록 명시하고 있는데, 교육부 장관이나 고용노동부 장관이 담당하는 것이 보다 효과적이지 않은가를 검토할 필요가 있음.

참고문헌

기획재정부, "협동조합 업무지침", 기획재정부, (2012).

김신양·신명호·김기섭·김정원·황덕순·박승옥·노대명, 한국 사회적경제의 역사, 한울아카데미, (2016).

문보경, "협동조합 기본법 시행, 그 성과와 과제", 『생협평론』 18호 (2015), 48~60.

심태섭·김완석, "협동조합 관련 조세지원제도 개정방안", 기획재정부 연구용역보고서, (2012)

양동수, "사회적경제 법·제도 현황과 새로운 법체계 고안", 사회적경제법제도 발전 방향, 재단법인 동천 (2017. 11. 27 발표).

이철선·권소일·남상호 외, "협동조합 기본법 관련 현황조사 연구", 기획재정부·한국보건사회연구원 (2012).

이철선·김란수·김영란·황준욱·남상호·임성은, "2015년 협동조합 실태조사", 기획재정부·한국보건사회연구원 (2015).

이한우, "협동조합 과세제도의 문제점과 개선 방안", 한국 협동조합 법제도 개선연구-협동조합 법제도를 탐구하다, 국회사회적경제포럼·(재)아이쿱협동조합연구소 (2017. 4. 11 발표).

장종익, "협동조합 기본법으로 설립된 협동조합의 특성과 정책적 함의", 『한국협동조합연구』 제35권 제2호, (2017), 81~101.

_____, 협동조합 비즈니스전략: 개념, 비즈니스모델, 사례, 동하 (2014).

_____, "이탈리아, 몬드라곤, 프랑스 노동자협동조합의 발전시스템에 관한 비교분석", 『한국협동조합연구』 제31권 제2호 (2013), 209~230.

장종익, "협동조합 기본법 제정이후 한국협동조합의 역할과 과제" 『동향과 전망』 통권 86호 (2012. 10), 289~320.

장종익·홍 훈·유정식·김태환·박종현, "서울시 사회적경제 성과측정과 정책평가", 서울연구원 (2016).

황적인, 협동조합법 I, 법경출판사 (1995).

Birchall, J., *People-Centered Businesses: Cooperatives, Mutuals and the Idea of Membership*, Houndmills, UK: Palgrave Macmillan (2011) (장승권 외 역, "사람중심의 비즈니스, 협동조합", 한울아카데미, 2012).

Borzaga, C., S. Depedri, and G. Galera, "Emergence, Evloution and Characteristics of Social Cooperatives: The Italian Experience in an International Perspective", 경기복지재단 심포지움 발표문, 2012. 11.15.

Cracogna, D., "The Framework Law for the Cooperatives in Latin America" In Cracogna, Fici, and Henrÿ (eds.), *International Handbook of Cooperative Law,* Berlin: Springer (2013), 165~186.

European Commission, *Study on the Implementation of the Statue for a European Cooperative Society*, European Commission, http://ec.europa.eu/growth/sectors/social-economy/cooperatives/european-cooperative-society_en (2010).

Fici, A., "The European Cooperative Society Regulation", In Cracogna, Fici, and Henrÿ (eds.), *International Handbook of Cooperative Law,* Berlin: Springer (2013), 115~151 .

_____, "Italy" In Cracogna, Fici, and Henrÿ (eds.), *International Handbook of Cooperative Law,* Berlin: Springer (2013), 479~502 .

_____, "The Essential Role of Cooperative Law" DQ, 4: (2014), 147~157.

García, F., "Cooperative Finance and Cooperative Identity", Euricse Working Paper, N.045| 12 (2012).

Garcia, I., "Spain", In Cracogna, Fici, and Henrÿ (eds.), *International Handbook of Cooperative Law,* Berlin: Springer (2013), 701~718 .

Girard, J-P, "Solidarity Cooperatives(Quebec, Canada): How Social Enterprises Can Combine Social and Economic Goals", In *The Changing Boundaries of Social Enterprises*, Noya, A. (ed.), Paris: OECD (2009).

Groeneveld, H., Doing Cooperative Business Report: Methodology and Exploratory Application for 33 Countries, Tilburg University, Eindhoven University of Technology, ICA (2016).

Hansmann, H.,The Ownership of Enterprise, Cambridge, Massachusetts: Harvard University Press (1996).

Hiez, D., "France" In Cracogna, Fici, and Henrÿ (eds.), *International Handbook of Cooperative Law,* Berlin: Springer (2013), 393~412.

Hiez, D. and W. Tadjudje, "The OHADA Cooperative Regulation", In Cracogna, Fici, and Henrÿ (eds.), *International Handbook of Cooperative Law,* Berlin: Springer (2013), pp. 89~113.

Jang, J., "Republic of Korea", In Cracogna, Fici, Henrÿ (eds.), *International Handbook of Cooperative Law,* Berlin: Springer (2013), 653~65.

_____, "The Development of Social Economy in South Korea: Focusing on the Role of the State and Civil Society", *VOLUNTAS: International Journal of Voluntary and Nonprofit Organizations* (2017), Vol. 28(6): 2592~2613.

Kurimoto, A., "Japan," In Cracogna, Fici, and Henrÿ (eds.), *International Handbook of Cooperative Law,* Berlin: Springer (2013), 503~524.

Macpherson, I., *Cooperative Principles for the 21st Century,* Geneva, International Cooperative Alliance (1996), (장종익·김신양 역, 『성공하는 협동조합의 일곱가지 원칙』, (사)한국협동조합연구소, 2001).

Margado, A., "A New Co-operative Form in France: Société Coopérative d'Intérêt Collectif (SCIC)", In C. Borzaga and R. Spear (eds.), Trends and Challenges for Co-operatives and Social enterprises in Developed and Transition Countries, Trento (2004).

Munkner, H., "Germany", In Cracogna, Fici, and Henrÿ (eds.), *International Handbook of Cooperative Law,* Berlin: Springer (2013), 413~430.

Munkner, H., *Cooperative Principle and Cooperative Law,* Bonn, Friedrich-

Ebert-Stiftung (1974).

Petrou, T., "Canada", In Cracogna, Fici, and Henrÿ (eds.), *International Handbook of Cooperative Law,* Berlin: Springer (2013), 289~316.

Robert, C. and G. Ingalsbe,"Structure and Scope of Agricultural Cooperatives", In D. Cobia (ed.), *Cooperative in Agriculture,* Englewood Cliffs, NJ: Prentice Hall (1989).

Snaith, I., "United Kingdom", In Cracogna, Fici, and Henrÿ (eds.), *International Handbook of Cooperative Law,* Berlin: Springer (2013), 735~758.

Soulage, F., "France: an Endeavour in Enterprise Transformation", In F. Soulage, A. Zanotti, A. Zelaia (eds.) *Beyond the Crisis: Cooperatives, Work, Finance,* Brussels: CECOP (2011).

Travaglini, C., F. Bandini, and K. Mancinone, "Social Enterprise in Europe: Governance Models", Working Paper, Euricse (2009).

Woolcock, M., & Narayan, D., "Social Capital: Implications for Development Theory, Research and Policy," *World Bank Research Observer* (2000), 15(2): 225~251.

사회적 금융의 제도적 개선 방안 - 협동조합 금융을 중심으로

김광준·하영진·노은영·강성윤·현예림*·정순문**

Ⅰ. 들어가며

　사회적경제란 양극화 해소, 양질의 일자리 창출과 사회서비스 제공, 지역공동체 재생과 지역순환경제, 국민의 삶의 질 향상과 사회통합 등 공동체 구성원의 공동이익과 사회적 가치의 실현을 위하여 사회적경제조직이 호혜협력과 사회연대를 바탕으로 사업체를 통해 수행하는 모든 경제적 활동을 의미한다.[1] 소득 불평등과 양극화 해소라는 시대적 과제 앞에서, 사회적경제는 우리가 안고 있는 사회문제 해결에 돌파구를 마련할 수 있는 실효적인 대안으로 주목 받고 있다. 이는 입법에 대한 의지에도 반영되어, 20대 국회에는 현재 2건의 사회적경제 기본법안(유승민 의원 등 15인 발의안, 윤호중 의원 등 27인 발의안)이 계류되어 있는 상태이다.
　사회적경제 영역이 활성화되기 위해서는 사회적경제조직에 대한 지원체계를 확립하는 것이 중요한데, 금융지원체계는 그 중에서도

---

　* 이상 5인, 법무법인(유한) 태평양 변호사
** 재단법인 동천 변호사
　1) 사회적경제 기본법안(윤호중 의원 대표발의) 제3조 제1호.

핵심이 된다. 관련하여 사회적경제 기본법안은 사회문제를 개선하고 사회적 가치를 증진시키기 위해 사회적경제조직과 사회적경제 관련사업에 투자·융자·보증 등을 통해 자금의 지속 가능한 선순환을 추구하는 금융활동[2]을 두고 '사회적 금융'으로 칭하고 있다.[3] 즉 수익성만 추구하는 전통적인 금융과 달리, 수익성과 사회적 가치를 함께 추구하는 금융을 사회적 금융이라고 한다.

한편 협동조합은 협동조합 기본법에 따라 설립된 법인으로서 재화 또는 용역의 구매·생산·판매·제공 등을 협동으로 영위함으로써 조합원의 권익을 향상하고 지역 사회에 공헌하고자 하는 사업조직을 의미하며, 조합원의 복리 증진과 상부상조를 통해 조합원 등의 경제적·사회적·문화적 수요에 부응하는 것을 목적으로 한다.[4] 또한 협동조합 중 지역주민들의 권익·복리 증진과 관련된 사업을 수행하거나 취약계층에게 사회서비스 또는 일자리를 제공하는 등 영리를 목적으로 하지 아니하는 협동조합은 '사회적협동조합'으로 분류되며 협동조합 기본법에 관련 규정을 별도로 두고 있다.[5]

협동조합은 주주중심의 영리기업과는 달리 조합원 소유의 구성원 중심기업으로서 우리 사회에서 양질의 일자리를 늘리고, 지역 공동체의 이익을 증진하며, 조합원의 민주적인 참여·운영을 도모하고 조합원 간의 협동 및 협동조합 간 협동을 장려할 수 있다.[6] 이에 따

---

2) 사회적경제 기본법안(윤호중 의원 대표발의) 제3조 제7호.
3) 보다 일반적으로는 '사회적으로 가치 있는 일에 돈을 투·융자하여 지속 가능한 발전을 도모하는 것을 통칭하는 개념으로, 지역사회와 국가 나아가 인류가 직면하고 있는 다양한 문제를 해결하기 위한 금융자본을 조성하고 가용한 금융서비스를 개발, 적용하는 금융방식'이라고도 정의된다(문진수, "사회적경제 활성화를 위한 사회적 금융 정책방향", 월간 자치발전 통산 제228호 (2014. 4.), 36).
4) 협동조합 기본법 제2조 제1호, 제5조.
5) 협동조합 기본법 제2조 제3호.
6) 양동수, "협동조합 기본법 개정관련 주요쟁점과 입법방향 논의", YGBL 제5

라 협동조합은 양극화와 소득불평등, 공동체 붕괴 등 우리 사회가 당면하고 있는 문제에 해법을 제시하는 대안적 경제모델로 기능할 수 있는데, 2012년 협동조합 기본법이 제정된 이래 현재 국내에서는 10,000여 개의 협동조합이 설립되어 실제 사회적경제분야의 규모확대에 큰 기여를 하고 있다.

위와 같이 협동조합은 상법상 회사와 다른 목적을 지니고 있을 뿐 아니라 운영 원리도 다르다는 점에서 전통적 금융과는 성격이 상이한 형태의 금융 지원이 필요하다.[7] 그러나 협동조합 기본법에 따라 설립된 협동조합은 대부분이 창업단계의 기업으로 경영기반이 취약할 뿐만 아니라 조합원 및 출자금 규모가 작아 현실적으로 자금조달이 어렵다. 나아가 협동조합 영역에 대하여 금융 지원을 포함한 제도적 지원도 부족한 상태이기 때문에, 수많은 협동조합이 설립되었음에도 불구하고 대부분이 영세한 형태를 벗어나지 못하고 있다.

한편 협동조합에 대한 금융은 협동조합이 창출하는 사회적 가치를 고려하여 전통적 금융과 구별되는 사회적 금융의 하나로 평가되고 있다. 이는 특히 동업자 등 인적 결합을 중심으로 하여 상호부조 및 상호협력을 목적으로 하는 금융이라는 점에 초점을 맞추어 '협동금융'이라고 불리기도 한다.[8]

금융은 보통 산업분야의 핏줄로 비유된다. 금융 지원이 뒷받침되지 않으면 어떠한 산업이든 성공하기 어렵기 때문이다. 그동안 우리나라의 전통적 금융시장에서는 소수가 대부분의 부를 독점해왔고, 그에 따라 피가 온몸에 고루 퍼지지 않아 심각한 동맥경화에 시달리고 있었다. 반면 협동금융을 포함한 사회적 금융시장에서는 오히

권 제1호 (2013. 6.), 39.

7) 강희원, "협동조합 정책과 법제의 개선", 경희법학 제49권 제2호 (2014), 23~24.

8) 이준호, 사회적 금융의 법제화 방안 연구, 한국법제연구원 (2015), 요약문 2면.

려 혈액의 절대량 자체가 부족한 상황이다.

이는 일차적으로 협동조합을 포함한 사회적경제조직들의 신용이 부족하거나 사업역량이 충분히 입증되지 못하였고, 자금을 공급하는 금융기관들이 사회적경제영역에 대한 이해가 부족함에 따라 인내자본의 역할을 수행할만한 주체가 없기 때문일 것이다. 그러나 다른 한편으로는, 협동조합 관련 법제가 협동조합이 자금을 조달하는데 겪는 현실적인 어려움에 대한 충분한 고려 없이 설계되어 있다는 점도 원인으로 지적할 수 있을 것이다.

전자의 경우에는 협동조합 등 사회적경제조직들 스스로 노력해야 하는 측면이 있고 금융기관들의 인식을 개선하기 위해서는 제도적 원인에 대한 분석과 개선 방안의 제시가 필요하다고 본다. 이에 본고에서는 위와 같은 제도적 원인에 초점을 맞춰 (i) 먼저 협동조합이 자본조달에 있어서 겪는 어려움과 원인을 현행 협동조합 기본법상 규정을 중심으로 분석하고, (ii) 개별 협동조합 차원에서 자본조달 수단의 확대를 위한 제도 개선방향에 관하여 검토한 다음, (iii) 보다 거시적인 차원에서 협동금융의 활성화를 위한 협동조합 기본법, 신용협동조합제도의 개정방향에 관하여 다루고자 한다.

II. 협동조합의 자본조달문제

모든 사업체는 사업 수행을 위하여 자본조달을 필요로 한다. 협동조합도 기본적으로 사업을 통해 조합원의 수요를 충족함으로써 조합원 및 지역사회의 복지증진을 목적으로 하는 조직이므로 당연히 그와 같은 사업 수행을 위해서는 자본이 필요하다. 특히 협동조합이 단순 도소매업뿐만 아니라 제조업, 예술·스포츠·여가 관련 서비스업, 숙박 및 음식점업, 부동산업 및 임대업, 의료업 등 여러 산업 분야에 진출하면서 대규모 자금조달의 필요성이 더욱 증가하고 있다.[9]

협동조합이 자본을 조달하는 방법은 크게 조합원으로부터의 내부적인 자본조달과 조합 외부로부터의 자본조달로 나누어 볼 수 있다.

내부적인 자본조달의 경우, 현행 협동조합 기본법상으로는 우선출자제 등의 입법적 근거가 없어 조합원의 일률적인 출자금 납입이 사실상 유일한 자본조달 수단이 된다. 그런데 협동조합에서 조합원은 출자좌 수에 관계없이 각각 1개의 의결권과 선거권을 가지며,[10] 잉여금 배당의 경우 협동조합사업 이용실적에 따른 배당을 전체 배당액의 100분의 50이상으로 하는 반면 납입출자액에 대한 배당은 납입출자금의 100분의 10을 넘지 않도록 규정하고 있는바,[11] 조합원의 입장에서 협동조합 가입에 필요한 출자좌 수 이상의 출자금을 납입할 유인을 찾기 어렵다. 출자를 많이 한다고 해서 다수의 의결권을 확보할 수 있거나 배당수익이 늘어나지 않는 까닭이다. 나아가 협동조합은 정당한 사유 없이 조합원의 자격을 갖추고 있는 자에 대하여 가입을 거절하거나 가입에 있어 다른 조합원보다 불리한 조건을 붙일 수 없는바,[12] 신규 조합원은 언제든지 기존 조합원과 동일한 출자조건으로 협동조합에 가입하여 기존 조합원들의 노력으로 축적된 협동조합의 재화와 용역을 제한없이 이용가능하게 되므로 조합원이 군이 추가 출자를 할 동기를 발견할 수 없다.[13] 게다가 협

---

9) 정순문, "협동조합 자금조달을 위한 우선출자제의 필요성과 입법예고안 검토", 2017 하반기 협동조합 제도개선 토론회 협동조합 법제도 개선 정상화 프로젝트 (2017. 11. 13.), 18.
10) 협동조합 기본법 제23조 제1항.
11) 협동조합 기본법 제51조 제3항.
12) 협동조합 기본법 제21조 제1항.
13) 정순문, 위의 글, 19.

동조합의 지분은 총회의 의결 없이 이전이 불가능하므로,14) 지분양
수도 거래를 통한 투하자본의 회수가 사실상 불가능하다는 측면에
서 투자수익을 추구하는 투자자로부터도 외면 받을 수밖에 없다.

이와 같은 자본조달상의 난점은 대부분의 영리기업이 취하고 있
는 주식회사의 형태와 비교해보면 명확하다. 주식회사는 공급하는
재화와 용역의 이용실적과 무관하게 단순히 출자금이 클수록 많은
의결권과 큰 배당수익을 확보할 수 있기 때문이다. 또한 신주를 발
행할 때에도 주주배정방식에 따라 기존 주주들의 지분비율에 따라
발행함으로써15) 기존 주주의 부의 희석을 막는 장치를 두고 있다.

한편 외부자본조달의 측면에서도 협동조합의 운영구조 및 자본
구조의 특성상 은행 등 금융권으로부터 여신을 제공받기가 까다롭
다. 협동조합은 조합원의 가입과 탈퇴가 자유롭고,16) 조합원이 탈퇴
할 경우 협동조합은 탈퇴 조합원에 대하여 지분을 환급해 줄 의무
를 부담한다.17) 실무상 통용되는 협동조합 표준정관례에 의하면 지
분은 조합원이 납입한 출자금과 매 회계연도 총회에서 지분으로 확
정한 준비금으로 구성되어 있으므로,18) 결국 출자금은 협동조합 기
본법상 협동조합의 자본금을 구성함19)에도 불구하고 조합원이 탈퇴
하면 탈퇴 조합원에게 출자금을 환급해야 하는 불안정한 재산이라
는 점에서 금융기관 입장에서는 특정 시점에 협동조합의 확정적인
자본을 기준으로 여신규모와 조건을 결정하는 것이 어렵게 된다.

---

14) 협동조합 기본법 제24조 제3항.
15) 상법 제418조.
16) 협동조합 기본법 제21조, 제24조. 자발적이고 개방적인 조합원제도는 국제
    협동조합연맹(ICA)가 천명한 협동조합 7원칙 중의 하나이기도 하다.
17) 협동조합 기본법 제26조 제1항.
18) 협동조합 표준정관례 제20조 참조. 협동조합 표준정관례는 한국사회적기업
    진흥원에서 운영하는 협동조합 홈페이지(http://www.coop.go.kr)의 자료실에
    게시된 양식을 참고하였다.
19) 협동조합 기본법 제18조 제4항.

　이와 같이 자유롭고 개방적인 조합원 제도 및 출자금 환급 방식은 "협동조합의 출자금을 자기자본으로 인정할 수 있는지"와 관련하여 여러 국가들에서 항상 문제가 되어왔다.[20] 우리나라의 경우 이와 같은 문제의 해결을 위해 협동조합 기본법을 2014. 1. 21.자로 일부개정하여 같은 법 제18조 제4항에 '협동조합의 자본금은 조합원이 납입한 출자금의 총액으로 한다'는 규정을 신설하고 탈퇴 조합원에 대한 출자금 환급을 총회 의결사항으로 추가하며 출자금이 자기자본이라는 점을 명확히 하고자 하였으나, 적절한 해결책이라고 하기 어렵다고 판단된다. 주식회사 등과 같은 법인의 경우 관련 회계기준에 따라 재무제표에 부채와 자본이 계산되어 표시되므로 협동조합 기본법에 위와 같이 출자금이 자본금이라는 조항을 추가하였다고 하여 협동조합의 재무제표상으로 출자금이 반드시 자본금으로 표시되어야 할 필연성이 발생하지는 않고, 이에 따라 위 조항이 선언적인 의미에 그치기 때문이다. 다시 말하면, 재무제표의 구체적 내용은 법령의 위임을 받은 회계기준에 근거하여 작성되어야 하고, 이에 따라 회계처리가 적절한지에 관한 판단은 해당 회계기준의 해석에 따르게 된다. 가령 상법상 주식회사와 세법상의 공익법인은 각각 상법과 상속세 및 증여세법상 의무적으로 어떤 회계기준에 따라야 재무제표를 작성해야 하는지가 명시되어 있어[21] 각 회계기준의 해석이 회계처리의 근거가 된다. 그러나 협동조합은 이러한 회계기준 자체가 존재하지 않으므로, 법률에 출자금이 자본금이라고 명시하였다고 하더라도 재무제표의 작성과정에서의 불명확성은 제거되

20) Tan Suee Chieh, Chuin Ting Weber(아이쿱협동조합연구소 번역), 협동조합의 난제-자본편집자 서문, international co-operative alliance (2016), 12.
21) 주식회사의 경우 한국채택국제회계기준에 따라(상법 제446조의2, 상법 시행령 제15조), 세법상 공익법인의 경우 공익법인 회계기준에 따라(상속세 및 증여세법 제50조의4, 상속세 및 증여세법 시행령 제43조의4 제1항) 재무제표를 작성하여야 한다.

지 않는 것이다.22)23)

 따라서 협동조합 기본법상 위 신설조항이 실효성을 갖기 위해서는 상법상의 회사나 세법상의 공익법인과 마찬가지로 협동조합도 협동조합의 특성이 반영된 회계기준을 제정하고 위 회계기준에 따라 재무제표를 작성할 것을 관련 법령에 명시하는 것이 바람직하다. 다만 이 경우에도 개별 금융기관이 협동조합 재무제표상 자본으로 표시된 부분을 실제로 자기자본으로 보아 신용도를 인정해 줄 것인가 하는 실무적인 문제는 여전히 남게 되며, 회계기준상 조합원의 출자금 전액을 그대로 자기자본으로 인정하는 것이 타당한지에 대해서 심도 깊은 고민이 필요할 것이다.

---

22) 참고로 협동조합 재무제표를 일반기업회계기준에 따라 작성할 경우 (자기)자본은 자산에서 모든 부채를 차감한 후의 잔여지분을 나타내야 한다(일반기업회계기준 15장 문단2). 그런데 동 기준상 부채는 과거의 거래나 사건의 결과로 현재 기업실체가 부담하고 있고 미래에 자원의 유출 또는 사용이 예상되는 의무를 의미하는바(일반기업회계기준 재무회계개념체계 문단 97), 협동조합의 출자금은 출자라는 형식에도 불구하고 환급가능성이 존재하는 이상 미래 자원의 유출이 예상되는 경우에 해당할 수 있어 회계상 부채로 분류되어야 할 가능성을 배제할 수 없을 것으로 생각된다(정순문, 앞의 글, 19).

23) 조혜경, "조합형금융기관 주도의 협동조합 금융지원체계의 구축방안", 신협연구 제65호, 8(2015)에서도, "협동조합의 출자금은 조합원의 탈퇴로 인해 언제든지 고갈될 수 있기 때문에 국제회계기준에서 조합의 반환의무가 있는 출자금은 부채로 분류된다. 그로 인해 협동조합은 자본이 없는 회사로 인식되어 은행 대출시 차입할 수 있는 자금 규모나 이자율 등에서 불리한 대우를 받는다. 이러한 문제점을 완화하기 위해 2014년 1월 개정된 협동조합 기본법에는 협동조합의 자본금은 조합원이 납입한 출자금의 총액으로 한다는 조항(동법 제18조 4항)이 신설되고 출자금의 안정성을 높이기 위해 탈퇴 조합원의 출자금 환급을 총회의결 사안(제29조 제1항 8의2)으로 명시함으로써 출자금을 자본금으로 인정하도록 했다. 그러나 조합이 조합원의 지분 상환을 거절할 수 있는 경우에만 자본으로 인정하는 국제회계기준이 여전히 유효한 상황에서 개정 기본법의 새로운 규정들이 국내 은행들의 대출관행을 근본적으로 바꿀 수 있을지는 미지수"라고 한다.

이처럼 협동조합의 출자금을 자기자본으로 인정받기 어렵고 조합원은 유한책임의 원칙에 따라 출자액을 초과하는 범위에 대해서는 협동조합의 채무에 대하여 책임을 지지 않으므로,[24] 협동조합의 재무구조상 부채비율이 높게 산정될 수밖에 없고, 그 결과 대출 시 상환능력이나 신용에 관하여 좋은 평가를 받을 수 없다. 또한 인적 결합체라는 협동조합의 본질적인 특성상 충분한 담보재산을 보유한 경우도 찾아 보기 어렵다. 나아가 협동조합은 이익 추구가 아닌 조합원 편익증진을 궁극적 목적으로 하기 때문에 매출이나 보수 등의 거래가격으로 나타나는 표면적인 이익률이 사업성을 제대로 반영하지 못한다는 지적[25]뿐만 아니라, 채무초과 상태인 경우에도 정관으로 정하는 바에 따라 조합원에게 손실액 납입을 청구할 수 있는 것 외에 채권자 보호장치가 취약하다는 지적[26][27]도 있다. 이러한 이유로 협동조합은 외부자본 조달에 있어 대단히 불리한 지위에 서게 되는 것이다.

실제로 2015년 제2차 협동조합 실태조사에 따르면 협동조합들은

---

24) 협동조합 기본법 제22조 제5항.

25) 임창규, "협동조합 자본조달 제도개선과 전문 금융기관의 설립 필요성", 한국협동조합 법제도 개선연구 1, 아이쿱협동조합연구소 (2017), 118.

26) 심인숙, "협동조합 기본법상 일반협동조합의 자금조달 법리에 관한 연구", 선진상사법률연구 통권 제72호 (2015. 10.), 17.

27) 참고로 자본시장법상의 전문투자형 사모집합투자기구(이른바 PEF)의 경우에는 자본시장법에 특별히 규정을 두고 있지 않은 사항에 대하여는 "합자회사"에 관한 상법 규정이 적용된다. 상법상 합자회사의 경우, 회사 재산으로 회사채무를 완제할 수 없거나 회사 재산에 대한 강제집행이 주효하지 않은 경우 무한책임사원은 이를 변제할 책임이 있다(상법 제269조, 제212조 제1항, 제2항). 즉, 회사 채권자에 대하여 무한책임사원은 직접·연대·무한의 책임을 진다는 점에서, 관련 법령상 차입이 허용되는 기업재무안정PEF의 경우 실무적으로 해당 PEF의 무한책임사원의 신용을 고려하는 PEF의 대출을 실행하기도 하는 경우도 있음을 참고할 수 있다. 유한책임회사에 관한 규정을 준용하도록 정하고 있는 협동조합의 경우 무한책임사원이 없으므로 이러한 점에서 한계가 있다.

평균적으로 출자금으로 4,069만원, 부채로 1,675만원을 조달하는데, 이 중 금융기관 대출금을 빌린 경우는 9.2%밖에 되지 않는다.[28] 이처럼 협동조합이 '금융대출에 어려움을 겪은 사유'는 담보 부족(22.6%), 매출실적 없음(21.6%), 조합원 전원 보증요구 때문(10.6%)이라고 한다. 결국 금융기관들이 협동조합에 대한 이해가 부족한 상태에서, 일반적인 영리기업과 같은 신용평가 기준을 적용하여 협동조합 대출심사를 진행하기 때문에 위와 같은 문제가 발생하는 것이다.[29]

따라서 현행법상 협동조합이 현실적으로 사용 가능한 자본조달 수단은 조합원의 출자금과 이익의 내부유보가 될 수밖에 없다. 그러나 다른 나라와 같이 우선출자제나 비분할적립금에 관한 법적 근거가 없기 때문에, 이익의 내부유보가 충실하게 이루어지기 어렵다. 결국 출자금이 유일한 재원인 셈이지만 앞서 설명한 출자금의 한계상 초기의 협동조합은 출자금의 형태로도 자본을 조달하기 어렵다. 이러한 자본조달의 어려움이 협동조합의 활성화의 큰 장애로 이어지는 것이다.

때문에 협동조합 발전을 위해서는 협동조합의 특성이 반영된 협동금융제도의 발전이 필수적이다. 다만 상호부조와 자조를 목적으로 자치적으로 결성되는 협동조합의 특성상 정부의 직접적인 자금지원보다는 민간에서 스스로 금융조달이 가능하도록 환경을 조성해주는 편이 바람직할 것이다. 정부의 직접적인 자금지원이 협동조합 원칙의 기초인 자율성과 독립성을 훼손할 수 있고 오히려 협동조합의 시장경쟁력을 약화시킬 수 있다는 이유에서이다.[30] 현재 정부의 지원도 교육·홍보 등 간접 지원에 방점이 찍혀 있다. 그리고 이러한

---

28) 서진선, "그들은 왜 협동조합기금을 만들었나", 한국협동조합법제도 개선연구 - 협동조합 법제도를 탐구하다, 국회사회적경제포럼·(재)아이쿱협동조합 연구소 (2017. 4. 11.), 65.
29) 김나라, "협동조합 금융지원 해외사례 연구", IBK경제연구소 (2017. 1.), 8.
30) 조혜경, 앞의 글, 8.

금융조달을 위해서는 제도적인 차원에서 협동조합이 자금을 조달할 수 있는 수단을 활짝 열어주어야 하고, 협동금융의 물꼬를 트기 위해 협동조합에 활용 가능한 민간금융을 조직화할 필요가 있다. 물론 이러한 방안들은 협동조합의 근본 이념에 반해서는 안될 것이다.

이하에서는 항을 바꾸어 개별 협동조합의 관점에서 현행 협동조합 기본법상 도입 가능한 자본조달 수단 및 그에 대한 문제점을 살펴보고, 구체적인 제도 개선 방안을 제안해 보고자 한다.

Ⅲ. 협동조합의 자본조달 수단 확대가능성 검토

1. 자기자본 조달을 개선하기 위한 방안

가. 최소자본금 제도

(1) 최소자본금 도입의 필요성

앞서 설명한 것처럼 협동조합은 개방적이고 자발적인 조합원제도를 협동조합의 원칙으로 채택하고 있고, 이러한 원칙에서 자본의 가변성이 필연적으로 파생된다. 이러한 가변성은 협동조합이 외부 자본을 조달하는데 장애요소로 작용하므로 자본의 가변성을 완화하기 위한 방안으로, 협동조합의 최소자본금제도 도입을 검토할 필요가 있다. 일정한도 이상의 지분 환급이 제한되는 최소자본금을 설정하면, 협동조합의 자본이 그만큼 충실해 질 수 있고 채권자들에 대하여도 기본적인 책임재산으로 기능할 수 있기 때문이다.

현행 협동조합 기본법은 의료복지사회적협동조합의 경우 설립 인가 시 1억 원 이상의 출자금을 요건으로 둔 것[31]을 제외하고는 최소자본에 관하여 특별한 제한을 두고 있지 아니하다. 정관에서 출좌 1좌 당 금액과 납입방법 및 시기, 조합원의 자격과 출자좌 수 한도 정도를 정하도록 하고 있을 뿐이다.[32]

관련하여 유럽협동조합법원칙(Principles of European Cooperative Law, 이하 'PECOL')은[33] 협동조합은 정관으로 최소자본을 정할 수 있다고 규정하고 있다.[34] PECOL에 의하더라도 자본의 변동성은 협동조합의 핵심적 특성이라고 볼 수 있다. 협동조합은 개방적이고 자발적인 조합원제도에 의하여 운영되기 때문에, 조합원의 가입과 탈퇴에 따라 자본의 변동성이 발생할 수 밖에 없다. 이러한 변동성에 따른 주요한 결론은, 특히 채권자의 이익을 보호하는 경제적이고 사회적인 보장이라는 측면에서 자본의 재무적 안전성(financial quality)이 감소한다는 것인데, 이는 결국 협동조합의 외부자금 확보를 어렵게 만들 수 있다. 따라서 자본의 변동성이 협동조합의 정체성으로부터 필연적으로 인식되는 특징임에도 불구하고 위와 같은 이유 때문에 유럽의 협동조합법들은 협동조합의 자본이 최소한의 안전성을

31) 협동조합 기본법 시행령 제19조 제2항 제4호.
32) 협동조합 기본법 제16조 제1항.
33) PECOL은 유럽 각국의 협동조합 법 연구자들의 모임인 유럽협동조합법연구모임(SGECOL)에서 국제협동조합연맹(ICA)의 「협동조합 10년을 향한 청사진」에서 제기된 '협동조합 특질에 맞는 법제도'의 기본원칙으로서 작성된 원칙이며, 2015. 5. 초안이 공표되고 2017. 10. 단행본((Gemma Fajardo, Antonio Fici, Hagen Henry, David Hiez, Deolinda Meira, Hans-H. Munkner and Ian Snaith, Principles of European Cooperative Law, intersentia (2017))으로 출간되었다. PECOL은 협동조합이 활성화된 유럽 개별국가들의 법제들에 기초하여 작성된 일련의 법원칙이므로, 우리나라의 협동조합 법제 발전에 있어서 중요한 참고자료가 될 수 있을 것으로 판단된다.
34) Cooperative statutes may fix a minimum share capital and the minimum amount and nature of the contribution of each member, with respect to the principle of open membership as laid down in sections 1.3(6) and 2.2(Gemma Fajardo, Antonio Fici, Hagen Henry, David Hiez, Deolinda Meira, Hans-H. Munkner and Ian Snaith, Principles of European Cooperative Law, intersentia (2017), 74).

가질 수 있도록 보장하는 수단들을 규정하고 있으며,[35] 협동조합의 최소자본제도는 협동조합의 자본에 최소한의 안정성을 부여하는 그 대표적인 수단 중 하나로 작동하고 있다.

개별 국가들의 법제를 살펴보면, 독일, 포르투갈, 스페인, 프랑스 등이 모두 정관으로 최소자본제도에 관하여 규정할 수 있다고 하되, 구체적으로 최소자본을 유지하는 방식은 각각 다르다. 먼저 독일의 경우 협동조합은 정관을 수정함으로써 최소자본을 줄이거나 늘릴 수 있도록 하고 있다. 조합원은 사전 고지를 하고 협동조합을 탈퇴할 수 있으나, 지분의 환급으로 인하여 협동조합의 자본이 최소자본 이하로 감소될 경우 환급요청이 보류될 수 있다.[36]

포르투갈의 경우 협동조합의 정관은 환급되어야 할 지분의 금액이 자본의 일정 비율을 초과하는 경우 환급이 이사회결의에 종속되도록 규정할 수 있도록 하고 있다. 다만 협동조합의 최소자본이 적절한 기능을 수행하기 위해서는 최소자본 이하로의 자본감소가 협동조합의 해산으로 이어지도록 해야 하나, 법에는 이러한 유형의 해산을 규정하고 있지 않고, 채권자가 손실로 인한 최소자본 이하로의 자본 감소에 법적인 절차를 밟을 수 있도록 하는 규정도 두고 있지 않다는 지적이 있다.[37]

스페인의 경우 정관에 최소자본, 각 조합원이 의무적으로 납입하여야 할 최소한의 납입금을 규정하도록 하되, 탈퇴 조합원에 대한 지분 환급으로 최소자본의 감소가 발생할 경우 채권자를 위한 조치가 취해지지 않고서는 자본감소의 결의에 효력이 발생하지 아니하

---

35) Gemma Fajardo, Antonio Fici, Hagen Henry, David Hiez, Deolinda Meira, Hans-H. Munkner and Ian Snaith, 위의 책, 75~77.

36) Gemma Fajardo, Antonio Fici, Hagen Henry, David Hiez, Deolinda Meira, Hans-H. Munkner and Ian Snaith, 위의 책, 303.

37) Gemma Fajardo, Antonio Fici, Hagen Henry, David Hiez, Deolinda Meira, Hans-H. Munkner and Ian Snaith, 앞의 책, 456.

도록 하고 있다.[38]

이처럼 협동조합 자본의 충실성에 기여할 수 있기 때문에 여러 국가에서 최소자본제도가 시행 중이지만, 그 부작용으로서 최소자본이라는 요건의 존재가 자유롭고 개방적인 조합원제도와 같은 협동조합 원칙에 반할 여지도 있을 것으로 보인다. 협동조합 설립단계에서부터 최소자본금 요건이라는 진입장벽이 생길 뿐만 아니라, 최소자본금 유지를 위하여 최소자본 이하로의 자본감소를 동반하는 지분환급은 제한될 수밖에 없어 조합원의 자유로운 협동조합 탈퇴가 어려워 질 수 있기 때문이다. 이러한 고민 아래 PECOL 역시 개방적인 조합원제도라는 협동조합의 원칙을 존중해야 한다는 측면에서, 어떤 경우에도 위와 같은 수단이 협동조합을 탈퇴할 권리를 억압할 수는 없다고 보고 있다.[39]

우리나라의 경우, 협동조합 기본법이 시행된 이래 다양한 분야에서 약 10,640개(2016. 12. 기준)의 협동조합이 설립되었으나 수익모델 미비 및 영세성 등으로 시장에서 경쟁력을 갖추지 못해 설립된 협동조합의 44.5%(2015년 협동조합 실태조사)가 휴·폐업상태에 있다.[40] 즉 협동조합 설립 신고시의 진입장벽을 낮추어 양적 성장을 거두는 데에는 성공하였다고 평가할 수 있으나, 정작 협동조합의 절반 가량이 운영과정에서 실패함으로써 진입장벽을 낮게 설정하여 협동조합을 활성화한다는 설립 신고제도의 취지가 무색한 상황이다. 이와 같은 상황에 비추어 본다면, 비록 협동조합 설립 단계에서

---

38) Gemma Fajardo, Antonio Fici, Hagen Henry, David Hiez, Deolinda Meira, Hans-H. Munkner and Ian Snaith, 앞의 책, 567.

39) Gemma Fajardo, Antonio Fici, Hagen Henry, David Hiez, Deolinda Meira, Hans-H. Munkner and Ian Snaith, 앞의 책, 77.

40) 윤영환, "협동조합 해산 및 청산절차 간소화를 위한 제도개선 방안 검토", 2017 하반기 협동조합 제도개선 토론회 협동조합 법제도 개선 정상화 프로젝트, 서울지역협동조합협의회·서울시협동조합지원센터 (2017. 11. 13.), 5.

의 문턱이 다소 올라가더라도, 보다 용이한 자금조달 등을 통해 협동조합 운영상의 어려움을 줄이고 질적인 성장을 달성하기 위하여 최소자본제도의 도입을 검토해 볼 필요가 있다.

(2) 관련 법령의 구체적 개정방향

과거 상법은 2009. 5. 28. 법률 제9746호로 일부 개정되기 전까지 주식회사의 최저자본을 5천만 원으로 규정하고 있었다.[41] 따라서 협동조합의 경우에도 최저자본제도를 도입한다면 설립 근거법령인 협동조합 기본법의 설립 신고 근거조항인 제15조나 출자납입 근거조항인 제18조, 정관위임사항으로 할 경우에는 제16조에 관련 내용이 추가되는 것이 체계상 바람직하다.

가장 중요한 문제는 역시 최소자본금을 어느 정도의 수준에서 정할 것인지가 될 것이다. 주식회사의 경우는 과거 설립 시 필요한 최저자본이 5천만 원으로 규정되어 있었고, 농업협동조합법상 지역조합의 경우 5억 원으로 규정되어 있으나,[42] 영리기업인 주식회사나 신용사업을 하는 농협 지역조합과 협동조합 기본법상 협동조합을 같은 선상에 놓고 비교하기는 어려울 것으로 보인다. 따라서 합리적인 수준으로 최소자본을 정하기 위해서는 협동조합 현장과의 소통이 필요하며, 산업별 또는 협동조합 유형별로 최소자본을 달리 규정하는 방법이나, 특히 조합원들의 자발적인 참여와 자치를 기본원칙으로 하는 협동조합의 특성에 맞춰 최소자본의 도입 여부 또는 규모 자체를 정관사항으로 위임하여 각 협동조합이 그 특성과 규모에 맞게 스스로의 최소자본금을 정하는 방법을 함께 고려해 볼 수 있을 것이다.

---

41) 구 상법(2009. 5. 28. 법률 제9746호로 일부 개정되기 전의 것) 제329조 제1항. 2009. 5. 28. 상법 개정으로 주식회사의 최저자본제도는 폐지되었다.
42) 농업협동조합법 시행령 제2조.

아울러 협동조합의 운영과정에서 최소자본금을 유지시키기 위한 장치로서, 조합원의 탈퇴 시 최소자본금 이하로의 자본감소를 동반하는 지분 환급은 별도의 출자 또는 신규조합원의 가입이 있기 전까지 유예되도록 하는 규정을 신설할 필요가 있다. 이와 함께 협동조합의 자본이 최소자본금 이하로 감소한 시점으로부터 일정기간이 경과되면 협동조합이 해산될 수 있도록 협동조합 해산사유를 추가하는 방법도 함께 고려해 볼 수 있을 것이다.

나. 우선출자제도

우선출자자란 일반조합원과 달리 총회에서 행사할 수 있는 의결권이 제한 또는 금지되는 대신, 이익의 배당이나 잔여재산 분배에서 우선권을 얻는 지위를 의미한다.[43] 얼마 전 협동조합에 우선출자제를 도입하는 내용의 협동조합 기본법 일부개정법률안이 기획재정부 공고 제2017-144호를 통하여 입법예고되었는데,[44] 앞서 지적했듯이 현행 협동조합 기본법상 협동조합은 조합원의 출자에 의하여 자기

---

43) 2011년 개정 상법상 이익의 배당, 잔여재산의 분배, 주주총회에서의 의결권의 행사, 상환 및 전환 등에 관하여 내용이 다른 종류의 주식을 발행할 수 있도록 하여(상법 제344조), 실제로도 정관상 다양한 종류의 주식의 발행근거를 두어 자금을 조달하고 있는 주식회사의 예를 참고할 수 있다.

44) 협동조합 기본법 일부개정 입법예고안 제22조의2(우선출자)
　① 협동조합은 자기자본의 확충을 통한 경영의 건전성을 도모하기 위하여 정관으로 정하는 바에 따라 잉여금 배당에서 우선적 지위를 가지는 우선출자자를 발행할 수 있다.
　② 제1항에 따른 우선출자 1좌의 금액은 제22조에 따른 출자 1좌의 금액과 같아야 하며, 우선출자의 총액은 자기자본의 40퍼센트를 초과할 수 없다.
　③ 우선출자에 대하여는 의결권과 선거권을 인정하지 아니한다.
　④ 우선출자에 대한 배당은 제22조에 따른 출자에 대한 배당보다 우선하여 실시하되, 그 배당률은 정관으로 정하는 최저배당률과 최고배당률 사이에서 정기총회에서 정한다.

자본을 조달할 수 있을 뿐 자기자본을 구성하는 다양한 종류의 지분을 허용하는 규정은 존재하지 아니하였는바, 위 입법예고안은 이러한 한계에 대한 개선입법으로 볼 수 있다.

우선출자제 도입에 관하여는 협동조합이 출자금 이외 자기자본 조달수단을 확보하기 위해서 우선출자제의 도입이 필요하다는 견해와, 우선출자를 도입할 경우 우선출자자가 협동조합에 미치는 경제적 영향력을 이용하여 사실상 협동조합의 운영을 좌우할 수 있고, 이에 따라 협동조합이 수익만을 추구하는 단체로 전락하여 조합원에 의한 협동조합 자본의 민주적 통제원칙 등 협동조합 원칙들이 훼손될 수 있다는 견해가 대립되고 있다.

관련하여, PECOL은 협동조합이 사업조직의 성격을 갖고 있다는 점을 인정하고, 효율성을 증진하기 위해 협동조합의 성격에서 벗어나지 않는 범위에서 다양한 금융 수단을 이용할 수 있도록 규정하고 있다.[45] 이는 협동조합이 구조상 자본조달의 어려움을 겪을 수밖에 없다는 판단 하에, 제도상으로라도 최대한 협동조합의 자본조달 수단을 보장하겠다는 취지로 이해된다. 실제로 프랑스 등 외국의 다수 협동조합들이 이미 우선출자제를 활용하여 자금을 조달하고 있다.

반면 우리나라 협동조합 기본법에는 조합원의 출자에 관한 규정 이외에 금융 수단에 관한 규정이 없어 자본조달 수단의 범위가 지나치게 협소하다. 협동조합은 주식회사에 비교해 볼 때 다양한 투자 수요를 충족시킬 수 있는 자본조달 수단이 매우 부족하다. 나아가 농업협동조합법이나 수산업협동조합법이 이미 해당 협동조합의 우선출자를 인정하고 있으므로[46] 협동조합 기본법상 협동조합만 우선

---

45) Gemma Fajardo, Antonio Fici, Hagen Henry, David Hiez, Deolinda Meira, Hans-H. Munkner and Ian Snaith, 앞의 책, 73.
46) 농업협동조합법 제21조의2, 제147조, 수산업협동조합법 제22조의2, 제147조 참조.

출자제도에서 배제될 이유도 찾기 어렵다. 따라서 우선출자와 같이 새로운 형태의 자기자본 조달 수단 도입을 적극적으로 검토해야 한다고 생각한다.

다만 현행 입법예고안의 경우 우선출자자 지위의 양도가능성에 관한 내용이 불명확하고, 우선출자자의 이익을 보호할 수 있는 우선출자자 총회의 근거규정이 부존재하는 등 미흡하다는 지적이 있으므로,[47) 이 부분에 관한 보완도 필요하다고 본다.

2. 타인자본의 조달을 개선하기 위한 방안

가. 조합원으로부터의 차입과 유사수신행위 규제의 문제

최근 한 시사주간지에서 생활협동조합이 조합원으로부터의 차입금을 모집하는 것은 「유사수신행위의 규제에 관한 법률」(이하 '유사수신행위규제법')에 위반한다는 지적이 있었고, 이에 대해 해당 생협의 조합원들이 강력 반발했던 사건이 있었다.[48) 위 사건은 공정거래위원회가 생협에서 조합원으로부터 차입을 실행하는 과정에 이사회 승인과정이 없었다는 절차적 하자를 지적하며 이를 시정하라는 행정처분을 내린 것으로 일단락되었는데, 공정거래위원회는 위 차입금 모집이 유사수신행위에 해당하는지는 금융업무를 담당하는 주무부처가 아니라 검토하지 않은 것으로 보인다.[49)

협동조합 기본법에는 협동조합과 조합원 사이 차입거래를 제한

---

47) 정순문, 앞의 글, 28 이하.
48) 시사저널, "(단독) 생협 1위 아이쿱, 수천억 불법 자금 모집 의혹" (2015. 9. 2.), http://www.sisapress.com/journal/article/142667.
49) 한국농정, "공정위, 아이쿱 조합원 차입자금 모집에 행정처분" (2016. 2. 21.), http://www.ikpnews.net/news/articleView.html?idxno=25168.

하는 규정은 없으므로 계약자유의 원칙에 의하면 당연히 차입거래가 가능하다고 볼 수 있다. 그러나 개별조합원이 아닌 다수의 조합원으로부터 차입금을 모집할 경우에는 유사수신행위규제법에서 금지하는 유사수신행위라고 해석될 가능성을 배제할 수 없기 때문에 위와 같은 논란이 발생한 것으로 보인다.

유사수신행위규제법은 선량한 거래자를 보호하고 건전한 금융질서를 확립하기 위해 제정된 법률로, 다른 법령에 따른 인가·허가를 받지 아니하거나 등록·신고 등을 하지 아니하고 불특정 다수인으로부터 자금을 조달하는 것을 업(業)으로 하는 행위로서 장래에 원금의 전액 또는 이를 초과하는 금액을 지급할 것을 약정하고 예금·적금·부금·예탁금 등의 명목으로 금전을 받는 행위 등을 유사수신행위로 보아 이를 금지하고 있으며,[50] 이를 위반하여 유사수신행위를 한 자는 5년 이하의 징역 또는 5천만 원 이하의 벌금에 처하도록 규정하고 있다.[51]

협동조합이 조합원들로부터 일정 이율을 약정하고 차입금을 모집하는 경우 '다른 법령에 따른 인가·허가를 받지 아니하거나 등록·신고 등을 하지 아니하고 장래에 원금의 전액 또는 이를 초과하는 금액을 지급할 것을 약정하고 예금·적금·부금·예탁금 등의 명목으로 금전을 받는 행위'에는 해당할 것으로 보인다. 따라서 남은 요건인 '불특정 다수인으로부터 자금을 조달하는 것'에 해당하는지, '업(業)으로 하는 행위'로 볼 수 있는지가 해석상 주요한 쟁점이 될 것으로 판단된다.

먼저 '불특정 다수'의 해석과 관련하여 대법원은 "「유사수신행위의 규제에 관한 법률」(이하 '법') 제3조는 유사수신행위를 일반적으로 금지하면서 제2조에서 '장래에 원금의 전액 또는 이를 초과하는

---

50) 유사수신행위규제법 제2조, 제3조.
51) 유사수신행위규제법 제6조.

금액을 지급할 것을 약정하고 예금·적금·부금·예탁금 등의 명목으로 금전을 받는 행위(제2호)'등을 유사수신행위로 규정하고 있다. 이처럼 유사수신행위를 규제하는 입법 취지는 관계 법령에 의한 허가나 인가를 받지 않고 불특정 다수인으로부터 출자금 등의 명목으로 자금을 조달하는 행위를 규제하여 선량한 거래자를 보호하고 건전한 금융질서를 확립하려는 데에 있다. 이러한 입법 취지 등에 비추어 볼 때, 광고를 통하여 투자자를 모집하는 등 전혀 면식이 없는 사람들로부터 자금을 조달하는 경우는 물론, 평소 알고 지내는 사람에게 직접 투자를 권유하여 자금을 조달하는 경우라도 그 자금조달 행위의 구조나 성격상 어느 누구라도 희망을 하면 투자에 참여할 수 있는 기회가 열려 있다고 한다면 이는 불특정 다수인으로부터 자금을 조달하는 행위로서 유사수신행위에 해당한다고 봄이 상당하다. 이 경우 모집의 대상이 특정 직업군 등으로 어느 정도 제한되어 있다고 하더라도 달리 볼 것은 아니다."라고 판시하며, 전국교수공제회가 연 4회 공제회 미가입 교수들에게 가입을 권유하는 홍보물을 보낸 사안에서 회원자격을 전임강사 대학교수와 그 배우자로 한정하고 있다고 하더라도 그 회원들로부터 장기공제적금이나 목돈수탁금 등 명목으로 돈을 받은 것은 불특정 다수인으로부터 자금을 조달하는 행위로서 유사수신행위에 해당한다고 판단하였다.[52][53]

---

52) 대법원 2013. 11. 14. 선고 2013도9769 판결.
53) 대법원은 유사한 사안에서 "h의 회원가입 자격이 '전국 단위 병원 전공협의회에서 소속된 전공의'로 제한되어 있기는 하였으나, 회원으로 가입한 모든 전공의들에게 예탁금을 맡길 수 있는 기회가 주어졌고, 그와 같은 회원가입 자격을 가지는 전국의 전공의 숫자가 약 15,000명 정도에 이르러 그들 대부분이 피고인들과는 전혀 안면이 없는 사람들이었을 뿐만 아니라 그 범위도 계속 증감·변동하므로 피고인들로서는 홈페이지 등을 통한 광고, 회원가입을 권유하는 공문발송, 병원별 설명회 개최 등을 통하여 투자자를 모집할 수밖에 없었으며, 투자자들도 이를 통하여 간접적으로 정보를 제공받고 투자 여부를 결정한 뒤 공소사실 기재와 같이 예탁금 명목으로 금전을 지급

위 대법원의 판시내용은 모집대상이 특정 직업군으로 제한되어 있다고 하더라도 자금조달행위의 구조나 성격상 (해당 직업군에 속하기만 한다면) 어느 누구라도 투자에 참여할 수 있는 기회가 열려 있는 경우에는, 선량한 거래자를 보호하고 건전한 금융질서를 확립하기 위하여 이를 유사수신행위로서 규제할 수 있다는 취지로 해석된다.

그렇다면 협동조합의 조합원으로 대상을 한정하여 차입금을 모집하는 행위가 '불특정 다수'로부터의 자금조달로 볼 수 있는지에 관하여 보건대, 대법원 판결에 따르더라도 일응 아래와 같은 이유로 조합원을 '불특정 다수'로 보기는 어렵다고 생각된다.

> (i) 판결내용 중 '특정 직업군 내의 사람'이라는 범위와 '협동조합의 조합원'이라는 범위의 특정 정도가 같다고 볼 수 없다. 협동조합의 조합원은 출자금 납입 등 가입절차를 거쳐 가입해야 하고 조합원 총회에서 의결권을 행사함으로써 협동조합의 운영에 직접적인 영향을 미칠 수 있는 법률적 지위에 있기 때문에, 위 대법원 판결에서 문제된 단순히 같은 직업군에 속한 경우(또는 해당 직업군에 있다면 누구든지 가입이 가능한 단체에 속한 경우)보다 법률적 구분이 명확하고 단체 구성원으로서의 동질성도 높기 때

한 사실을 알 수 있다. 이러한 사실관계에 비추어 보면, 피고인들은 자금조달 대상자가 h의 회원가입 자격을 갖추고 있는 한 그들의 개성 또는 특성이나 상호간의 관계 등을 묻지 아니한 채 그들로부터 예탁금 명목으로 금전을 받은 것으로 볼 수 있다. 이러한 사정을 앞서 본 법리에 비추어 살펴보면, 비록 피고인들은 자금조달 대상자의 자격을 대한민국의 전공의로 제한하였지만 자금조달을 계획할 당초부터 자금조달 대상자가 개별적으로 특정되어 있지는 아니하였다고 볼 수 있으므로, 그러한 방식으로 예탁금을 받는 행위는 불특정 다수인으로부터 자금을 조달하는 행위로서 「유사수신행위의 규제에 관한 법률」에서 금지하는 유사수신행위에 해당한다"고 본 바 있다 (대법원 2013. 11. 14. 선고 2012도6674 판결).

문이다. 나아가 앞서 언급한 생협 사건의 경우에는 조합원들 중
에서도 가입경력, 활동실적, 책임출자금 납입여부, 이용실적 등을
종합적으로 고려하여 차입금의 모집자격을 결정하였는바,54) '어
느 누구라도 희망을 하면 투자에 참여할 수 있는 기회가 열려 있
다'고 보기도 어렵다.55)

(ii) 유사수신행위규제법의 입법목적의 달성과도 무관하다. 유사수신
행위규제법은 선량한 거래자를 보호하고 건전한 금융질서를 확
립함을 목적으로 한다.56) 그러나 생협은 상부상조의 정신을 바
탕으로 한 소비자들의 자주·자립·자치적인 생활협동조합활동을
촉진함으로써 조합원의 소비생활 향상과 국민의 복지 및 생활문
화 향상에 이바지하기 위한 조직57)이며 차입된 금액은 실제로
조합원들의 복지를 위하여 사용되었다. 이와 같은 행위를 불특정
다수에 대한 자금조달로 보아 규제한다고 하여 선량한 거래자
보호나 건전한 금융질서 확립이라는 유사수신행위규제법의 목적
이 달성된다고 보기 어려울 것이다.

---

54) 김형미, "아이쿱생협의 조합원 차입에 대한 시사저널 보도 이후의 경과와
문제의식", 협동조합의 자금조달과 금융의 문제에 대한 전문가 간담회, 7
이하.

55) 본문과 유사한 견해로, 조합원 차입은 금융기관의 수신과 유사한 행위가
아니라 기업 혹은 비영리조직, 정치조직, 혹은 개인의 크라우드펀딩과 다를
바 없는 협동조합의 멤버십 크라우드펀딩(membership crowd funding)으로
이해해야 하고, 조합원으로부터의 차입은 조합원이라고 하는 한정된 특정
다수가 자신들이 구매하고자 하는 제품과 서비스의 품질 및 경제성을 제고
시키기 위한 자기자본 조달(self-financing)이기 때문에 이를 유사금융기관의
수신행위와 동급으로 취급할 수 없다는 의견이 있다(장종익, "출자는 좋은
것이고 조합원 차입은 나쁜 것인가?", 아이쿱협동조합연구소 (2015. 10.),
http://icoop.re.kr/?p=4614).

56) 유사수신행위규제법 제1조.

57) 소비자생활협동조합법 제1조.

설령 협동조합의 조합원이 유사수신행위규제법상의 불특정 다수에 해당한다고 하더라도, 생활협동조합에서 이를 '업으로' 하였다고 보기 어렵다는 점에서도 유사수신행위라고 할 수 없다. 금융위원회는 '업으로'라는 문언의 해석과 관련하여 "유사수신행위의규제에관한법률 제2조에 따른 "업(業)"에 해당하는지 여부는 단순히 사용 목적의 동일성뿐만 아니라 자금조달 행위의 기간 및 연속성 등 사실관계를 종합적으로 고려하여 판단하여야 한다."는 입장이고,[58] 대법원은 대부업 등의 등록 및 금융이용자 보호에 관한 법률에서 등장하는 '업으로'라는 표현에 관하여 "여기서 '업으로' 한다는 것은 같은 행위를 계속하여 반복하는 것을 의미하고, 여기에 해당하는지 여부는 단순히 그에 필요한 인적 또는 물적 시설을 구비하였는지 여부와는 관계없이 금전의 대부 또는 중개의 반복·계속성 여부, 영업성의 유무, 그 행위의 목적이나 규모·횟수·기간·태양 등의 여러 사정을 종합적으로 고려하여 사회통념에 따라 판단하여야 한다."고 판시한 바 있다.[59] 이를 종합하면 유사수신행위를 '업으로' 한다고 보기 위해서는 유사수신행위가 계속적이고 반복적으로 이루어졌는지, 영업성을 갖고 있는지, 조달된 자금의 사용목적은 어떤지가 핵심적인 기준이 될 것으로 생각된다.

그런데 위 사안에서 생협은 조합원으로부터의 차입금 모집을 정기적으로 진행한 것이 아니라 프로젝트성 사업으로 단발적으로 진행하였을 뿐이고, 협동조합은 애초에 협동조합의 이익보다 조합원의 복리증진을 목적으로 하는 조직체어서 영업성도 인정되기 어려우며, 조달된 자금은 각 모집된 차입금별로 모집목적에 따라 달리

---

58) 금융위원회, "유사수신행위의 규제에 관한 법률상의 "업"에 해당하는지 여부", e-금융민원센터, http://fcsc.kr/C/fu_c_01_02_02.jsp?answer_seq=691, (2008. 11. 6.).

59) 대법원 2012. 7. 12. 선고 2012도4390 판결.

사용되었는바, 생협이 조합원으로부터의 자금조달을 '업으로' 하였다고 보기는 어려울 것으로 판단된다.

조합원으로부터의 차입금 모집이라는 자금조달 수단은 자금을 확보하면서도 조합원에 의한 협동조합의 민주적 통제를 용이하게 유지할 수 있다는 점에서 다른 자금조달 수단에 비하여 그 부작용이 가장 적고, 따라서 협동조합의 규모를 따지지 않고 실무적으로도 빈번하게 사용되고 있다. 특히 협동조합의 조합원 구성의 특성과 출자방식이 제한된다는 점을 고려할 때, 출자 외의 방법과 조건으로 투자의 방법을 다양화할 수 있다는 점에서 필요성이 크다. 그럼에도 불구하고 위에서 본 사안과 같이 유사수신행위규제법의 위반여부가 문제된 이유는 협동조합이라는 조직에 대한 이해부족과 함께 유사수신행위규제법이 협동조합의 특수성을 고려하지 못하고 있기 때문에 발생하는 제도적 역차별의 한 모습일 것이다.

따라서 법률 해석상으로는 조합원 차입금 모집에 유사수신행위규제법이 적용될 수 없다는 해석이 가능하다고 하더라도, 실무의 혼선을 피하고 관련된 법률상 위험을 최소화하기 위해서는 소관부처인 금융위원회에 유권해석을 의뢰해 보는 것도 가능한 방안일 수 있다. 그러나, 금융위원회의 유권해석도 법률상 해석의 혼란을 궁극적으로 제거할 수는 없으므로 협동조합 기본법에 조합원 차입의 허용에 대한 내용을 명시하거나 유사수신행위규제법에 협동조합은 적용 제외대상으로 규정하는 방식으로 법률을 개정하는 방안이 보다 근본적인 해결 방안이라고 본다.

나. 조합채의 발행에 대한 입법적 허용 필요성

협동조합 기본법은 조합채에 관하여 별다른 규정을 두고 있지 않고, 협동조합 기본법이 준용하는[60] 상법상 유한책임회사, 민법상 법인에 관한 규정에서도 이에 관한 내용은 찾기 어렵다. 따라서 현행 법상으로는 협동조합이 조합채를 발행할 수 없다고 해석되고 있다. 사채가 가지는 집단성·공중성·유통성에 비추어 볼 때 투자자 보호를 위한 법적 안정성이 긴요하므로 법적 근거 없는 사채 발행은 허용되지 아니한다고 보아야 하며,[61] 실제 상법이나 농업협동조합법, 수산업협동조합법이 각 채권의 발행 근거규정[62]을 명시하고 있음에 비추어 볼 때 이러한 근거규정이 없는 협동조합의 경우 조합채 발행이 불가능하다는 점에서 위 해석은 타당한 것으로 판단된다.

조합채는 협동조합으로 하여금 용이하게 대량의 자금을 조달하게 할 수 있으며, 투자자들의 입장에서는 유통성에 기대어 (출자금에 비하여) 비교적 쉽게 유동성을 확보할 수 있다는 장점이 있다. 나아가 조합채와 조합원 자격이 연결되어 있지 아니하고, 만기나 지급금액도 약정되어 있으며, 조합채권자에게는 채권이라는 성격상 의결권 등이 부여되지 않는바, 다른 자금조달 수단에 비하여 '자발적이고 개방적인 조합원 제도', '조합원의 민주적 통제'와 같은 ICA의 협동조합 원칙과 충돌할 여지가 적다고 생각된다.

따라서 협동조합의 자금조달을 돕기 위하여 상법과 마찬가지로 협동조합 기본법상에도 조합채 발행을 위한 근거규정을 신설하는 방안을 고려해 볼 수 있을 것이다. 이 경우 협동조합이 조합채를 발행할 수 있다는 내용과 함께 발행방법, 발행절차, 명의변경 요건 등의 기술적 사항 및 발행대상을 조합원으로 한정할 것인지, 발행할 수 있는 총액에 제한을 둘 것인지 등에 관한 고민도 필요하다.

나아가 협동조합이 발행하는 조합채는 자본시장과 금융투자업에 관한 법률(이하 '자본시장법')상 증권의 분류 중 채무증권[63]에 해당

---

60) 협동조합 기본법 제14조.
61) 심인숙, 앞의 글, 42.
62) 상법 제469조, 농업협동조합법 제153조, 수산업협동조합법 제156조.

될 가능성이 높다. 그런데 50인 이상의 투자자에게 10억 원 규모 이상 증권의 청약을 권유하는 공모의 방식으로 모집하거나 매출하는 경우에는 자본시장법에 따라 증권신고서와 투자설명서를 제출하는 등 공모절차에 의하여야 하는데, 이는 투자자보호의 목적으로,[64] 이를 위반할 경우 과징금이나 형사처벌과 같은 제재를 받게 된다.[65]

공모여부를 판단하는 50인의 기준이 실제 투자자 숫자가 아닌 청약의 권유를 받은 자의 수를 기준으로 한다는 점[66]에서, 협동조합 조합채라고 하더라도 현행 공모규제 적용이 문제될 가능성은 충분하다. 증권신고서 제도 자체가 번거롭고 증권회사 등의 관여가 수반되어 각종 비용을 요하며, 관련하여 민형사상 제재도 엄중하기 때문에 발행인은 증권신고서 제출에 대하여 상당한 부담을 느낄 수밖에 없으나,[67] 협동조합이라고 하더라도 그러한 공시규제를 무조건적으로 배제하는 것은 투자자 보호를 목적으로 하는 자본시장법상의 취지에 반할 것이다.[68] 실제로 협동조합 조합채의 발행이 입법적으로

---

63) 자본시장법 제4조 (증권) ③이 법에서 "채무증권"이란 국채증권, 지방채증권, 특수채증권(법률에 의하여 직접 설립된 법인이 발행한 채권을 말한다. 이하 같다), 사채권(「상법」 제469조제2항제3호에 따른 사채의 경우에는 제7항제1호에 해당하는 것으로 한정한다. 이하 같다), 기업어음증권(기업이 사업에 필요한 자금을 조달하기 위하여 발행한 약속어음으로서 대통령령으로 정하는 요건을 갖춘 것을 말한다. 이하 같다), 그 밖에 이와 유사(類似)한 것으로서 지급청구권이 표시된 것을 말한다.

64) 자본시장법 제119조, 제123조.

65) 자본시장법 제429조, 제444조.

66) 다만, 50인의 산정에 있어서 전문투자자를 포함하여, 발행인의 재무상황이나 사업내용 등을 잘 알 수 있는 전문가로서 금융위원회가 고시한 자 등은 제외하고 있으므로(자본시장법 시행령 제11조), 협동조합 이해관계자의 경우 50인의 산정에서 제외하는 방안도 입법적으로 검토해 볼 수 있다.

67) 임재연, 자본시장법, 박영사 (2016), 386.

68) 참고로 자본시장법 제116조 및 동법 시행령 제119조에 의하면, 일정한 금융기관, 특별법에 의하여 직접 설립된 각종 공공기관(예를 들어 한국도로공사, 한국석유공사, 한국가스공사) 등 제한적인 기관이 발행하는 채권에 대

허용되는 경우, 함께 검토되어야 할 문제이겠으나, 영리와 비영리의
경계에 있는 협동조합에 대하여 동일한 수준의 규제가 적용되는 것이
적절한지에 대하여, 협동금융 활성화의 관점에서 고민이 필요하다.

따라서 조합채를 협동조합의 자본조달 수단으로 실효적으로 기
능하도록 하기 위해서는 협동조합 기본법의 개정뿐만 아니라 증권
발행에 관한 자본시장법을 포함한 인접 영역의 규제도 함께 법개정
에 관한 연구가 필요하다고 생각한다.

IV. 제도 개선을 통한 협동금융의 활성화 방안

1. 국내 협동금융의 현황과 특징

협동조합의 특성을 이해하고 협동조합을 지원할 수 있는 협동금
융에 대한 필요성은 절실한 반면, 국내에서 협동금융이 발전할 수
있는 토대는 사실상 매우 미약한 상황이다.

우리나라의 경우 협동조합 기본법에서 협동조합이 "금융업"과
"보험업"을 영위하는 것을 금지하고 있기 때문에,[69] 협동조합 자체
가 은행 등 직접적인 금융사업의 주체가 될 수 없다. 이 점은 협동

하여는 증권신고서 제출의무가 면제되는데, 이는 이들 기관이 공익적 목적
의 기업이기 때문에 아니라, 다른 법률에 따라 충분한 공시가 행하여지는
등 투자자 보호가 이루어지고 있다고 인정되기 때문인 점을 고려할 때 협
동조합이 영리와 비영리의 경계에 있는 공공목적성을 가진 법인이라는 특
성만으로 증권신고서 제출의무 자체를 면제하는 것은 입법의 균형을 고려
할 때 적절하지 않을 것으로 생각된다.

[69] 협동조합 기본법 제45조(사업) ③ 협동조합은 제1항과 제2항에도 불구하고
통계법 제22조 제1항에 따라 통계청장이 고시하는 한국표준사업분류에 의
한 금융 및 보험업을 영위할 수 없다.

금융의 활성화를 가로막는 중대한 제약사항 가운데 하나이다. 현행 협동조합 기본법에서는 "사회적협동조합"에 대하여 소규모 금융활동을 허용하고 있고[70] 협동조합연합회를 통하여 공제사업을 추진할 수 있는 근거를 마련하고 있지만,[71] 해당 활동의 목적이나 활동 범위가 제한되어 있어 협동조합 생태계를 위한 주 자금원으로 기능하기에는 부족하다. 이와 같은 문제의식 하에서 아래 **나. 항**에서는 현행 협동조합 기본법의 금융업 제한에 대한 논의를 간략히 살펴보고, 협동조합기금의 설립 및 활용 가능성에 대하여 검토하고자 한다.

협동금융 발전의 또 다른 가능성은, 사실상 협동금융 기능을 가지고 있던 기존의 금융기관 중 특히, 상호금융을 운영하고 있는 협동금융조합[72]을 적극 활용하는 것이다. 신용협동조합(Credit Union)이나 계모임, 공제회 등은 오래 전부터 다양한 형태의 상호부조 조직으로 존재해 왔고, 협동금융조합의 일종으로 볼 수 있다. 위와 같은 조직은 그 설립 목적 자체가 조합원의 편익과 사회적 이익의 증진이라는 협동조합의 이념과 부합한다고 볼 수 있기 때문에, 협동조

---

70) 협동조합 기본법 제94조(조합원에 대한 소액대출 및 상호부조) ① 사회적협동조합은 제93조 제4항에서 준용하는 제45조 제3항에도 불구하고 상호복지 증진을 위하여 주 사업 이외의 사업으로 정관으로 정하는 바에 따라 조합원을 대상으로 납입출자금 총액의 한도에서 소액대출과 상호부조를 할 수 있다. 다만, 소액대출은 납입 출자금 총액의 3분의 2를 초과할 수 없다.

71) 협동조합 기본법 제80조의 2(공제사업) ① 제80조 제3항에도 불구하고 연합회는 회원들의 상호부조를 위한 공제사업(회원 간 상호부조를 목적으로 회원들이 각자 나누어 낸 공제료를 적립금으로 하여 그 적립금의 한도 내에서 공제료를 낸 회원들을 위하여 실시하는 사업을 말한다)을 할 수 있다. 다만, 회원의 채무 또는 의무이행 등에 필요한 보증사업은 제외한다.

72) 협동금융조합이란, 신용조합의 형태로 이루어져 그 구성원인 조합원을 대상으로 자금을 예치받고 이를 조합원에게 대출함으로써 조합원 상호간의 원활한 자금 융통을 꾀하는 상호금융을 실행하는 금융기관을 의미하고, 협동금융, 상호금융기관 또는 상호금융조합 등의 다양한 용어들로 표현되나, 이하 본고에서는 협동금융조합으로 통일하여 사용한다.

합에 대하여 최적의 금융환경을 제공하고 협동금융 생태계 발전에 기여할 수 있다. 특히 협동금융조합 가운데서도 개별법에 의하여 설립되고 금융기관으로서 상당한 규모가 있는 신용협동조합, 새마을금고 등이 협동조합을 위한 금융기관으로서 역할을 해 주어야 함에도, 실제로는 그 역할이 미미하고 기능이 충분치 못하다는 지적이 많다. 이와 같은 문제의식 하에 아래 **다. 항**에서는 대표적인 협동금융조합인 신용협동조합(이하 "**신협**")의 문제점과, 신협이 협동금융으로서 충실하게 기능하기 위한 방안에 관하여 살펴보고자 한다.

2. 협동조합기금의 설립 및 활용가능성에 대한 검토

가. 협동조합 기본법상 금융업 제한에 관한 검토

협동조합 기본법상 협동조합은 한국표준산업분류에 의한 금융 및 보험업을 제외한 사업만을 영위할 수 있다(같은 법 제45조 제3항). 위 금융업 제한 규정으로 인하여 협동조합은 신용사업과 공제사업에 기초한 자조금융을 실현하기 어려운 실정이다. 이에 협동조합을 운영하는 입장에서는 자금조달의 어려움을 호소하며 동 규정을 개정하여 금융업 제한 규제를 일정한 범위 내에서라도 완화해 줄 필요가 있다는 목소리를 내고 있다. 이와 달리 협동조합이 소규모 금융업을 영위함에 따라 발생할 수 있는 피해를 사전에 방지하기 위하여 기존 규정을 유지해야 한다는 견해도 제기되고 있다. 현재 협동조합 현장에서도 협동조합의 금융업 제한 규정을 개정 또는 폐지하는 것에 대하여 특별히 합의된 의견은 없는 것으로 보인다. 다만, 현행 법률에서 협동조합이 금융업을 영위하는 것을 정면으로 금지하고 있고, 협동조합이 금융업을 반드시 영위해야 한다는 필요성에 대하여 효과적인 호소가 이루어지지 않고 있는 것으로 보여, 단시간 내에 협동조합의 금융업 영위를 제한하는 법률이 개정되기는 쉽지 않을 것으로 보인다.

나. 해외의 협동조합기금 사례에 대한 검토

해외에서는 협동조합의 여러 금융조달 방법 가운데 협동조합 조직이 자체적으로 기금을 조성하여 협동조합 자금을 지원하는 '협동조합기금'이 주요한 방안으로 활용되고 있다. 구체적인 사례를 살펴보면 다음과 같다.

(1) 이탈리아

이탈리아의 레가코프(Legacoop)[73]는 1992년 법률(Law 59 of 1992)[74]에 따라 레가코프의 회원 조합들의 기금 출연이 의무화된 상호기금인 코프펀드(Coopfond)를 설립하였다. 레가코프의 회원 조합들은 연간 이익의 3%와 조합의 청산 시 잔여재산(indivisible reserves, 비분할 적립금)을 코프펀드에 출연할 법률상 의무를 부담한다. 코프펀드는 레가코프가 완전히 소유하고 있으며 이탈리아 경제개발청(Ministry of Economic Development)의 감독을 받는다.[75][76]

---

73) 레가코프(Legacoop)란 이탈리아의 협동조합으로서 협동조합 간의 네트워킹, 신규 설립 협동조합에 대한 인큐베이팅, 지자체와 정부를 상대로 협동조합의 입장을 대변하는 등 협동조합을 지원하고 서비스를 제공하는 연합 단체를 의미한다.

74) 1992년 이탈리아 협동조합법 개정으로 출자조합원제도(담보로서 이자를 목적으로 협동조합에 출자할 수 있는 제도)가 인정되었고, 협동조합 개발 기금(코프 펀드)이 창설되었다. 모든 협동조합은 그 잉여의 3%를 기금으로 내는 것을 의무화하게 되었는데, 이 기금은 새로운 협동조합의 설립과 투자 조성 등 협동조합 발전에 사용된다.

75) Aldo Soldi, "Cooperatives: The Power to Act, Cooperatives in industry, services

(2) 프랑스

노동자협동조합은 연매출의 0.42%를 노동자협동조합과 공익협동
조합을 대표하는 연합체인 CGSCOP(Confédération Générale des Sociétés
Coopératives et Participatives)에 납부해야 하며, CGSCOP 자체의 상호
협력기금을 바탕으로 설립된 개발기금인 소코덴(SOCODEN, Société
Coopérative de Dévelopement et D'entraide)에 연매출의 0.1%를 납부하
여야 한다.[77]

(3) 미국

미국의 공유자본협동조합(Shared Capital Cooperative)[78]은 미국의
약 35개 주에서 225개 이상의 협동조합이 가입되어 있는 협동조합
연합회이며, 지역개발지역사회 개발 금융기관 펀드(Community De-
velopment Financial Institutions Fund)에 의해 인증되는 지역개발지역
사회 개발 금융기관(Community Development Financial Institution,
CDFI)이다. 협동조합연합회(Cooperative Businesses)에 가입하기 위해
서는 자산 규모에 따라 최대 $10,000까지의 출자금을 납입해야 하며
주거협동조합(Housing Cooperatives)에 가입하는 경우 세대수에 따라
최대 $10,000를 한도로 출자금 규모가 정해진다.[79] 협동조합연합회
는 협동조합에서 자본의 56%를 조달하며 그 외에 개인, 기금, 종교
단체, 재단, 정부, 은행 등으로부터 자금을 공급받는다.

---

and energy (Preparatory document for participants)", Quebec International Summit
of Cooperatives 2016, CICOPA and NRECA, 12 October 2016, Sectoral meeting
6, 9.
76) 김나라, 앞의 글, 12.
77) 엄형식·마상진, "유럽의 사회적기업 중간지원조직 현황과 시사점", 한국농
촌경제연구원 (2011. 11. 30.), 37.
78) 공유자본협동조합 홈페이지 참조(http://sharedcapital.coop/about/)
79) 서진선, 앞의 글, 66.

(4) 캐나다

캐나다 퀘벡주에는 샹티에(Chantier)[80]가 설립한 퀘벡사회투자네트워크(RISQ)와 피두시(Fiducie) 기금이 있다. 퀘벡사회투자네트워크는 사회경제기업들에게만 금융을 제공하며, 퀘벡 주정부 지원 금액과 민간 투자 금액을 설립 재원으로 하여 1997년에 설립되었다. 피두시는 노동조합기금 대출자금과 연방정부 기금 지원 및 퀘벡주정부 기금 대출자금이 3:2:1로 매칭되어 2006년에 설립된 기금으로, 사회적기업에 장기 대출하는 방식으로 인내자본 확충을 위한 대출을 실시하고 있다.[81]

(5) 영국

협동조합 차입기금(Co-operative Loan Fund)[82]은 2002년에 영국에서 설립된 협동조합기금이고 협동조합들만 본 기금에서 차입할 수 있다. 본 기금은 영국의 4개 소비자 협동조합(The Co-operative, Mid-counties Co-operative, East of England Co-operative Society, Chelmsford Star Co-operative Society)에서 기부받은 자금을 기반으로 운영된다.[83]

이탈리아와 프랑스의 경우는, 법률에 의거해 협동조합연합회 차원에서 협동조합 금융지원 용도의 기금을 조성하여 운영하는 모델이다. 이 모델에서는 법률에 의거하여 연합회에 소속된 협동조합이 매출액 또는 잉여금의 일정 비율을 의무적으로 납부하도록 강제되며, 따라서 협동조합 당사자들로부터 기금의 재원이 전부 충당된다

---

80) 샹티에란 1995년에 설립된 퀘벡의 사회적경제 조직들의 연합체를 말한다.
81) 서울특별시 사회적경제지원센터·서울 사회적경제전략연수단·씨닷, "2016 서울 사회적경제 전략기획연수단 연수보고서", 서울특별시 사회적경제지원센터 (2012), 5, 44, 45.
82) 협동조합 차입기금 홈페이지 참조(https://loanfund.coop/#what-we-do)
83) 서진선, 앞의 글, 66.

는 점이 특징이다.

미국의 경우는, 기금의 재원 중 일부를 개인, 재단, 정부 등 외부로부터 조달한다는 면에서 이탈리아나 프랑스의 경우와 구별되고, 협동조합연합회의 기금을 이용하기 위하여서는 협동조합에 가입하면서 출자금을 납부해야 한다는 측면에서 이탈리아나 프랑스 모델이 협동조합기금에 대한 협동조합 당사자들의 참여성을 강조하고 있는 면과 유사하다.

캐나다의 경우는 기금의 재원에 정부 지원 자금이 높은 비중으로 투입되었다는 점이, 영국의 경우는 성숙한 사회적경제 인프라를 기반으로 상당한 규모로 성장한 주요 협동조합에서 자발적으로 조성한 자금을 전체 재원으로 하였다는 점이 특징이다.

다. 협동조합기금의 설립 및 활용 가능성에 대한 검토

협동조합기금은 협동조합에 대한 자금 공급만을 주요 목적으로 하는 기금이라는 점에서, 협동조합의 주요한 자금 공급원으로 기능할 수 있는 가능성이 있다. 해외협동조합 기금들의 실제 운영사례를 보면, 개별 협동조합이 각 기금에서 차입할 수 있는 금액이 대략 1억 원~1억 5천만 원 내외로 그리 큰 금액이 아니지만, 협동조합들은 기금에서 소액의 자금을 빌려 차입거래를 통한 신용을 쌓아 더 큰 규모의 자금을 일반 금융기관으로부터 빌리는 것도 가능해, 협동조합기금이 일종의 지렛대(leverage) 역할을 한다고 평가받고 있다.

그러나 협동조합기금 방식을 통한 자금조달 지원체계를 구축하는 것이 쉽지만은 않은 상황이다. 협동조합기금을 조성하기 위하여서는 각 분야에 전국 협동조합연합회가 형성되고, 협동조합연합회에 가입한 회원들이 매출 또는 잉여금의 정해진 비율 또는 일부 금액을 기금에 납부하는 것이 법령 또는 제도적으로 강제되거나(이탈

리아, 프랑스, 미국), 협동조합기금을 유지할 수 있는 재원 조달 방
안이 확실하여야 한다(캐나다, 영국). 협동조합 기본법에 협동조합
들의 매출 또는 잉여금의 일부를 협동조합연합회 기금으로 적립하
게 하는 규정을 추가할 수는 있겠으나, 협동조합 및 협동조합 생태
계가 미숙한 상황에서 협동조합 자체에서 안정적으로 기금을 조달
할 수 있을지에 대하여 고민이 필요하다.[84] 한편, 2018년 기획재정
부의 실태조사 내용에 따르면, 협동조합 중 32.2%가 연합회 또는 개
별법에 따른 협동조합들과의 협의체에 가입하고 있으나, 미가입 협
동조합의 과반수 이상이 가입하지 않은 이유로 '가입의 필요성을 느
끼지 못하였다'는 점을 들고 있다는 점에 비추어 볼 때, 협동조합연
합회의 역할 및 위상의 정립 역시 넘어야 할 과제이다.

최근 정부에서는 사회적 금융을 위한 전용 기금으로, '사회가치
기금(가칭, Social Benefit Fund, "한국형 BSC")' 설립을 지원하겠다는
계획이 검토되고 있다. 정부 계획안에 따르면, 사회가치기금은 민간
의 자발적인 출연으로 주요 재원을 확보하고, 정부 및 지자체 등의
출연을 유도하여 5년간 3천억 원 규모를 목표로 조성될 예정이다.
특히 정부는 이 사회가치기금을 사회적 금융중개기관 등을 통해 자
금을 간접 지원하는 도매기금(Wholesaler)으로서의 역할을 수행하도
록 유도할 예정인데, 만약 이러한 계획에 따라 사회가치기금이 성공
적으로 발족하게 되면, 사회가치기금으로부터 재원 일부를 조달하
여 협동조합기금을 설립하는 방안을 강구해 볼 수도 있을 것이다.[85]

---

84) 임창규, 앞의 책, 129~130.
85) 기획재정부 보도자료, "사회적 금융 활성화 방안", 관계부처 합동 국정현안
   점검 조정회의 (2018. 2. 8.).

3. 신용협동조합의 역할에 대한 기대와 발전 방향에 대한 검토

가. 사회적 금융의 조달자로서 신용협동조합의 역할에 대한 기대 및 문제점

우리나라의 대표적인 조합형 상호금융기관으로는 산림조합, 농협, 수협, 신협, 새마을금고 등이 있다. 이들 가운데 산림조합, 농협, 수협 등은 직능인 중심의 생산자협동조합의 모습으로, 신협과 새마을금고는 공동유대를 가진 일반인을 대상으로 하는 신용조합의 모습으로 발전하였다.

이 가운데 신협은 1960년 최초로 조직된 성가신용협동조합이 시초가 되어 우리나라에서 그 활동이 활발해지기 시작하였고, 1972년 8월 신용협동조합법이 제정되면서 법률적인 근거가 마련되었다.

신협은 조합원들에 의하여 소유되고 운용되는 이용자 소유 은행(User-owned bank)로서 협동조합방식의 의사결정구조를 갖고 있고, 공동유대(common bond)를 기초로 소규모 영업구역에 한정되며, 수많은 지역 조합 간 수평적·수직적 협동을 위하여 네트워크 형태의 조직체계를 지니고 있다는 점이 주요한 특징이다. 따라서 신협은 조합원들과의 장기적 거래관계를 전제로 조합원의 이익을 추구하며, 조합원에 대하여 많은 정보를 가지고 신뢰관계를 형성하게 된다. 이와 같은 신협의 특징으로 인하여 신협은 지역 밀착형 서민 금융기관으로서 협동조합 금융의 역할을 담당할 수 있는 최적임자라고 꼽힌다. 신협 자체가 협동조합 경제사업체를 지원한 경험은 많지 않지만, 협동조합으로서 오랜 경험과 이해를 가지고 있다는 점, 공동유대를 기반으로 하여 지역밀착적 활동을 펼칠 수 있다는 점 때문에 신협이 협동조합 금융으로서 역할을 담당해 주기를 기대하는 요구가 많다.

이처럼 신협은 협동조합 금융의 상당한 역할을 담당할 수 있는 가능성이 있음에도 불구하고, 현재까지는 그와 같은 역할을 충분히 수행하지 못하고 있다는 평가가 주를 이루고 있다. 가장 주요한 원인은 신협이 금융기관으로서 수익성을 도모하는 과정에서 조합형 금융기관으로서의 정체성을 잃어갔던 데에서 찾을 수 있다. 1997년 외환위기 이후 정부가 금융시장의 불안해소를 위하여 금융구조조정을 추진하는 과정에서 상호저축은행과 협동금융조합의 상당수를 정리하면서 신협을 포함한 협동금융조합의 영업 위상과 역할은 크게 위축되었다. 그 과정에서 신협은 단위조합을 합병하여 대형화하고 비조합원 이용을 확대하는 등의 방향으로 변화를 시도하였는데, 이러한 시도는 공동유대의 기반을 약화시켜 조합원은 고객이 되고 영리 추구를 우선시함으로써 협동조합으로서의 정체성이 훼손되고 다른 영리형 금융기관과의 차별성이 사라지는 결과가 초래되었던 것이다.[86]

이러한 상황에서 신협이 협동조합 금융으로서의 성격을 회복하고 그 역할을 다하기 위하여서는, (1) 신협 스스로가 정체성 회복을 위하여 노력하고 (2) 신협에 대한 각종 규제 개선과 제도적 지원이 뒷받침되어야 할 것으로 생각된다. 아래에서는 그 구체적인 방향에 대하여 살펴보고자 한다.

나. 신협의 정체성 회복을 위한 노력 방향

최근 신협은 협동조합에 대한 종합적인 지원 역할을 강조하면서 조합의 정체성과 가치를 재확립하려는 시도를 다양하게 전개하고 있는 것으로 보인다.[87]

---

86) 조혜경, 앞의 글, 31~33.

2014년 10월에는 신협중앙회 차원에서 신협사회공헌재단을 설립하였다. 위 재단은 신협중앙회 및 단위조합 임직원과 조합원이 조성한 기부금을 주요 재원으로 하는데, 취약계층에게 500만 원 이내의 소액대출을 무이자로 지원하는 '자활지원 금융프로그램'을 운영하는 것은 물론이고, 한국사회적기업진흥원과 공동으로 '청년협동조합 창업지원사업'을 펼치고 있다.

2015년 10월에는 신협중앙회 내부에 다른 협동조합 지원업무를 맡는 '협동조합간의 협동' 전담부서를 설치하고 온라인 협동조합 경영지원 서비스인 핀테크 플랫폼을 설치하였고, 2016년 이후 전국으로 확대·운영되고 있다.[88] 신협은 이와 같은 노력을 통하여 협동조합과의 연계성을 강화하는 동시에 여러 협동조합을 진성 조합원으로 확보할 수 있는 가능성을 모색할 수 있을 것이다.

중앙회 차원을 넘어서 지역신협 차원에서도 적극적인 노력이 필요하다. 지역신협과 지차체가 협동조합이나 사회적기업의 지원을 위해 협력하거나, 지역신협이 협동조합을 위한 금융상품을 개발하는 사례도 나타나고 있는데, 이러한 움직임이 강화될 필요가 있다.

기존에 신협은 IMF 이후 위상이 축소되면서 영업범위도 위축되어 개인, 비조합원에 대한 소액대출, 주택담보대출 등에 상대적으로 주력하는 양상을 보였고, 법인에 대한 신용분석 역량이 부족한 상황에서, 조합형 금융기관의 특성이 반영되지 않은 규제 등이 겹치면서 신협은 법인에 대한 대출에 대하여 더욱 소극적인 태도를 보이게 되었다. 그러나 유럽협동조합은행의 경우 중소기업금융을 활발하게

---

87) 조혜경, 앞의 글, 32~33.
88) 협동조합 전용 핀테크 플랫폼은 협동조합에서 어려워하는 회계(결산, 장부관리)와 세무지원(부가세 신고, 환급신고 지원) 등의 업무와 전자결제, 일정관리 등의 인트라넷 업무를 하나의 플랫폼에서 처리할 수 있다. 신협의 조합원으로 가입하고 계좌를 개설한 협동조합이라면 누구나 가입할 수 있다 (www.cubizcoop.co.kr).

취급하면서 오히려 다른 금융기관들에 비하여 독자적인 경쟁력을 확보할 수 있었다는 점에 주목할 필요가 있다. 유럽협동조합은행을 연구한 기존의 논의들도 이들이 지역기업에 대한 풍부한 정보를 바탕으로 지역기업에 적극적인 신용을 공급할 수 있었으며 그 결과 다른 상업적 금융기관에 비하여 높은 효율성을 유지하였고, 위기상황에서 신속한 회복력을 발휘할 수 있었다는 점을 지적하고 있다.[89]

지역신협은 지역의 공동유대를 기반으로 운영하고 있기 때문에 해당 지역의 협동조합에 대한 신용분석에 있어서 타 금융기관보다 유리한 위치에 있으므로, 이러한 장점을 적극적으로 활용하여 지역신협의 역할을 개발하여야 할 것이다.

다. 신협에 대한 규제 및 제도 개선 방향

신협은 협동조합인 동시에 금융기관이기 때문에 금융기관으로서 여러 규제를 받게 된다. 그런데 이들 규제 가운데 일부는 신협의 협동조합으로서의 특성을 외면하고 일반 금융기관에 대한 감독기준을 획일적으로 적용함으로써 신협 운영의 자율성 및 다양성을 훼손하고 있다는 지적이 있다.

1997년 외환위기 이후 신협에 대한 관리감독권이 금융위원회로 이관되면서, 신협은 신용협동조합법(제83조)에 따라 금융위원회로부터 재무건전성과 자산건전성을 감독 받게 되었다. 신협을 이용하는 영세 지역민들에 대한 대출상품과 일반 상업 금융기관의 대출상품 사이에는 근본적인 차이가 있음에도 불구하고, 금융위원회는 신협에 대한 관리·감독 기준을 일반 상업 금융기관과 동일하게 설정하고 있는 경우가 있어, 신협의 경영적인 측면에서 애로사항을 발생시키

---

89) 최진배, "협동조합은행의 변화와 한국 신협의 진로", 한국협동조합연구 34권 1호 (2016. 4.), 114.

고 있다.

우선, 금융위원회는 신협 예대율을 엄격하게 규제하고 있는데, 이는 신협의 저조한 수익성에 한 원인이 되고 있는 것으로 보인다. 일반 상업 금융기관의 경우에는 100%를 예대율 한계로 하고 있는 반면,[90] 신협을 비롯한 상호금융권의 경우에는 지난 해까지 80%의 엄격한 한계를 유지하고 있었다. 위와 같은 엄격한 예대율 규제는 2017년 2월 상호금융업 감독규정을 통하여 어느 정도는 개선된 것으로 보인다.[91] 이는 상호금융업권에 상대적으로 높은 수준의 규제가 적용되고 있는 예대율 규제 및 자산건전성 분류기준을 합리적인 수준으로 완화함으로써 상호금융기관의 영업경쟁력 제고[92]하고자 하는 감독당국의 고려에 따른 것이나, 일반 상업 금융기관에 비하면 아직까지 엄격한 편이어서 장기적으로 추가적인 완화에 대한 검토가 필요하다.

한편, 신협은 금융위원회로부터 대출금에 대한 대손충당을 일반 은행과 같거나 더 강화된 비율로 적립할 것을 요구 받고 있다. 은행은 은행업 감독규정에 따라 기업대출의 대손충당금 적립비율을 정상 0.85%, 요주의 7%, 고정 20%, 회수의문 50% 추정손실 100%로 적용해왔는데, 신협은 기업대출과 가계대출 모두 정상 1%, 요주의 10%, 고정 20%, 회수의문 55%, 추정손실 100%를 적용하기 때문에, 요주의와 회수의문으로 자산건전성이 분류된 기업대출의 경우 일반 상업은행보다 각각 3%와 5%포인트를 충당금으로 더 쌓아야 하는

---

90) 은행법 제34조, 은행업 감독규정 제26조 제1항 제3호.
91) 이전 6개월 간의 분할상환 실적에 따라 주택담보대출의 분할상환 비율이 20% 이하일 경우에는 기존의 80%의 기준이 계속해서 적용되지만, 분할상환 비율이 20% 이상, 30% 미만인 상호금융회사는 예대율 규제 한도가 90%로, 분할상환 비율이 30% 이상이면 예대율이 은행 수준인 100%까지 상향 조정되었다(상호금융업 감독규정 제12조 제1항).
92) 금융위원회 공고 제2017-30호 (2017. 2. 8.).

상황이다.[93] 지역조합의 규모가 영세하고, 대출대상인 협동조합은 단기적으로는 뚜렷한 재무적 성과를 내지 못하는 경우도 많다는 점에서, 위와 같이 대손충당기준에 대한 경직된 방침을 유지할 경우 신협으로서는 협동조합에 대한 자금공급자로서의 역할을 다하기 어려울 것이므로 개선이 필요하다.

한편, 2016년 8월 1일 시행된 금융회사의 지배구조에 관한 법률은 금융회사의 정의에서 상호금융조합[94]을 배제하였다. 그 이유는 상호금융조합의 성격상 금융시장의 안정성과 금융소비자보호를 위한 정책적인 도구로서의 지배구조 규율 필요성이 인정되지 않는다는 판단에 따른 것으로 보이는데,[95] 이처럼 상호금융조합으로서의 특수성을 고려한 규제완화가 지속적으로 이루어질 필요성이 있다.

최근 2018년 4월 3일 금융위원회는 신협의 사회적 금융 역할 강화를 위하여 신용협동조합법 일부개정법률안을 입법예고 하였다.[96] 그 주요한 내용은 "(i) 신협 및 신협중앙회 사업의 종류에 '사회적기업 등 사회적 가치를 추구하는 조직(사회적기업, 협동조합, 마을기업, 자활기업)에 대한 지원 등'을 추가하고, (ii) 사회적기업 등에 한해 자기자본의 범위(같은 법인에 대해서는 자기자본의 20% 범위) 내에서 신협 조합의 출자를 허용하며, (iii) 신협중앙회 사회적경제지원자금 설치·운용 근거를 마련"한다는 것이다. 이와 같은 신협법의 개정 방향은, 신협의 사업 내용으로 사회적기업에 대한 지원을

---

93) 정지서, "금융당국 "대손충당률 낮춰달라" 신협요구 '퇴짜'", 연합인포맥스 (2017. 4. 24.).

94) 금융위원회 고시 제2016-8호, 상호금융업 감독규정 제2조 제2호에서 정의하고 있는 바와 같이 상호금융 및 조합의 정의에 따르면, 상호금융조합이란 신용협동조합, 농업협동조합, 수산업협동조합 및 산림조합을 말한다.

95) 정영철, "상호금융조합의 지배구조 시론: 신협을 중심으로", 신협연구 제67호 (2016).

96) 금융위원회 보도자료, "「신용협동조합법」 일부개정법률안 입법예고", 중소금융과 (2018. 4. 3.).

명시적으로 선언하고, 신협이 사회적기업에 대하여 출자를 할 수 있도록 신협법이 개정되어야 한다는 그간의 지적을 수용한 것으로서 환영할 만 하다.

V. 결론

영리 목적의 주식회사가 우리 경제의 근간을 이루어 성장에 큰 몫을 한 역사를 부인할 수는 없으나, 그로 인한 부작용과 주식회사 작용원리만으로는 해결되지 않는 사회의 양극화 등 여러 문제가 대두되고 있는 시점에서, 어느 때보다 협동조합을 필두로 한 사회적경제조직에 대한 기대와 관심이 크다. 다만 사회적경제조직이 그 사업의 영역을 넓히고 보다 우리 사회 전반에 기여할 수 있는 영향력 있는 구성원이 되기 위하여는 원활한 자금조달이 선행조건이 되어야 한다는 점에는 이론의 여지가 없다. 그럼에도 불구하고 현행 법제 하에서는 자기자본 조달 및 외부차입을 포함한 타인자본 조달이 모두 용이하지 않아, 협동조합의 성장과 발전에 힘을 보태지 못하고 있는 실정이다.

협동조합은 조합원의 가입과 탈퇴가 용이하다는 개방성에 따라 언제든지 자본금의 환급이 요청될 수 있다는 점으로 인하여, 납입 자본금이 회계적으로 자본금으로 제대로 평가 받고 있지 못하고, 법률상 회계처리기준도 명확하지 않은데, 결국 이런 자본의 불확정성이 외부 금융기관으로부터의 차입에도 영향을 미치게 된다. 이를 보완하기 위한 방안으로 개별협동조합이 정관상 일정 금액의 자본금을 최소자본금으로 정하고 이에 따라 환급을 유예하는 등의 방법으로 최소자본금을 유지하는 제도의 도입을 고려해 볼 수 있다.

또한 협동조합의 경우 출자좌 수에 관계없이 각각 1개의 의결권과 선거권을 가지고, 잉여금 배당도 법률상 제한되고 있어, 주식 수에 비례하여 지배력을 가지게 되는 주식회사와 달리 추가 출자의 유인이 없다는 점이 자기자본 조달의 한계로 지적되어 왔는데, 이익의 배당이나 잔여재산 분배에서 우선권을 얻는 지위를 부여하는 내용의 우선출자제도를 도입하는 방법으로 그 해결책을 모색해볼 수 있다.

외부 차입을 통한 자금조달을 장려하기 위하여는, 제한적인 조합원만을 대상으로 차입금을 모집하는 행위가 유사수신행위규제법상의 유사수신행위에 해당하지 않음이 입법적인 방법으로 확인될 필요가 있고, 더 나아가서는 조합채 발행의 근거를 마련하고 유사 영역의 발행 규제를 조합에 맞게 완화할 필요가 있다는 점을 이상 살펴보았다.

한편, 협동조합의 발전을 위해서는 협동조합을 지원할 수 있는 협동금융 생태계의 발전이 중요하다. 현행 금융관계법령상 협동조합이 금융업이나 보험업을 영위할 수 없는 한계가 존재하는 상황에서, 협동조합중앙회 차원에서 협동조합기금을 설립하는 방안을 해외 사례를 중심으로 검토해 보았다. 국내 협동조합의 발전 단계상 기금의 재원을 안정적으로 공급할 수 있는 구조를 마련할 수 있는지가 관건일 것이다. 나아가 협동금융의 중요한 주체로 자리매김할 수 있는 가능성이 높은 신협의 역할에 대한 기대 및 앞으로의 발전 방향을 모색해 보았다. 신협 스스로 협동조합 금융으로서 정체성 확립을 위하여 많은 노력을 기울이고 있는 것으로 보이고, 정부 규제도 신협의 사회적금융 역할을 강화하는 방향으로 움직이고 있는 것으로 보여 앞으로의 변화가 기대된다.

참고문헌

강희원, "협동조합 정책과 법제의 개선", 경희법학 제49권 제2호 (2014).

금융위원회 보도자료, "「신용협동조합법」 일부개정법률안 입법예고", 중소
　　금융과 (2018. 4. 3.).

금융위원회 공고 제2017-30호 (2017. 2. 8.).

금융위원회, "유사수신행위의 규제에 관한 법률상의 "업"에 해당하는지 여
　　부", e-금융민원센터, http://fcsc.kr/C/fu_c_01_02_02.jsp?answer_seq=691,
　　(2008. 11. 6.).

기획재정부 보도자료, "사회적 금융 활성화 방안", 관계부처 합동 국정현안
　　점검 조정회의 (2018. 2. 8.).

김나라, "협동조합 금융지원 해외사례 연구", IBK경제연구소 (2017. 1.).

김형미, "아이쿱생협의 조합원 차입에 대한 시사저널 보도 이후의 경과와
　　문제의식", 협동조합의 자금조달과 금융의 문제에 대한 전문가 간담회.

서울특별시 사회적경제지원센터·서울 사회적경제전략연수단·씨닷, "2016 서
　　울 사회적경제 전략기획연수단 연수보고서", 서울특별시 사회적경
　　제지원센터 (2012).

서진선, "그들은 왜 협동조합기금을 만들었나", 한국협동조합법제도 개선연
　　구 - 협동조합 법제도를 탐구하다, 국회사회적경제포럼·(재)아이쿱협
　　동조합연구소 (2017. 4. 11.).

시사저널, "(단독) 생협 1위 아이쿱, 수천억 불법 자금 모집 의혹" (2015. 9.
　　2.), http://www.sisapress.com/journal/article/142667.

심인숙, "협동조합 기본법상 일반협동조합의 자금조달 법리에 관한 연구",
　　선진상사법률연구 통권 제72호 (2015. 10.).

양동수, "협동조합 기본법 개정관련 주요쟁점과 입법방향 논의", YGBL 제5
　　권 제1.

엄형식·마상진, "유럽의 사회적기업 중간지원조직 현황과 시사점", 한국농

촌경제연구원 (2011. 11. 30.).

윤영환, "협동조합 해산 및 청산절차 간소화를 위한 제도개선 방안 검토", 2017 하반기 협동조합 제도개선 토론회 협동조합 법제도 개선 정상화 프로젝트, 서울지역협동조합협의회·서울시협동조합지원센터 (2017. 11. 13).

이준호, 사회적금융의 법제화 방안 연구, 한국법제연구원 (2015).

임재연, 자본시장법, 박영사 (2016).

임창규, "협동조합 자본조달 제도개선과 전문 금융기관의 설립필요성", 한국협동조합 법제도 개선연구 1, 아이쿱협동조합연구소 (2017).

장종익, "출자는 좋은 것이고 조합원 차입은 나쁜 것인가?", 아이쿱협동조합연구소 (2015. 10.), http://icoop.re.kr/?p=4614.

정순문, "협동조합 자금조달을 위한 우선출자제의 필요성과 입법예고안 검토", 2017 하반기 협동조합 제도개선 토론회 협동조합 법제도 개선 정상화 프로젝트 (2017. 11. 13.).

정영철, "상호금융조합의 지배구조 시론: 신협을 중심으로", 신협연구 제67호 (2016.).

정지서, "금융당국 "대손충당률 낮춰달라" 신협요구 '퇴짜'", 연합인포맥스 (2017. 4. 24.).

조혜경, "조합형 금융기관 주도의 협동조합 금융지원체계의 구축방안", 신협연구 제65호 (2015.).

최진배, "협동조합은행의 변화와 한국 신협의 진로", 한국협동조합연구 34권 1호 (2016. 4.).

한국농정, "공정위, 아이쿱 조합원 차입자금 모집에 행정처분" (2016. 2. 21.), http://www.ikpnews.net/news/articleView.html?idxno=25168.

Aldo Soldi, "Cooperatives: The Power to Act, Cooperatives in industry, services and energy (Preparatory document for participants)", Quebec International

Summit of Cooperatives 2016, CICOPA and NRECA, 12 October 2016, Sectoral meeting 6.

Gemma Fajardo, Antonio Fici, Hagen Henry, David Hiez, Deolinda Meira, Hans-H. Munkner and Ian Snaith, Principles of European Cooperative Law, intersentia (2017).

Tan Suee Chieh, Chuin Ting Weber(아이쿱협동조합연구소 번역), 협동조합의 난제-자본편집자서문, international co-operative alliance (2016).

사회책임조달 관련법제의 발전 방안

김대인*

Ⅰ. 서론

'사회책임 공공조달'(socially responsible public procurement: 이하 사회책임조달)이란 국가나 지방자치단체가 필요로 하는 물품·서비스 등을 조달하는 과정에서 고용·환경·사회통합등과 같은 사회적 가치가 반영될 수 있도록 하는 것을 말한다.[1] 이러한 사회책임조달은 사회적 가치가 반영되는 시장경제체제인 '사회적경제'의 핵심적인 제도로 최근에 많은 주목을 받고 있다.[2] 이와 같은 맥락에서 「사회적경제 기본법」, 「공공기관의 사회적 가치 실현에 관한 기본법」, 「사회적경제기업제품의 구매촉진 및 판로지원에 관한 특별법」의 제정이 활발하게 논의되고 있다. 서울시나 성북구 등과 같은 일부 지

---

* 이화여자대학교 법학전문대학원 교수

1) European Commission, Buying Social - A Guide to Taking Account of Social Considerations in Public Procurement (2010.), p. 7 참조.
2) 정부에서도 이를 활성화하기 위해서 사회적경제기업 판로지원, 입찰시 사회적 가치 심사항목 확대, 노무용역 적정임금 지급기반 마련, 기초 고용질서 위반행위에 대한 제재 도입, 노무용역에 대한 노무비 전용계좌 제도 확대 적용, 근로조건 이행계획 제출 의무화 등 여러 가지 대책을 내놓고 있다. 관계부처합동, 혁신성장 지원 등을 위한 공공조달 혁신방안, (2017.); 일자리위원회·관계부처합동, 사회적경제 활성화 방안 (2017.) 등 참조.

방자치단체에서는 조례를 통해 사회책임조달을 이미 적극적으로 시행하고 있다.

사회책임조달은 크게 두 가지 방식으로 구현될 수 있다. 1) 공공조달의 입·낙찰 및 계약이행 등 공공조달의 각 단계에서 사회적 가치가 반영될 수 있도록 하는 방식3)과 2) 사회적 가치를 담고 있는 기업(사회적기업이 대표적이다)의 제품을 우선 구매하는 방식4)이 그것이다. 이러한 사회책임조달과 관련해서는 다양한 쟁점이 존재하지만 법학적으로 의미가 있는 논점으로 크게 세 가지를 들 수 있다.

첫째, 공공조달에서 사회책임을 강조하는 것을 공공조달의 기본원리라는 맥락에서 어떻게 이해할 것인가 하는 점이다. 공공조달의 전통적인 기본원리로는 최고가치(best value), 투명성, 경쟁성 등을 들 수 있다.5) '사회적 가치의 추구'는 이러한 공공조달의 전통적인 기본원리와 모순충돌이 발생할 수 있는 여지가 있기 때문에 이러한 원리들 상호간의 관계설정을 어떻게 할 것인지가 주요한 논점으로 나타나게 된다.

둘째, 사회책임조달의 두 가지 방식을 어떻게 조합하여 법제를 구축할 것인지 하는 점이다. 앞서 보았듯이 1) 공공조달의 각 단계에서 사회적 가치가 반영되도록 하는 방식과 2) 사회적 가치를 담고

---

3) 예를 들어 일정한 근로조건의 준수를 계약이행조건으로 부여한다든지, 법령에 따른 근로조건의 준수여부를 적격심사나 낙찰심사과정에서 심사요소로 포함시키는 것 등을 들 수 있다.
4) 이는 사회적 가치를 담고 있는 기업과 수의계약을 체결하거나, 이들 기업들 간의 제한경쟁입찰을 실시하는 방식으로 운영될 수 있다.
5) 최고가치(best value)는 적정한 가격에 최고가치의 제품을 구매하는 원리를 말한다. 미국의 대표적인 공공조달법학자인 Steven Schooner 교수는 공공조달법의 기본원리로 경쟁(competition), 염결성(integrity), 투명성(transparency), 효율성(efficiency), 고객만족(customer satisfaction), 최고가치(best value), 부의 분배(wealth distribution), 위험회피(risk avoidance), 통일성(uniformity) 등을 들고 있다. Schooner, Steven, "Desiderata: Objectives for a System of Government Contract Law", 11 P.P.L.R 103 (2002.) 참조.

있는 기업의 제품을 우선구매하는 방식은 모두 사회적 가치를 추구한다는 점에서 공통점을 가지고 있지만, 전자의 방식은 공공조달에 참여하는 모든 기업에 있어서 사회적 가치를 확산하는 데에 초점을 맞추는 반면 후자의 방식은 사회적 가치를 추구하는 특정기업을 우선적으로 지원하는 데에 초점을 맞춘다는 점에서 명백한 차이점을 가지고 있다. 이 두 가지 방식을 어떻게 조합하는지에 따라서 사회책임조달의 구체적인 모습은 상당히 다른 모습을 띠게 된다.

셋째, 사회책임조달의 기반이 되는 '사회적 가치'라는 개념 자체가 노동가치, 환경가치 등 다양한 가치를 내포하고 있고, 그 결과 이러한 다양한 사회적 가치들 상호 간의 우선순위 문제가 발생할 수 있다. 우리나라에서는 녹색제품(친환경제품) 우선구매제도, 여성기업제품 우선구매제도 등 사회책임조달에 해당한다고 볼 수 있는 제도들을 이미 운영하고 있는 상태에서 사회적 기업제품 우선구매제도가 나중에 도입되었기 때문에 이들 우선구매제도 상호 간의 관계 설정을 어떻게 할 것인지의 문제가 발생하게 된다.

사회책임조달에 관해서는 다양한 선행연구들이 존재하나 위와 같은 세 가지 쟁점들을 포괄적으로 다룬 연구는 찾기 힘들다.[6] 이

---

6) 사회책임조달에 대한 선행연구로는 황선자·이철, 정부의 공공계약정책을 통한 노동조건 개선 방안 연구, 한국노총 중앙연구원(2009); 이상수, "공공조달을 통한 사회·환경적 가치의 구현 - EU의 공공조달 관련법제를 중심으로", 행정법이론실무학회 행정법연구 제33호(2012.08); 이종서 외, 유럽의 사회적 책임을 고려한 공공조달정책 - 서울시의 시사점을 중심으로 -[연구용역사업 결과보고서], 서울특별시의회(2012); 김기선 외, "공공조달과 노동정책의 연계 - 공공조달계약을 통한 저임금근로 해소방안 -", 한국노동연구원(2013.12); 서울사회적경제네트워크(김성기 외), "사회적경제를 위한 사회책임조달제도 도입 방안 연구" [연구용역최종보고서], 성북구청(2013. 02); 주현정, "공공조달에서의 사회적책임조달 발전 방안", 한국구매조달학회 한국구매조달학회지 제12권 제2호(2013); 김대식, "사회적 가치 실현을 위한 공공조달의 역할과 구현 방안", 한국지방계약학회 지방계약연구 제5권 제1호(2014.02); 배성기, 지방자치단체 사회적 가치 구현을 위한 공공조달프레임

글은 다양한 선행연구들을 기반으로 하면서도 위의 세 가지 쟁점들에 초점을 맞추어서 다루어보고자 한다. 이를 위해서 우선 EU, 미국 등 해외 사회책임조달 법제 현황을 살펴보고(Ⅱ), 다음으로 우리나라의 사회책임조달 법제 현황을 살펴본 다음(Ⅲ), 우리나라의 사회책임조달 법제 발전 방안을 제시해보도록 한다(Ⅳ). 마지막으로 일정한 결론을 제시하도록 한다(Ⅴ).

Ⅱ. 해외 사회책임조달 법제현황

1. EU

가. 공공조달의 기본원리

2014년에 개정된 EU 공공조달지침(Public Procurement Directive)[7]는 제18조에서는 '조달의 원리'(principles of procurement)에 대해서 다음과 같은 규정을 두고 있다.

EU 공공조달지침 제18조(조달의 원리)

1. 발주처는 사업자를 동등하게, 차별하지 않고 취급해야 하며, 투명하고, 비례원칙에 부합하는 방식으로 업무를 수행해야 한다.
   이 지침의 적용을 배제하거나 인위적으로 경쟁을 제한하기 위한 의도로

워크, 한국민간위탁경영연구소(2016); 한국조달연구원(김병건 외), "사회적책임조달과 연계한 물품구매분야 종합심사 낙찰제 도입방안 연구" [최종보고서], 조달청(2017.01) 등 다수가 있다.
7) Directive 2014/24/EU

> 조달을 기획해서는 안 된다. 특정의 사업자에게 이익을 주거나 불이익을 주고자 하는 의도로 조달을 기획하는 경우에는 인위적으로 경쟁을 제한하는 것으로 본다.
> 2. 회원국들은 사업자가 공공계약을 이행하는 데에 있어서, 유럽법, 국내법, 공동협약 또는 부속서(Annex X)에 열거된 국제적인 환경법, 사회법, 노동법 규정8)에 의해서 정립된 환경법, 사회법, 노동법의 영역에서 적용되는 의무를 준수하는 것을 보장할 수 있도록 적절한 조치를 취해야 한다.

위의 규정을 보면 조달의 첫 번째 원리로 평등원칙, 투명성원칙, 비례원칙, 경쟁원칙 등을 들고 있으며, 두 번째 원리로 사회책임을 들고 있음을 볼 수 있다. 위와 같이 사회책임에 관한 규정이 조달의 원리 중의 하나로 들어가게 된 배경을 설명해보면 다음과 같다. 유럽집행위원회(European Commission)에서는 2010년에 '사회책임조달'에 대한 가이드라인9)을 발표하는 등 사회책임조달을 활성화하기 위한 노력을 기울였지만 이에 대해서는 다음과 같은 반대견해도 제시되었다. 사회책임이 지나치게 강조될 경우에는 '공공재정의 효율적인 사용'이라는 공공조달의 목표가 무시될 수 있다는 점, 기업의 행위에 대해서 규율하기 위해서 발주처가 그들의 구매결정을 사용하는 경우 발주처가 자신의 역할을 남용할 가능성이 존재한다는 점이

---

8) 부속서에는 국제노동기구(ILO)의 각종 협약들, 즉, 결사의 자유와 조직권리의 보호에 관한 협약(제87호), 조직과 단체협상의 권리에 관한 협약(제98호), 강제노동에 관한 협약(제29호), 강제노동의 철폐에 관한 협약(제105호), 최저임금에 관한 협약(제138호), 고용차별에 관한 협약(제11호), 동등한 보수지급에 관한 협약(제100조), 아동노동의 최악형식에 관한 협약(제182호)이 열거되어 있다. 또한 환경에 관한 협약들, 오존층의 보호에 대한 비엔나 협약, 오존층에 피해를 주는 물질에 대한 몬트리올 프로토콜, 유해폐기물의 국경을 넘는 이동 및 처리의 통제에 관한 바젤 협약, 유기성 오염물질에 대한 스톡홀름 협약, 국제무역에서 특정 유해화학물질과 살충제에 대한 사전동의절차에 관한 로테르담 협약 등이 열거되어 있다.

9) European Commission, Buying Social - A Guide to Taking Account of Social Considerations in Public Procurement (2010.)

그것이다.[10) 2014년에 개정된 EU 공공조달지침에서는 위와 같은 반대에 대응하면서 사회책임을 추구하는 것 자체가 조달의 기본원리에 속한다는 점을 보다 명확하게 나타내기 위해서 위와 같은 규정을 둔 것으로 볼 수 있다.

EU 공공조달지침 제18조 제2항에서 사회책임에 관한 규정을 둔 이유는 환경법, 사회법, 노동법 규정의 준수여부에 대한 통제가 조달절차의 적절한 단계에서 이루어질 필요가 있다고 보았기 때문이다. 즉, 입찰에 참여하는 사업자 선정을 규율하는 일반원리를 적용하는 단계, 낙찰자 선정 단계, 입찰 참가 제한을 하는 단계, 현저하게 낮은 가격의 입찰과 관련된 규정을 적용하는 단계 등에서 사회책임을 반영할 필요가 있다는 것이다.[11) 이처럼 EU 공공조달지침은 공공조달의 모든 단계에서 사회책임을 관철하는 데에 초점을 두고 있음을 볼 수 있다. 그러나 사회적 약자기업으로부터의 우선구매에 대해서도 규정을 두고 있다(제20조). 이하에서 보다 상세하게 살펴보도록 한다.

나. 낙찰기준

우선 EU 공공조달지침은 낙찰기준에 관한 규정에서 다음과 같이 사회책임에 관한 규정을 두고 있다.

EU 공공조달지침 제67조(계약낙찰기준)

① 특정의 서비스의 가격 또는 특정의 서비스에 대한 수수료지급과 관련한 국내법령 또는 행정규정에 위반되지 않는 한, 발주청은 공공계약의 낙찰

---

10) Martens, Marc and de Margerie, Stanislas, "The Link to the Subject-Matter of the Contract in Green and Social Procurement", 8 EPPPL 8 (2013.), p. 8 참조.
11) EU 공공조달지침 Recital 40.

을 할 때 '경제적으로 가장 유리한 낙찰'(most economically advantageous tender: MEAT)을 낙찰기준으로 해야 한다.

② 발주청의 관점에서 경제적으로 가장 유리한 입찰은 제68조에 따른 생애주기비용과 같이 비용효율성 접근법을 사용하여 가격 또는 비용을 기반으로 해서 정해져야 한다. 그리고 이 경제적으로 가장 유리한 입찰은 해당 공공계약의 본체와 관련이 있는 품질, 환경 그리고/또는 사회적 측면의 기준들을 통해서 평가된 최고 가격-품질 비율(best price-quality ratio)을 포함할 수 있다. 이러한 기준으로는 예를 들어 다음과 같은 것을 포함할 수 있다.

  (a) 기술적 특징, 미학적, 그리고 기능적 특징을 포함한 품질, 모든 사용자를 위한 디자인, <u>사회적, 환경적, 혁신적 성격</u>, 그리고 거래 및 거래 조건,

  (b) 배정된 인력의 질이 계약이행의 수준에 중대한 영향을 미칠 수 있는 경우에 계약의 이행을 위해서 배정된 조직, 인력의 자격과 경험, 또는

  (c) 애프터서비스와 기술지원, 배송일자와 같은 배송조건, 배송절차, 배송기간 또는 완료시점

    비용요소는 사업자가 품질기준만을 가지고 경쟁하는 것을 기반으로 하여 고정가격 또는 고정비용의 형식을 가지는 것도 가능하다. 회원국들은 발주청이 낙찰기준으로 가격만을 사용하거나 비용만을 사용하는 것을 허용하지 않을 수 있으며, 이들 방식의 사용을 특정범주의 발주청이나 계약유형에 대해서 제한할 수도 있다.

③ 낙찰기준은 제공되어야 하는 건물, 물품, 또는 서비스와 관련될 경우 공공계약의 모든 측면에 있어서, 그리고 생애주기의 어떤 단계에 있어서도 공공계약의 본체와 연결이 되어야 한다. 여기서의 낙찰기준은 다음과 같은 절차와 관련된 요소들을 포함한다.

  (a) 이러한 건물, 물품 또는 서비스의 생산, 제공, 또는 거래의 특정절차, 또는

  (b) 생애주기의 다른 단계에 관한 특정절차

    이는 이러한 요소들이 재료내용(material substance)의 일부를 형성하지 않는 경우라도 마찬가지이다.

④ 낙찰기준은 발주청에게 무제한의 자유를 허용하는 효력을 가져서는 안 된다. 이러한 기준은 효율적인 경쟁의 가능성을 보장해야 하며, 얼마나 입찰이 낙찰기준을 충족했는가를 평가하기 위해서 입찰참가자에 의해서 제공된 정보가 효율적으로 확인되도록 허용하는 기술규격과 함께 제시되어야 한다. 의심스러운 경우에는, 발주청은 입찰참가자에 의해서 제공된 정보와 증거의 정확성을 효율적으로 확인해야 한다.

⑤ 발주청은 조달서류에서 경제적으로 가장 유리한 입찰을 결정하기 위해서 선택한 각 기준들의 상대적 비중을 특정해야 한다. 단, 이러한 기준이 가격에 의해서만 정해지는 경우에는 예외로 한다. 이러한 비중은 적절한 최고 및 최저비율을 제공하는 것을 통해서 제시될 수도 있다. 객관적인 이

> 유로 이러한 비중을 제시하는 것이 불가능한 경우에는, 중요도 순으로 각 기준들을 열거해야 한다.

이러한 낙찰기준을 보면 사회책임이 다음과 같은 두 가지 방식으로 반영될 가능성이 있음을 알 수 있다. 첫째, '경제적으로 가장 유리한 입찰'이 단일기준이기는 하지만 비용과 관련된 요소를 반드시 고려해야 함을 알 수 있다. 그리고 이러한 비용과 관련해서는 낙찰 당시의 가격보다는 생애주기비용(life-cycle cost)이 강조되고 있으며, 이러한 생애주기비용자체가 다양한 사회책임적 가치를 반영할 수 있는 여지를 갖고 있다.[12]

둘째, '경제적으로 가장 유리한 입찰'을 판단하기 위해 활용될 수 있는 여러 가지 기준들이 '계약의 본체'(subject matter of the contract)와 관련성이 있어야 한다는 점이 강조되고 있음을 볼 수 있다. 이는 공공조달을 통해 사회책임적 가치를 추구한다고 하더라도 조달 자체의 효율성 추구와 연계되도록 함으로써 자의적이고 차별적인 낙찰기준설정을 막기 위한 취지로 볼 수 있다.[13]

여기서 '계약의 본체'와의 관련성이 있는지 여부는 유럽법원의 판례에서 정립된 원칙을 명문화한 것이다. 이와 관련된 대표적인 판례를 하나 소개해보도록 한다.[14] 오스트리아 연방조달청(Bundes-vergabeamt)은 전기 공급을 위한 공개입찰을 실시했다. 입찰공고문에서는 낙찰심사기준으로 가격(55%), 연방정부의 연간 소비량(22.5 GWh)을 넘어서 재생가능자원에서 얻은 전기를 공급할 수 있는 능력(45%)을 제시하였다. 이러한 환경적 가치를 담은 낙찰기준을 사용

---

12) 김대인, "EU 공공조달법제에 대한 연구 - 2014년 EU 개정 공공조달지침을 중심으로 -", 행정법이론실무학회 행정법연구 제41호 (2015.02.), 14~15면.
13) 김대인, 위의 글, 15면.
14) Case C-448/01, ECR I-14527 (2003).

하는 것이 허용되는지가 문제되었는데, 유럽법원은 이러한 환경적 기준을 사용하는 것 자체는 허용되지만, '예상되는 연방정부의 연간 소비량을 넘어서' 재생가능자원에서 얻은 전기를 공급할 것을 요구하는 것은 허용되지 않는다고 보았다. 왜냐하면 예상되는 연방정부의 연간 소비량을 넘은 부분은 계약의 본체와 연결되어 있다고 보기 힘들기 때문이다.[15)

다. 입찰참가자격제한

EU 공공조달지침에서는 입찰참가자격을 제한할 수 있는 사유를 의무적 제재사유와 선택적 제재사유로 나누어서 규율하고 있다(동지침 제57조).[16) 이 중 선택적 제재사유를 통해 사회책임이 반영될 수 있다. 이에 관한 규정은 다음과 같다.

EU 공공조달지침 제57조(입찰참가자격제한)

4. 발주청은 다음과 같은 경우에는 사업자가 조달절차에 참여하는 것을 배제하거나 회원국으로부터 배제를 요청받는 것이 가능하다.
   (a) 발주청이 적절한 수단에 의해서 제18조 제2항에 정해진 의무를 위반했다는 점을 소명하는 경우,
   (b) 사업자가 파산하거나 도산이나 회생과정 중인 경우, 자산이 파산관재인이나 법원에 의해서 관리되는 경우, 채권자와 협약을 체결한 경우, 영업행위가 정지된 경우, 국내법이나 규정에 따라 유사한 절차에서 이에 상

---

15) 다시 말해 연방정부에게 공급되는 부분은 공공조달계약의 본체와 관련이 있지만, 연방정부 이외의 다른 수요자에게 공급되는 부분은 공공조달계약의 본체와 관련이 없다고 본 것이다. 이 판례에 대한 상세한 소개로 이상수, "공공조달을 통한 사회·환경적 가치의 구현 - EU의 공공조달 관련법제를 중심으로", 행정법이론실무학회 행정법연구 제33호(2012.08), 131~132면 참조.

16) 이에 관해 상세히는 김대인, "EU법의 부정당업자제재제도에 대한 연구", 한국공법학회 공법연구 제45집 제3호(2017.02) 참조.

응하는 상황이 발생하는 경우,

(c) 발주청이 적절한 수단을 통해서 사업자가 염결성을 의심스럽게 하는 '중대한 윤리적 과오행위'(grave professional misconduct)를 했다는 점을 소명할 수 있는 경우,

(d) 사업자가 다른 사업자와 경쟁을 왜곡하기 위한 협약을 체결했다고 결론을 내릴 만한 충분한 가능성 있는 징표가 있는 경우,

(e) 제24조에 규정된 이해상충이 다른 덜 침익적인 방법을 통해서 효율적으로 제거되기 힘든 경우,

(f) 제41조에 따른 조달절차의 준비과정에서 사업자의 사전적인 개입으로 인한 경쟁왜곡이 다른 덜 침익적인 방법을 통해서는 제거되기 힘든 경우,

(g) 사업자가 이전의 공공계약, 발주청과의 이전계약, 또는 이전의 특허계약의 실체적인 요건의 이행에 있어서 중대하고도 지속적인 하자가 있어서 이전 계약의 해약을 가져오거나, 손해배상책임을 지거나, 기타 유사한 제재를 받은 경우,

(h) 사업자가 입찰참가자격배제사유가 없다는 점에 대한 공인 및 적격 심사 기준(selection criteria)의 충족을 위해서 요청되는 정보를 제공함에 있어서 중대한 기망을 했거나, 그러한 정보를 제출하지 않거나, 제59조에 따른 근거서류를 제출하지 않은 경우,

(i) 조달절차에서 부당한 이득을 줄 수 있는 기밀정보를 회득하기 위해서 발주청의 결정과정에 부당하게 영향력을 행사하거나, 입찰참가자격제한, 적격심사 또는 낙찰과 관련하여 중대한 영향을 미칠 수 있는 잘못된 정보를 고의나 과실에 의해서 제공한 경우.

단, (b)에도 불구하고, (b)에서 언급된 경우의 영업의 지속에 관한 국내규정을 고려할 때 사업자가 계약을 이행할 수 있다고 발주청이 판단하는 경우에는, 사업자가 (b)에 언급된 어느 하나의 상황에 해당한다고 하더라도 해당 사업자를 입찰참가자격을 배제하지 않도록 회원국들이 요청하거나, 배제하지 않을 수 있는 근거규정을 둘 수 있다.

EU 공공조달지침 입법이유서에서는 환경법, 사회법상의 의무를 위반한 경우에는 선택적 제재사유인 '중대한 윤리적 과오'에 해당한다고 보아서 입찰참가자격제한이 가능하다는 점을 밝히고 있다.[17]

---

17) EU 공공조달지침 Recital 39.

라. 현저하게 낮은 가격의 입찰

EU 공공조달지침 제69조에서는 '현저하게 낮은 가격 또는 비용의 입찰'(abnormally low tender)은 배제하도록 하고 있는데, 이 제도도 사회책임과 연결될 수 있다.

EU 공공조달지침 제69조(현저하게 낮은 가격 또는 비용의 입찰)

1. 공사, 물품, 서비스와 관련하여 현저하게 낮은 가격 또는 비용의 입찰이 이루어진 경우에는 발주처는 사업자에게 해당 가격이나 비용을 설명해줄 것을 요청해야 한다.
2. 제1항에서의 설명은 특히 다음과 관련된다.
   (a) 제품생산과정이나 제공되는 서비스 또는 건설방식의 경제성;
   (b) 물품이나 서비스의 공급 또는 공사의 수행과 관련해서 선택된 기술적 솔루션 또는 입찰참가자에게 허용되는 매우 예외적으로 유리한 조건;
   (c) 입찰참가자가 제한한 물품, 공사, 서비스의 고유성;
   (d) 제18조 제2항의 의무를 준수하였는지 여부
   (e) 제71조의 의무를 준수하였는지 여부
   (f) 입찰참가자가 국고보조금(State aid)을 받을 수 있는 가능성
3. 발주처는 입찰참가자와의 협의를 통해서 제공된 정보를 평가해야 한다. 제2항에서 열거된 요소들을 고려하여, 입찰참가자가 현저하게 낮은 가격 또는 비용을 충분히 설명하지 못한 경우에는 해당 입찰을 배제할 수 있다. 발주처는 해당 입찰이 제18조 제2항에 언급된 의무를 준수하지 않아서 현저하게 낮은 가격 또는 비용의 입찰이 이루어진 경우에는 이러한 입찰은 배제해야 한다.

위 규정의 취지는 다음과 같이 설명되고 있다. 즉, 공사, 물품, 또는 서비스와 관련한 현저하게 낮은 가격의 입찰은 기술적, 경제적, 또는 법적으로 건전하지 않은 전제 또는 실무를 기반으로 했을 가능성이 있다는 것이다. 입찰참가자가 충분한 설명을 하지 못하는 경우에는 발주처는 이러한 입찰을 배제할 수 있는 권한을 갖는다고 본다. 발주처가 현저하게 낮은 가격 또는 비용의 입찰이 사회법, 노

동법, 환경법의 영역 또는 국제노동법의 규정과 부합하면서 필수적으로 적용되는 유럽법 또는 국내법에 위반하여 현저하게 낮은 가격이나 비용의 입찰이 이루어졌다고 판단하는 경우에는 이러한 입찰참가배제가 의무적으로 이루어져야 한다고 보고 있다.[18] 이처럼 사회법, 노동법, 환경법의 위반이 있는 경우에는 '의무적으로' 입찰참가를 배제하고 있다는 점에서 사회책임적인 가치가 강조되고 있는 모습을 볼 수 있다. 이러한 규정은 '사회적 덤핑'(social dumping)에 대응하기 위해 2014년 EU 공공조달지침이 개정되면서 새롭게 들어가게 된 제도이다.[19]

마. 계약의 이행

또한 EU 공공조달지침은 계약의 이행에 대해서도 다음과 같이 사회책임에 관한 규정을 두고 있다.

EU 공공조달지침 제70조(계약이행조건)

발주처는 계약의 이행과 관련한 특별한 조건을 부과할 수 있다. 그러나 이러한 조건은 제67조 제3항의 의미에서 계약의 본체와 연결이 되어야 하며, 이러한 조건은 입찰공고문 또는 조달계약문서에 명시되어야 한다. 이러한 조건들에는 경제, 혁신관련, 환경, 사회 또는 고용관련 고려사항들이 포함될 수 있다.

계약이행조건(contract performance condition)은 계약의 이행과 관련한 특정한 조건을 정해놓은 것을 말한다. 입찰의 질에 대한 상대적인 평가를 기반으로 하는 계약의 낙찰기준과는 달리 계약이행조

---

18) EU 공공조달지침 Recital 103.

19) European Commission, Public Procurement Reform FACT SHEET No: 8: Social Aspects of the New Rules (2014.), p. 1 참조.

건은 입찰의 평가에는 영향을 미치지 않는 객관적 요건으로 구성된다. 계약이행조건은 직간접적으로 차별적이지 않으며, 계약의 본체[20]와 연결될 경우에 EU 공공조달지침과 부합하게 된다. 이러한 계약이행조건은 계약의 이행과정과 관련된 조건들을 포함하지만, 일반적인 기업정책(general corporate policy)을 언급하는 조건은 배제되어야 한다.[21]

이러한 계약이행조건에 사회책임과 관련된 내용이 포함될 수 있다. 예를 들어 취약계층의 사람을 최대한 고용하여 계약이행이 이루어지도록 하거나, 법적으로 요청되는 기준을 넘어서 근로자들에게 특정한 근로조건을 계약이행과정에서 준수하도록 하는 방식 등이 사용될 수 있다. 다만 이러한 이행조건은 어디까지나 공공조달계약의 대상이 되는 공사, 물품, 서비스의 생산 또는 공급과 관련된 인력에 대해서만 적용된다. 따라서 공공조달계약과 무관하게 일반적인 사회 또는 환경적 책임정책을 적용하는 것은 허용되지 않는다.[22] 이처럼 계약이행조건에서 사회책임을 중시하면서도 계약본체와의 관련성을 강조하고 있는 점이 특징이라고 할 수 있다.

바. 우선구매제도

EU 공공조달지침에서는 사회적 약자기업으로부터의 우선구매제도에 대해서도 다음과 같이 규정을 두고 있다.

---

20) 이는 생산, 공급 또는 상용화의 특정절차와 관련한 모든 요소들로 이루어진다.
21) EU 공공조달지침 Recital 104.
22) European Commission, Public Procurement Reform FACT SHEET No: 8: Social Aspects of the New Rules (2014.), p. 1 참조.

> ### EU 공공조달지침 제20조(우선구매계약)
>
> 1. 회원국들은 공공조달절차에 참가할 수 있는 권리를 장애인 보호사업장과 장애가 있거나 취약계층의 사람들을 사회적, 직업적으로 통합하거나 재통합하는 목적을 가진 사업자들에게 유보할 수 있는 권리를 갖는다. 또는 그러한 계약이 장애인 보호사업장 프로그램의 맥락에서 이행되도록 규정하는 것이 가능하다. 단, 이 경우에는 그러한 사업장, 사업자 또는 프로그램의 근로자의 30% 이상이 장애인이거나 취약계층의 근로자이어야 한다.
> 2. 입찰공고시에 위의 내용이 명시되어야 한다.

위 규정의 취지는 다음과 같이 설명되고 있다. 여기에서는 고용과 근로는 사회통합에 기여하며, 동등한 기회를 보장하는 핵심적인 요소라는 점을 밝히면서, 장애인을 위한 보호 작업장(sheltered workshop)이 중요한 역할을 할 수 있다고 보고 있다. 이러한 논리는, 실업자, 취약한 소수인종 또는 기타 사회적 약자그룹 등 장애가 있거나 취약계층의 사람들을 사회적, 직업적으로 통합하거나 재통합하는 목적을 가진 다른 사회적기업들에도 적용될 수 있다고 본다. 그런데 이러한 사업자이나 기업들은 일반적인 경쟁조건하에서는 계약을 획득하는 것이 불가능할 수 있기 때문에 각 회원국들이 이들로부터 우선적으로 계약을 체결할 수 있도록 계약분량의 일부를 유보하는 것이 가능하다고 보고 있다.[23]

2. 미국

가. 공공조달의 기본원리

미국에서 공공조달의 주요한 목표는 '고객(발주처)의 필요를, 적

---

23) EU 공공조달지침 Recital 36.

시에, 적절한 가격으로, 공정한 조건으로 충족하는 것'이라고 할 수 있다. 또한 공공조달은 다양한 사회경제정책의 수단으로 활용하고 있는데, 이것이 위에서 언급한 공공조달의 주요한 목표와 부합하는지에 대해서는 다양한 논쟁이 존재한다. 왜냐하면 공공조달을 다양한 사회경제정책의 수단으로 활용하는 것은 일반경쟁입찰 정책과 충돌을 가져올 수 있고, 조달의 전반적인 비용을 증가시킬 수 있기 때문이다.[24]

공공조달을 사회경제정책의 수단으로 활용하는 것에 대해서 찬성을 하는 입장에서는 정부가 구매수단을 활용하여 취약계층의 사람들을 지원하고, 실업을 감소시키며, 공해를 줄이고, 에너지를 보존하고, 기타 다른 정책목표를 추구하는 것은 합리적이고도 효과적으로 보고 있다. 또한 이를 통해 공급자의 범위를 확대시킴으로써 궁극적으로 연방정부의 계약의 경쟁을 활성화할 수 있다고 본다.[25]

공공조달을 사회경제정책의 수단으로 활용하는 것에 대해서 반대를 하는 입장에서는 위와 같은 제도가 가져오는 비용이 매우 높으며, 이러한 제도를 운영함으로써 얻는 편익이 이에 들어가는 비용보다 높다는 점이 증명되지 않는다고 본다. 또한 사회경제적정책도 다양하기 때문에 이들 상호간에 모순충돌이 발생할 수 있으며, 이러한 제도는 금방 낡아지는 경향이 있으며, 조달절차가 지연되고 복잡해지는 원인이 된다는 것이다.[26]

---

24) Cibinic, John et al., Formation of Government Contracts (Fourth Edition), Wolter Kluwer (2011.), p. 1571. 조달의 전반적인 비용이 높아질 수 있는 이유는 다음과 같다. 첫째, 사회적 약자기업으로부터 조달을 할 경우에는 일반기업으로부터 조달을 하는 경우에 비해서 가격이 높아질 수 있다. 둘째, 사회적 약자기업으로부터의 우선구매제도를 운영하는 데에 비용이 추가적으로 들 수 있다.

25) Cibinic, John et al., 위의 글, p. 1571~1572.

26) Cibinic, John et al., 위의 글, p. 1572.

　이러한 논란에도 불구하고 지배적인 견해는 이러한 제도를 운영함으로써 얻는 편익이 이러한 제도를 운영함으로써 발생하는 비용에 비해서 크다고 보고 있다. 이러한 이유로 미국 연방정부의 공공조달에 대한 기본법령이라고 할 수 있는 연방조달규칙(Federal Acquisition Regulation: FAR)에서는 연방조달시스템의 지도원리(guiding principle)을 다음과 같이 제시하고 있다.

미국 연방조달규칙(FAR) 1.102 (연방조달시스템의 지도원리의 선언)

(a) 연방조달시스템의 비전은 고객에게 적시에, 최고가치의 제품 또는 서비스를 제공하면서도, 동시에 일반 시민로부터의 신뢰를 유지하고, <u>공공정책목적을 달성하는 데에 있다.</u> 조달절차에 참여하는 자들은 팀으로 함께 활동해야 하며, 각자의 책임 하에 결정을 내리도록 역량이 부여되어야 한다.

(b) 연방조달시스템은,

(1) 제공되는 물품 또는 서비스의 비용, 품질, 적시성의 관점에서 고객을 충족시켜야 한다. 그리고 이는 예컨대 (i) 상용물품과 서비스의 사용을 극대화하며, (ii) 성공적인 계약이행실적을 가지고 있거나, 현재 우수한 계약이행능력을 보이는 계약상대방을 활용하고, (iii) 경쟁을 촉진하는 것을 통해서 이루어져야 한다.

(2) 행정운영비용을 최소화한다.

(3) 염결성, 공정성, 공개성을 가지고 사업자와 거래해야 한다.

(4) <u>공공정책목표를 달성한다.</u>

　위와 같이 미국의 연방조달규칙(FAR)은 최고가치(best value)를 추구하면서도 동시에 공공정책목표(public policy objective)를 달성하는 것을 동시에 공공조달의 지도원리로 제시하고 있음을 볼 수 있다. 연방조달규칙(FAR)에서는 제19장(중소기업 프로그램), 제22장(정부조달에 노동법의 적용), 제23장(환경, 에너지 및 물 효율성, 재생에너지기술, 직업안전, 그리고 마약이 없는 직장), 제26장(기타 사회경제적 프로그램) 등에서 사회책임과 관련된 규정들을 두고 있다. 이하에서는 사회책임관련제도들을 보다 상세하게 살펴보도록 한다.

나. 중소기업

연방조달규칙(FAR) 제19장에서는 중소기업에 해당하는 다양한 취약계층기업으로부터의 우선구매에 관한 규정을 두고 있다. 이러한 우선구매제도로는 8(a) 프로그램,[27] 경제낙후지역(Historically Under-utilized Business Zone: HUBZONE) 프로그램, 전역장애인장병소유 중소기업(Service-Disabled Veteran-Owned Small Business: SDV-OSB) 프로그램, 여성소유 중소기업(Women-Owned Small Business) 프로그램 등을 들 수 있다. 이러한 우선구매제도에 관한 주요규정들을 소개해보면 다음과 같다.

미국 연방조달규칙(FAR) 19.201 (일반정책)

(a) 중소기업, 전역장애인장병소유 중소기업, 경제낙후지역소재 중소기업, 취약계층 중소기업, 여성소유 중소기업들에게 최대한 가능한 조달의 기회를 제공하는 것이 정부의 정책이다. 위와 같은 기업들은, 효율적인 계약 이행에 따라, 연방정부가 체결하는 계약에 하수급인으로도 최대한 참여할 수 있도록 해야 한다. 중소기업청장은 중소기업제품 우선구매에 대해서 자문을 제공하며, 계약공무원들이 물품이나 서비스의 공정한 비율만큼을 중소기업으로부터 조달하도록 지원해야 한다.

미국 연방조달규칙(FAR) 19.202-3 (동일한 저가입찰)

동일한 저가입찰이 있는 경우에는, 중소기업으로서 경제낙후지역소재기업에게 우선적으로 낙찰이 이루어져야 하며, 다음으로 중소기업으로서 경제낙후지역이 아닌 곳에 소재한 기업에 다음 순위로 낙찰이 이루어져야 한다.

미국 연방조달규칙(FAR) 19.203 (중소기업프로그램 상호간의 관계)

(a) 8(a) 프로그램, 경제낙후지역(HUBZONE) 프로그램, 전역장애인장병소유 중

---

[27] 미국 중소기업법(Small Business Act) 제8(a)조에 따라 흑인, 히스패닉, 원주민 등 취약계층이 51% 이상의 지분을 가진 중소기업으로부터 우선 구매하는 제도를 말한다.

소기업(Service-Disabled Veteran-Owned Small Business) 프로그램, 여성소유기업(Women-Owned Small Business: SDVOSB) 프로그램 상호 간에는 우열관계가 존재하지 않는다.

(c) 조달을 위해서 어떠한 우선구매제도를 활용할 지를 결정함에 있어서 계약공무원은 최소한 (1) 발주처의 요건을 충족할 수 있는 사회경제적기업이 존재하는지 여부를 결정하기 위해서 이루어지는 시장조사의 결과, (2) 중소기업 제품구매의 목표를 달성하기 위한 발주처의 상황을 고려해야 한다.

위의 규정들을 보면 다양한 취약계층의 기업들을 '중소기업'의 개념에 포섭시키고, 이들 우선구매제도 상호 간의 관계에 관한 일정한 기준을 제시하고 있음을 볼 수 있다.

다. 노동

연방조달규칙은 노동과 관련해서 다음과 같은 규정들을 두고 있다.

미국 연방조달규칙 22.101-1 (개관)

(a) 발주처는 (1) 정부의 조달과정에 부정적인 영향을 미칠 수 있는 노동관계와 관련한 정보를 신속하게 제공받을 수 있고, (2) 정부가 필요로 하는 물품과 서비스를 지연 없이 공급받을 수 없도록 하기 위해서 산업과 노동계와 건전한 관계를 유지해야 한다. 노동관계와 관련한 모든 문제들은 발주처의 절차에 따라서 다루어져야 한다.

(b) (1) 발주처들은 노동자와 관리자간의 분쟁과 관련하여 불편부당성을 유지해야 하며, 노동분쟁과 관련해서 화해, 조정 중재 등을 담당해서는 안된다. 가능한 한, 발주처는 당사자들이 분쟁해결을 위해 허용되는 모든 수단들을 사용할 수 있도록 보장해야 한다. 이러한 수단으로는 국립노동관계위원회(National Labor Relations Board), 연방조정 및 화해서비스(Federal Mediation and Conciliation Service), 국립조정위원회(National Mediation Board), 그리고 기타 연방, 주, 지방, 민간기관들을 들 수 있다.

미국 연방조달규칙 22.101-1 (정책)

발주처들은 다음과 같은 근로조건들을 시행하는 데에 책임을 지는 연방정부
와 협력해야 하며, 사업자들로 하여금 협력하도록 권유해야 한다.
(a) 안전
(b) 건강과 위생
(c) 노동최장시간과 최저임금
(d) 동등한 고용기회
(e) 아동과 교도소 노동
(f) 연령에 따른 차별
(g) 장애인과 베트남 참전용사의 고용
(h) 장애인의 고용, 그리고
(i) 미국 이민법에 따른 고용 허용성

위와 같은 내용들을 보면 노사문제는 기본적으로 노사 간에 해결
하는 것을 원칙으로 하고 있음을 볼 수 있다. 또한 각종 근로조건의
시행과 관련해서는 공공협력, 공사협력의 중요성을 강조하고 있음
을 볼 수 있다. 미국의 연방조달에서 노동과 관련된 대표적인 법으
로는 크게 3가지를 들 수 있다. 데이비스-베이컨법(Davis-Bacon Act),
코프랜드법(Copeland Act), 서비스계약법(Service Contract Act) 등이
그것이다.

우선 '데이비스-베이컨법'은 연방정부 또는 워싱턴 DC가 발주하
는 공공건물 또는 공공공사에 대한 건설, 변경, 수리, 도장, 장식계
약에서, 현장에서 직접 고용되는 근로자 또는 기술자는 노동부장관
이 정한 '적정임금'(prevailing wage)에 미달하는 임금을 지급받지 않
도록 하는 규정을 담아야 한다고 규정하고 있다.(FAR 22.403-1)[28]
이 법의 내용을 반영한 연방조달규칙의 주요 내용은 다음과 같다.

---

28) 강현주, "미국의 공공조달과 노동의 연계", 김기선 외, "공공조달과 노동정
책의 연계 - 공공조달계약을 통한 저임금근로 해소방안 -", 한국노동연구원
(2013.12.), 125~126면.

미국 연방조달규칙 22.404 (건설임금요율요건 법률상 임금결정)

노동부는 복리후생을 포함하여 적정임금을 반영한 임금결정을 공표할 책임을 진다. 임금결정은 계약이행의 과정에서 현장자재 및 시설로부터 또는 자재 및 시설까지 운송을 하는 운전자를 포함하여 작업현장에 고용된 근로자와 기술자에게만 적용된다. 이러한 결정은 건물, 토목, 고속도로, 집 등과 같이 건설유형별로 공표되며(요율로 언급된다), 결정에서 지정된 건설유형에 대해서만 적용된다.

미국 연방조달규칙 22.404-1 (임금결정의 유형)

(a) 일반적인 임금결정(general wage determination) (1) 일반적인 임금결정은 결정에서 정해진 건설유형에 따른 일반적인 임금요율을 포함한다. 그리고 이는 특정의 지리적 범위 내에서 이행되는 계약에서 사용된다. 일반적인 임금결정은 만료시점이 따로 존재하지 않으며, 노동부에 의해서 변경되거나 번복하거나, 취소되기 전까지는 유효하다. 계약에 일단 포함되고 난 이후에는, 일반적인 임금결정은 일반적으로 계약기간 동안 유효하다. 단, 계약공무원이 계약의 기간을 연장하는 경우에는 그러하지 않다. 이러한 결정은 언제든지 가능할 때 사용되어야 한다. 이 결정은 발주처의 요청을 받자마자 또는 노동부에 의해서 주도에 의해서 노동부의 재량에 의해서 공표된다.

(b) 프로젝트 임금결정(project wage determination) 프로젝트 임금결정은 발주처의 특별한 요청에 의해서 공표된다. 이는 일반적인 임금결정이 적용되지 않는 경우에만 적용되며, 결정시로부터 180일 동안 유효하다. 그러나 만약 낙찰이 이루어지기 전에 이 기간이 만료될 경우에는, 180일을 연장을 하는 것이 가능하다. 일단 계약에 포함이 되면, 프로젝트 임금결정은 일반적으로 계약기간 동안 유효하다. 단, 계약공무원이 계약의 기간을 연장하는 경우에는 그러하지 않다.

위에서 볼 수 있듯이 적정임금이 적용되는 범위가 일정하게 제한되고 있음을 볼 수 있다. 이는 해당 기업의 전체적인 임금수준을 정부가 결정하는 것은 적절하지 않다고 보아서 공공조달계약과 직접적으로 관련되는 근로자에 한해서 위와 같은 적정임금을 적용하려고 하는 것이라고 볼 수 있다.

다음으로 ‘코프랜드법’은 일부 건설업체들이 데이비스-베이컨법
에 따른 일반임금을 일단 지급하고 난 이후에 다시 리베이트(kick-
back)를 요구하는 문제를 해결하기 위한 법이다. 즉, 고용계약에 따
라 받아야 할 보수의 일정 부분을 강제나, 협박, 해고의 위협이나 그
밖의 다른 어떤 방법에 의해서 포기하도록 요구하는 것을 금지하는
법이다.(FAR 22.403-2)[29]

마지막으로 ‘서비스계약법’에 의하면 연방정부가 2,500불을 넘는
서비스의 공급계약을 체결하는 경우에는 최저임금, 복리후생, 안전
하고 위생적인 작업조건, 최저한으로 허용되는 보상을 근로자에게
고지하는 것, 그리고 이에 상응하는 연방공무원의 유형과 임금요율
을 필수적으로 계약내용에 담아야 한다.(FAR 22.1002-1)

라. 환경

연방조달규칙 제23장에서는 지속가능한 조달(sustainable procure-
ment)의 기본정책에 대해서 다음과 같은 규정을 두고 있다.

미국 연방조달규칙 23.103 (지속가능한 조달)

(a) 연방 행정청은 물품의 공급과 서비스의 조달에 있어서 다음과 같은 점들
을 물품에 대해서 요구함으로써 새로운 계약행위의 95퍼센트에서 지속
가능한 조달을 증진시켜야 하다.
(1) 에너지 효율적이어야 하며,
(2) 물 효율적이어야 하며,
(3) 천연제품이어야 하며,
(4) 친환경적이어야 하며,
(5) 오존층을 파괴하는 성격을 가지지 않아야 하며,
(6) 재생 가능한 재료로 만들어져야 한다.
(b) 서비스에 대한 계약행위에서 요청되는 제품은 다음과 같은 제품을 포함

---

29) 강현주, 위의 글, 127면.

> 한다.
> (1) 계약이행과정에서 정부에게 공급되는 제품, 또는
> (2) 연방정부에 의해서 통제되는 시설에서 서비스를 제공함에 있어서 계약상대방에 의해서 획득되는 제품, 또는
> (3) 정부에 의한 사용이 가능하도록 계약상대방이 제공되는 제품.
> (c) 계약행위에서 요청되는 물품은 행정청의 계약이행조건을 충족해야 한다.
> (d) 95퍼센트의 계약행위의 조건을 충족함에 있어서, '계약행위'(contract action)는 새로운 계약(그리고 그에 기반한 다수공급자계약주문30)) 또는 기존계약에 대한 새로운 다수공급자계약주문을 포함한다.

위와 같은 95퍼센트의 계약행위에서 친환경적 조달이 요구된다는 점에서 환경적 가치는 계약전반의 일반적인 원리로 작동하고 있는 것으로 이해할 수 있다. 친환경조달을 위한 주요제도로는 다음을 들 수 있다. 첫째, 발주처의 장이 합리적으로 사용가능하거나 비용효율적인 제품이 없는 경우가 아닌 한 원칙적으로 에너지 효율적인 제품을 조달해야 한다.(FAR 23.203 및 23.204)

둘째, '에너지절약 성과계약'(energy-savings performance contract) 제도를 들 수 있다. 이는 연방정부의 에너지시설을 민간사업자에게 이전하여 에너지절약 시스템을 제공하도록 하고, 에너지절약으로 인한 성과에 대해서 보상을 받을 수 있도록 하는 계약이다. 이러한 계약은 최장 25년의 범위 내에서 장기계약(multi-year contract)의 방식으로 이루어진다.(FAR 23.205)

셋째, 무공해제품 우선구매제도를 들 수 있다. 발주처는 에너지 효율적이고, 물을 절약하며, 친환경적인 제품과 서비스를 우선 구매하는 비용효율적인 제도를 시행해야 한다. 또한 발주처는 다음과 같은 환경적인 목표를 적극적으로 달성하기 위한 조달전략을 채택해야 한다. 즉, 친환경제품과 서비스의 사용을 극대화하며, 에너지 효

---

30) 다수공급자계약주문(task and delivery order)란 우리나라에서 다수공급자계약에서 수요기관이 주문하는 행위와 유사하다.

율성과 물 절약성을 증진시키고, 유해물질의 배출을 제거하거나 줄이고, 무해하고 재생가능한 물질의 사용을 증진시키고, 생애주기비용절감을 실현하는 등의 환경목표 달성을 하기 위해 노력해야 한다 (FAR 23.703).

III. 우리나라의 사회책임조달 법제현황

1. 공공조달의 기본원리와 사회책임

우리나라 공공조달의 기본법이라고 할 수 있는 「국가를 당사자로 하는 계약에 관한 법률」(이하 국가계약법)에서는 제1조에서 동법의 목적을 "이 법은 국가를 당사자로 하는 계약에 관한 기본적인 사항을 정함으로써 계약업무를 원활하게 수행할 수 있도록 함을 목적으로 한다."고 매우 간략하게 규정하고 있다. 따라서 이 규정을 통해서는 공공조달의 기본원리를 도출하기는 힘들다. 다만 국가계약법 제7조에서는 일반경쟁입찰을 원칙으로 하면서, 제한경쟁입찰이나 수의계약은 예외적으로 인정하면서 이를 통해 중소기업제품 우선구매 등이 가능토록 함으로써 사회적 책임이 반영될 수 있는 법적 근거를 두고 있다.

주목할 점은 「조달사업에 관한 법률」(이하 조달사업법)에서는 사회책임에 관한 규정이 명시적으로 존재한다는 점이다. 2016년 1월 27일 개정된 조달사업법에서는 제1조를 개정하고, 제3조의 2를 신설하였다. 제1조에서는 "이 법은 조달사업을 공공성을 고려하면서도 효율적으로 수행하기 위하여 조달사업의 운영 및 관리에 필요한 사항을 정함을 목적으로 한다."고 규정하여 조달사업의 공공성을 강조하는 내용이 들어갔으며,31) 제3조의 2에서는 "조달청장은 기업의 사회적 책임을 장려하기 위하여 조달절차에서 환경, 인권, 노동, 고용, 공정거래, 소비자 보호 등 사회적·환경적 가치를 반영할 수 있다."고 규정하여 사회책임조달의 근거규정이 들어가게 되었다.

2. 우선구매제도

현재 공공조달에서는 다양한 우선구매제도들이 활용되고 있다. 「중소기업제품 구매촉진 및 판로지원에 관한 법률」에 따른 중소기업제품 우선구매제도, 「여성기업 지원에 관한 법률」에 따른 여성기업제품 우선구매제도, 「중증장애인생산품 우선구매 특별법」에 따른 중증장애인제품 우선구매제도, 「장애인기업활동 촉진법」에 따른 장애인기업제품 우선구매제도, 「녹색제품 구매촉진에 관한 법률」에 따른 녹색제품 우선구매제도, 「국민기초생활보장법」에 따른 자활기업 우선구매제도, 「사회적기업 육성법」에 따른 사회적기업제품 우선구매제도 등이 그것이다.

사회책임조달의 개념을 어떻게 이해하는지에 따라 위와 같은 우선구매제도들 중 어디까지를 사회책임조달의 내용에 포섭할 수 있는지가 달라진다고 할 수 있다. 최광의로는 중소기업제품 우선구매제도까지 포섭할 수 있으며, 광의로는 중소기업제품 우선구매제도를 제외한 나머지 사회적 약자기업들이나 환경제품 우선구매제도를 포섭할 수 있고, 협의로는 사회적기업제품 우선구매제도만을 의미하는 것으로 볼 수 있다.

우선 '최광의'의 사회책임조달 우선구매제도 개념은 다음과 같은

---

31) 개정이전에는 "이 법은 조달사업을 효율적으로 수행하기 위하여 조달사업의 운영 및 관리에 필요한 사항을 정함을 목적으로 한다"라고 규정하고 있었다.

점에서 의미가 있다. WTO 정부조달협정에 의하면 우리나라 제품을 우선적으로 구매하는 것이 정당화되기 위해서는 '중소기업제품' 우선구매제도에 해당되어야 한다. 따라서 사회적기업을 포함하여 다양한 사회적 약자기업 우선구매제도를 운영할 때에는 중소기업제품 우선구매제도와 연동하는 것이 필요하다.

다음으로 '광의'의 사회책임조달 우선구매제도 개념도 다음과 같은 점에서 의미가 있다. 중소기업 중에서는 사회적 약자기업의 지위를 중첩적으로 갖는 기업들과 그렇지 않은 일반적인 중소기업들이 동시에 존재한다. 이들은 서로 달리 취급하는 것이 필요할 수 있다. 이러한 점에서 일반적인 중소기업제품 우선구매제도를 제외한 나머지 사회적 약자기업에 초점을 맞추어서 사회책임조달을 이해하는 것이 필요할 수 있다.

마지막으로 '협의'의 사회책임조달 우선구매제도 개념도 의미가 크다. 왜냐하면 협의의 개념에 해당하는 사회적기업제품 우선구매제도는 사회책임조달의 가장 핵심이라고 할 수 있는 사회적기업에 초점을 맞추고 있기 때문이다.

이와 같은 점을 고려하여 이하에서는 이 세 가지 개념을 모두 활용하되, 이 중에서도 협의의 개념에 초점을 맞추어서 논의를 진행하도록 하겠다. 「사회적기업 육성법」 제12조에서는 공공기관의 사회적기업제품 우선구매에 관한 규정을 다음과 같이 두고 있다.

「사회적기업 육성법」 제12조(공공기관의 우선구매)

① 「중소기업제품 구매촉진 및 판로지원에 관한 법률」 제2조제2호에 따른 공공기관의 장(이하 "공공기관의 장"이라 한다)은 사회적기업이 생산하는 재화나 서비스(이하 "사회적기업제품"이라 한다)의 우선 구매를 촉진하여야 한다.

② 공공기관의 장은 사회적기업제품의 구매 증대를 위한 구매계획과 전년도 구매실적을 고용노동부장관에게 통보하여야 한다.

③ 고용노동부 장관은 제2항에 따른 구매계획과 구매실적을 종합하여 공고
하여야 한다.
④ 제2항 및 제3항에 따른 구매계획과 구매실적의 통보 및 공고에 필요한 사
항은 대통령령으로 정한다.

위 규정에 의한 '사회적기업'은 "취약계층에게 사회서비스 또는
일자리를 제공하거나 지역사회에 공헌함으로써 지역주민의 삶의 질
을 높이는 등의 사회적 목적을 추구하면서 재화 및 서비스의 생산·
판매 등 영업 활동을 하는 기업으로서 사회적기업 육성법에 따라
인증을 받은 기업"으로 정의되고 있다.(「사회적기업 육성법」 제2조
제1호)

고용노동부에서는 위 규정에 따라 2016년 12월에 '사회적기업제
품 우선구매지침'을 제정하여 운용하고 있다. 이 지침은 공공기관이
사회적기업 제품(재화 및 서비스)을 적극적으로 우선구매 할 수 있
도록 사회적기업제품 우선구매 절차 및 방법, 구매실적과 구매계획
의 제출·공표 관련 사항, 사회적기업제품 정보 등을 제공함을 목적
으로 한다.

이 지침에 의하면 사회적기업제품 우선구매는 크게 3단계의 절
차에 따라서 이루어진다. 1단계는 구매대상 품목을 확인하는 단계이
다. 이는 사회적기업 상품소개사이트[32] 등을 통해 이루어질 수 있
다. 2단계는 사회적기업제품 구매방법 결정하는 단계이다. 이는 직
접구매방식과 간접구매방식으로 나누어지는데 우선 직접구매방식
의 경우 자체구매(직접발주 또는 국가종합전자조달시스템인 '나라
장터' 활용)할지, 조달구매(조달청을 통해 구매)할지를 결정해야 한
다. 다음으로 간접구매방식의 경우 공공기관이 물품 또는 용역 구매
를 계약한 업체가 사회적기업 물품 또는 용역을 구매하도록 계약조

---

32) www.e-store365.or.kr

건 등에 명시한다. 이러한 2단계에서는 낙찰자 심사 결정을 위한 평가기준에 사회적 가치 항목을 반영하는 것도 가능하다.[33] 3단계에서는 사회적기업 제품을 실제로 구매하는 단계이다.[34]

앞서 보았듯이 「사회적기업 육성법」 이외에도 다양한 법률에서 우선구매제도를 두고 있기 때문에 이들 상호간의 관계가 문제될 수 있다. 이러한 문제를 해결하기 위해서 국가계약법 제7조 제3항에서는 "계약을 체결하는 과정에서 다른 법률에 따른 우선구매 대상이 경합하는 경우에는 계약의 목적이나 규모, 사회적 약자에 대한 배려 수준 등을 고려하여 계약상대자를 결정하여야 한다"고 규정하고 있다. 이는 2017년 12월 19일에 신설된 규정인데, 다양한 우선구매제도가 존재함에 따라서 우선구매제도 상호 간의 관계가 문제됨에 따라 이에 따른 발주청의 판단기준을 제시하기 위한 규정으로 볼 수 있다.

사회책임조달 우선구매제도는 지방자치단체의 조례를 통해서도 실시되고 있다. 서울시는 '서울특별시 사회적경제기업 제품 구매촉진 및 판로지원에 관한 조례'를 2014년 3월 20일부터 제정하여 시행하고 있다.[35] 동 조례 제9조에서는 사회적경제기업 제품 우선구매에 관한 규정을 다음과 같이 두고 있다.

'서울특별시 사회적경제기업 제품 구매촉진 및 판로지원에 관한 조례'

제8조(공공기관의 사회적경제기업 제품 우선구매 등) ① 공공기관의 장은 재

---

33) 이를 위해서 물품 또는 용역 낙찰자 결정 시 「적격심사 세부기준」의 신인도 평가항목 중 사회적기업 가점 부여를 활용하거나, 기관별 구매 지침(공기업 등) 또는 조례(자치단체)를 활용하여 사회적기업 제품 구매 우선 검토 및 심사 시 반영하는 것이 가능하다.
34) 고용노동부, 사회적기업제품 우선구매지침, (2016.), 3~9면 참조.
35) 서울시 이외에도 도봉구·성북구·마포구, 서울특별시 교육청, 김포시, 남양 주시, 광명시, 완주군 등에서 관련 조례를 제정하여 운영하고 있다.

> 화와 용역 등을 구매할 경우에는 사회적경제기업 제품의 우선구매를 촉진
> 하여야 한다.
> ② 공공기관의 장이 사회적경제기업 제품 우선 구매 등을 할 수 있는 범위는
> 다음 각 호와 같다.
>   1. 물품 등을 제조·구매 계약하는 경우
>   2. 공사, 용역 등을 계약하는 경우
> ③ 제2항의 계약에 관해서는 「지방자치단체를 당사자로 하는 계약에 관한 법
> 률」을 따른다.

위 서울시조례에서 사용하고 있는 '사회적경제기업'의 개념에는
「중증장애인생산품 우선구매 특별법」 제9조의 중증장애인생산품 생
산시설, 「국민기초생활보장법」의 자활기업, 「사회적기업 육성법」의
사회적기업 및 「서울특별시 사회적기업 육성지원에 관한 조례」에서
정한 예비사회적기업, 「협동조합 기본법」과 「서울특별시 협동조합
활성화 지원조례」에서 정한 협동조합, 안전행정부 장관과 서울특별
시장이 지정한 마을기업 등이 모두 포함된다. 이처럼 서울시조례에
서 우선구매의 대상으로 하고 있는 '사회적경제기업'은 「사회적기업
육성법」에 따른 사회적기업보다 그 개념이 넓은 것을 볼 수 있다.
이러한 서울시의 우선구매제도는 '광의'와 '협의'의 중간정도 수준
의 사회책임조달을 포괄하고 있는 것으로 볼 수 있다.

3. 공공조달의 각 단계에서 사회적 가치의 반영

조달청의 '물품구매적격심사'에서는 물품구매 적격 세부기준을
정하고 있다. 이에 따르면 물품구매 적격 세부기준의 심사항목은 해
당물품 납품이행능력(45점), 입찰가격(55점) 결격사유 평가항목(-30
점), 신인도(최대+3, 최소-2점)로 구성되어 있는데(추정가격 10억 원
이상 기준), 심사항목 중 신인도 항목에서 사회적책임 고려요소인

녹색인증(0.75점), 여성기업(0.25~1.25점), 장애인기업(1~2점), 고용창출(1~3점), 중소(제조)기업(1~2점) 등에 가산점을 부여하고 있다.36)

또한 조달청의 '다수공급자물품계약제도(MAS) 2단계 경쟁기준'에서는 종합평가 방식과 표준평가 방식(4개 유형) 중 수요기관의 재량에 따라 평가지표를 선정하여 평가하도록 하고 있는데, 이 중 종합평가방식의 경우 가격(45~75점), 적기납품(10~20점), 품질검사(5점) 평가항목을 기본(필수)평가항목으로 구성하여 총점 60점 이상 설정하도록 하고 나머지 기술, 선호도, 지역업체, 납품기일, 경영상태, 약자 및 고용우수기업 지원항목의 합을 선택평가항목으로 하여 총점 40점 설정, 총 100점 만점으로 구성하고 있다.37)

서울시에서는 25개의 기업의 사회적 책임(Corporate Social Responsibility: CSR) 지표를 운영하고 있으며, 지표의 실질적인 적용을 위해 서울시 일반용역 적격심사 세부기준, 협상에 의한 계약기준을 개정하여 일부 정량화가 가능한 지표는 가산점 평가기준으로 반영하고 있다.38)

기획재정부에서 주관하는 공기업 및 준정부기관의 경영평가시, 사회적기업제품 구매실적에 반영하도록 하고 있으며, 행정안전부가 주관하는 지방자치단체 및 산하 지방공기업 경영평가시, (예비)사회적기업제품 구매실적을 반영하고 있다.39)

---

36) 한국조달연구원(김병건 외), "사회적 책임조달과 연계한 물품구매분야 종합심사 낙찰제 도입방안 연구" [최종보고서], 조달청 (2017.01), 37면.
37) 한국조달연구원(김병건 외), 위 보고서, 37면.
38) 한국조달연구원(김병건 외), 위 보고서, 53~54면 참조. 여기에는 조직거버넌스, 인권, 노동관행, 환경, 공정운영관행, 소비자이슈, 지역사회참여 및 발전 등과 관련된 25개의 평가지표가 설정되어 있다.
39) 양동수, "지방계약의 사회책임조달 활성화 방안", 한국지방계약학회 춘계학술대회 발표자료집, (2017.10.) 참조.

IV. 우리나라의 사회책임조달 법제 발전 방안

1. 공공조달의 원리와 사회책임

국가계약법을 기준으로 볼 때 우리나라의 법제와 EU 또는 미국의 법제는 다음과 같은 차이점이 있다. 즉, EU 또는 미국의 경우에는 공공조달이 사회정책의 수단으로 활용될 수 있다는 점이 공공조달의 기본원리 중 하나로 명시되어 있음에 반해 우리나라 국가계약법에는 그러하지 못하다는 점이다. 조달사업법에 이에 관한 규정이 들어가 있기는 하지만 이는 어디까지나 조달청에만 적용되기 때문에 한계가 있다. 이러한 점에서 국가계약법에 사회책임에 관한 규정을 두는 것을 적극적으로 검토해볼 필요가 있다.

이에 대해서는 국가계약법이 기획재정부의 소관 법률이라는 점에서 노동부나 환경부와의 관련성이 더 크다고 할 수 있는 사회책임에 관한 규정을 국가계약법에 두는 것에 대해서 적절치 못하다는 현실적인 비판이 제기될 수 있다. 또한 사회책임에 관해서는 별도의 법률에 근거를 두는 것이 바람직하며, 국가계약법에 근거를 두는 것은 불필요하다는 견해도 제시될 수 있다.

그러나 이러한 견해가 적절하다고 보기는 힘들다. 국가계약법이 공공조달의 기본법으로 작동하기 위해서는 이와 관련한 주요원리들이 포괄적으로 들어가는 것이 바람직하다. 특히 공공조달의 각 단계에서 사회적 가치가 반영될 수 있도록 하기 위해서는 사회책임조달과 관련된 기본원칙을 국가계약법에 둘 필요가 있다. 해외의 법제에서 공공조달의 사회정책적인 기능이 공공조달의 주요원리 중의 하나로 인정되고 있는 점을 보더라도 그러하다. 다만 해외의 법제에서도 공공조달의 다른 원리, 즉 최고가치의 추구 등과 함께 규율함으로써 사회책임이 공공조달법제 내에서 적절한 위치를 가질 수 있도록 규율하고 있는데 이러한 점은 우리나라에도 주는 시사점이 크다고 할 수 있다.

최고가치와 사회책임은 상호 간에 모순충돌이 발생할 수 있다는 점은 우리나라뿐만 아니라 EU나 미국에서도 지적되고 있는 점이라고 할 수 있다. 해외에서 최고가치와 사회책임 간의 조화를 추구하기 위해서 다양한 노력을 기울이고 있는 것은 우리나라에서 주는 시사점이 크다고 할 수 있다. EU에서 사회적 가치의 반영시 계약의 본체와 연결성이 있어야 한다고 보고 있는 점이나, 미국에서 '적정임금'이 적용되어야 하는 범위를 해당 공사현장과 관련된 근로자에 제한하고 있는 점 등이 그것이다. 우리나라에서도 사회책임을 추구함에 있어서는 공공조달의 전통적인 원리인 최고가치와의 조화가 최대한 이루어지도록 할 필요가 있다.

2. '우선구매제도'와 '공공조달의 각 단계에서의 사회적 가치 반영제도'간의 관계

우리나라의 경우에도 사회적기업등의 우선구매제도와 공공조달의 각 단계에서의 사회적 가치 추구제도가 모두 존재하며, 이는 EU나 미국에서도 마찬가지이다. 그러나 우리나라와 미국은 우선구매제도에 좀 더 초점을 맞추는 경향이 있는 반면에, EU의 경우에는 공공조달의 각 단계에서의 사회적 가치추구제도에 좀 더 초점을 맞추는 경향이 존재한다.

우리나라와 미국의 우선구매제도에도 차이점이 존재하는데, 우리나라의 경우에는 최근에 사회적 가치를 추구하는 사회적기업제품 우선구매제도에 초점이 맞추어지는 경향이 있는 반면에, 미국의 경

우에는 사회적 약자를 지원하는 적극적 우대조치(affirmative action)
의 관점에서 이 제도를 운영하는 경향이 있다는 점에서 그러하다.
우리나라의 경우 우선구매의 제도가 훨씬 다양하고 복잡한 형태로
나타나고 있다는 점도 미국과의 차이점이라고 할 수 있다.

공공조달의 각 단계에서의 사회적 가치 추구제도에 있어서도 우
리나라와 미국/EU법제 간에 차이점이 존재한다. 우리나라는 가격
위주의 낙찰제도 및 정량적 평가가 강조되는 입낙찰제도를 갖추고
있고 사회책임조달도 이러한 제도 하에서 운영되고 있다. 이러한 맥
락에서 사회적기업 등에게 입낙찰과정에서 가점을 부여하는 방식이
가장 전형적으로 나타나고 있어서 우선구매제도와의 구별이 명확하
지 않다. 그러나 미국 또는 EU에서는 비가격적인 요소를 중시하는
최고가치 낙찰제도가 정착되어 있고, 비용을 중시하는 경우에도 총
생애주기 비용을 강조하면서 이러한 낙찰제도와 사회적 가치가 자
연스럽게 연동되도록 하고 있다. 미국의 경우 우선구매제도와 노동
과 환경적 가치가 반영되는 공공조달의 각 단계에서의 사회적 가치
의 반영제도는 어느 정도 우선구매제도와는 구분되어 있다.

우리나라의 경우 공공조달의 각 단계에서 사회적 가치를 반영하
는 제도가 EU는 물론 미국에 비해서도 상대적으로 약하게 나타나고
있는 것으로 전반적으로 평가할 수 있는데, 이는 가격 위주의 낙찰
제도가 전통적으로 강한 데에 기인하는 것으로 보인다. 또한 사회적
가치의 반영이 가점 반영 등으로 매우 형식적으로 이루어지는 문제
점도 존재한다. 이러한 문제점을 근본적으로 해결하기 위해서는
EU나 미국에서 볼 수 있는 바와 같이 총 생애주기 비용을 기반으
로 한 '최고가치'를 추구하는 낙찰제도가 정착되어야 할 필요가 있다
고 할 수 있다. 이러한 맥락에서 EU나 미국의 최고가치를 기반으로
한 낙찰제도와 유사한 우리나라의 '종합심사낙찰제도'가 보다 활성
화되고 이 안에서 사회적 가치가 보다 적극적으로 반영될 필요가

있다.[40]

3. 다양한 사회적 가치 상호간의 관계

국가계약법 제7조 제3항에서는 계약을 체결하는 과정에서 다른 법률에 따른 우선구매 대상이 경합하는 경우에는 계약의 목적이나 규모, 사회적 약자에 대한 배려 수준 등을 고려하여 계약상대자를 결정하여야 한다고 규정하여 다양한 우선구매제도 간의 우선순위를 정할 수 있는 일응의 기준을 제시하고 있으나, 명확한 기준을 제시하고 있다고 보기는 힘들다.

EU 공공조달지침은 우선구매에 관해서 매우 간략한 규정만을 두고 있고, 다양한 우선구매 상호 간의 관계에 대해서는 특별한 규정을 두지 않고 있다. 이에 비해 미국의 경우에는 이들 상호 간의 관계에 관해 몇 가지 규정을 두고 있음을 볼 수 있다. 원칙적으로 다양한 우선구매 간에 우열관계가 없다고 보면서도, 두 가지의 우선구매사유가 중첩된 경우를 우선시할 수 있다는 규정을 두고 있음을 볼 수 있다.

---

40) 이에 관해 상세히는 한국조달연구원(김병건 외), "사회적 책임조달과 연계한 물품구매분야 종합심사 낙찰제 도입 방안 연구" [최종보고서], 조달청 (2017.01) 이 외에도 EU 공공조달지침에서 규정하고 있는 경쟁적 협의 (competitive dialogue) 방식을 활용하는 방안도 모색해볼 수 있다. 최근 기재부에서도 이 제도의 도입을 적극적으로 검토하고 있는 것으로 보인다.(관계부처합동, 혁신성장 지원 등을 위한 공공조달 혁신 방안, 2017. 참조) EU에서 이 제도는 사회책임조달의 맥락에서 보다는 민간투자나 IT와 같은 복잡한 계약에서 혁신성을 반영하는 혁신조달의 맥락에서 도입되었다.(김대인, "EU의 경쟁적 협의제도에 대한 연구", 한국비교공법학회 공법학연구 제18권 제1호, 2017 참조) 그러나 사회책임조달의 맥락에서도 민간부문과 공공부문의 긴밀한 협력을 요하는 복잡한 형태의 계약이 발생할 수 있고 이러한 경쟁적 협의방식이 활용될 가능성도 존재한다.

이러한 미국의 법제는 우리나라에도 일정한 시사점을 제공해주는 것으로 볼 수 있다. 예를 들어 중소기업 중에서도 사회적기업이나 여성기업의 조건을 동시에 갖춘 경우에 우선권을 부여하는 방법을 생각해볼 수 있다. 그러나 다양한 우선구매제도 상호 간의 상세한 비율을 법령으로 정하는 것은 바람직한 것으로 보기 힘들다. 결국 이 부분은 각 발주처의 재량에 기본적으로 맡기되, 상대적으로 새롭게 도입된 사회적기업제품 우선구매제도가 좀 더 활성화될 수 있도록 정보제공 등 다양한 노력을 좀 더 경주할 필요가 있다.

V. 결론

국가나 지방자치단체가 필요로 하는 물품·서비스 등을 조달하는 과정에서 고용·환경·사회통합 등과 같은 사회적 가치가 반영될 수 있도록 하는 사회책임조달은 우리나라에서 그 중요성이 점차로 높아지고 있다. 이러한 사회책임조달의 발전을 위해서는 이 제도의 운영경험이 풍부한 EU와 미국의 법제에서 여러 가지 시사점을 얻을 수 있다.

첫째, 최고가치의 추구와 같이 공공조달의 전통적인 원리와 사회책임의 추구가 서로 조화를 이룰 수 있도록 노력하는 것이 필요하다. 이를 위해서 국가계약법에 이들 원리들을 명시하는 방안도 모색해볼 필요가 있다.

둘째, 우리나라의 경우 '우선구매제도'에 전통적으로 초점이 맞추어져 왔는데 향후에는 '공공조달의 각 단계에서의 사회적 가치 추구'에 대한 관심을 좀 더 기울일 필요가 있다. 이를 위해서는 가격위주가 아닌 최고가치 위주의 낙찰제도의 정착이 필요하다.

셋째, 사회책임조달에서 추구하는 사회적 가치 안에도 다양한 가치가 존재할 수 있는데, 이들 상호 간의 관계를 좀 더 명확하게 정립할 필요가 있다. 이를 위해서 미국과 마찬가지로 중복적인 사회적 가치를 가지고 있는 기업을 우선시하는 방안을 모색해볼 수 있다.

참고문헌

[국내문헌]

강기홍, "EU와 독일법상 공공조달제도: 건축 하도급의 공정성 제고와 관련
　　하여", 한국비교공법학회 공법학연구 제13권 제1호 (2012.02.)

관계부처합동, 혁신성장 지원 등을 위한 공공조달 혁신방안, (2017.)

고용노동부, 사회적기업제품 우선구매지침, (2016.)

국회입법조사처(손을출), "사회적기업 지원제도의 문제점과 개선 방안", 현
　　장조사보고서 제29호 (2014.02.)

김기선 외, "공공조달과 노동정책의 연계 - 공공조달계약을 통한 저임금근
　　로 해소방안 -", 한국노동연구원 (2013.12.)

김대식, "중소기업제품 공공구매지원제도의 현황과 발전 방안", 한국지방계
　　약학회 지방계약연구 제3호 (2011.08)

김대식, "사회적 가치 실현을 위한 공공조달의 역할과 구현 방안", 한국지방
　　계약학회 지방계약연구 제5권 제1호 (2014.02.)

김대인, "젠더법의 관점에서 본 공공조달", 이화여자대학교 젠더법학연구소
　　이화젠더법학 제3권 제1호 (2011.09.)

＿＿＿, "한-EU FTA의 법적 쟁점: 정부조달분야를 중심으로", 유럽헌법학회
　　유럽헌법연구 제10호 (2011.12.)

＿＿＿, "녹색성장과 공공조달법제: 공공조달을 통한 환경정책과 기술혁신정
　　책의 연계 방안을 중심으로 -" 기후변화와 녹색성장[법제의 성과와
　　전망] III, 한국법제연구원 (2012.12.)

＿＿＿, "공공조달법과 공생발전 - 공공조달을 통한 중소기업정책의 발전 방안
　　을 중심으로 -", 사단법인 한국행정법학회 행정법학 제4호 (2013.03.)

＿＿＿, "EU 공공조달법제에 대한 연구 - 2014년 EU 개정 공공조달지침을
　　중심으로-", 행정법이론실무학회 행정법연구 제41호 (2015.02.)

＿＿＿, "EU법의 부정당업자제재제도에 대한 연구", 한국공법학회 공법연구

제45집 제3호, (2017.02.)

김성근, 정부계약법 해설(I, II), 건설경제 (2012.)

박정훈, "행정조달계약의 법적 성격" 행정법연구1: 행정법의 체계와 방법론, 박영사 (2005.)

배성기, 지방자치단체 사회적 가치 구현을 위한 공공조달프레임워크, 한국민간위탁경영연구소, (2016.)

부천지역노사민정협의회, 부천시생활임금지원조례 종합보고서(2012.)

서울사회적경제네트워크(김성기 외), "사회적경제를 위한 사회책임조달제도 도입 방안 연구" [연구용역최종보고서], 성북구청 (2013.02.)

양동수, "지방계약의 사회책임조달 활성화 방안", 한국지방계약학회 춘계학술대회 발표자료집, (2017.10.)

이미정, "사회적 약자와의 계약제도에 대한 운영실태고찰", 한국구매조달학회 한국구매조달학회지 제9권 제1호, (2010.06.)

이상수, "공공조달을 통한 사회·환경적 가치의 구현 - EU의 공공조달 관련법제를 중심으로", 행정법이론실무학회 행정법연구 제33호 (2012. 08.)

이종서 외, 유럽의 사회적 책임을 고려한 공공조달정책 - 서울시의 시사점을 중심으로 -[연구용역사업 결과보고서], 서울특별시의회 (2012.)

일자리위원회·관계부처합동, 사회적경제 활성화 방안 (2017.)

정영훈, "공계약조례를 통한 생활임금의 확보에 관한 연구 - 일본의 공계약 조례 제정운동을 중심으로 -", 한국비교노동학회 노동법논총 제22집 (2011.08)

정 원, 공공조달계약법(상, 하), 제3판, 법률문화사 (2011.)

주현정, "공공조달에서의 사회적 책임조달 발전 방안", 한국구매조달학회 한국구매조달학회지 제12권 제2호 (2013.)

한국건설산업연구원(최민수·김영덕), 저가 낙찰의 실태 및 개선 방안, 건설이슈포커스 (2013.09)

한국건설산업연구원(심규범 외), "건설근로자 적정임금 확보 지원 등 임금보호 강화 방안" [수탁연구과제최종보고서], 고용노동부 (2011.09.)

한국조달연구원(김병건 외), "사회적 책임조달과 연계한 물품구매분야 종합
심사 낙찰제 도입 방안 연구" [최종보고서], 조달청 (2017.01)

황선자·이 철, 정부의 공공계약정책을 통한 노동조건 개선 방안 연구, 한국
노총 중앙연구원 (2009.)

황선자·방준식, 공공조달정책과 노동조건 개선에 관한 연구: EU의 공공조달
법제를 중심으로, 한국노총 중앙연구원 (2010.)

[외국문헌]

Burgi, Martin, Ökologische und soziale Beschaffung im künftigen Vergaberecht:
Kompetenzen, Inhalte, Verhältnismäßigkeit, NZBau (2015)

Calleja, Antoinette, Unleashing Social Justice through EU Public Procurement,
Routledge (2016)

Caranta, Roberto, "Sustainable Procurement", Trybus Martin et al, ed, EU Public
Contract Law: Public Procurement and Beyond, Bruylant (2013)

Cibinic, John et al., Formation of Government Contracts (Fourth Edition), Wolter
Kluwer (2011.)

Clarke, Penny and Jacob, Christine, The new EU Directives on Public
Procurement: a Step forward for Green and Social Public Procurement,
European Public Service Union Article, (7 December 2016.)

Edman, Åsa & Nohrstedta, Peter, "No Socially Responsible Public Procurement
without Monitoring the Contract Conditions", 12 EPPPL 352 (2017.)

European Coalition for Corporate Justice, Sustainable Procurement in the European
Union - Proposals and Recommendations to the European Commission
and the European Parliament (2007.)

European Commission, Buying Social - A Guide to Taking Account of Social
Considerations in Public Procurement (2010.)

European Commission, Public Procurement Reform FACT SHEET No: 8: Social Aspects of the New Rules (2014.)

European Commission, EU Public Procurement Reform: Less Bureaucracy, Higher Efficiency (2016.)

Grimshaw Damian et al, Public Sector Pay and Procurement in Europe during the Crisis - The Challenges Facing Local Government and the Prospects for Segmentation, Inequalities and Social Dialogue, European Commission (2012.)

Henty, Paul, Social Responsibility in Public Procurement: Public Services (Social Value) Act 2012, P.P.L.R. 2012, 4, NA193-196 (2012.)

Kidalov, Max V., "Small Business Contracting in the Unites States and Europe: A Comparative Assessment", 40 Pub. Cont. L.J. 443 (2011.)

The Landmark Consortium, Good Practice in Socially Responsible Public Procurement - Approaches to Verification from Across Europe (2012.)

Martens, Marc and de Margerie, Stanislas, "The Link to the Subject-Matter of the Contract in Green and Social Procurement", 8 EPPPL 8 (2013.)

McCrudden, Christopher, Corporate Social Responsibility and Public Procurement, University of Oxford Faculty of Law Legal Studies Research Paper Series, Working Paper No 9 (2006.)

McCrudden, Christopher, Buying Social Justice, Oxford University Press (2007.)

The Strategic Investment Board, Buy Social - A Practical Guide to Socially Responsible Public Procurement (2016.)

Semple, Abby, "Socially Responsible Public Procurement (SRPP) under EU Law and International Agreements", 12 EPPPL 293 (2017.)

Schooner, Steven, "Desiderata: Objectives for a System of Government Contract Law", 11 P.P.L.R 103 (2002.)

SIGMA, Incorporating Social Considerations into Public Procurement (2016.)

Sjåfjell, Beate and Wiesbrock, Anja ed., Sustainable Public Procurement under EU
    Law -New Perspectives on the State as Stakeholder, Cambridge University
    Press (2016.)

Trepte, Peter, Regulating Procurement-Understanding the Ends and Means of
    Public Procure○ment Regulation, Oxford University Press, New York
    (2004.)

Trybus, Martin and Andrecka, Marta, "Favouring Small and Medium Sized
    Enterpriese with Directive 2014/24/EU?", 12 EPPPL 224 (2017.)

사회주택 활성화를 위한 법제도 개선 방안
- 사회적경제 주체에 의한 민간 사회주택을 중심으로 -

진남영*·황서연**·이희숙***·한동이****

Ⅰ. 서론

2010년대 들어 서울을 비롯한 대도시를 중심으로 청년 1인 가구 등 새로운 주거취약계층의 주거문제가 사회문제로 대두되고, 사회적경제 주체가 이들을 대상으로 공급·운영하는 주택이라는 의미로서 사회주택이 주목받고 있다. 2018년 현재까지 '사회주택', '사회적주택', '사회임대주택', '공적지원주택' 등 다양한 용어가 혼재되어 사용되고 있으나 2015년 「서울특별시 사회주택 활성화 지원 등에 관한 조례」1) 시행 이후 사회주택이란 용어가 대표적으로 사용되고 있다. 국내에서 사회주택은 용어의 혼란만큼이나 정확한 개념과 유

---

 * 사단법인 새로운사회를여는연구원 원장
 ** 사단법인 새로운사회를여는연구원 연구원
 *** 재단법인 동천 상임변호사
 **** 법무법인(유한) 태평양 변호사
 1) 서울특별시조례 제6597호(시행 2017.7.13.), 국가법령정보센터(http://www.law.go.kr/)

형에 대해 뚜렷하게 정리되지 않았고, 현재까지 다양한 시범사업을 통해 합의를 이뤄가고 있는 단계라고 볼 수 있다.

사실, 유럽 주요 국가에서 사회주택(Social Housing)은 '주거문제를 야기하는 주택의 경제적 속성을 자본·소유·비용의 사회화 과정을 통해 해소하는 것'[2])으로서 가구원 수와 관계없는 것은 물론 공공임대주택을 포함하는 매우 포괄적인 개념이다. 그러나 2010년대 이후 현재까지 국내에서 사회주택이란 용어는 공공임대주택과 별개의 의미로 사용되는 경우가 많으며, 보통 사회적경제 주체가 (정부 등 공공의 자원을 활용하여) 주거취약계층을 대상으로 공급·운영하는 주택에 한정된 의미로 사용되고 있는 것이다. 이와 같은 상황을 고려하여 본 연구는 사회적경제 주체에 의한 사회주택을 '민간 사회주택'으로 부르며 논의를 전개한다.

민간 사회주택이 부각되는 현상에는 1~2인 가구의 급속한 증가 등 주거문제를 둘러싼 환경변화에 공공임대주택을 비롯한 기존 주거지원 체계가 적절하게 대응하기 어렵다는 배경이 있다. 국내 공공임대주택은 1989년 도입된 영구임대주택을 시작으로 단시간 내에 유의미한 재고량(2015년 말 기준 116.3만호)을 축적했지만 OECD 국가 평균 재고율(8%)과 비교했을 때 아직 낮은 수준(6%)에 머물고 있으며,[3]) 절대량도 부족하지만 3인 이상, 소위 정상가족[4])에게 유리한 입주 기준이 설정되어 있어 1~2인 주거취약계층이 사실상 배제되어 왔다. 이로 인해 2010년대 이후 부각되고 있는 새로운 주거취약계층을 기존 공공임대주택 체계에서 포괄하기 힘들었고, 민간 사회주택이라는 새로운 유형을 통해 사각지대를 메우는 방안이 각광받았다.

---

2) 최은영 외. 사회적경제 주체 활성화를 통한 서울시 청년 주거빈곤 개선 방안, 서울특별시의회 (2014) 54.

3) 천현숙, "공공임대주택 정책의 진단 및 향후 과제", 부동산 포커스 Vol.105 (2017. 02.), 22~31.

4) 부모, 자녀로 이루어져 있는 핵가족 형태의 전형이라는 의미로 사용

　　민간 사회주택에서 가족이 아닌 1~2인 가구를 주거공동체(혹은 셰어하우스5)) 단위로 묶기 위해서는 물리적으로 한 건물에 같이 머무는 것만으로는 부족하며, 입주자 공동체 활성화를 위한 사회적경제 주체의 역할이 요구된다. 예컨대 특정 지역이나 계층에 기반한 사회적경제 주체가 계층, 연령, 취미 등 입주자들의 공통점을 활용하여 공동체 활동을 장려하는 방식이다. 이와 같은 방식의 민간 사회주택은 새로운 사회적경제 주체의 등장과 함께 주로 청년 등 1인 가구들의 주거 대안으로 주목받으며 각종 언론매체에 적극적으로 소개되었으나, 공급 주체의 역량 부족, 법과 제도의 미비, 공공의 지원 부족으로 인해 활성화되고 있지 못한 것이 현실이다.6)

　　이와 같은 상황을 고려했을 때 본 연구는 사회적경제 주체에 의한 민간 사회주택을 중심으로 사회주택 활성화를 위한 법제도 개선 방안을 논의한다. 물론 민간 사회주택을 활성화하는 것이 아닌 기존 공공임대주택 체계에 새로운 주거취약계층을 포함시키는 것이 더욱 본질적인 문제라는 견해가 있을 수 있다. 그러나 현재의 공공임대주택 재고량이나 1~2인 가구용 공공임대주택의 추가 공급비용 등 현실적인 조건을 감안했을 때, 상당 기간 민간 사회주택을 통해 새로운 주거취약계층의 주거안정을 도모할 필요성이 인정된다고 할 수 있다. 또한 사회적경제 주체는 영리 아닌 목적, 즉 비영리 목적으로 입주자 지원을 위한 다양한 프로그램을 운영함으로써 기존 공공임

---

5) 국내 문헌에서 적절한 정의를 찾기 어려웠으나, 국내보다 셰어하우스 문화가 발달된 일본의 경우 언론에서 '셰어하우스'를 하나의 주택에 가족이 아닌 여러 거주자들이 부엌이나 욕실, 화장실 등의 공간과 설비를 공동 이용하는 주거 형태라고 정의.

　丁　志暎·小林秀樹, '都心部における単身者向けのシェア居住に関する研究', 『都市住宅学』, 63号(2008 AUTUMN), 75~80.

6) 최은영 외, "사회주택공급 활성화를 위한 대응 방안 연구", 서울특별시의회 (2016).

대주택에서 제공할 수 없는 맞춤형 서비스를 제공할 것으로 기대되며, 더불어 민간 임대주택은 비교적 소규모로서 대규모 임대주택 단지의 단점으로 지적된 직주분리 및 게토화를 극복하는 등 임대주택에 대한 부정적인 인식을 개선하고, 민간의 창의적 시도를 활성화하는 긍정적인 효과도 기대할 수 있을 것이다.

Ⅱ. 사회주택의 의미

1. 유럽 주요 국가에서 사회주택

주거문제를 야기하는 주택의 경제적 속성을 사회화 과정을 통해 해소하는 것

'사회주택'은 국내뿐만 아니라 유럽 주요 국가에서도 연구자에 따라 이견이 존재하는 용어로서 국제적으로 합의된 개념이라고 보기 어렵고, 엄밀하게 정의하는 것 또한 쉽지 않다. 또한 많은 국가에서는 사회주택이라는 용어 자체를 사용하지 않는데, 예컨대 프랑스에서는 'Housing at Moderate Rent(HLM)', 덴마크에서는 'Common Housing' 혹은 'Not-for-Profit Housing', 독일에서는 'Housing Promotion', 오스트리아에서는 'Limited-Profit Housing' 혹은 'People's housing'이라는 용어를 사용한다.[7] 그러나 유럽 전역을 아우르는 핵심 요소를 찾아내고, 이를 통해 포괄적으로 정의하는 것은 어느 정도 가능할

---

7) Pittini, A. and Laino, E.. Housing Europe Review 2012: The Nuts and Bolts of European Social Housing Systems, CECODHAS Housing Europe's Observatory (2011).

것이다.

유럽 주요 국가에서 사회주택의 역사는 19세기 자선 활동, 공중
위생운동 및 노동운동까지 거슬러 올라가지만, 주요 발전은 2차 세
계대전 이후(1945년 이후)에 이루어졌다. 1960년대까지 비교적 짧은
기간 동안 사회주택은 유럽 주요 국가에서 급속도로 확장되었는데,
이 같은 발전의 원동력으로 전후 경제재건의 과정이 언급된다. 당시
유럽에서는 경제재건을 위해 노동자들의 임금인상을 통제하였는데,
이를 위한 주요 수단으로서 사회주택 공급 정책이 적극적으로 채택
되고 시행되었던 것이다.8) 이후 1980~2000년 사이에 사회주택 공급
이 감소했다고는 하지만 유럽 주요 국가에서 사회주택 거주 비율은

<표 1> 국가별 임차 비율

(단위: %)

구분	민간 임대	사회주택 임대	자가 거주	기타
덴마크(2011)	14	19	49	18**
영국(2010)	17	17	65	-
핀란드(2009)	16	14*	66	4
프랑스(2006)	21	18	57	4
독일(2006)	49	11	40	-
아일랜드(2004)	9	12	79	-
네덜란드(2009)	10	32	58	5
노르웨이(2010)	19	4	63	14**
스페인(2008)	11	2	85	2
스웨덴(2009)	23	21	40	16**

자료: Videncenter, 2012(최은영 외, 2014 재인용)
 * 중간적 형태 포함(대략 2%)
** 스웨덴, 노르웨이, 덴마크의 경우 조합주택 포함(대략 7%)

---

8) 장광석, "사례분석을 통한 사회주택 발전 방안에 관한 연구." 박사학위 논
   문, 전남대학교 (2016).

지금도 민간임대주택 거주 비율에 못지않다. 물론 사회주택 비율이 스웨덴, 덴마크, 영국, 프랑스, 체코, 오스트리아는 20% 수준인 반면, 독일, 벨기에, 이탈리아, 슬로베니아, 스페인, 포르투갈은 3~6% 수준으로 큰 차이를 보인다. 이는 부담 가능한 주택의 공급 촉진을 위해 국가마다 세부적으로 각기 다른 전략을 쓰기 때문이다.9)

　　일반적으로 유럽 사회주택의 핵심 요소로서 다음 세 가지가 꼽힌다. 재원 측면에서는 공적 보조금, 고객 집단 측면에서는 저소득층 혹은 특별한 소요를 가진 집단, 공급자 측면에서는 비영리 혹은 공공 주체이다.10) 또한 구체적으로 사회주택은 ① 지역사회와 공공이 협력하여 일정 규모의 자본을 형성하고, ② 형성된 자본을 바탕으로 마련하며, ③ 재산권은 협력하여 자본을 형성하였던 주체인 지역사회와 공공이 지닌다. ④ 집이라는 가변자산의 노후화로 발생하는 주택의 관리비용·감가상각비용과 ⑤ 자본형성 과정에서 발생하는 이자 등의 금융비용 등으로 구성되는 ⑥ 적정 주거비는 주택에 거주하는 사람이 부담하고, ⑦ 해당 거주자는 안정적인 주거권을 얻는 일련의 과정을 포함한다.11) 이러한 구조에서 적정주거비가 창출될 수 있는 필수 조건은 영리적인 이윤이 제한된다는 점에 있다. 토지확보, 건축, 관리, 금융조달 과정에서 이윤의 최소화 또는 저렴·무상 제공이 이루어지면 주거비를 최대한 낮출 수 있는 것이다. 이를 종합하면 사회주택은 **자본·소유·비용의 사회화를 추구하는 것**인데, **주거문제를 야기하는 주택의 경제적 속성을 사회화 과정을 통해 해소하는 것**이라고 정리할 수 있다.

---

9) Voss, W.. Promoting Affordable Housing within Market Economy (2012).

10) Rhodes, M. and Mullins, D.. Market concepts, coordination mechanisms and new action in social housing, European Journal of Housing Policy, 9(2) (2009), 107~119.

11) 최은영 외, "사회적경제 주체 활성화를 통한 서울시 청년 주거빈곤 개선 방안",

2. 국내에서 사회주택

가. 1차 시기(1980년대 후반~1990년대): 장기공공임대주택과 함께 소개된 사회주택

국내에서 사회주택이 본격적으로 논의된 것은 시기적으로 1980년대 후반부터 1990년대까지 1차로 이뤄졌고, 2010년대부터 현재까지 2차로 이뤄졌다고 할 수 있다. 먼저 1차 시기(1980년대 후반~1990년대)에 사회주택이란 용어는 1989년부터 공급이 시작된 영구임대주택12)과 함께 소개됐다. 영구임대주택은 분양전환 임대주택과 다르게 장기공공임대주택으로서 영구 혹은 50년 이상 임대할 목적으로 건립되었는데, 이 같은 새로운 유형을 설명할 개념으로서 사회주택이란 용어가 소개되었다.

먼저, 고철 외(1988)는 '사회주택'을 대상자의 소득수준에 따라 협의와 광의로 구분하였는데 협의로 **'저소득층의 주거수준 향상을 위하여 정부의 지원으로 시장가격 이하의 임대료로 제공되는 주택'**이라고 정의했고, 광의로 **'국민의 주거수준 향상을 위하여 정부의 지원으로 시장가격 이하의 임대료로 제공되는 주택'**이라고 정의하였다. 비슷한 시기의 하성규(1989)는 **'국가마다 사회주택을 다양하게 부르고 있으나 그 의미는 공공영구임대주택을 뜻한다.'**며 고철 외(1988)가 생략한 사회주택의 임대기간을 강조했다. 여기에 5년 임대 후 분양하는 공공주택은 사회주택의 성격이 매우 약하고, 정부로부터 금융 지원, 조세혜택 등의 지원을 받은 주택도 공공성이 강하

---

12) 국가나 지방자치단체의 재정을 지원받아 최저소득 계층의 주거안정을 위하여 50년 이상 또는 영구적인 임대를 목적으로 공급하는 공공임대주택. 「공공주택 특별법 시행령」 대통령령 제27793호(시행 2017.01.20.). 국가법령정보센터(http://law.go.kr/).

면 사회주택으로 분류할 수 있다고 덧붙였다. 이처럼 1차 시기의 사회주택은 유럽 주요 국가의 사회주택과 유사한 의미를 갖고 있었으며 공공임대주택을 포함한다.

1990년대 들어 박훈영·이광노(1990)와 이영환(1995)은 고철 외(1988)의 논의를 이어 받아 사회주택을 정의하는 등 1차 시기의 사회주택은 공공임대주택을 포함하는 용어로 사용되었다. 그러나 정부나 (지방)공기업이 아닌 민간(사회적경제) 주체가 공급하는 사회주택이 사실상 전무한 상황에서 이후 사회주택보다 '공공임대주택'이란 용어가 지배적인 용어로 자리 잡았고, 2000년대 중반 박신영외(2004)가 비영리단체의 공공주택사업 참여 활성화 방안을 논의한 것을 제외하면 기존 문헌에서 사회적경제 주체가 공급하는 민간 사회주택은 2010년대 이후 재논의된다.

〈표 2〉 1980년대 후반~1990년대 장기공공임대주택과 함께 소개된 사회주택 정의

	광의의 사회주택	협의의 사회주택
고철 외 (1988)	국민의 주거수준 향상을 위하여 정부의 지원으로 시장가격 이하의 임대료로 제공되는 주택	저소득층의 주거수준 향상을 위하여 정부의 지원으로 시장가격 이하의 임대료로 제공되는 주택
하성규 (1989)	정부로부터 금융 지원, 조세혜택 등의 지원을 받은 주택도 공공성이 강하면 사회주택으로 분류	저소득층 가구에서 시장가격 이하의 임대료로 주거안정을 도모하게 하는 정부 혹은 공공단체의 사회복지적 주택공급의 한 형태

나. 2차 시기(2010년대~현재): 사회적경제 주체가 강조되는 사회주택

사회주택이 언급되는 2차 시기(2010년대~현재)는 국내에서 사회적경제 주체가 본격적으로 주목받기 시작한 때와 일치한다. 2007년

「사회적기업 육성법」과 2012년 「협동조합 기본법」 시행 이후 국내에서는 다양한 분야에서 사회적경제 주체가 등장했고, 주거부문도 예외는 아니다. 이들 사회적경제 주체가 제공하는 주거부문 상품과 서비스는 청년 1인 가구 등 새롭게 부각되는 기존 주거복지 체계의 사각지대를 메울 수 있는 방안으로 주목받았다. '사회주택', '사회적경제조직에 의한 주택', '사회적주택', '공적지원주택' 등 다양한 용어로 표현된 2차 시기의 사회주택은 1차 시기처럼 공공임대주택을 포

〈표 3〉 2010년대~현재 사회적경제 주체가 강조되는 사회주택 정의

	용어	정의
서종균 (2012)	사회주택	사회주택은 정부가 소유하고 관리하는 것만이 아니라 비영리조직 혹은 그것에 준하는 조직이 소유하고 관리하는 주택을 가리키는 더 넓은 뜻을 가진 말
김혜승 외 (2013)	사회적경제조직에 의한 주택	사회적 목적을 지니고 경제 활동을 하는 조직 및 실천을 통해 공급되는 주택
최은영 외 (2014)	사회주택	주거문제를 야기하는 주택의 경제적 속성을 자본·소유·비용의 사회화 과정을 통해 해소하는 것
	조례안 상 '사회주택'	사회경제적 약자를 대상으로 주거관련 사회적경제 주체 등에 의해 공급되는 임대주택 등
김태섭 외 (2015)	사회적주택	사회적경제 주체가 정부로부터 택지 지원이나 금융지원, 조세 지원 등을 받아 주택문제로 어려움을 겪고 있는 사회적·경제적 약자인 주거취약계층에게 건설&매입하여 공급하는 임대주택으로 비영리 혹은 영리의 극대화를 추구하지 않는 주택
김란수 외 (2015)	사회주택	협동조합, 사회적기업 및 비영리 민간단체 등이 주택을 짓거나 매입하여 주거취약계층(사회경제적 약자)에게 지불가능한 금액으로 공급하는 임대주택
남원석 (2017)	공적지원주택	민간에 대한 공공의 지원을 조건으로 민간이 일정 기간 공급하는 공공성 있는 임대주택
	공적임대주택	공적지원주택 + 공공임대주택

괄하는 개념인 경우도 있지만, 사회적경제 주체가 주거취약계층에게 공급하는 의미를 강조하기 위하여 사용되는 경우가 많다.

관련 논의로서 먼저, 서종균(2012)은 공공임대주택은 정부가 소유하고 있는 주택을 임대로 제공하는 것만을 가리키고, **'사회주택은 정부가 소유하고 관리하는 것만이 아니라 비영리조직 혹은 그것에 준하는 조직이 소유하고 관리하는 주택을 가리키는 더 넓은 뜻을 가진 말'**이라고 정의했다. 김혜승 외(2013)는 '사회적경제조직에 의한 주택'이라는 다소 긴 용어를 사용하며 기존 공공임대주택 체계와 충돌하지 않도록 논의를 전개했는데, 이에 따르면 사회적경제는 '사회적 목적을 지니고 경제 활동을 하는 조직 및 실천'이고 이들의 경제 활동을 통해 공급하는 주택이 '사회적경제조직에 의한 주택'이다. 최은영 외(2014)는 유럽 주요 국가의 사례를 검토하며 서종균(2012)과 마찬가지로 사회주택을 공공임대주택을 포괄하는 개념으로 정의했다. 다만, 연구의 일환으로 제안한 '(가칭)서울특별시 사회주택 활성화 지원 등에 관한 조례안'[13]에서 사회주택을 **'사회경제적 약자를 대상으로 주거관련 사회적경제 주체 등에 의해 공급되는 임대주택 등'**으로 정의했다. 기존 공공임대주택 체계와 충돌하지 않도록 정의했으나, 이후 사회주택의 의미가 사회적경제 주체가 공급하는 주택에 한정되는 단초를 제공했다는 비판이 있다.

이후 김태섭 외(2015)는 '사회적주택'이란 용어를 사용하면서 **'사회적경제 주체가 정부로부터 택지 지원이나 금융 지원, 조세 지원 등을 받아 주택문제로 어려움을 겪고 있는 사회적·경제적 약자인 주거취약계층에게 건설&매입하여 공급하는 임대주택으로 비영리 혹은 영리의 극대화를 추구하지 않는 주택'**이라고 정의했고, 이어 김란수 외(2015)는 사회주택을 **'협동조합, 사회적기업 및 비영리 민**

---

13) 최은영 외, 앞의 글, 155. 이후 통과되어 현재 서울특별시 조례 제6597호로 시행.

간단체 등이 주택을 짓거나 매입하여 주거취약계층(사회경제적 약
자)에게 지불가능한 금액으로 공급하는 임대주택'으로 정의하는 등
사회적경제 주체가 강조되는 의미로 사용했다.

　남원석(2017) 등 일각에서는 용어의 혼란을 정리하기 위하여 '공
적지원주택'이란 용어를 제안했는데, 구체적인 의미는 **'민간에 대한
공공의 지원을 조건으로 민간이 일정 기간 공급하는 공공성 있는
임대주택'**으로 사회적경제를 포함한 민간 주체 전반을 염두에 둔 용
어다. 그는 민간의 '공적지원주택'과 공공의 '공공임대주택'을 묶어
'공적임대주택'이라 부를 것을 제안하는데, '공적임대주택'이 유럽
주요 국가의 사회주택에 해당하는 개념이라고 할 수 있다.

　'민간 사회주택': 사회적경제 주체가 공공의 자원을 활용하여 청년 1인 가
　구 등 주거취약계층을 대상으로 공급·운영하는 주택

　지금까지 논의한 바를 정리하면 유럽 주요 국가에서 '사회주택'
은 주거문제를 야기하는 주택의 경제적 속성을 사회화 과정을 통해
해소하는 것으로 국내의 공공임대주택과 민간(사회적경제) 주체가
공급하는 사회주택을 포괄한다. 국내에서도 1차 시기(1980년대 후
반~1990년대)에는 사회주택이란 용어가 장기공공임대주택의 도입과
함께 소개되었으나, 정의 자체는 유럽 주요 국가와 유사했다. 그러
나 이후 공공임대주택이 사회주택보다 지배적인 용어로 자리 잡았
고, 문제는 2차 시기(2010년대~현재) 이후 '사회주택'이 사회적경제
주체가 주거취약계층에게 공급하는 의미를 강조하기 위하여 사용되
는 경우가 많다는 것이다. 본 연구는 용어의 혼란을 극복하기 위해
서 '사회주택'의 의미는 유럽 주요 국가와 국내의 1차 시기 논의를
따르되, 주된 연구대상인 2차 시기의 사회적경제 주체가 공급하는
'사회주택'을 '민간 사회주택'이라고 따로 지칭하겠다. 이 때의 '민
간 사회주택'은 사회적경제 주체가 공공의 자원을 활용하여 주거취

약계층을 대상으로 공급·운영하는 주택을 의미한다.

〈표 4〉 본 연구에서 사용하는 사회주택, 공공임대주택, 민간 사회주택의 의미

용어	구분	공급자	재원	(주요)수요자	가격
사회주택	공공임대주택	정부, (지방)공기업	공공	보통 3인 가구 이상 주거취약계층	시장 임대료 이하 (30~80%)
	민간 사회주택	사회적경제 주체	공공, 민간	청년 1인 가구 등 신주거취약계층	

Ⅲ. 국내 민간 사회주택 현황 및 제도

1. 국내 민간 사회주택 현황

'민간 사회주택'의 현황을 파악하기 위해 조사 대상으로 앞에서 규정한 민간 사회주택의 의미에 따라 기존 공공임대주택의 체계에 포함되지 않지만, 사회적경제 주체가 공공의 재원을 활용하여 주거취약계층을 대상으로 공급·운영하는 주택 사례를 꼽았다. 서울시를 대표로 경기도 시흥시, 전라북도 전주시 등에서 사회적경제 주체 운영자를 모집하여 공급하는 민간 사회주택이 여기에 해당된다. 다음으로 공공임대주택을 활용하더라도 입주자 선정 및 운영에 비영리, 사회적경제 주체의 참여가 반드시 필요한 경우도 대상에 포함시켰다. 공공임대주택의 일종인 '기존주택 매입임대주택'을 활용한 '주거취약계층 주거지원사업'과 '국토교통부 사회적주택'이 이에 해당한다. 이 두 가지 경우는 별도의 국토교통부훈령14)(업무처리지침)이

---

14) 「주거취약계층 주거지원 업무처리지침」, 국토교통부훈령 제940호(시행

마련되어 있으며 이에 근거하여 각각 비영리법인과 비영리·사회적 경제 주체가 입주자 선정 및 운영에 참여가 전제되어 있어 공공임 대주택과 민간 사회주택의 성격을 모두 갖고 있다.

반면에 공공임대주택 임차인들이 주택관리협동조합을 꾸리는 경 우(협동조합형 공공주택15)), 사회적경제 주체가 입주자 선정 및 운

〈표 5〉 국내 민간 사회주택 연구대상

구분	사업명	공급 규모 및 시기(2018년 2월 기준)
지방자치단체	서울특별시 (민간)사회주택	- 빈집 살리기 프로젝트(빈집 리모델링, 2015~2017) : 29동 총 236호 - 토지임대부 사회주택(2015~2017): 12필지 총 185호 - 리모델링형 사회주택(준주택 리모델링, 2016~ 2017) : 8필지 총 196호
	기타	- 시흥시 토지임대부 사회주택(2017): 1동 12가구 - 전주시 토지임대부 사회주택(2017): 2동 총 10호 - 전주시 시 소유주택 리모델링(2017): 1동 6호
공공임대주택 활용	주거취약계층 주거지원사업	- 단신자 매입임대주택 시범사업 시작(2006): 전국 300호 - 2016년 8월 기준 951동에 걸쳐 985세대 1,428명 거주
	국토교통부 사회적주택	- 한국토지주택공사(2016~2017): 16동 총 293호 - 경기도시공사, 부산도시공사(2017): 4개동 총 36호

자료: 서울시 내부자료, 시흥시·전주시 보도자료, (사)서울노숙인시설협회(2016), 노숙인의 지 역사회 재정착 지원을 위한 『매입임대주택 서비스 제공 매뉴얼』, 주거복지재단(http:// hwf.or.kr/)

2017.11.30.), 「공공주택 업무처리지침」, 국토교통부훈령 제912호(시행 2017. 06.30.), 국가법령정보센터(http://law.go.kr/).
15) 협동조합형 공공주택은 공공임대주택의 임차인들이 주택관리협동조합을 구성하고 공공주택사업자로부터 주택관리업무를 위탁받아 시행하는 모델 로 영미권에서는 1960년대부터 도입되었고 국내에서는 2013년 서울시와 서 울주택도시공사에서 시범사업으로 도입함.
진남영 외. "협동조합형 공공주택 활성화 방안". 서울시에스에이치공사 (2015).

영에 매우 제한적으로 참여하고 있어 제외하였고, 사회적경제 주체가 단순 저리 융자 지원(서울시 사회투자기금[16] 등)을 받아 공급·운영하는 경우는 공급대상자(수요자)와 임대료(가격)가 통상적인 사회주택과 상이한 경우가 있어 조사 대상에서 제외했다.

가. 서울특별시 등 지방자치단체(경기도 시흥시, 전라북도 전주시)

서울시는 지난 2015년 6월 (민간)사회주택 시범공급 사업설명회에서 민간 사회주택의 추진 개요에 대해 다음 표와 같이 설명했다. 일반적으로 공공임대주택의 입주 대상으로 소득 10분위 기준 1~4분위 계층을 고려한다는 점을 감안할 때 서울시는 (민간)사회주택을 소득 6분위 이하를 입주 대상으로 설계했고, 구체적으로 도시근로자 소득 100% 이하인 자를 고려한다고 설명했다. 또한 서울시 사회투자기금 융자와 시 보조금, 토지장기저리임대 등 유인책을 제공하면서 이와 동시에 공급 주체(사회적경제 주체) 제한과 임대료 상한(시세 80% 이하)을 두겠다고 발표했다.

그러나 실제 사업은 1인 가구를 대상으로 설계된 경우가 대부분이었고, 이 때 소득 기준은 1인 가구 기준이 아닌 3인 가구 도시근로자 소득 기준으로 적용하되 70% 이하인 자[17]로 적용했다. 구체적인 서울시 사회주택 사업은 세 가지로 구분되는데, 도입 시기 순서대로 빈집 살리기 프로젝트(빈집 리모델링, 2015년 2월), 토지임대부 사회주택(2015년 6월), 리모델링형 사회주택(비주택 리모델링, 2016

---

16) 서울시에서 주거·복지 등 다양한 사회문제를 개선하고 사회적경제기업을 지원하여 서울시민의 삶의 질 향상 및 좋은 일자리 창출을 위해 추진하는 융자 사업.
   서울특별시(2017.04.21.) 서울특별시 사회투자기금 2017년 융자 및 상반기 수행기관 공모계획 공모
17) 2017년 기준 월 3,419,114원으로 같은 기준을 1~2인 가구에 동일하게 적용.

년 2월)이 있다.

〈표 6〉 서울시 사회주택 추진 개요

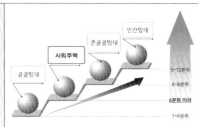

| 공급주체 ▷ 사회적경제 주체 및 비영리 주택 법인 |
| 공급대상 ▷ 소득 6분위 이하 계층 (도시근로자 소득 100%) |
| 임대료 ▷ 부담가능 수준(시세 80% 이하) |
| 거주기간 ▷ 40년 이상 |

구 분	공공임대주택	사회주택	준공공임주택	민간임대
공급 주체	국가, 지자체, 공사	사회적경제 주체	민간기업	주택 소유자
재원 조달	재정 및 기금	조합비 및 대출	자기자본 또는 대출	자기자본 또는 대출
임대료	시세 30~80%	시세 80% 이하	시세 이하	시세
거주 기간	10~20년	40년	10년	2년

자료: 서울특별시(2015.06), 사회주택 시범공급 사업설명회 발표자료

(1) 빈집 살리기 프로젝트(빈집 리모델링)

빈집 살리기 프로젝트는 서울시 (민간)사회주택 조례를 근거로 한 최초의 사업으로 2015년 2월 발표된 보도자료[18]를 인용하자면, **'6개월 이상 방치된 빈집을 어르신, 대학생, 여성 등을 위한 맞춤형 민간 임대주택으로 탈바꿈시켜 저소득 가구에 시세의 80% 수준으로 최소 6년간 저렴하게 제공하는 사업'**이다. 사회적기업인 ㈜두꺼비하우징의 '공가 프로젝트'[19]를 정책적으로 활용한 것이며 민간 사

---

18) 서울특별시 보도자료, "방치된 빈집을 임대주택으로 빈집 살리기 프로젝트" (2015. 02. 04.).

19) 은평구 지역의 빈집 한 세대를 리모델링하여 셰어하우스로 활용한 사례.

회주택 사업자 입장에서는 빈집을 활용한다는 차원에서 시세보다
저렴하게 주택을 확보할 수 있고, 리모델링 보조금을 받을 수 있다
는 점에서 사업의 안정성을 확보할 수 있을 것으로 기대됐다.

구체적으로 공모를 통해 선정된 사업자가 6개월 이상 빈집으로
방치된 방 3개 이상의 주택을 찾아 최소 6년 이상(지원금액 3,000만
원 초과 시 8년)의 소유자의 동의를 확보하면, 서울시가 최대 50%까
지 리모델링 비용을 지원해준다. 리모델링 공사비용에 대한 보조금
은 처음에는 동당 최대 2,000만 원(전체 50% 범위)이었으나, 2015년
9월부터 전용 면적에 따라 최대 2,000만 원($85m^2$ 이하), 3,000만 원
($85 \sim 165m^2$), 4,000만 원($165m^2$ 초과)으로 차등 적용된다. 나머지 50%
의 자부담 공사비는 서울시 사회투자기금을 통해 최장 7년 연이율
1.5~2.0%로 비용의 90%까지 융자[20]받을 수 있으며 6년 이내 사업이
중단될 경우 경과기간에 따라 보조금을 반납해야 한다.

(2) 토지임대부 사회주택(민·관 공동출자형 사회주택)

2015년 6월, 서울시는 보도자료[21]를 통해 이사·임대료·집주인
갈등이 없는 3無 (민간)사회주택을 본격 도입하겠다고 발표했는데
사업명은 민·관 공동출자형 사회주택으로 정해졌다. 민·관 공동출자
형 사회주택의 사업방식은 사회적경제 주체가 희망하는 토지를 발
굴하고 시에 신청하면, 해당 토지를 시에서 매입하고 30년 이상 운
영권을 보장하며 저리로 임대하겠다는 것이 핵심으로 토지임대부

김미정 외, 사회경제조직에 의한 빈집 활용 방안 연구, 서울시사회적경제지
원센터 (2014).

20) 재단법인 한국사회투자, 「2017년도 소셜하우징 융자사업」 공고, (2017.07.
13.). (사)나눔과미래 (2017. 08.01.), 『따뜻한사회주택기금 사업』대여 및 지원
사업 공고(수정).

21) 서울특별시 보도자료, "서울시, 이사·임대료·집주인 갈등 3無 '사회주택' 첫
선"(2015. 06. 12.).

사회주택[22]이라 불리기도 한다. 사회적경제 주체는 서울시로부터 토지를 임대하여 그 위에 주택을 리모델링하거나 신축하는 방식으로 확보하고 30년 이상의 운영을 책임지며 시세 80% 이하로 임대한다. 이처럼 서울시와 사회적경제 주체가 공동으로 자본을 출자하기 때문에 민·관 공동출자형 사회주택이란 이름이 붙었다.

구체적으로 공모로 선정된 사업자가 물색한 토지를 서울시에 매입 요청하면, 서울시는 토지 매입비를 서울주택도시공사에 출자하여 해당 토지를 매입하고 사업자에게 기본 30년, 10년 연장하여 최장 40년까지 연 1.0% 수준의 낮은 임대료로 임대한다. 필지당 면적은 330m² 내외, 감정평가기준으로 필지당 16억 원 이하인 토지가 대상이다. 빈집 살리기 프로젝트와 마찬가지로 사업자는 자부담인 리모델링 비용 혹은 주택신축 비용을 서울시 사회투자기금을 통해 최장 7년 연이율 1.5~2.0%로 90%까지 융자받을 수 있다.

(3) 리모델링형 사회주택(비주택 리모델링)

2016년 2월, 서울시는 보도자료[23]를 통해 리모델링형 사회주택을 소개했는데 '낡은 고시원, 여관·모텔, 빈사무실 등 비주택 시설을 셰어하우스 또는 원룸형 주택으로 리모델링해 청년 1~2인가구 등 주거약자에게 최장 10년간 주변 시세의 80% 이하로 저렴하게 공급하는 것'으로 설명했다. 이는 건축사 사무소이자 지역형 예비사회적기업인 ㈜선랩의 'SHARE-US' 모델을 정책적으로 활용[24]한 것으로

---

22) 2017년 사업공고문에서는 토지임대부 사회주택이 정식 명칭으로 굳어져, 본 연구에서도 토지임대부 사회주택을 주된 사업명으로 사용.
    서울특별시공고 제2017-676호, 서울특별시 토지임대부 사회주택 공급 및 운영 사업시행자 공모.
23) 서울특별시 보도자료, "낡은 고시원·모텔 리모델링, 주거빈곤 청년에 반값 월세" (2016. 02. 23.).
24) 관악구 신림동 고시촌 지역의 공실률이 높은 고시원 1동을 리모델링하여

건물주는 경기 침체와 노후화로 늘어나는 공실 고민을 해결하고, 청년 1~2인 가구 등 주거약자는 주거고민을 해결할 수 있기를 기대했다.

리모델링형 사회주택의 사업방식은 전반적으로 빈집 살리기 프로젝트와 유사하다. 민간 사회주택 사업자가 준공된 지 15년(최초 20년에서 하향) 이상 경과된 비주택을 매입하거나 6년(최초 10년에서 하향) 이상 장기로 임차하고 리모델링하여 민간 사회주택으로 활용하는 방식으로 건축법상의 리모델링에 한하며, 관할 구청과 협의하여 비주택에서 준주택 등으로 용도변경을 해야 한다. 리모델링 공사비용에 대한 보조금은 최초에 사업기간 10년에 1억 5,000만 원(총 비용 50% 범위)까지였으나, 2017년부터 사업기간에 따라 6~8년일 경우 1억 5,000만원(총 비용 60% 범위), 8~10년일 경우 1억 8,000만원(총 비용 70% 범위), 10년 이상일 경우 2억 원(총 비용 80% 범위)으로 확대됐다. 다른 서울시 (민간)사회주택과 마찬가지로 서울시 사회투자기금을 통해 최장 7년 연이율 1.5~2.0%로 자부담 공사비의 90%까지 융자받을 수 있으며, 약정된 사업 기간 내에 사업이 중단될 경우 보조금은 경과 기간에 따라 반납해야 한다.

(4) 경기도 시흥시, 전라북도 전주시 민간 사회주택

2016년 5월 시흥시는 서울시에 이어 전국에서 두 번째로 「시흥시 사회주택 지원에 관한 조례」[25]를 통과시키며 민간 사회주택 도입을 추진했다. 2016년 당시 시흥시는 기초지방자치단체로는 큰 예산인 16억 원을 민간 사회주택에 배정했으나, 지원 제도의 미비로 인한

셰어하우스로 활용한 사례.

황서연, 신림동 고시촌을 활용한 1인 가구 주거공동체 만들기, 서울시 마을공동체종합지원센터 (2016).

25) 경기도시흥시조례 제1541호(시행 2017. 7. 13.), 국가법령정보센터(http://www.law.go.kr/).

사업성 부족으로 사업자를 찾지 못했고 2017년에 들어서 (사)한국해
비타트와 사회주택건립 및 운영 업무협약을 체결하고 토지임대부
사회주택 1동 12가구 공급·운영을 추진하고 있다. 시흥시 토지임대
부 사회주택은 서울시와 큰 틀에서 유사하다. 다만, 토지 대부 계약
시 주택의 준공과 동시에 그 시설물을 시흥시에 기부채납하는 것에
동의해야 하며, 수의계약에 따른 무상사용 기한 후(최대 20년) 매 2
년마다 공개입찰로 계약한다는 조건이 있다. 무상사용 기한 이후 건
물의 잔존가치에 대한 민간 사회주택 사업자의 기여분이 보장되지
않는다는 점에서 제도 설계에 미비점이 있다는 지적이다.

2017년 7월 전주시는 시흥시에 이어 (민간)사회주택을 도입했다.
별도의 시 조례는 제정되지 않았으며, 토지임대부 사회주택 1~2개
동과 시 소유 주택 리모델링 사업 1개동을 모집하여 각각 한국주거
복지사회적협동조합과 민달팽이주택협동조합을 사업자로 선정하여
추진하고 있다. 전주시의 토지임대부 사회주택은 서울시 모델이 아
닌, 시흥시 모델과 유사하다. 주택의 준공과 동시에 그 시설물을 시
에 기부채납하고, 수의계약에 따른 무상사용 기한 후(최대 20년) 유
상으로 계약한다는 조건이 있다. 다만, 신축하지 않고 기존 주택을
리모델링하는 경우 토지와 건물의 합산가격에 연 2.5% 임대료로 계
약할 수 있어 실제 사업자는 신축하지 않고 리모델링하는 것으로
알려졌다. 시 소유 주택 리모델링 역시 합산가격에 연 2.5% 임대료
로 계약하는 방식이다.

나. 공공임대주택 활용

(1) 주거취약계층 주거지원사업

주거취약계층 주거지원사업은 노숙인 등의 자립을 지원하기 위
한 주거정책으로 2006년에 도입되었다. 물론 이전에도 다양한 시도

는 있었으나 수량이 매우 한정되어 있었고, 본격적인 의미에서 2006 년 한국토지주택공사(이하 LH공사)에서 공급한 '단신자 매입임대주 택 300호 시범사업'을 시작으로 봐야할 것이다. 당시에도 공공임대 주택은 3인 이상 가구에게 초점이 맞춰져 있어, 1인 가구가 대부분 인 노숙인들은 저소득층일지라도 공공임대주택 공급대상에서 제외 되어 자격조차 쉽게 얻을 수 없었던 문제가 있었다. 이로 인해 시범 사업은 비영리법인 등 노숙인 시설에게 임대주택 입주를 지원하고 관리하는 운영기관의 권한을 주되, 입주자들에 대한 사례관리를 해 야 한다는 조건을 부과하는 방식으로 시작됐다((사)서울노숙인시설 협회, 2016).

시범사업은 자립을 위한 주택을 얻기 어려웠던 많은 노숙인의 입 주 요청으로 목표시기를 앞당겨 달성하였다. 2009년부터 주거취약 계층 주거지원사업은 '쪽방 및 비닐하우스 거주 가구'를 대상으로 운영되었고 이후 2010년부터 현행 체계로 정비되었다. 2016년 8월 현재 951호 985세대 1,428명이 주거취약계층 주거지원사업 대상 임 대주택에서 생활하고 있다((사)서울노숙인시설협회, 2016).

〈표 7〉「주거취약계층 주거지원 업무처리지침」 운영기관과 공급대상

구분	제1조 운영기관(사회복지법인 또는 단체)	제3조 공급대상(주거취약계층)
	주거취약계층의 주거 지원 또는 보호·지원 사업을 3년 이상 수행한 다음 각 호의 단체	다음 각 호에 3개월 이상 거주하는 사람 중 거주지 관할 시장 등 혹은 법무부 장관이 인정
1	「사회복지사업법」 제16조 및 제34조에 따른 사회복지법인 또는 비영리 법인	쪽방
2	「노숙인 등의 복지 및 자립 지원에 관한 법률」 제2조제2에서 정한 노숙인 시설을 운영하는 단체	고시원, 여인숙
3	「비영리민간단체지원법」 제4조에 따	비닐하우스

구분	제1조 운영기관(사회복지법인 또는 단체)	제3조 공급대상(주거취약계층)
	른 비영리 민간단체로 행정기관에 등록된 단체	
4	-	노숙인 시설
5	-	컨테이너, 움막 등

공급대상은 쪽방, 고시원 및 여인숙, 비닐하우스, 노숙인 시설, 컨테이너 및 움막 등에 3개월 이상 거주한 사람을 대상으로 운영기관이 시장 등(동주민센터)에게 추천하는 방식으로 선정한다. 심사를 통과할 경우 운영기관은 입주생활 지원서비스를 제공하는데 일상생활 상담, 주택관리, 임대료 및 공과금 관리는 물론이고 공적부조 연계, 경제적 안정 도모, 자치모임, 문화 활동 및 사회화 프로그램 진행에 이르기까지 전방위로 이뤄진다. 입주자는 시세 30% 이하 수준의 임대료를 낸다.

(2) 국토교통부 사회적주택

사회적주택은 지난 2016년 7월 국토교통부 보도자료[26]를 통해 소개되었는데, LH공사가 다가구·다세대 주택 등을 매입[27]한 후 비영리법인, 협동조합 등 사회적주택 운영기관에 임대하면 운영기관이 대학생과 사회초년생에게 재임대하는 방식이다. 운영기관은 「공공주택 업무처리지침」상 대학생과 사회초년생을 대상으로 셰어하우스 형태로 운영하면서 기관 성격에 따라 다양한 프로그램을 제공한다. 2016년 시범사업은 서울, 수원, 부천 등 수도권의 다가구 주택, 원룸형 주택 16개동 293호를 대상으로 실시됐고, 2017년 경기도시공

---

26) 국토교통부 보도자료, "대학생·사회초년생 대상 "사회적주택" 공급된다" (2016. 07. 28.).

27) 주거취약계층 주거지원사업과 마찬가지로 공공임대주택의 일종인 '기존주택 매입임대주택'으로 분류.

사 2개동 16호와 부산도시공사 2개동 20호가 추가되었다.

사회적주택 운영기관 지원 자격은 아래 표와 같이 비영리법인, 공익법인, 협동조합 및 사회적협동조합, 사회적기업, 학교(대학)에게 있다. 대부분 비영리나 비영리 성격이 강한 것으로 분류되는 법인 형태로서 서울시 (민간)사회주택과 비교했을 때 중소기업과 예비 사회적기업을 지원 자격에서 제외한다는 점에서 보다 엄격한 조건을 갖고 있다고 할 수 있다. 이는 사회적주택이 공공임대주택을 활용하는 모델로서 일반적인 수준보다 높은 수준의 비영리 성격을 요구한다고 해석된다.

〈표 8〉「공공주택 업무처리지침」상 사회적주택 운영기관과 공급대상

구분	제2조 3호. 운영기관 (주거 관련 사회적경제 주체)	제2조 2호. 공급대상(사회경제적 약자)
1	「민법」 제32조에 따라 허가를 얻은 비영리법인	대학생(규칙 별표 5 제1호가목1)가)의 (1), (2), (4)를 준용한다)
2	「공익법인의 설립·운영에 관한 법률」 제2조에 따른 공익법인	사회초년생(규칙 별표 5 제1호 가목1)나)의 (1), (2), (3), (6), (7)을 준용한다)
3	「협동조합 기본법」 제2조 제1호에 따른 협동조합 및 제3호에 따른 사회적 협동조합	-
4	「사회적기업 육성법」 제2조 제1호에 따른 사회적기업	-
5	「고등교육법」 제2조 제1호부터 제4호까지, 제6호 및 제7호에 따른 학교	-

사회적주택의 공급대상은 「공공주택 업무처리지침」상 대학생과 사회초년생으로서 최종 입주자는 운영기관이 기본적인 입주 자격을 갖춘 신청자 중 선발한다는 점이 특징이다. 이는 셰어하우스 운영·관리를 위하여 운영기관의 특성에 적합한 입주자를 선발하고 공동

체 활성화 프로그램을 진행하는 것이 중요하다고 보았기 때문이다. LH공사 등 임대사업자는 시중 전세가격의 30% 수준에서 보증금과 월임대료를 책정하여 운영기관에게 임대하며 운영기관은 최소한의 운영·관리경비, 공동체 활성화 프로그램에 소요되는 비용 등을 감안하되 시중 전세가격의 50% 이하 범위 내에서 입주자에게 공급해야 한다. LH공사 등 임대사업자와 운영기관의 최초 임대차 기간은 2년이고 재계약은 2년 단위로 체결하며, 향후 평가에 따라 계약 연장 여부가 결정된다.

2. 사회주택 관련 법제도 현황

가. 사회주택 관련 법률 현황

우리나라의 주택 관련 법률에서 '사회주택'이라는 용어를 직접 규정하고 있지는 않다. 임대주택에 관하여 규율하는 법으로는 (i) 공공주택사업자가 국가 또는 지방자치단체의 재정이나 「주택도시기금법」에 따른 주택도시기금(이하 '주택도시기금')을 지원받아 건설, 매입 또는 임차하여 공급하는 공공임대주택을 다루는 「공공주택 특별법」과 (ii) 민간의 임대사업자가 임대 목적으로 제공하는 민간임대주택을 다루는 「민간임대주택에 관한 특별법」(이하 '민간임대주택법')이 있다. 위와 같은 구분은 임대주택을 공급하는 주체에 초점을 맞춘 것인데, 위 두 법률이 시행된 2015년 12월 29일 이전에는 「임대주택법」에서 공공과 민간이 공급하는 임대주택을 포괄하여 건설임대주택과 매입임대주택으로 나누고, 건설임대주택은 다시 공공건설임대주택과 민간건설임대주택으로 나누어 하나의 법률로 규율하고 있었다. 현재와 같이 공공주택 특별법과 민간임대주택법으로 공급주체에 따라 규율하게 된 것은 2015년 8월 28일자로 임대주택법 내용 중 (i) 공공임대주택과 관련된 공공주택의 공급 기준, 중복입주의 확인, 임대조건, 재계약의 거부, 매각제한, 우선 분양전환 등 필요한 규정을 공공주택 특별법으로 이관하고, (ii) 민간임대사업에 관한 내용은 규제 중심에서 지원을 강화하는 내용 중심으로 개정하기 위하여 임차인 자격 제한, 최초 임대료 제한, 분양전환의무, 담보권 설정 제한 등 4개 핵심 규제를 폐지하고 임대 의무 기간(8년 또는 4년) 및 임대료 상승률 제한(연 5%) 등 2개 규제만 존치하는 내용으로 전면 개정을 하면서부터다.

현행 민간임대주택법에는 국가 및 지방자치단체가 사회적기업, 사회적협동조합 등 비영리단체의 민간임대주택 공급 참여를 유도하기 위하여 주택도시기금 등 자금을 우선적으로 지원하고 조세를 감면할 수 있다는 규정(제4조 제3호)을 제외하면 특별히 사회주택과 연관이 있어 보이는 규정은 없다. 그리고 공적 목적을 위한 임대주택은 전부 공공주택 특별법에 따른 공공임대주택에 관한 내용으로 규정되어 있고 민간임대주택법은 민간 사업자의 자유재량을 넓혀주는 규정을 두고 있을 뿐이다.

현행 민간임대주택법이 지니는 한계를 지적하며 2016년도부터 민간 사회주택 법제화에 대한 논의가 본격적으로 이루어져 왔다. (사)한국사회주택협회, 사업자, 연구자, 전문가 등 민간중심의 TF가 구성되어 사회주택의 정의, 제도 개선 방안 등에 대하여 논의하였고, 2016년 12월 13일 윤관석 의원이 논의 결과를 반영하여 민간임대주택법 개정안을 대표발의 하였다.[28] 위 개정안은 소득·자산을 충족하는 취약계층을 대상으로 주택을 건설하거나 매입하여 30년 이

---

[28] 2016. 12. 13. 민간임대주택에 관한 특별법 일부개정법률안(윤관석의원 대표발의); 이희숙, "민간임대주택에 관한 특별법 개정의 필요성 및 방향". 윤관석 위원 주최 사회임대주택 활성화 방안 마련을 위한 정책토론회, (2016. 12. 26. 발표), 43.

상 임대(임차하여 임대하는 전대형의 경우 6년 이상 임대)하는 민간임대주택을 사회임대주택으로 정의하였고, 사회임대주택 활성화를 위하여 토지 우선공급, 건축 기준 완화, 사회임대주택지원계획, 국·공유재산 활용, 사회임대주택 사업자의 역량강화 지원 등을 규정하였다(제2조). 위 법안 준비 과정에서 공급 주체를 사회적경제 주체로 한정할 것인지가 쟁점이 되었으나 공급 기간이 길고 임대료의 제한이 있어 기대 이윤이 낮으므로 사실상 사회적 목적을 추구하는 조직들로 공급 주체가 한정될 것으로 기대하고 별도로 주체를 한정하지는 아니하였다. 위 개정안은 국회 국토교통위원회 논의 과정에서 공급 주체를 사회적기업, 사회적협동조합 등으로 한정하고, 지원 방안은 원안보다 축소되는 취지로 수정가결되었으나, 2017년 2월 23일 법제사법위원회에 회부된 이후 2018년 3월 현재까지 계류 중에 있다. 이후 2017년 11월 3일 민홍철 의원이 공공지원 민간임대주택의 개념을 신설하고, 위 주택에 대하여 지원 및 공공성을 강화하는 민간임대주택법 개정안을 발의하였으며, 위 법안 내용을 중심으로 한 국토교통위원장 발의 대안이 국회 본회의에서 가결되었다. 이로써 공공지원민간임대주택에 대하여 규정하는 민간임대주택법(이하 '개정 민간임대주택법')이 2018년 1월 16일자로 개정되어 2018년 7월 17일부터 시행될 예정이다.

개정 민간임대주택법에서 '공공지원 민간임대주택'이란 임대사업자가 주택도시기금의 출자를 받아 건설 또는 매입하는 민간임대주택, 공공택지 등 일정한 토지를 매입 또는 임차하여 건설하는 민간임대주택, 공공지원 민간임대주택 공급촉진지구에서 건설하는 민간임대주택 등 일정한 요건을 갖춘 민간임대주택을 8년 이상 임대할 목적으로 취득하여 임대료 및 임차인의 자격 제한 등을 받아 임대하는 민간임대주택을 말한다. 개정 민간임대주택법은 기존에 논의가 되어온 '사회주택'의 개념과 유사하게, 공공지원에 상응하는

청년·신혼부부 등 주거 지원 계층 배려, 초기임대료 제한 등 공공성
을 확보할 수 있는 주택의 개념을 도입하였다는 점에서 의의가 있
다. 또한 위에서 살펴본 국가나 지방자치단체의 지원과 관련하여,
이른바 '셰어하우스'와 같은 '공유형 민간임대주택'의 활성화를 위
하여 임대사업자 및 임차인에게 필요한 행정 지원을 할 수 있다는
규정도 신설되었다.[29] 공공지원에 상응하는 공공성 강화의 측면에
서는 바람직한 방향의 개정이나 기존에 지속적으로 논의되어 온 민
간 사회주택 개념, 사회적경제 주체에 대한 육성 또는 활성화 방안
등이 포함되지 않은 점은 아쉬움으로 남는다.

나. 사회주택 조례 현황 및 의의

위에서 살펴본 바와 같이 임대주택 관련 법률에는 사회주택에 대
한 정의가 없으나 서울시 사회주택 조례와 시흥시 사회주택 조례에
서는 '사회주택'에 대한 정의를 두고 있으며, 이를 기초로 하여 민간
사회주택 활성화 및 주거 관련 사회적경제 주체의 육성과 지원 관
련 내용을 규정하고 있다. 서울시 사회주택 조례와 시흥시 사회주택
조례는 모두 '사회주택'을 '사회경제적 약자를 대상으로 주거 관련
사회적경제 주체가 공급하는 임대주택 등을 말한다.'라고 정의하고
있다. 여기에 언급된 '사회경제적 약자', '사회적경제 주체'도 상호
간 유사한 내용으로 규정되어 있다.[30] 그 외 지방자치단체들의 조례
중에는 주거복지와 관련된 조례는 다수 발견되지만 '사회주택'에 대
하여 명시적으로 언급한 조례는 현재까지 발견되지 않는다.

---

29) '공유형 민간임대주택'이란 가족관계가 아닌 2명 이상의 임차인이 하나의
    주택에서 거실·주방 등 어느 하나 이상의 공간을 공유하여 거주하는 민간
    임대주택으로서 임차인이 각각 임대차계약을 체결하는 민간임대주택을 말
    한다.
30) 서울시 사회주택 조례 제2조, 시흥시 사회주택 조례 제2조.

서울시 및 시흥시 사회주택 조례 제정은 주택이 민간건설부문에서 영리적으로만 공급되는 것이거나, 서민층에 대한 공공의 시혜적 차원으로만 제공되는 것이 아니라, 사회적경제 주체 등 사회적 목적을 지닌 주체들에 의해 비영리적으로도 공급될 수 있으며 그에 대해 지방자치단체 차원에서 체계적으로 지원하겠다는 것을 제도적으로 규정한 것이라는 점에 의의가 있다.31)

서울시와 시흥시의 각 사회주택 조례 내용을 비교하여 보면, 주요 골자는 비슷하고, 기본계획 내용 및 구체적인 지원 방안 등에서 서울시 사회주택 조례가 보다 정치하게 정비되어 있다. 서울시와 시흥시 사회주택 조례는 법률에서 미비한 사회적경제 주체에 의한 임대주택의 공급에 대한 지원을 규정함으로써 지역 사회에서 공공이 아닌 민간 영역에 의한 사회주택 공급의 활성화 토대를 마련하고 있다. 다른 지방자치단체에서도 이와 같은 조례 제정의 필요성에는 동감하고 일부 내부적인 검토를 마친 곳도 있다고 확인되나 조례 제정으로 이어지지는 않은 것으로 보인다.

사회주택 조례의 특징으로는 (i) 통상 사회주택의 공급 주체에는 '공공'에 의해 직접 공급되는 주택이 포함되는 것으로 해석하는 학술적인 개념에 비해, 사회주택을 협소하게 정의하고 있는 점, (ii) 토지 등 현물 자산을 지원받은 경우 그 사업이 종료되거나 중단된 때에는 원칙적으로 원형 그대로 투자기관에 반환하도록 하여 공공자산을 최대한 보전할 수 있도록 한 점 (iii) 공공 주도의 주택사업에 사회적경제 주체를 공동 사업자로 참여시켜 민간 사업자 양성 및 민관 협력의 기틀을 마련한 점 등이 있다.32) 조례 제정 이후 사회주택 정의에 대한 많은 논의들이 이루어졌으나 현재까지 사회적 합의

---

31) 강세진, "서울특별시 사회주택 활성화 지원에 관한 조례 제정의 의의", 한국주거학회지 제10권 제1호 (2015. 6.), 19.
32) 강세진, 앞의 글, 17~19.

에 이르지는 못한 것으로 보인다. 사업 종료 시 공공지원이 투자기관에 반환되는 것과 관련하여서는 공공 자산 보전의 측면에서는 긍정적인 효과가 있으나 사회주택의 장기적 발전에는 한계로도 작용한다. 공공의 지원은 주로 서울시 사회투자기금 대여의 방법으로 이루어졌는데 상환 기간이 7년으로 사업 기간과 비교해 단기간이어서 민간 사회주택의 사업성을 약화시키고, 지속가능성을 담보하기 어려운 측면이 있다. 이와 같이 사회주택 조례(제도)의 상세 내용은 여러 논의와 개선의 여지가 남아 있는 것은 사실이나 민간 영역에서 사회주택의 초기 정착에 큰 역할을 하였고, 향후 법률 개정에도 중요한 시사점을 제공하고 있다고 할 것이다.

Ⅳ. 법제도 개선 방안

앞에서 살펴본 것처럼 서울시 사회주택 조례와 지원 제도를 중심으로 민간 영역에서 사회주택이 확장되고 있고, 민간 사회주택의 긍정적 효과에 관심이 모아지고 있다. 이러한 상황에서 민간 사회주택을 전국 단위로 확장시키기 위한 입법화 노력이 이루어지고 있다. 민간 사회주택을 법률에 반영할 경우 주된 쟁점은 정의, 공급 주체, 공급대상 및 방법, 활성화를 위한 지원 방안 등이 될 수 있다. 이하에서는 위 각 쟁점에 대하여 현행 관련 법제도의 구체적 내용 및 개선 방안과 바람직한 법체계를 모색해보고자 한다.

1. 사회주택 정의

제2장에서 사회주택의 정의에 대하여 살펴본 바와 같이 사회주

택은 통상 정부 기구 또는 비영리조직에 의해서 특정한 필요가 있
거나 소득이 낮은 사람들을 위하여 공급되는 주택으로 이해된다. 사
회주택의 개념을 현재 법률에 포섭하여 살펴보면, 공공주택 특별법
에 따라 공급되는 공공주택은 정부 기구에 의하여 공급되는 사회주
택으로 볼 수 있을 것이다. 다음으로 민간 조직이 비영리(또는 제한
적 영리)목적으로 공급하는 사회주택을 우리 법에서 어떻게 정의하
고 규율할 것인지에 대한 과제가 남아 있다. 관련 법률과 조례의 규
정 현황을 살펴보면 <표 9>와 같다.

〈표 9〉 사회주택 관련 용어 정의 비교

구분	사회주택 관련 용어 정의 비교
공공주택 특별법	공공주택: 공공주택 사업자가 국가 또는 지방자치단체의 재정이나 주택도시기금을 지원받아 법률에 따라 건설, 매입 또는 임차하여 공급하는 공공임대주택, 공공분양주택
서울시 사회주택 조례(2015.01)	사회주택: 사회경제적 약자를 대상으로 주거 관련 사회적경제 주체에 의해 공급되는 임대주택
민간임대주택법 개정안 (윤관석 외, 2016.12)	사회임대주택: 사회임대주택 사업자가 대통령령으로 정하는 소득·자산을 충족하는 취약계층에게 임대할 목적으로 건설, 매입 또는 임차하는 다음 각 호의 어느 하나에 해당하는 민간임대주택 가. 건설형 사회임대주택: 30년 나. 매입형 사회임대주택: 30년 다. 임차형 사회임대주택: 6년
민간임대주택법 개정안 수정안 (윤관석 외, 2017.02)	사회임대주택: 사회적기업, 사회적협동조합 등 대통령령으로 정하는 임대사업자가 8년 이상의 범위에서 대통령령으로 정하는 기간 이상 임대할 목적으로 취득하여 임대하는 기업형 임대주택 또는 준공공임대주택
개정 (2015.01) 민간임대주택법	공공지원 민간임대주택: 임대사업자가 공공지원을 받아 건설, 매입, 임차한 민간임대주택을 8년 이상 임대할 목적으로 취득하여 이 법에 따른 임대료 및 임차인의 자격 제한 등을 받아 임대하는 민간임대주택

　　제도적으로는 최초로 사회주택을 정의한 서울시 사회주택 조례
는 '사회적경제 주체가 사회경제적 약자를 대상으로 공급하는 임대
주택'을 사회주택으로 정의(제2조 제1호)하였다. 정의에는 포함되어
있지 아니하나, 임대료는 시세 80% 이하로 하고, 최장 6년~10년을
임대할 의무를 부과하고 있다. 위 정의는 사회주택의 주체와 대상을
한정하고 있다. 이는 민간 영역에서 사회주택의 특성을 잘 반영한
정의라고 할 수 있다. 다만, 앞에서도 살펴본 바와 같이 사회주택의
개념에는 공공에 의해 공급되는 주택도 포함되는 것이 학술적인 개
념인데 비해 민간에 한정하여 협소하게 정의하였다는 비판이 있다.

　　윤관석 의원이 발의한 민간임대주택법 개정안의 원안에서는 사
회임대주택을 취약계층에 대하여 6년~30년간 공급하는 민간임대주
택으로 정의(제3조의2)하고 있다. 위 법안에서 사회임대주택은 공급
대상 및 공급 기간 등 주택의 공공성에 중점을 둔 개념 정의이다.
이후 국회 국토교통위원회 논의과정에서 수정된 안은 사회적기업,
사회적협동조합 등 '공급 주체'에 초점을 맞춘 개념 정의(제6조의2)
이다. 한편, 개정 민간임대주택법은 공공지원을 받아 취득한 주택을
8년 이상 임대하고, 임대료 및 임차인의 자격을 제한하는 주택을 공
공지원 민간임대주택으로 정의한다. 이는 공공지원과 공공성 있는
주택이라는 점에 착안하고 있다.

　　아래에서 살펴보겠지만, 민간 사회주택의 핵심 사항으로 공급 주
체에 대한 규정이 필요하다. 학술상 사회주택은 공급 주체와 주택의
공공성 측면에서 정의되고 있고, 위와 같은 개념 정립이 사회적경제
주체 육성 정책에 정당성을 부여하는 근거가 될 수 있다. 공급 주체
와 더불어 주택의 공공적 특성이 정의에 반영될 필요가 있는데 이
는 임대 기간, 임대 대상, 임대료에 대한 규제로 나타날 수 있다. 개
정 민간임대주택법의 공공지원 민간임대주택은 정의 규정에서 임대
료 및 임차 자격을 제한하면서 임대 기간은 8년 이상으로 규정하고

있다. 이는 공공주택 특별법상 공공주택이나 윤관석 의원의 개정안 원안과 비교하여 임대기간이 짧은 편이다. 공공주택과의 형평성이나 민간 사회주택의 총량을 누진적으로 확대하기 위해서라도 임대기간을 최대한 장기로 설정할 필요가 있다. 다만, 주택을 임차하여 공급하는 사회주택의 경우 임차권 기간에 한계가 있음을 고려할 때 불가피하게 의무 임대 기간이 단축될 수 있을 것이다.

용어와 관련하여 살펴보면, 개정 민간임대주택법은 공공성이 강화된 임대주택을 공공지원 민간임대주택으로 정의하고 사회주택 용어는 활용하고 있지 않다. 현재 지방자치단체 조례는 '사회주택'을 규정하여 지원을 하고 있고, 50여 개 이상의 민간 공급자들이 (사)한국사회주택협회를 구성하는 등 사회주택 용어가 해당 분야에서는 보편적으로 사용되고 있는 점, 사회주택 용어가 기존의 공공임대주택이 가지고 있는 사회적 편견을 다소 해소하는 역할을 할 수 있는 점을 고려할 때 가급적 사회주택이라는 단어를 활용할 필요가 있을 것으로 생각된다. 다만 사회주택은 통상 공공이 공급하는 주택을 아우르는 의미임을 고려할 때, 민간이 공급하는 사회주택은 민간 사회주택(민간 사회임대주택, 사회임대주택으로도 명명 가능)으로 법률상 정의하고, 사회주택 개념에는 법률상 공공주택과 민간 사회주택이 포함되는 방안을 제안한다.

2. 공급 주체

가. 민간 공급 주체 육성의 필요성

우리나라의 경우 2015년 국토교통통계연보기준, 전체 주택 중 자가 점유율은 53.6%, 임대용 주택 중 민간임대가 41.2%, 공공임대가 5.2%를 차지하고 있다.[33] 1970년대 종교 관련 비영리조직들이 주택을 공급하는 사례가 등장하였으나, 국가 주도의 공공주택이 취약계층에 공급하는 임대주택의 대부분을 이루고 있다. 2012년부터 변화의 조짐들이 나타나 협동조합 등 사회적경제 주체와 학계 중심으로 민간 차원에서 청년주거 문제와 도시재생 문제 등에 대한 논의가 시작되었고, 이후 다양한 주거 모델들이 실험적으로 시도되었다. 또한 서울시가 사회투자기금으로 사회주택 공급을 위한 자금 지원을 시작하면서 사회적경제 주체에 의한 사회주택 공급이 확대되었다.34) 이와 같은 사회적경제 주체의 사회주택 공급 움직임이 확대되고 사회적으로 주목을 받는 것은 국가 주도의 공공임대주택의 한계와도 맞물린다. 국가 주도의 공급으로 단기간에 공급 물량을 상당히 확대해 왔으나, 사회적 배제 현상이 지속적으로 지적되고, 개발할 택지의 한계로 대규모 공급도 어려운 실정이다. 현 상황을 타개할 대안 중 하나는 유럽 국가들의 사례와 같이 민간에서 공익적 목적으로 사회주택 공급을 확대하는 것이다. 사회적경제 주체들은 사회복지, 공동체 강화 등 자신의 전문성을 바탕으로 지역으로 침투해 낙후된 건물들을 재개발하고, 지역 주민과의 연계를 강화하며 주거 외에도 다양한 복지 프로그램을 적용할 수 있을 것이다.

문제는 주택을 공급하는 사회적경제 주체의 규모나 역량이다. 자발적인 노력과 지방자치단체의 재정 지원 등으로 사회주택의 민간 공급 주체가 확대되고 일정 부분 성장한 것도 사실이나 여전히 초보 단계에 있다. 우리나라의 토지 가격이나 주택 가격을 고려할 때 초기 단계에 있는 사회적경제 주체들이 스스로의 재원과 역량만을 가지고 사회주택 공급을 확대하는 데는 한계가 있다. 서울시 사회투자기금, 사회주택종합지원센터 등의 지원으로 인한 사회주택 공급

---

33) 한민희·박준, "민간임대주택시장의 안정을 위한 정책 대안 분석-국제비교를 중심으로", 국토연구 통권 제94권 (2017. 9.), 127.

34) (사)한국사회주택협회, 2017한국사회주택협회 백서 (2017), 22.

자들이 공급한 주택의 확대 추이를 살펴보더라도[35] 제도와 재정의 지원이 뒷받침된다면 지역과 복지 분야의 사회적경제 주체가 사회주택 공급자로 성장하고 큰 역할을 할 수 있을 것으로 예측된다.

한편, 민간 사회주택 공급 확대를 위하여 공급 주체를 제한하지 아니하고, 유의미한 이윤이 보장될 정도의 공공적 지원이 이루어진다면, 공공성을 기반으로 한 단체는 오히려 배제되고 이윤 극대화를 목적으로 하는 민간 사업자들이 공공지원에 근거해 민간 사회주택 공급에 다수 참여할 수 있다. 이와 같은 형태의 민간 참여자 확대는 공공성을 유지하기 어렵고 국가 재원만 일반 사업자에게 귀속되는 결과에 이를 수 있다. 예를 들어 개정 민간임대주택법상 공공지원 민간임대주택의 경우 공급 주체의 제한이 없고, 의무 임대 기간인 8년이 경과한 후에는 사업자의 자유로운 처분이 가능하므로 기간 경과 후 분양 수입을 기대하고 사업에 참여할 수 있다. 사업자가 공공지원 민간임대주택을 일반 분양하는 경우, 해당 물량의 사회주택 공급을 위해서는 다시 국가 재정이 투입되어야 하는 것이다.

즉, 민간 사회주택 확대에 있어 가장 시급히 추진해야 할 과제는 공공성에 근거하여 장기간 사업을 진행할 민간 주체를 양성하는 것이다. 이를 통해 초기 성장 과정에서 공급 물량에 있어 일부 진통을 경험하더라도 보다 양질의 사회주택을 지속적으로 공급하는 효과를 기대할 수 있을 것이다.

나. 공급 주체 관련 법률·조례 현황 및 개선 방안

우리나라 법률 및 조례에서 사회주택 공급 주체를 어떻게 규정하

---

[35] 서울시의 경우 2015년부터 사회주택사업을 지원하였고 2018. 1. 4. 기준으로 누적 617세대의 민간 사회주택이 공급 또는 공급 예정이다(서울시 사회주택종합지원센터 자료 참조).

고 있는지 살피면 아래 표와 같다. 서울시 사회주택 조례는 주거 관련 사회적경제 주체를 규정(제2조)하면서 통상 사회적경제 주체로 분류되는 비영리법인, 사회적기업, 협동조합 외에도 중소기업까지 포함하고 있는 특징이 있다. 중소기업 육성의 필요성도 인정되나 공급 주체를 제한하는 취지는 비영리(또는 제한적 영리)의 속성에 기인한 것이므로 중소기업까지 포함하는 것은 무리한 확대로 평가된다. 현재 발의된 사회적경제 기본법안을 살펴보더라도 사회적경제 조직 범위에 중소기업 협동조합은 포함되나 중소기업 기본법상 일반적인 중소기업을 포함하지는 않는다.[36] 이후 제정된 시흥시 사회주택조례는 사회주택 공급자인 주거 관련 사회적경제 주체를 비영리법인, 공익법인, 협동조합, 사회적기업 등으로 규정하여 서울시 경우와 달리 중소기업을 포함하지 아니한다.[37]

관련 법안을 살펴보면, 윤관석 의원의 민간 임대주택에 관한 특별법 개정안 원안(제9조의2)은 공급 주체를 사회적경제 주체로 한정하지 아니하였으나 국회 교통위원회를 거친 수정안(제6조의2)에서는 사회임대주택의 공급 주체를 사회적기업, 사회적협동조합 등 대통령령으로 정하는 임대사업자로 규정하였다. 국회 교통위원회 논의에서는 사업 주체를 한정할 필요성에 의견이 모아진 것으로 보인다. 다만 일반협동조합은 포함되지 아니하였는바, 통상 사회적경제 주체로 언급되는 사업 주체의 범위 보다 좁게 한정한 특징이 있다. 개정 민간임대주택법은 공공지원 민간임대주택의 공급 주체에 관하여 임대사업자에만 해당하면 족하고, 주거 관련 사회적경제 주체를 한정하거나 이들을 지원하는 내용으로의 개정은 없었다. 개정 민간

---

36) 2016. 10. 11. 유승민 의원 대표발의 사회적경제 기본법안 제2조 제3호 "사회적경제조직" 정의, 2016. 8. 17. 윤호중 의원 대표발의 사회적경제 기본법안 제3조 제3호 "사회적경제기업" 정의 참조.
37) 시흥시 사회주택 지원에 관한 조례 제2조 제3호.

임대주택법(제2조의4)은 민간 사회주택의 관점에서 보다는 기존의 기업형 임대주택에 대한 공공성 강화 차원에서 추진된 만큼, 사회적경제 주체를 중심으로 한 공급 주체 한정 이슈에 대하여 국회에서 충분히 논의되지 않은 것으로 보인다.

　사회주택 공급에 있어 공공의 공급 외에 민간의 공급을 확대하여야 한다는 측면이 강조되는 중요한 이유 중 하나는 민간 사회주택의 핵심 참여자인 사회적경제 주체의 가치지향성과 그와 관련한 전문성의 활용이다. 또한 공공의 재원이 민간에 지원되는 것이므로 해당 민간이 가급적 지역사회를 대변하고, 공동체의 자산화로 연결될 필요가 있다. 유럽의 사회주택이 비영리단체 중심으로 공급된 것도 사회복지 측면에서 시작한 주택공급자가 정부의 도움을 받아 사회주택 공급을 확대한 것이었다.

〈표 10〉 사회주택 사업 주체 규정 비교

구분	사회주택 사업 주체 규정 비교
공공주택 특별법	공공주택사업자: 1. 국가 또는 지방자치단체 2. 「한국토지주택공사법」에 따른 한국토지주택공사 3. 「지방공기업법」 제49조에 따라 주택사업을 목적으로 설립된 지방공사 4. 「공공기관의 운영에 관한 법률」 제5조에 따른 공공기관 중 대통령령으로 정하는 기관 5. 제1호부터 제4호까지의 규정 중 어느 하나에 해당하는 자가 총지분의 100분의 50을 초과하여 출자·설립한 법인 6. 주택도시기금 또는 제1호부터 제4호까지의 규정 중 어느 하나에 해당하는 자가 총지분의 전부를 출자(공동으로 출자한 경우를 포함한다)하여 「부동산투자회사법」에 따라 설립한 부동산투자회사
서울시 사회주택 조례(2015.01)	주거관련 사회적경제 주체: 가. 「민법」에 따른 비영리법인 나. 「공익법인의 설립·운영에 관한 법률」에 따른 공익법인 다. 「협동조합 기본법」에 따른 협동조합, 협동조합연합회,

구분	사회주택 사업 주체 규정 비교
	사회적협동조합, 사회적협동조합연합회 라. 「사회적기업 육성법」에 따라 인증된 사회적기업 마. 「서울특별시 사회적기업 육성에 관한 조례」에 따른 예비사회적기업 바. 「중소기업 기본법」에 따른 중소기업 중 건설업, 부동산업 및 임대업, 전문, 과학 및 기술 서비스업(건축설계 및 관련 서비스업에 한함)에 해당하는 기업
민간임대주택법 개정안 (윤관석 외, 2016.12)	"사회임대주택사업자"란 임대할 목적으로 대통령령으로 정하는 규모 이상의 사회임대주택을 건설, 매입 또는 임차하였거나 하려는 임대사업자
민간임대주택법 개정안 수정안 (윤관석 외, 2017.02)	「사회적기업 육성법」 제2조 제1호에 따른 사회적기업, 「협동조합 기본법」 제2조 제3호에 따른 사회적협동조합 등 대통령령으로 정하는 임대사업자
개정(2018.01) 민간임대주택법	임대사업자(임대사업자가 공공지원을 받아 민간임대주택을 8년 이상 임대할 목적으로 취득하여 이 법에 따른 임대료 및 임차인의 자격 제한 등을 받아 임대하는 민간 임대주택을 공공지원 민간임대주택으로 정의함)

공공성 강화 및 공동체 자산의 축적 측면에서 민간 사회주택 사업자로 가장 이상적인 조직 유형은 비영리법인이라고 할 수 있다. 그러나 우리나라 법 제도상 비영리법인이 주택 공급 사업을 하는 것에는 많은 어려움이 예상된다. 비영리법인의 수익 활동, 대출 등에 관하여 주무관청의 각종 규제가 예상되고, 비영리법인은 건설업 등록을 하지 못하는 등 제도적 제약이 많다.[38] 위와 같은 문제점 등을 바탕으로 사회적 가치를 추구하면서 영업 활동을 병행할 수 있도록 등장한 제도가 사회적경제 영역으로 볼 수 있고, 실제 사회주택을 공급하는 주체들 다수는 사회적기업, 협동조합의 법인격을 가지고 있다.[39] 조직의 성격을 살펴보더라도 사회적기업은 인증요건

---

38) 건설산업 기본법 제9조 제3항.
39) (사)한국사회주택협회 회원사 53개(2018. 1 기준)를 분석하면, 사회적협동조합 포함 비영리법인이 19%, 사회적기업이 32%, 협동조합이 26%, 그 외 조

에 사회적 목적 추구와 관련한 사항이 포함되어 있고, 회계연도별로 배분 가능한 이윤이 발생한 경우에는 이윤의 3분의 2 이상을 사회적 목적을 위하여 사용하도록 배당을 제한하고 있다.[40] 협동조합은 재화 또는 용역의 구매·생산·판매·제공 등을 협동으로 영위함으로써 조합원의 권익 향상과 더불어 지역사회에 공헌하고자 하는 사업 조직이고, 배당은 이용 배당 중심이며 투자 배당이 일정 범위 내로 제한되는 특성이 있다.[41] 민간의 사회주택 공급이 위와 같은 사회적 경제 주체 중심으로 이루어질 때 주거복지 측면의 공공성이 강화될 수 있고, 조직 특성상 이윤이 발생하더라도 상당부분 사회주택 사업에 다시 사용되거나 이용자 중심으로 귀속되는 선순환을 기대할 수 있을 것이다. 따라서 민간 사회주택을 규율함에 있어서는 비영리법인, 사회적기업, (사회적)협동조합[42] 등을 포함하는 사회적경제 주체의 역할과 활성화 취지가 명확히 표현될 필요가 있다. 공공지원민간임대주택으로 정의하는 개정 민간임대주택법에 체제를 유지하는 경우에는 별도 규정으로 공급자로서 사회적경제 주체의 육성과 지원 내용 등을 보완하는 것이 필요하다고 할 것이다.

직이 23%에 이른다(비영리법인이면서 사회적기업인 경우 비영리법인으로 분류함. 협동조합이면서 사회적기업인 경우 사회적기업으로 분류함. 예비 사회적기업은 사회적기업으로 분류함. 그 외 조직은 주식회사, 유한회사, 소셜벤처 등임).

40) 사회적기업 육성법 제8조 제1항.

41) 협동조합 기본법 제2조 제1호.
   협동조합 기본법 제51조 제3항: 제2항에 따른 잉여금 배당의 경우 협동조합사업 이용실적에 대한 배당은 전체 배당액의 100분의 50 이상이어야 하고, 납입출자액에 대한 배당은 납입출자금의 100분의 10을 초과하여서는 아니 된다.

42) 영리목적의 (일반)협동조합을 민간 사회주택의 공급주체에 포함할 수 있느냐에 대한 이견이 있으나 민간 사회주택 부문에 참여할 수 있는 사회적협동조합이 거의 존재하지 않는 현실을 고려하였음.

3. 공급대상(입주자격)

사회주택의 정의나 역할 및 공공의 지원을 고려할 때 공급대상에 대한 자격 기준이 필요하다. 공급대상을 한정하여야 한다는 논의에서 나아가 범위를 어디까지 할 것인지가 쟁점이 된다. 공공이 공급하는 사회주택으로 볼 수 있는 공공주택 특별법(제2조 제1항)에서의 영구임대주택은 최저소득계층을 대상으로 하고, 1순위는 「국민기초생활보장법」에 따른 생계급여 수급자, 의료급여 수급자 등이다.(시행령 별표3) 국민임대주택의 입주자 자격은 우선공급 대상과 일반공급 대상이 있고, 일반공급 대상은 공급하는 전용면적에 따라 다른데 전용면적 50m² 미만인 경우 해당 세대의 월평균소득이 전년도 도시근로자 가구당 월평균소득의 50% 이하이어야 한다.(시행령 별표4) 행복주택의 경우 대학생·사회초년생·신혼부부, 주거급여 수급자, 고령자가 대상이고 소득 기준이 보다 완화되어 있다.(시행령 별표5) 서울시 사회주택조례는 공급대상인 사회경제적 약자에 대하여 「사회적기업 육성법」에 따른 취약계층, 「장애인·고령자 등 주거약자 지원에 관한 법률」의 주거약자, 청년 1인 가구 등을 규정하고, 통상 소득 6분위 이하 계층 (도시근로자 가구당 월평균소득 70~100% 이하)으로 설명하고 있다.[43]

민간 사회주택이 궁극적으로 추구하는 바는 주거복지인 만큼 공급대상을 어떻게 규정하는 가는 사회주택의 핵심 사항 중 하나이다. 관련 법률 및 조례는 아래 표와 같이 규정하고 있다. 민간임대주택법 개정안(윤관석 대표발의) 논의 당시 이러한 필요성이 강조되어 원안(제2조 제3호의2)에서는 민간 사회주택의 대상을 소득·자산 기

---

43) 서울특별시, "사회주택 플랫폼 사회주택 개념", 사회주택플랫폼,
　　http://soco.seoul.go.kr/sohousingIntro.do (2018. 3. 23. 확인)

준으로 한정하는 내용을 포함하고 있었다. 국토교통위원회 논의 과
정에서 대상을 한정하는 내용은 제외되었으나, 결과적으로는 공공
지원 민간임대주택으로 변경하는 내용의 법개정이 이루어지면서 공
급 대상(제40조 제1항 제1호)을 국토교통부령으로 정하도록 하였다.
주거복지로드맵에 따르면 청년층, 신혼부부, 고령가구 등이 우선 공
급대상이 될 것으로 보인다.

공급대상 범위는 민간 사회주택에 대한 국가의 지원 범위, 민간
사회주택의 특징과 연계하여 살펴보아야 한다. 공공주택과 동일한
공공성을 지난 주택을 공급하는 경우 공공이 공급하는 경우와 동일
한 지원이 이루어져야 할 것이나 현실적으로는 동등한 지원을 기대
하기 어려운 측면이 있다. 또한 공공주택과 구별되는 민간 사회주택
의 강점은 지역과 연계한 공동체 프로그램 강화, 대상 계층에 맞는
다양한 복지 프로그램, 임대주택에 대한 사회적 편견 해소 등임을
고려할 때 지원 대상 범위를 지나치게 제한할 필요는 없을 것으로

〈표 11〉 사회주택 공급대상 규정 비교

구분	사회주택 공급대상 규정 비교
공공주택 특별법	영구임대주택: 최저소득 계층 국민임대주택: 저소득 서민 행복주택: 대학생, 사회초년생, 신혼부부 등 젊은 층
서울시 사회주택 조례(2015.01)	사회주택: 사회경제적 약자
민간임대주택법 개정안 (윤관석 외, 2016.12)	사회임대주택: 대통령령으로 정하는 소득·자산을 충족하는 취약계층
민간임대주택법 개정안 수정안 (윤관석 외, 2017.02)	사회임대주택: 대상 제한 없음
개정(2018.01) 민간임대주택법	공공지원 민간임대주택: 국토교통부령으로 정하는 기준

보인다. 대략 소득 6분위 이하 계층을 대상으로 하고 있는 서울시 사회주택의 경우를 참조할 수 있을 것이다. 그러나 최저소득 계층을 대상으로 하는 민간 사회주택도 있을 수 있고, 가급적 저소득층에 대한 공급을 확대하여야 하는 측면을 고려할 때, 민간사회임대주택 유형을 다양화하여, 공급 대상에 따라 국가 지원도 확대하는 방법으로 체계를 마련해나가는 것이 필요해 보인다. 입주 대상 소득 분위에 따라 최초 임대료 산정 기준을 달리 하는 체계를 도입해볼 수 있을 것이고, 이때 임대 대상에 따라 발생하는 시세와의 간극은 기금 대여 이율을 낮추거나 사업자에 대한 비용 지원으로 충당하는 방안을 고려해볼 수 있을 것이다.

4. 지원 방안

민간 사회주택 확대를 위한 지원 정책으로 살펴볼 수 있는 것은 세제, 기금 대여, 토지 활용, 건설특례 등이다. 관련 법률 및 조례를 살펴보면 <표 12>와 같다.

〈표 12〉 사회주택 지원 방안 비교

구분	사회주택 지원 방안 비교
공공주택 특별법	공공주택: 기금 지원, 조세감면, 공공토지 우선공급, 공공주택지구 지정 및 각종 관계 법률 특례(간선시설 설치비 지원, 부담금 감면, 공공시설 귀속 포함), 건설 관련 승인·심의 등 특례, 국유재산법 특례, 건축기준 특례 등
서울시 사회주택 조례(2015.01)	사회주택: - 주거 관련 사회적경제 주체에 대한 1. 자금·인력 지원 및 현물출자, 2. 사회주택 건설 택지의 제공, 3. 사회주택의 관리·위탁, 4. 사회주택의 임대보증금 등에 대한 융자 또는 보조, 5. 사회주택 관리비용의 융자 또는 보조, 6. 사회주택 건설·재건축·리모델링 비용의 융자 또는 보조, 7. 사회주택 거주자에 대한 주거비용의 융자 또는 보조 등

구분	사회주택 지원 방안 비교
	- 주차장설치기준 완화. 사회주택으로 활용되는 공공임대주택의 관리비용 지원, 민간주택 등의 사회주택 활용을 위한 융자 또는 보조 등
민간임대주택법 개정안 (윤관석 외, 2016.12)	사회임대주택: - 사회임대주택 지원계획의 수립 및 사회임대주택 지원센터 운영 - 공공기관의 토지 우선 공급 - 국유재산법 등의 특례 - 기타 사회임대주택에 대한 지원(교육, 운영 지원, 관리·운영에 필요한 경비 지원 등)
민간임대주택법 개정안 수정안 (윤관석 외, 2017.02)	사회임대주택: - 주택도시기금 우선 지원 목적에 사회임대주택의 공급 확대 표함 - 지방자치단체는 다음 사항을 지원할 수 있음 - 사회임대주택 지원센터의 설치 및 운영 - 사회적경제주체의 역량 강화를 위한 교육 - 사회임대주택의 관리·운영에 필요한 경비 등
개정(2018.01) 민간임대주택법	공공지원 민간임대주택: 기금 지원, 조세감면, 공공토지 우선공급, 건설특례(용적율, 건폐율, 층수제한 완화), 사업 지원, 촉진지구에서의 각종 특례 등

공공주택 특별법은 공공주택 공급·관리계획에 따라 공공주택을 공급한다. 공공주택지구를 지정하여 택지를 확보하고, 각종 인허가 등의 특례, 토지 수용, 부담금 감면 등의 혜택을 부여하며 공공주택지구를 조성하도록 한다. 공공주택 건설에 관하여는 국토교통부 장관의 승인을 받도록 하고, 건축위원회 심의 등에 대한 특례를 인정하며, 공공주택의 건설 기준 등에 대하여는 대통령령에서 정한 바에 따르도록 한다. 그 외에 공공시설부지 등에서의 공공주택사업을 규정하고, 국유재산법 등에 대한 특례를 인정하여 국·공유지를 수의계약의 방법으로 사용허가하거나 매각·대부할 수 있고, 사용허가 및 대부의 기간을 50년까지 인정한다. 또한 건폐율, 용적율, 건축제한,

녹지 확보 기준, 주차장 설치 기준 등에 대해 특례를 인정하여 완화된 기준을 정하여 시행할 수 있도록 하고 있다. 위와 같은 공공주택 지원제도는 대규모 개발 및 공급 중심의 체계라고 할 수 있고, 공공주택 사업자가 국가, 지방자치단체, 공공기관인 점 등에 기인해 폭넓은 규제완화와 지원이 반영되어 있는 것으로 평가된다.

개정 민간임대주택법(제59조의2 제1항)은 현행 민간임대주택법상 기업형 임대주택에 인정되던 지원 혜택을 공공지원 민간임대주택에 한정하고, 지원에 상응하는 공공성 강화 조건을 부여하였다. 지원 내용으로 추가된 것은 사업계획의 자문 및 사업성 분석, 기반시설 설치계획 등의 자문, 건설 및 재원조달 등 사업 지원, 임차인의 모집·선정 및 명도·퇴거 지원, 임대료의 부과·징수 등의 업무 지원 등이다.(제59조의2 제1항) 기금 지원, 조세감면, 공공토지 우선공급, 건설특례 등 기존의 기업형 임대주택에 인정되던 폭넓은 지원이 공공지원주택에도 인정되는 만큼, 공공주택에 대한 지원에는 이르지 못하나 상당한 지원이 예상된다. 이러한 공공지원주택은 임대 대상, 임대료 등이 제한되어 공공지원의 근거가 마련되었다고 볼 수 있으나, 의무 임대 기간이 8년에 한정된다는 한계가 있다(제2조 제4호). 즉 의무 임대 기간이 경과한 이후에는 자유로운 처분이 허용되는바, 임대 기간이 50년 또는 30년 이상에 이르거나 분양 조건이 규제되는 공공주택과는 확연한 차이가 있다.

앞에서 살펴본 바와 같이 민간 사회주택에 대하여 주체를 제한하고, 공급 의무를 영구임대주택, 국민임대주택 등의 경우와 같이 장기화하는 경우 공공주택에 준하는 정도의 다양한 지원이 이루어지는 것이 바람직하다. 윤관석 의원이 발의한 민간임대주택법 개정안 원안에서는 사회임대주택에 대하여 기존의 기업형 임대주택에 대하여 인정하던 지원에 더하여 국·공유재산 특례 등 다양한 지원을 규정하고 있었는데, 수정안에서는 지방자치단체의 지원센터의 설치,

역량 강화 교육, 사회임대주택의 관리·운영에 필요한 경비 지원 등으로 축소되었다. 그러나 지원센터나 관리 운영에 필요한 경비 지원 정도로는 민간 사회주택의 양적 확대를 기대하기는 어렵다. 현재 민간 사회주택의 한계로 지적되고 있는 사항은 자금, 경영 등에서의 공급자의 역량부족, 사회주택 유지·관리를 위한 운영 자금 부족, 금융 부족 등임을 고려할 때,[44] 기금 대여, 국·공유 토지 활용, 공급자 신용 보증 관련 제도 등이 필요하다. 또한 국·공유 토지를 임차하여 주택 건설 후 공급하는 토지임대부 유형이나 주택을 임차하여 전대하는 전대형의 경우 전입신고 등을 통한 주택 담보에 근거한 임차인 보호가 어려운 바, 임차인의 보증금 보호와 관련한 별도의 보증보험 제도 등이 보완될 필요가 있다.

지원정책과 관련하여 추가로 생각해보아야 하는 것은 용지 확보가 어려운 인구 과밀 지역에 민간 사회주택의 공급량을 확대하는 방안이다. 과거 외곽 지역 대규모 택지 개발을 통해 공공임대주택을 공급함으로써 발생했던 문제점을 극복하고, 직장·학교 등 접근성과 지역 통합의 관점에서 역세권 등 인구 과밀 지역에도 민간 사회주택 공급량을 확대할 필요가 있다. 그러나 지대(地代)가 높은 지역의 경우 세입자의 임대료가 높아지고 그만큼 사업성도 낮아 사회주택 공급이 쉽지 않다. SH가 강남구, 서초구에 공급한 장기전세의 경우에도 높은 임대료로 인해 공가율이 70%가 넘어 사회적으로 문제가 되기도 하였다.[45] 위와 같이 지대가 높은 지역에서 공급자의 사업성을 보장하면서 세입자의 임대료를 낮추기 위하여는 낮은 금리의 융자로는 한계가 있다. 사업비를 직접 지원하거나 용적율을 완화하는 지원이 필요하다. 개정 민간임대주택법의 경우 용적율 완화로 건설

---

44) (사)한국협동조합연구소, "사회적경제조직에 의한 사회주택 활성화 방안" (2015), 47~48.
45) "서울 장기전세주택 공가 70%, 강남·서초에 집중", SBS CNBC (17. 10. 27)

되는 주택의 경우 일정 비율 이상을 임대주택을 건설하여 공급할 수 있도록 하는 내용을 포함하고 있다.[46] 용적율 완화에 대해 공공성을 강화한 규정이나 임대사업자에게 해당 의무를 반드시 강제하는 내용은 아니며, 임대 의무도 최장 20년에 그친다. 그러나 용적율 완화의 경우 건물의 수명 기간에 상응하여 추가 이익이 지속적으로

---

46) 개정 민간임대주택법 제21조의2 (용적률의 완화로 건설되는 주택의 공급 등) ① 승인권자 등이 임대사업자의 사업계획승인 또는 건축허가 신청 당시 30호 이상으로서 대통령령으로 정하는 호수 이상의 공공지원 민간임대주택을 건설하는 사업에 대하여 「국토의 계획 및 이용에 관한 법률」에 따라 해당 지방자치단체의 조례로 정한 용적률 또는 지구단위 계획으로 정한 용적률(이하 "기준용적률"이라 한다)보다 완화된 제21조 제2호에 따른 용적률(이하 "완화용적률"이라 한다)을 적용하는 경우 승인권자 등은 시·도지사 및 임대사업자와 협의하여 임대사업자에게 다음 각 호의 어느 하나에 해당하는 조치를 명할 수 있다. 다만, 다른 법령에서 임대사업자에게 부여한 이행 부담이 있는 경우에는 본문에 따른 조치를 감면하여야 한다.
1. 임대사업자는 완화용적률에서 기준용적률을 뺀 용적률의 50퍼센트 이하의 범위에서 해당 지방자치단체의 조례로 정하는 비율을 곱하여 증가하는 면적에 해당하는 임대주택을 건설하여 시·도지사에게 공급하여야 한다. 이 경우 주택의 공급가격은 「공공주택 특별법」 제50조의3 제1항에 따른 공공건설임대주택의 분양전환가격 산정기준에서 정하는 건축비로 하고, 그 부속토지는 시·도지사에게 기부채납한 것으로 본다.
2. 임대사업자는 완화용적률에서 기준용적률을 뺀 용적률의 50퍼센트 이하의 범위에서 해당 지방자치단체의 조례로 정하는 비율을 곱하여 증가하는 면적에 해당하는 주택의 부속토지에 해당하는 가격을 시·도지사에게 현금으로 납부하여야 한다. 이 경우 토지의 가격은 사업계획승인 또는 건축허가 신청 당시 표준지공시지가를 기준으로 「감정평가 및 감정평가사에 관한 법률」 제2조제4호에 따른 감정평가업자(이하 "감정평가업자"라 한다)가 평가한 금액으로 한다.
3. 임대사업자는 완화용적률에서 기준용적률을 뺀 용적률의 100퍼센트 이하의 범위에서 해당 지방자치단체의 조례로 정하는 비율을 곱하여 증가하는 면적의 범위에서 주거지원대상자에게 공급하는 임대주택을 건설하거나 복합지원시설을 설치하여야 한다.
4. 임대사업자는 완화용적률에서 기준용적률을 뺀 용적률의 50퍼센트 이하의 범위에서 해당 지방자치단체의 조례로 정하는 비율을 곱하여 증가하는 면적에 해당하는 임대주택을 건설하여 주거지원대상자에게 20년 이상 민간임대주택으로 공급하여야 한다.

발생하는 점을 고려할 때, 사업 주체를 한정하고, 건물 존속 기간에 준하는 기간으로 임대 의무를 부과할 필요가 있다. 또한 일반 민간 임대사업자에게 용적율을 완화해주는 경우 사회주택 공급 의무를 부과하는 것이 아니라 사회주택 사업자에게 용적율을 완화해 사회 주택 공급을 활성화하는 관점의 전환이 필요할 것이다.

5. 법체계

개정 민간임대주택법에 대하여 국회 법제사법위원회에서 논의할 당시 공공지원 민간임대주택은 공공성 강화를 위한 규제 취지이므 로 민간임대주택법에 추가하는 것은 법체계상 맞지 않고 공공주택 특별법의 공공주택사업자에 자격 요건을 완화해서 포함시켜야 한다 는 비판이 있었다.[47] 사회주택의 정의를 고려하더라도 공급 주체가 반드시 공공에 한정될 것은 아니므로 공공주택 특별법의 사업시행 자를 다양화하는 방안으로 규정하는 것도 고려해볼만 하다. 관련하 여 민간 사회주택에 관한 규정을 공공주택 특별법에 포함시키는 방 안, 민간임대주택법에 포함시키는 방안, 민간 사회주택에 관한 특별 법으로 규율하는 방안 등이 제기되고 있다.

공공주택 특별법에 민간 사회주택을 반영하는 방안에 관하여 살 펴보면 다음과 같다. 공공임대주택은 광의의 사회주택의 정의에 포 함되므로 공공주택 특별법을 사회주택 관련 법률로 보면 공급 주체 에 사회적경제 주체를 포함하여 확대하는 것이 이론적으로는 바람 직하다. 그러나 공공주택 특별법은 구 공공주택건설 등에 관한 특별 법을 기본으로 하여 개정된 것이고, 구 공공주택건설 등에 관한 특 별법은 사업시행자를 공공기관 등에 한정하고 있었다. 공공주택 특

---

47) 제355회-법제사법위원회 제1차(2017년 12월 20일) 회의 회의록 21.

별법은 공공주택 사업자가 국가, 지방자치단체, 공공기관인 점 등에 기인해 폭넓은 규제완화와 지원이 반영되어 있다. 규정의 내용은 임대주택 뿐 아니라 건설 후 즉시 분양하는 주택도 포함하고 있어 임대주택을 전제로 한 민간 사회주택과 직접 관련되지 않은 내용도 다수 있다. 공공주택 특별법을 개정하는 경우 공공임대주택과 공공분양주택을 체계적으로 구별하여 규정하고 공공임대주택의 사업시행자를 사회적경제 주체로 확대하며, 사업시행자와 관련한 다수 규정들을 공공분양과 공공임대를 나누어 규정하여야 하는 등 다수 법규정의 개정이 필요하다. 2015년 당시 공공주택과 관련한 사항이 공공주택 건설 등에 관한 특별법, 임대주택법, 택지개발촉진법 등에 공공 주택 관련 규정이 산발적으로 규정되어 있었는데 공공주택 건설, 관리·운영 등의 체계적 추진 등을 위해 위 법률을 통합하여 공공주택 특별법으로 개정되었다.[48] 위와 같은 법개정으로 여러 법률에서 다르게 정의되고 있던 공공임대주택의 정의를 통일하였고, 공공주택 사업자 정의가 임대주택, 분양주택에 동일하게 적용되었다. 공공주택 특별법 중 공공임대주택에 대하여는 공급 주체를 민간 사회적경제 주체를 포함하여 확대하는 경우 공공이 주체가 되어 공급하는 주택에 관하여 통합적으로 규율하고자 한 본 법률의 개정 취지에 반한다는 비판이 있을 수 있다. 위와 같은 점들을 고려할 때 단기간 내에 공공주택 특별법 체계를 변경하여 민간 사회주택을 반영하는 방법으로의 개정은 쉽지 않을 것으로 예상된다.

최근 개정 현황을 보면, 민간 사회주택과 유사한 성격을 지닌 공공지원 민간임대주택을 민간임대주택법에 반영하였다. 국회 논의 과정에서 비판은 있었지만 공급 주체에 따라 공공주택 특별법과 민간임대주택법으로 구분한 현행 법체계에 기초하여 개정이 이루어진

---

48) 김근용, 공공임대주택 공급체계 개선 방안 연구, 국토연구원 (2015), 34.

것이다. 현 단계에서 민간 사회주택을 기존 법률에 반영하는 경우 가장 용이한 방법은 민간임대주택법에 포함시키는 것으로 보인다. 즉 민간임대주택법에 규정하는 다양한 임대주택 유형 중 하나로 민간 사회주택을 규정하고, 위 주택에 대한 공공의 지원과 공공성 보장을 위한 규제에 관한 내용을 포함시키는 방법이 될 수 있을 것이다. 구체적으로는 민간 사회주택을 사회적경제 주체가 주거취약계층을 대상으로 대통령에서 정한 유형으로 공급하는 주택으로 규정하고, 대통령령에서 임대 기간, 임대 대상, 임대료 등을 세분화하여 공급 유형을 다양하게 규정할 수 있을 것이다. 위 경우 임대 기간이 길고 공급대상이 저소득자에게 한정되는 등 공공성이 강한 주택 유형에 대하여 공공임대주택에 준하는 정부와 지방자치단체의 지원체계를 마련하여야 할 것이다.

한편, 민간임대주택법은 기본적으로 영리에 기반한 민간의 임대주택 공급 촉진을 위한 법으로 서민주거 안정 등 공공성에 기반한 사회주택과는 그 취지를 달리하는바, 장기적으로는 민간임대주택법은 민간의 자율성이 강화되는 방향으로 규정하되 필수적인 공통된 규제에 관하여 규정하고, 민간 사회주택에 대하여는 별도의 법률로 규율하는 방향으로 나아가는 것이 바람직해 보인다.

V. 결어

유럽 주요 국가와 비교했을 때 태동기에 불과한 국내의 민간 사회주택 부문이 공공임대주택을 포함한 사회주택이 당면한 문제를 모두 해결할 것을 기대할 수는 없을 것이다. 공공임대주택 중심으로 주거취약계층의 주거문제를 해결해 온 국내 여건을 고려하면 더욱 그렇다. 게다가 사회적경제 주체에게 공공주택 사업자에 준하는 지원을 한다고 하더라도 더 좋은 결과를 낳을 보장도 없는 상황이다. 하지만 그럼에도 민간 사회주택을 주목해야하는 이유는 공급량 확대를 목적으로 대규모 공급에 치중한 공공임대주택의 한계를 극복할 수 있는 영역이 분명히 존재하기 때문이다.

먼저, 사회적 가치를 우선하는 사회적경제 조직이 주거취약계층에게 주택시설 제공 위주의 획일화된 서비스가 아닌 수요자 계층별로 특성에 맞춘 복합적인 서비스를 제공할 수 있다. 또한 택지개발을 통한 단지형 공급이 어려운 기존 시가지에서 비교적 소규모로 유연하게 수요자 특성과 지역여건에 맞는 주택공급을 시도할 수 있다. 이 과정에서 기존 공공임대주택 체계에서 사실상 배제되었던 주거취약계층 사각지대를 메울 수 있을 것이다. 이처럼 민간 사회주택은 공급량에 치우친 성과중심의 제도화가 아닌, 사회적경제 주체의 장점을 살린 제도화가 되어야 민간 사회주택 부문의 역량도 강화되고 지원의 정당성도 인정받아 역설적으로 양적 확대까지 이어질 수 있을 것이다.

본 연구에서는 사회적경제 주체에 의한 민간 사회주택이 활성화되기 위한 법제도 정비 방향을 논의하였다. 논의한 바대로 민간 사회주택의 활성화를 위해 법제도 정비는 반드시 필요하다. 그러나 사회적경제 주체 스스로도 기존의 정부나 (지방)공기업이 공급하는 것보다 사회적인 편익이 높다는 것을 증명할 수 있어야 한다는 점을 언급하고 싶다. 주거취약계층 수요자 특성을 반영하고, 지역적 여건에 맞는 주택을 공급하는 민간 사회주택을 장점을 살려 공공 사업자와 서로 경쟁하고 보완하는 경쟁력을 갖춰야 한다는 것이다. 법제도 정비와 사회적경제 주체의 경쟁력 강화를 통해 민간 사회주택이 활성화되기를 기대한다. 우리나라의 민간 사회주택을 포함한 사회주택의 실험은 이제 시작 단계일 뿐이다.

참고문헌

강세진, "서울특별시 사회주택 활성화 지원에 관한 조례 제정의 의의", 한국
　　주거학회지 제10권 제1호(2015. 6.).

고철 외, "사회주택정책에 관한 연구", 국토개발연구원 (1988. 12.).

김근용, "공공임대주택 공급체계 개선 방안 연구". 국토연구원 (2015).

김란수 외, "사회적경제조직에 의한 사회주택 활성화 방안", 서울시사회적
　　경제지원센터 (2015. 09.).

김미정 외, "사회경제조직에 의한 빈집 활용 방안 연구", 서울시사회적경제
　　지원센터 (2014).

김태섭 외, "사회적 주택 공급 활성화 방안 연구", 국토교통부 (2015).

김혜승 외, "사회적경제 조직에 의한 주택공급 방안 연구", 국토연구원
　　(2013).

남원석, "공적 임대주택의 공급체계에 대한 모색", 공간과사회 제27권 제3호
　　(통권 61호) (2017), 11~48.

박신영 외, "비영리단체의 공공주택사업 참여 활성화 연구", 건설교통부
　　(2004. 10.).

박훈영·이광노, "사회주택 입주가구의 주거실태에 관한 연구", 대한건축학
　　회 학술발표대회 논문집 제10권 제2호 (1990. 10.), 63~66.

(사)서울노숙인시설협회, 매입임대주택 서비스 제공 매뉴얼 (2016).

(사)한국사회주택협회, 2017한국사회주택협회 백서 (2017).

서종균, "사회주택과 주거권운동", 도시와빈곤 제100호 (2012. 11.), 8~28.

＿＿＿＿, "사회주택정책의 두 가지 쟁점에 대한 검토-공급 주체와 대상에 대해
　　서". 주택도시연구 제2권 제2호(2012. 12.).

이영환, "사회주택정책 발달론 연구", 한국사회복지학 제25호 (1995. 3.),
　　165~187.

이희숙, "민간임대주택에 관한 특별법 개정의 필요성 및 방향". 윤관석 위원

주최 사회임대주택 활성화 방안 마련을 위한 정책토론회, (2016. 12. 26. 발표).

장광석, "사례분석을 통한 사회주택 발전 방안에 관한 연구," 박사학위 논문, 전남대학교 (2016).

진남영 외, "협동조합형 공공주택 활성화 방안", 서울시에스에이치공사 (2015).

천현숙, "공공임대주택 정책의 진단 및 향후 과제", 부동산 포커스 Vol.105 (2017. 02.), 22~31.

최은영 외, "사회적경제 주체 활성화를 통한 서울시 청년 주거빈곤 개선 방안", 서울특별시의회 (2014).

_____, "사회주택공급 활성화를 위한 대응 방안 연구", 서울특별시의회 (2016).

하성규, "사회주택정책의 이론적 접근", 중앙대학교 환경과학연구소, 환경과학연구 1집 (1989), 33~56.

한민희·박 준, "민간임대주택시장의 안정을 위한 정책 대안 분석-국제비교를 중심으로", 국토연구 통권 제94권 (2017. 9.), 121~142.

황서연, "신림동 고시촌을 활용한 1인 가구 주거공동체 만들기", 서울시마을공동체종합지원센터 (2016).

丁 志映·小林秀樹. ‘都心部における単身者向けのシェア居住に関する研究', 『都市住宅学』, 63号(2008 AUTUMN), 75~80

Pittini, A. and Laino, E.. Housing Europe Review 2012: The Nuts and Bolts of European Social Housing Systems, CECODHAS Housing Europe's Observatory (2011).

Rhodes, M. and Mullins, D.. Market concepts, coordination mechanisms and new action in social housing, European Journal of Housing Policy, 9(2) (2009), 107~119.

Videncenter, B.. The Private Rented Sector in the New Century: A Comparative

Approach, University of Oxford (2012).

Voss, W.. Promoting Affordable Housing within Market Economy (2012).

시민자산화 활성화를 위한 법제도 개선 방안

전은호*·이희숙**·정순문***

Ⅰ. 서론

인간의 삶의 대부분은 토지와 건조물로 이루어진 공간을 토대로 이루어진다. 따라서 삶의 토대인 공간이 어떠한 목적으로 누구에 의하여 형성되었으며, 어떠한 내용으로 구성되었는가는 공간 위에서의 인간의 삶의 양식과 행위에 지대한 영향을 미치게 된다. 최근 젠트리피케이션의 부정적 현상을 막기 위한 수단의 하나이자, 지속 가능한 삶의 기반을 조성하는 해법의 하나로 사회적경제, 마을공동체, 시민사회 등 소위 제3,4섹터 영역에서 '시민자산화'라는 이야기가 나오고 있다. '미래 발전의 토대가 되는 경제적 가치가 있는 유무형의 재산'을 자산이라고 개념 짓고 있는바, 이러한 자산의 개념을 빌려 시민자산화의 의미를 해석해 보면 '시민들의 미래 삶의 발전의 토대로써 경제적 가치가 있는 유무형의 재산을 만들어가는 일련의 행위'라고 부를 수 있다.[1]

---

  * 사단법인나눔과미래 시민자산화사업팀장
 ** 재단법인 동천 변호사
*** 재단법인 동천 변호사
1) 일부에서는 이를 마을자산화, 지역자산화 등의 용어로 사용하기도 하는 것으로 보인다. 공간의 특성과 참여자의 범위와 자산 활용의 유형에 따라서

위와 같은 의미의 '자산화'가 공식적으로 등장한 것은 2015년 말 서울시가 '젠트리피케이션 종합대책'의 하나로 자산화 전략을 추진하기 위한 지역자산관리회사 설립 계획을 발표하면서부터라고 할 수 있다.[2] 당시 젠트리피케이션 대책을 발표하면서 서울시 담당자는 "젠트리피케이션 문제를 해결하기 위해서는 지역발전에 기여한 사람들에게 그 개발 이익이 골고루 돌아가는 시스템을 만들고, 지역 구성원들이 모두 상생하는 길을 찾는 것이 가장 중요하다"고 말했다.[3] 지역발전의 이익을 골고루 돌아가게 만드는 시스템으로서 구성원들의 미래발전의 토대를 찾는 것이 젠트리피케이션의 해법이라고 설명하는데, 이는 시민자산화의 취지와 일맥상통하는 논지라고 볼 수 있다. 이후 다양한 영역에서 시민자산화, 지역자산화에 대한 필요가 높아져 가고 있으며 도시재생 뉴딜에서도 관련 정책들이 포함되는 등 우리 사회에서 이 의제는 빠른 속도로 확산되고 있고, 중요성에 대한 공감대도 높아지고 있다.

시민자산화라는 개념이 등장하면서, 주체로서의 '시민'은 누구이며, 방식으로서의 '자산화'는 무엇을 어떻게 하는 것인지에 대한 질문과 더불어, 무엇보다 시민자산화를 왜 해야 하는지에 대한 공감대 형성이 주요한 과제로 드러났다. 일부에서는 완벽하진 않더라도 현장의 문제를 시민자산화의 방식으로 해결하기 위하여 여러 시도들을 다양하게 모색하고 있지만, 이 과정에서 기존의 법과 제도의 한계와 미비가 발견되기도 한다. 본 연구에서는 시민자산화의 공감대 형성을 위하여 시민자산화의 개념과 필요성을 정리하고 핵심 원리를 제시하며, 그러한 원리를 구현하는 과정에서 해결되어야 하는 법

세부적으로 구분할 수 있겠으나 본 연구에서는 보다 포괄적 의미를 지닌 용어인 '시민자산화'를 사용하기로 한다.

2) 서울시 보도자료, "젠트리피케이션 종합대책", 기획조정담당관 (2015.11.23.)

3) "서울시 '뜨는 동네' 젠트리피케이션 방지 위해 '자산화' 본격 추진", 경향신문 (2015.11.23.)

제도적 한계와 개선 방안들을 검토함으로써 시민자산화의 활성화에 기여하고자 한다.

II. 시민자산화의 필요성 및 개념[4]

1. 시민자산화의 필요성

시민자산화의 필요성은 영역과 주체의 특성에 따라서 다양한 관점에서 제시될 수 있다. 본 연구에서는 사회적경제라는 대안적 경제 시스템이 지역을 기반으로 하는 장소적 관점에서 시민자산화 전략을 구현하였을 때 나타날 수 있는 사회·경제적 효과들을 중심으로 필요성을 제시해보고자 한다. 먼저, 시민자산은 필연적으로 새로운 소유주체로서의 '시민'의 등장을 요구하게 되는데, 이는 국가와 시장으로 대변되는 기존의 소유구조를 넘어 시민, 공동체, 사회적인 영역에서 자산의 책임 있는 소유자[5]인 시민의 등장을 말한다. 이 과정에서 시민성과 시민력이 성장하고, 추출적 소요가 아닌 생성적 소유를 가능하게 하며 협력적 시대에 어울리는 시민에 대한 사회적 공감대가 형성될 수 있게 된다. 시민 주체의 등장과 더불어 자산화의 방식이 중요한 부분이다. 새로운 자산 관리 방식을 통하여 지역의 부가 형성(Community Wealth Building)되며 사회적인 개발이 가능

---

4) 본 장의 내용은 주저자(전은호)가 공동 연구자로 참여한 "젠트리피케이션 대응을 위한 지역 토지자산 공유방안 연구, 국토연구원 (2016)"의 내용을 요약 정리함.

5) 여기에서의 소유(ownership)는 협의의 소유에 그치는 것이 아니라 소유함으로써 발생되는 다양한 권리들(소유, 사용, 수익, 처분 등)을 모두 행사하는 광의의 소유를 말한다.

하게 되고 연대경제의 기틀이 마련되며 젠트리피케이션과 같은 부
정적 도시현상을 선제적으로 차단할 수 있게 되기 때문이다.

가. 시민력을 갖춘 시민의 등장과 생성적 소유 문화 형성

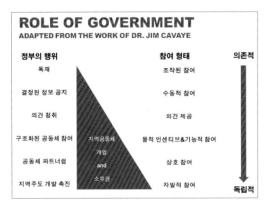

〈그림 1〉 참여와 소유권의 관계

출처: http://slideshare.net/markholmgren/community-capacity-building

Weikart(2001)는 다가오는 시대는 시민이 주인(주체)이고 행정은
지원하는 객체가 된다고 보았다. 시민주도성이 강한 시대로 변화되
고 있는 상황에서 정책의 객체이자 수혜자였던 시민에게는 좀 더
적극적인 참여와 주체성을, 관주도성에 익숙한 행정에게는 권한의
이양을 요청하고 있다.6) 시민이 진정한 주인이자 주체가 되기 위해
서는 반드시 시민력의 향상을 담보할 수 있는 요건들이 형성되어야
하는데 이 부분에서 가장 중요한 요소로 제기되는 것이 바로 시민
의 참여와 주인의 권리(Ownership)에 대한 것이다. Cavaye(1999)는

---

6) Weikart, Lynne A., The Giuliani Administration and the New Public Management
in New York City. Urban Affairs Review 36(3) (2001), 359~381, 국토연구원, 앞
의 글, 77에서 재인용.

아른스테인(Arnstein)이 참여 사다리로 표현한 시민참여의 수준에서 시민이 관리하는 수준으로 가기 위하여 공동체의 참여와 공동체의 소유권, 즉 공유의 영역이 확대되어야 함을 강조한다.[7] 시민이 주도적인 공동체의 발전 주체로서 역할을 자발적으로 해내기 위해서는 시민소유권에 기반한 시민자산이 함께 확대·형성될 필요가 있다.

공생하는 사회를 위한 대안적 소유 구조를 제안하고 있는 마조리 켈리는 '생성적 소유(generative ownership)'와 '추출적 소유(extractive ownership)'로 소유의 성격을 구분하면서 우리가 익숙하게 적용받고 있는 추출적 소유에서 벗어나 생성적 소유의 필요성을 주장한다. 하지만 소유의 구조를 변화시키는 일은 혁명에 가깝다. "소유 혁명은 경제 권력을 소수의 손에서 다수의 손으로 확대하려는 것이며, 사회적으로 무관심하던 사람들의 마음을 움직여 사회적 유익에 관심을 기울이게 하려는 것"으로 현실적으로 쉽지 않다. 또한, "자본주의에서의 사유와 사회주의에서의 국유는 결국 '소수'에 의한 지배라는 차원에서 큰 차이가 없으며, '소유'가 권한을 가지고 '지배'를 해보겠다는 것이 아니라 내가 그 안에 '속한다(Belonging)'라는 의미로 받아들일 때 진정한 변화가 시작된다"고 말하며 국유와 사유를 뛰어넘는 '속함의 소유'를 강조하고 있다.[8] 위 제언들은 시민자산화가 어디에 위치해야 하는지와 자산화를 통하여 지향해야하는 목표가 우리가 익숙해 하던 이익의 극대화가 아니라 시민의 삶의 조건을 만들어 내는 것임을 분명하게 이야기해주고 있다는 점에서 의미가 있다.

---

7) Cavaye, Jim., The role of government in community capacity building. Rockhampton, Qld.: Dept. of Primary Industries (1999), 국토연구원, 앞의 글, 79에서 재인용.

8) Marjorie Kelly(제현주 번역), 그들은 왜 회사의 주인이 되었나, 북돋움(2013) 35~36[Owing Our Future], 참고, 국토연구원, 앞의 글, 76에서 재인용.

<표 1> 소유의 성격

추출적 소유	생성적 소유
금전적 목적: 단기적 이익을 최대화	삶을 위한 목적: 장기적 시각으로 삶을 위한 조건을 만듦
부재자 구성원: 소유한 이들이 기업 활동에 참여하지 않음	뿌리내린 구성원: 기업 활동의 기반에 뿌리내리고 살아가는 사람들의 손에 소유권이 주어짐
시장에 의한 통치제: 자본 시장이 자동 항법 장치로 기업을 통제함	사명 경영 통치제: 사회적 사명에 헌신하는 사람들이 통제함
카지노 금융: 자본이 주인 노릇을 함	이해당사자 금융: 자본이 친구가 됨
상품 네트워크: 가격과 이윤에 초점을 맞춘 거래	윤리적 네트워크: 사회적, 생태적 규범에 대한 집단적 지원

출처: 마조리 켈리 2013: 35.

　우리에게 필요한 것은 시민이 새로운 주인으로서 등장하는 것이다. 사회적경제에 기반한 활동을 하기 시작한 시민들이 그 영향력을 지속 가능하게 유지하고 기존의 구조에서 나타나는 문제들을 효과적으로 해결해 가기 위하여 시민소유에 기반한 시민자산의 형성이 필수적이다. 생성적인 소유를 만드는 일은 무관심을 관심으로, 성장과 사익 중심의 욕구에 맡겨두었던 경제 권력을 회복력과 사회적 유익을 중심으로 하는 시민들의 새로운 욕구로 옮겨오는 일이다. 그런 의미에서 시민자산을 지닌 시민 주체의 등장이 가져올 변화가 기대된다. 주인된 시민의 등장으로 인한 사회경제적 임팩트는 지역의 부를 형성하고, 연대경제의 기틀을 마련하며, 지속 가능한 공동체를 형성하는 것이다. 또한 젠트리피케이션과 같은 부정적 도시현상을 선제적으로 방어하는 역할도 할 것이다. 이것을 실현하기 위하여 우리는 사회적인 자산을 소유하고 개발·운용하며 그 가치를 공유하는 시스템을 준비해야 한다. 그것은 비단 공간의 문제를 넘어서서 다양한 영역에서 시민자산의 관점과 전략을 활용할 수 있는 토대가 될 것이다.

나. 시민자산화로 인한 사회경제적 효과

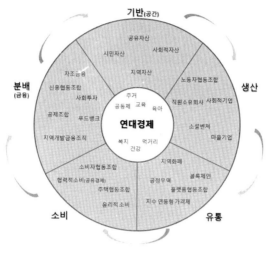

〈그림 2〉 연대경제 시스템

출처: Miller 2010.

　　시민자산화는 연대경제의 중요한 기반이다. 한상일(2011)은 내생적 발전의 과정에서 사회적경제의 가치는 지역에서 나타나는 새로운 사회적 수요를 충족시키는 과정에서 나타나며, 사회적경제는 시장의 실패와 계약의 불완전성을 극복하기 위해 필요한 공공재의 생산을 위한 자원을 공동으로 소유할 수 있다는 점에서 중요하다고 말한다.[9] 자원의 공동 소유 즉 시민자산화의 중요성을 강조하고 있는데 이는 다음의 Miller의 그림에서도 나타난다. 연대경제 생태계의 창조기반-생산-유통-소비-분배 차원에서 시민자산(공유자산)에 대한 공동의 소유권 확보와 공동소유에 기반한 운영관리는 지속 가능한 연대경제와 가치의 순환 구조를 지닌 생태계를 구축하는 기본적

---

9) 한상일, 한국의 인증사회적기업의 현황과 지역별 분포. 창조와 혁신. 4(1) (2011), 149~175 참조, 국토연구원, 앞의 책, 74에서 재인용.

토대임을 확인할 수 있다.

시민자산화는 지속 가능한 지역공동체 형성 전략에서도 중요한 조건으로 기능한다. 퓨처커뮤니티즈(Future Communities)는 공동체 소유에 기반한 지역발전 사례들을 통하여 공동체가 자산을 소유함에 따른 유익을 앵커기업의 측면, 이해관계자 측면, 광의의 커뮤니티 측면에서 다루고 있다. 앵커기업적 측면에서 자산의 소유는 성취감, 자신감을 갖게 해주고, 자산의 성공적인 이전은 지역 내 신뢰를 증대시키며 지역 경제 활동의 기반을 제공한다. 지역 이해관계자 측면에서 보면 자산의 소유는 함께 이익을 추구하는 것이 아니라 지역을 위해서 활동할 새로운 파트너를 갖게 한다. 또한 연대를 통한 상호간의 연결이 더 활발하게 이루어져 상호 책임감을 갖게 하며, 이 과정에서 지역에 규모있는 투자를 위한 민관파트너십의 필요성을 확인시켜준다. 광의의 커뮤니티 측면에서 보면 직간접적 이익들로 인하여 공동체가 더 큰 영향력을 갖게 된다는 것이다. 공동체는 스스로 (커뮤니티의 활동과 사회적경제조직들을 통하여) 그들이 가진 문제들을 해결할 수 있게 되며, 부를 창출하는 행위들은 지역에 소득의 기회를 만들어낸다. 공동체에서 만들어진 부는 커뮤니티에 저장되고 재활용되어 새로운 사업과 더 많은 이익을 위해 활용된다. 이러한 '승수효과'는 이익을 더 확장시키고 사업과 투자의 활력을 불러일으키며 토지의 가치를 회복시키게 될 것이라고 주장한다.[10] 지속가능한 공동체 형성은 지역의 부를 창출하는 일과 밀접한 연관성이 있다. 이 연관성을 만들어 주는 주요한 기제가 바로 공동으로 소유한 자산임을 확인하게 된다.

시민자산화는 지역의 부를 형성하는데 있어서 핵심 전략이다. 최근 Democracy Collaboratives의 Ted Howard는 지역의 부를 형성하는

---

10) Future Communities, A review of urban Community Land Trusts in England. The Young Foundation (2011) 참조, 국토연구원, 앞의 글, 76에서 재인용.

전략의 8가지 원칙을 내놓았는데, 지역기반의 다양한 소유 모델이
필요하며, 적극적인 민주적 소유에의 참여도 중요한 원칙이라고 밝
히고 있다. 8가지 핵심 원칙들을 살펴보면, 사람이 자본에 우선하고
협력적인 소유 모델을 다양화 하고 경제민주화를 촉진하고 부의 승
수효과를 극대화 하는 원칙 등이 있다. 또한 지역기반의 투자와 다
양한 이해관계자들 간의 협력, 장소를 기반으로 하는 전략 마련, 부
의 이전과 순환 등도 핵심적인 원칙들이다. 공동체의 부를 만들어
내는 일 속에 시민자산의 개념이 포함되며, 민주적 운영이 강조되는
점에서 볼 수 있듯이 시민자산을 만든다는 것은 단순히 하나의 공
간, 건물을 소유하는 것을 넘어 지역적으로 긍정적 파급력을 일으키
는 일이다.

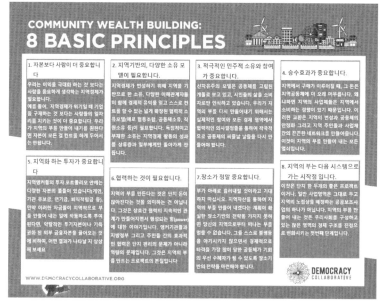

〈그림 3〉 지역의 부 형성전략의 기본 원칙

출처: https://democracycollaborative.org/content/community-wealth-building-eight-basic-principles

시민자산화는 사회적 개발을 촉진하고 성과를 극대화 할 수 있는 핵심 토대이다. 이영범·김은희(2011)는 자산을 기반으로 한 개발을 통하여 장소와 사람 모두의 가치를 향상시켜 사람이 주체가 되고, 책임성이 부여되며, 재정의 독립성과 지속가능성을 확보하는 것이 사회적 개발의 특징이라고 말한다. 사회적 개발을 위한 공유자산의 형성은 기본적인 인식의 변화와 사회적 자산관리의 기반을 제공해 주며 이 토대 위에 시민이 자발적으로 참여하는 민주적 프로세스를 적용하면서 지역에 기반한 사회적경제의 물리적 하부구조가 만들어 질 수 있다고 보고 있다. 이 구조 속에 사람, 관계맺음, 호혜, 공동체 형성이 지속적으로 확산될 것이며 이를 위한 행·재정적 지원, 특히 자산의 공동체적 소유의 토대를 구축하는 일이 정부의 주요한 역할임을 제언한다.[11] 이런 측면에서 보면 사회적 개발과 시민자산화는 상호보완적 관계를 형성하고 있다.

시민자산화는 젠트리피케이션과 같은 도시문제의 선제적 해법으로 기능할 수 있다. 젠트리피케이션의 부정적 효과에 선제적으로 대응하기 위한 전략의 핵심 원리는 함께 만든 가치의 공유시스템을 도시 내에 장착하는 것으로, 젠트리피케이션이 발생하기 전에 함께라는 것을 인식할 수 있는 그룹을 만들고, 그들이 공동체 자산을 형성하고 함께 이익을 공유할 수 있는 시스템을 구축하는 것이다. 시카고 일리노이대학 Nathalie P. Voorhees Center의 연구[12]는 젠트리피케이션의 단계별 대응전략 중 젠트리피케이션 발생 전에 해야 하는 중요한 전략으로 연대체 만들기, 세입자/비영리조직에 선매권 부여하기, 지역자산화하기, 안심상가/저렴주택 공급하기, 협동조합 만들

---

11) 이영범·김은희, 사회적기업을 이용한 주거지 재생. 도시재생 시리즈 19, 국토연구원 (2011)
12) Nathalie P. Voorhees Center for Neighborhood and Community Improvement (2015).

기, 상호이익 협약하기 등을 꼽고 있다.

시민자산의 형성은 새로운 시민 주체의 등장을 통하여 생성적 소유를 구현해 내는 주체들의 등장과 시민력의 향상을 기대하게 한다. 이러한 주체들이 추진하는 자산화를 통하여 내발적 발전으로 패러다임을 전환시키는 실제적 수단이 만들어 질 수 있고, 연대경제의 토대이자 지속 가능한 공동체 형성, 지역의 부 창출, 사회적이고 공평한 개발을 기대를 가질 수 있게 되었다. 이러한 기대효과들을 담보할 수 있는 구체적인 실행전략을 마련하기 위하여 시민자산화에 대한 개념을 구체적으로 정의하고 우리사회에서 시민자산화를 이루어내기 위한 단계적 세부 경로에 대한 분석과 해당 경로에서 발견되는 여러 법제도적 한계들을 살펴볼 필요가 있다. 이 과정에서 법제도 개선 방안 및 새로운 법률에 대한 검토까지 다양한 해법과 제안을 모색해 볼 수 있을 것이다.

2. 시민자산화의 개념[13]

시민자산화 이전에 우선 자산(資産)에 대한 개념을 명확히 할 필요가 있다. 사전적 의미를 살펴보면 '개인이나 집단이 미래에 성공하거나 발전할 수 있는 바탕이 될 만한 것을 비유적으로 이르는 말'로, '개인이나 법인이 소유하고 있는 경제적 가치가 있는 유형·무형의 재산'을 말한다.[14] 시민자산화는 이 개념에 시민을 주체로 상정하여 개념화 한 것이다. 즉, '시민이 함께 지역을 발전시킬 수 있는 바탕이자 그들이 함께 만들어 내 소유하고 있는 유무형의 재산'이 시민자산이다. 또한 유무형의 재산 중 공간을 기반으로 한 전략

---

13) 국토연구원, 앞의 글, 85~87.
14) "'자산03' 검색결과', 국립국어원 표준국어대사전, http://stdweb2.korean.go.kr
     (2018.04.05. 최종확인).

을 모색하기 위하여 부동산 자산을 공유하기 위한 자산화(이하 '자산화')는 상기 자산을 '공유자산(Commons)'으로 만들어내는 일련의 과정(Process)으로 볼 수 있으며, '주체의 등장, 자산의 소유-개발-이용-펀딩의 전 과정을 구성원이 함께 하는 것'이라고 개념화 할 수 있다. Commons에 동사적 의미를 부여하여 Commoning이라 표현하기도 한다.

자산화는 국공유(Public Ownership)와 사유(Private Ownership)를 넘어 제 3의 소유 영역으로서 공유자산(Commons)을 통해 구성되어야 하는데, 공유자산의 소유 주체가 누군지에 따라서 시민 소유(Citizen Ownership), 사회적 소유(Social Ownership), 공동체 소유(Community Ownership)의 영역으로 유형화 할 수도 있다. 이러한 영역을 만들어 내기 위하여 각 영역을 대표하는 시민, 사회적 조직, 공동체 구성원 등 새로운 주체의 등장이 선행되는 것이 필요하다. 무엇보다 시민자산화에서 중요하게 이야기하는 내용은 자산화하지 않는 자산은 의미가 없다는 것이다. 주어지는 자산이 아닌 '스스로 만들어내는 자산'으로서의 행위가 중요하다.

〈그림 4〉 시민자산화 개념도

주체의 유형에 따른 자산화의 구체적 방식은 현행 민법상 공유의 형식(합유, 총유, 공유)을 기반으로 하되 향후 새로운 공유의 형식을 도출해 내는 데에도 영향을 미칠 수 있다. 총유>합유>공유의 순으로 사회적 이해관계(사회적 지분)의 수준보다 경제적 이해관계(경제적 지분)의 수준과 자유도가 높아지는 경향이 있으며 지속가능성의 수준은 낮아질 경향이 높다. 이는 민법상 소유의 형태에 따라서 지분의 자유로운 거래가 가능하고 인적결합체의 강도가 달라지기 때문이다. 실제 자산화는 다양한 영역의 협력적인 참여를 통하여 이루어질 가능성이 크기 때문에 대상 사업의 방식에 따라 융·복합적인 공유 구조(Hybrid Commons Structure)를 설계할 필요가 있다. 시민자산화 전략과 방식을 설정하는 데 위 그림에서 보여지는 자산화의 경로가 주요한 요소가 될 수 있다. 예를 들면, 국공유자산의 공유자산 경로(①), 민간자산의 공유자산 경로(②)를 고려할 수 있으며, 새로이 공유자산을 만들거나 확장하는 경로(③)로 생각해 볼 수 있다. 큰 틀에서 보면 새로이 형성되는 공유자산의 영역과 두 영역(국유·사유) 사이의 조화로운 공존을 고려하는 것도 필요하다.

①과 ②의 경로는 일반적으로 대부, 매각, 신탁 등의 방식이다. ②의 영역으로 오는 과정에서 중요한 것은 누가 어떤 방식으로 하는지에 대한 것이다. 이 부분에서 시민자산화의 취지를 얼마나 살리고 있는지에 대해서는 몇 가지 원칙들을 설정해 볼 수 있으며, 이 원칙에 대한 구현 수준은 다음과 같이 다양하게 나타날 수 있다.

① 소유의 방식은 2인 이상의 주체들 상호 간의 약속에 기반한 공유 구조를 추구한다.

② 개발은 사회적 개발이 가능하도록 한다. 삶의 질을 보장하되 적정한 비용으로 개발한다.

③ 이용은 지불가능성과 지속가능성을 보장해주어야 하고 소유자와 이용자의 권리가 균형을 이루어야 한다.

④ 투자는 자기자본을 최대한으로 확보하기로 하고, 타인자본을 마련함에 있어서 주민과 시민의 참여를 최대한으로 하고 자본 이익

(거래)보다는 사회적 이익(사용)을 우선하는 투자 구조를 만든다.

⑤ 자산은 지속적으로 시민자산으로 기능할 수 있도록 안전장치를 두어야 하고 이는 상호 간의 약속, 제도를 통하여 달성한다.

III. 시민자산화 추진 해외사례 및 시민자산 형성 방안15)

1. 공공 주도형

국공유자산의 시민자산화 경로(①)의 유형은 공사, 공단 등의 개발·관리회사형과 토지(비축)은행형으로 구분할 수 있다. 그 중 토지은행의 경우를 살펴보면, 토지은행은 단순히 토지를 비축하는 기능을 뛰어넘어 토지를 공적인 목적으로 사용함으로써 지역의 경제를 활성화 시키고 일자리를 창출하며 물리적 환경 개선과 함께 사회경제적 발전에도 기여하는 것을 주요한 목표이자 사명으로 삼고 있다. Heins(2014)는 토지은행이 지역공동체 활성화 기능을 수행하기 위해 필요한 요소들을 다음과 같이 정의하고 있다.16)

> ① 토지은행의 비축기능만으로는 토지은행이 지역사회에 유익을 주는 도구로 작동하는데 한계가 있기 때문에 토지은행은 지역기반조직 또는 지역개발회사(CDCs)등 미션기반의 조직들과 파트너쉽을 구축하는 것이 중요하다

---

15) 국토연구원, 앞의 글. 87~113.

16) Heins, Payton. and Abdelazim, T, Take it to the Bank: How Land Banks Are Strengthening America's Neighborhoods. Center for Community Progress (2014) 참조, 국토연구원, 앞의 글, 90~91에서 재인용.

② 유휴공간의 생산적 활용을 위하여 지역사회에 유익을 주는 미션을 지니고 있어야 하며 지역공동체의 목표를 달성하는 토지은행으로 잘 코디네이팅 하는 것이 중요하다.

③ 토지은행의 운영자, 리더들을 잘 구성하는 것이 필요하다.

④ 토지은행의 목적을 투명하게 하는 것이 필요하고 지역주민의 참여를 높이고 운영의 투명성을 확보하기 위하여 정보시스템을 활용해야 한다.

⑤ 토지은행이 미션에 집중할 수 있도록 지역 차원에서 안정된 자금 확보가 이루어져야 한다.

⑥ 토지은행 네트워크 구축이 필요하다. 정보 공유 및 활동적인 지역네트워크를 형성할 필요가 있으며 자금 및 제도적 장치들을 연대해서 만들어갈 수 있다

우리나라의 경우에도 LH토지은행과 같은 토지비축제도를 운영하고 있다. 그러나 LH토지은행은 지역의 일상적 토지수요 및 국지적 젠트리피케이션 현상에 사전 대응하기가 어려우므로, 자치구 등 지역 단위의 토지은행을 설립한 후 지역공동체/소상공인/사회적경제/도시 재생 등 필요 단위에 적절한 자산 활용을 유도할 필요가 있다. 지방 도시의 소멸 우려가 높아지고 도시 내 유휴재산 및 경공매 재산이 확대되는 상황에서 해당 재산을 우선 매입 후 토지은행에 비축하여 유휴 재산 활용도를 높이고 해당 재산들의 시민자산화를 적극 유도할 필요가 있다. 또한, 공공자산의 시민자산화를 유도하기 위하여 소유는 공공이 하지만 활용 단계에서 지역기반의 사회적 개발 조직과의 파트너십을 통해 활용도를 높이고, 자산의 활용에 따른 이익을 기금화하여 중장기적으로 공유자산 확보를 위한 토대를 구축하는 데 활용하도록 할 필요도 있다. 공공의 토지비축 사업은 농지은행처럼 비축기금이 적절하게 지원되어야 사업이 활성화되며, 공공의 중장기적 수요보다는 현장의 일상적 수요에 대응하는 것이 주요한 요인임이 확인되었다. 따라서 일상적으로 지불 가능하고 지속 가능한 공간을 확보하려는 수요와 유휴공간의 위탁수요를 잘 매칭해 주는 기능을 갖추는 것이 무엇보다 중요하다.

2. 시민 주도형

시민주도형 자산화 주체 사례는 커뮤니티 기반의 비영리 또는 사회적경제 조직의 특성을 가진 기관이 자산을 직접 소유하고 운영하여, 자산에서 발생하는 가치를 해당 사업과 지역에 재투자하는 자산관리 방식 등이 주를 이룬다. 구체적인 사례로 사회적경제기업 형태의 개발신탁(Development Trust), 비영리조직 형태의 공동체 토지신탁(Community Land Trust), 지역개발공사(CDCs) 등의 사례를 참고할수 있다.

영국의 개발신탁은 지역재생을 담당하는 주체로, 건물의 사용권과 소유권을 확보하고 그 건물의 임대·활용 등으로 일정한 수입을 얻어 지역을 위한 비영리활동을 전개하는데, 주로 커뮤니티 비즈니스의 인큐베이션 및 공간을 제공하고 있다. 위 개발신탁은 과거 대처정부 시절 자발적 조직의 대형화나 관료화 등으로 자립성을 잃고 보조금과 위탁에 의존하는 경향이 짙어지자, 불안한 공적자금의 의존에 따른 위기에 대응하고자 자산관리 도입 및 개발신탁협회가 설립되며 등장하게 되었다.[17]

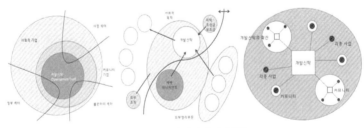

〈그림 5〉 개발신탁의 특징

출처 : 니시야마 야스오 외 2009

---

17) 니시야마 야스오, 니시야마 야에코, 영국의 거버넌스형 마을만들기-사회적 기업에 의한 도시 재생. 김영훈 외 역. 기문당 (2009)

개발신탁과 마찬가지로 공동체 토지신탁도 지역의 부를 창출하는 도구로 미국에서는 공동체의 부를 만들어내는 조직들이 지역기반으로 활성화 되어 있으며 주로 CDCs(지역개발기업들), CDFI(지역발전금융조직), CLT(공동체토지신탁), CCU(신용협동조합), ESOP(우리사주제도) 등이 그 예이다.

〈표 2〉 CWB 관련 조직들의 특징과 자산 보유 현황

유형	2005년 기준	자산	자산형성 방식
지역개발기업 (CDCs)	4,000개	1조 이상	지역기업, 소매업, 커뮤니티시설 개발
지역개발금융 기관(CDFIs)	718개	15조	중소상공인, 주택마련 등을 위한 융자
협동조합과 신용조합	48,000개	Coop: 260조 CU: 630조	1인 1표의 의사결정구조를 지닌 협력적 소유 모델에 자원 출자
공동체토지 신탁(CLT)	112개 6,000호	5,000억	부담가능주택과 기타 서비스를 위하여 영구적으로 토지의 소유권 확보
우리사주제도 (ESOP)	1,100개8백만	555조	커뮤니티 내 사원이 회사소유권을 확보하여 지역의 부를 형성하는 역할
지방공기업	500개	5,000억	공공의 소유권을 사용하여 서비스 제공 및 재정수입 증대
사회적 기업	500개	5,000억	미션기반의 사업을 통하여 지역사회에 유익이 되는 일에 투자 확대
정부 연기금	주정부 절반	45조	연기금을 사회적/경제적 임팩트가 있는 곳에 투자
총 계	90,000개	1,500조	로컬 커뮤니티 내 자본과 부를 만드는 일에 융합적 전략 연계

출처 : Aspen Institute 2005.

지역사회 특히 저소득층 주거지를 기반으로 하는 지역개발기업 (Community Development Corporations: CDCs)은 주택의 공급자 역할을 담당하고 저소득층 주거환경 개선, 커뮤니티 재생에 기여한다. 자산기반의 공간 조성 및 운영과 관련한 사례는 관리의 효율성뿐만

아니라 주민주도의 자산관리 및 자산관리를 통한 이익의 커뮤니티 재순환이라는 측면에서 의미가 있다. 자산을 확보하는 과정에서 개발신탁은 자산이전 프로그램이나 자산 확보를 위한 관련 제도들이 지원되고 있는 반면, CDCs는 주로 민간자금 지원시스템의 비중이 높다고 볼 수 있다. 자산관리 관점에서 CDCs를 살펴보면, 지불 가능한 주택과 쇼핑센터, 상가 등 상업시설을 공급하는 커뮤니티의 주요한 앵커자본의 역할을 하는 점과 CDCs 이사의 1/3이 주민으로 구성되며 의사결정에 직접적인 참여가 가능한 구조를 가지고 있다는 점, 마을조직화를 포함한 주민들의 정치적 권한과 힘을 강화시키는 과정을 통하여 공동체성을 강화시키는 역할을 한다는 점에서 의미 있는 활동을 하고 있다. 최근 도시재생 사업에서 CRC(지역재생협동조합)가 대두되고 있는데 CDC가 그 전신이라 할 수 있다.

자산화의 대표적 사례이자 지역공동체의 부를 만드는 조직으로 공동체 토지신탁(Community Land Trust)이 있다. CLT의 원리는 토지를 공동체가 공동으로 소유하여 개발가치를 공유하는 수단이자, 토지 사용의 안정성, 지불가능성을 확보하여 누구나 이용에 제한이 없는 환경을 제공하는 것이다. CLT는 비영리기관이 토지를 영구히 소유하면서 커뮤니티 구성원들의 안정적인 삶터 제공을 위하여 주택, 상업시설, 커뮤니티 시설 등의 공급을 부담가능하게 해주는 조직이자 시스템을 말한다. 세계경제 불황과 부동산 경기침체, 주택가격 상승과 주거환경 양극화 등의 어려움 속에서 CLT는 주택, 일터, 에너지, 로컬푸드, 도시농업, 공공서비스시설 등 다양한 분야에서 지역사회의 지속 가능한 발전을 도모하는 기반으로 관심을 받고 있다.[18]

CLT의 주요 특징으로는 ① 지역사회 조직, ② 비영리기구, ③ 소

---

18) 전은호, "적정구입가능주택의 공급을 위한 공동체토지신탁제도(CLT)의 도입 가능성 분석", 석사학위논문, 서울시립대학교 (2008) 참고, 국토연구원, 앞의 글 103에서 재인용.

유권 분리(토지 vs. 건물), ④ 토지 임대(99년간), ⑤ 지불가능성(aff-ordability)의 영구적인 보장(재판매 가격 규제), ⑥ 실거주자 중심의 관리·운영, ⑦ 민주적 의사결정 거버넌스 (CLT 거주자, 지역주민 및 전문가, 공공기관 대표자가 각각 1/3씩 위원회를 구성함), ⑧ 지속적인 토지 확보와 유연한 개발 등이 있다. 이 외에도 시민들이 자발적으로 협동조합을 만들어 부동산 문제에 대응한 사례, 지역개발 주민 주식 공모(Community Development Initial Public Offering: CDIPO)방식을 도입하여 주식회사의 방식도 활용되고 있다.

3. 시사점

지역을 기반으로 추진되는 재생사업을 비롯하여 여러 공간사업들은 그동안 지역자산에 대한 이해와 지역자산의 공동체 소유와 관리의 필요성을 중요하게 여기지 못한 측면이 있다. 개발신탁, 공동체 토지신탁, 부동산투자협동조합 등 영미권에서 나타나고 있는 지역자산화의 사례와 이를 뒷받침하는 제도 및 중간지원 기능들은 향후 국내 지역자산화 시도에 시사하는 바가 크다. 시민자산화를 함에 있어서 우선적으로 사회적 소유의 기반을 만들어 내는 것이 필요하고 이는 이해당사자(Stakeholder)가 지분소유자(Shareholder)가 되는 과정이며 가장 핵심적 이해당사자인 지역주민이 지분 소유에 참여하게 하는 것이다.

사회적 개발은 민주적 의사결정 방식과 전문성이 필요한 영역으로, 개발 주체로서 시민이 등장할 수 있도록 역량강화의 기회가 주어지고 이러한 지원기능이 시스템화 되는 것이 필요하다. 공간의 조성과 사용은 지역을 기반으로 주민주도성이 드러나야 한다. 따라서 자발성에 기초한 운용과 지분 소유자이자 멤버십을 지닌 이용자로서 지역사회의 필요에 기반한 공간사용이 될 수 있도록 하는 것이 필요하며 이용료의 적정한 산정과 이용자의 지불가능성을 고려하는 것도 중요한 요소이다. 자산의 사회적 소유 구조와 개발비용의 충당, 지불 가능한 이용료 책정 등은 자산화를 위하여 조성된 자금의 성격에 따라 크게 달라질 수 있다. 공적 이익을 위한 행정의 지원과 더불어 지역사회에 미치는 긍정적 효과를 담보로 사회적 투자를 적극적으로 확보하고 자산화에 따르는 손익이 지역사회에 축적되어 책임과 성과를 함께 감당하는 시스템 구축이 필수적이다. 또한, 민간 차원에서의 중간지원조직, 시민주 모금을 위한 펀딩 플랫폼 등 세부적인 프로그램과 지원시스템은 자산화를 안정적으로 촉진시키고 지속 가능하게 하는데 필수적인 요소로 향후 자산화 전략 수립 시 적용이 필요하다.

4. 시민자산 형성방안

시민자산화를 형성하기 위하여 사회적인 소유와 개발 그리고 활용, 투자 등의 영역마다 구체적 전략이 수립 될 필요가 있다.

먼저 소유의 단계를 살펴보면, 국공유(國公有), 사유(私有)로 양분된 자산에 공유(共有)를 더하여야 한다. 이를 위해 단계적으로 각 소유의 방식이 공유자산화 되는 자산 이전 경로가 법제도적으로 마련되어야 한다. 직접적인 시민자산화를 촉진하는 기반과 함께, 국유와 사유의 경우에도 시민자산에 준하는 가치를 구현시킬 수 있는 개선책이 필요하다. 개발 과정에서는 시민자산의 토대 위에 장소기반의 사회적이고 공평한 개발이 이루어질 수 있어야 한다. 이 과정에서 핵심 주체들은 비영리, 사회적경제조직, 지역기업 등이 될 것으로 보이며 이들은 시민사회 전반의 자립성을 높여주고 외부 의존도를

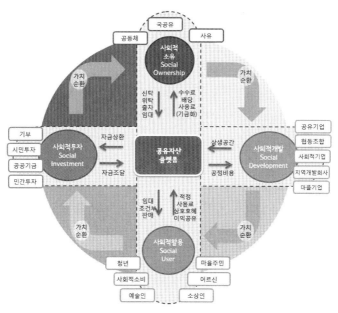

〈그림 6〉 시민자산 플랫폼

낮추어 개발 이익의 지역 내 순환 장치를 작동시키는 데 기여하게
될 것이다. 이들의 등장과 활동을 지원하기 위한 제도적 기반도 필
요하다. 이용자의 권리를 확보하고 지속 가능한 장소를 유지하기 위
하여 상생협약을 통한 자치적 이용환경을 조성하고, 제도적인 안전
장치를 두어 임대 기간의 보장 및 임대료 상승의 억제를 강제하는
것도 주요한 방법이다. 적정 이용료에 대한 가이드라인을 설정하고
이용자들 간에 유통되어 온 권리 중에 함께 공유해야 하는 권리[19]
를 공동의 자산으로 형성하여 이를 토대로 지역과 도시에 대한 공
간의 권리를 주장할 수 있어야 한다. 지역이익협정(Community
Benefit Agreement)처럼 지역에서 발생하는 이익을 어떻게 분배하고
개발압력을 조절할 것인지에 대한 의견을 내고 중장기적으로는 지

---

19) 권리금 중 함께 만든 가치인 '바닥권리금'이 예가 될 수 있음

역 단위에서 공간 변화에 대한 자치적 결정과 적정이용료의 책정, 상생기금 조성 등을 가능하게 하는 제도적 장치도 필요하다. 이용자도 공유자산 형성 및 개발 과정에 주인으로 참여할 수 있는 통로를 열어두어 함께 만든 가치의 공유 주체가 될 수 있도록 하는 것이 중요하며 공유자산 멤버십 제도를 통하여 다양한 리워드 방식 도입을 모색해야 한다.

지역개발에 있어서 투자 영역은 그동안 주민이나 일반 시민 또는 이용자들이 관심을 가지는 영역은 아니었지만 공평한 지역개발에 있어서 지역주민의 투자 특히 저소득층의 투자기회 부여는 공동체 소유 구조의 구축과 함께 주요한 정책적 요소로 인식되고 있다.[20] 소유단계에서 소액 다수의 참여는 공유의 취지를 달성하는 데 필요하며 함께 만들어가는 가치의 공유를 위하여 개발 및 이용 단계에서도 다양한 투자 방식을 연계하는 것이 필요하다.

공간자산 공유를 위한 자산화는 무엇보다 자산화의 주체가 시민, 공공, 민간 등에서 자발적으로 등장하고 그 주체들이 소유-개발-이용-투자의 단계별로 공유자산화의 가치를 구현하는 것이 중요하다. 이를 위하여 중장기적으로는 개별적인 사례들이 다양한 분야에서 등장하여 하나의 시스템을 구축해 가는 것이 필요하나, 본 연구에서는 공유자산 플랫폼을 통하여 각 단계에 필요한 요소들을 구축하고 촉진시키는 구조를 모색하고자 한다. 각 단계에서 시민자산화의 효과를 극대화 하기 위한 방안은 다양하게 모색할 수 있으나, 이하에서는 그 중 하나로 법제도 개선 방안을 모색하고자 한다. 초기 진입 단계에서 법률적, 제도적 한계가 해결되지 못하는 경우에는 해당 영역에 주체의 참여가 더디고, 성과도 미흡하여 규모화하는 데 한계를

---

20) Dubb, Steve, Innovations in Community Wealth Policy. Presentation at the Rocky Mountain Employee Ownership CenterDenver: CO (2014.5.29.), (2014) 참조, 국토연구원, 앞의 글 126에서 재인용.

지니게 되기 때문이다.

IV. 시민자산화 추진에 따르는 현행 법제도적 한계

앞서 살펴본 것처럼 '시민자산화'란 공유재, 공공재 및 사유재의 재산권을 획득하여 공동재로 전환하는 재산권의 이동 및 이용을 정의하는 용어이며, 상품화된 부동산시장의 부작용에 대한 대응 방안이자 지역공동체의 부를 형성하고 함께 공유하기 위한 수단으로서 중요한 의제다.

이에 따라 '시민자산화'를 실현함에 있어서는 사적 재산권에 갇힌 토지 및 건물을 법적으로 어떻게 공유자산으로 전환할 것인지, 그리고 그 과정에서 적용되는 규제는 어떤 것들이 있는지가 문제된다. 즉 시민자산화의 도입을 위해서는, 법률적으로 부동산의 소유형태를 어떻게 구성할 것인지, 소유형태별로 규제의 범위가 어떻게 달라지는지, 공유형태의 자산화 사업을 하는 과정에서 현행 법제상의 제한은 없는지 등이 검토되어야 한다. 시민자산화라는 개념과 부동산이라는 자산의 본질적 특성상 수많은 사회구성원의 이해관계가 얽히고 이에 따라 다양한 규제가 존재할 수밖에 없는 까닭이다.

시민자산화를 추진하기 위해서는 당연히 시민자산화를 추진할 주체와 자산화의 기초로서 부동산이라는 자산이 필요하다. 그리고 자산화의 주체가 사업운영을 위해 부동산을 확보하는 방법으로는 신탁, 매입, 임대차, 기부 등이 있을 수 있다. 즉 자산화의 주체는 정부나 지방자치단체, 민간으로부터 부동산을 신탁받거나, 자금을 조달하여 자산화하기에 적절한 부동산을 매입 또는 임차하거나, 선의

의 기부자로부터 부동산을 기부받아, 이를 공동체의 이익을 위해 운
용할 수 있다.

그런데 현행법은 부동산의 신탁이나 부동산 투자를 위한 금융의
경우 부동산이라는 재화의 공공성과 영향력, 자산의 규모, 국가경제
에서 차지하는 중요도를 고려하여 자본시장과 금융투자업에 관한
법률(이하 '자본시장법'), 각종 세법 등에서 다양한 규제와 부담을
가하고 있고, 정부나 지방자치단체와 같은 공공의 재산이 관계될 경
우 국유재산법, 공유재산 및 물품관리법(이하 '공유재산법')등에 의
한 제한도 발생하며, 지방자치단체의 출자가 있을 경우 지방공기업
법이나 지방자치단체 출자·출연기관의 운영에 관한 법률(이하 '지자
체출자출연법')에 의해 통제를 받기도 한다.

한편 자산화 모델은 어떤 법적 형태를 자산화 주체로 삼아 자산
화를 추진하는지에 따라 다양하게 구성될 수 있는데, 현재 논의되고
있는 모델은 공기업 모델, 비영리조직 모델, 조합 모델, 상법상 회사
모델, 공익신탁 모델 등으로 구분할 수 있다.[21] 이러한 자산화 모델
들은 각각의 경우 설립의 근거가 되는 법령과 정관이 존재하고, 그
에 따라 조직의 설립, 임직원에 대한 인사, 의사결정구조, 책임의 범
위, 회계 등에 제한을 받게 된다. 이처럼 시민자산화에 있어서는 다
양한 규제가 복합적으로 적용되고 있는데, 이는 현행 법제가 시민자
산화라는 개념을 전제하지 않고 있기 때문이다. 즉 시민자산화 사업
은 그 공공성과 이념에 비추어 추진이 장려되어야 함에도 불구하고,
그간 우리 사회에서 이에 대한 논의가 부족하여 제도적으로 전혀
배려되지 못하여왔고, 이에 따라 부동산시장의 원활한 작동을 위해
만들어 온 규제들이 오히려 시민자산화의 확산을 억압할 수 있는
것이다.

---

21) 조성찬 외 6인, "지역자산관리조직 설립 및 운용에 관한 연구", 하나누리 토
지+자유연구소 (2017), 26.

이하에서는 시민자산화에 적용되는 위와 같은 규제들과 관련하여, (i) 현행 법제상 모든 시민자산화 모델에서 공통적으로 발생하는 제도적 한계, (ii) 자산화 모델별로 발생하는 제도적 한계를 개괄적으로 검토하였다.

1. 시민자산화에 따른 현행 법·제도적 한계

가. 국·공유재산법상의 한계

국가 및 지방자치단체의 재산인 국·공유재산은 국가와 해당 지방자치단체의 이익에 부합하도록 활용되어야 하는바, 이를 위하여 국·공유재산법상은 국·공유재산의 사용·수익·처분 등을 규율하고 있다. 국공유재산인 부동산을 시민자산화 주체에게 신탁하거나 임대하는 방식을 시작으로 시민자산화 역량을 축적시키는 것이 바람직하고 중장기적으로는 자산을 이전하거나 매각할 수 있는 토대를 마련해야 할 것인바, 국·공유재산법상의 규제는 자산화과정에서 피할 수 없는 이슈가 된다.

국·공유재산법상 주로 문제될 수 있는 규제는 ① 국공유재산의 처분(매각, 임대 등)에 법률상 제한을 두고 있다는 점, ② 영구시설물 축조가 원칙적으로 금지된다는 점 ③ 계약방식에의 제한이 있다는 점 등이며, 이로 인하여 시민자산화의 가치를 추구할 수 있는 주체들의 역량이 부족한 경우에는 국공유재산의 활용에 어려움을 겪을 수 있다.

나. 지방자치단체 출자·출연기관의 운영에 관한 법률상 한계

시민자산화 초기 국공유재산의 이용이 불가피한 것처럼, 시민자산화 주체를 설립하는 단계에서도 설립과 운영을 안정적으로 담보하기 위하여 지방자치단체의 출자나 출연이 중요한 역할을 할 것으로 생각된다. 따라서 지방자치단체 출자·출연기관의 운영을 규율하는 지자체출자출연법상 한계들도 반드시 검토될 필요가 있다. 지자체출자출연법상 시민자산화와 관련하여 주요하게 문제될만한 규제로는, ① 시민자산화가 출자출연기관 설립 목적 등의 제한에 해당하지 않아야 하며, ② 공공의 지분이 과반을 넘는 경우 운영상 지자체의 보고 및 감독을 받아야 하는 제약 등이 있다. 지방자치단체의 출자·출연기관은 조례의 내용이나 경영평가, 경영진단에 따라 기관의 운영에 지방자치단체가 간섭할 수 있고, 이로써 시민들의 자율적인 부동산 운용이 제약받을 수 있다. 실제로 우리나라에서 설립되는 출자출연기관의 경우 대부분 공공주도형 조직으로 운영되는 경우가 많다. 다만 지방자치단체가 설립한 주식회사의 경우 지방자치단체의 지분이 100분의 50미만이 되면 지방자치단체의 통제가 전반적으로 완화되는바, 장기적으로는 지방자치단체의 지분을 100분의 50미만으로 유지함으로써 시민들의 주도로 시민자산화 주체가 운영되도록 하는 것이 바람직할 것이다.22)

다. 세법상의 한계

세법은 납세의무자가 행한 거래나 보유하고 있는 자산에 관하여 세금을 부과하는 근거가 되는 법령이므로, 세법의 내용 자체에 시민자산화를 제약하는 내용을 담고 있지는 않다. 다만 시민자산화 주체가 임대차 등의 거래를 하는 과정에서 이익이 발생하고 이에 따른 법인세, 부가가치세, 각종 지방세 등의 세금이 발생하게 되며, 보유하고 있는 부동산에 관하여 재산세나 종합부동산세 등 보유세가 부

---

22) 조성찬 외 6인, 위의 글 참조.

과될 수도 있다. 한편 세법은 정책적인 지원이 필요한 경제 주체들에게는 조세특례제한법(이하 '조특법') 등을 통하여 한시적인 형태로라도 다양한 종류의 세제감면을 베풀고 있다. 시민자산화의 경우 중소기업이나 공익법인의 사회적인 역할과 비교해 볼 때 세제감면에서 배제될 합리적 이유가 없는바, 조세평등의 측면에서도 시민자산화에 대한 세제 지원을 모색할 수 있다. 시민자산화 사업의 특성상 이익이 거의 나지 않는 상태에서 발생하는 세금 부담은, 그 자체로서 경제적 부담이 될 뿐만 아니라, 부동산에 기초한 사업으로서 안정성을 핵심으로 하는 시민자산화의 지속가능성까지 위협할 수 있기 때문이다.

라. 자본시장법상의 한계

어떤 모델을 선택하든 부동산을 시민자산화하기 위해서는 민간이나 공공으로부터 시민자산화에 사용될 부동산을 신탁받거나 자금을 조달하여 부동산을 매입하는 방식을 취하여야 한다. 그런데 이와 같이 타인의 재산을 운용하는 경우 투자자 보호 문제 때문에 자본시장법의 규제대상이 될 수 있다. 자본시장법은 금융투자업의 종류를 투자매매업, 투자중개업, 집합투자업, 투자자문업, 투자일임업, 신탁업로 나누고, 자본시장에서의 금융혁신과 공정한 경쟁을 촉진하고 투자자를 보호하며 금융투자업을 건전하게 육성한다는 목적을 달성하기 위해(자본시장법 제1조) 위 금융투자업들에 적용되는 규제를 규정하고 있다. 시민자산화의 경우 금융투자업 중 신탁업[23] 및

---

23) "신탁"이란 신탁을 설정하는 자(위탁자)와 신탁을 인수하는 자(수탁자) 간의 신임관계에 기하여 위탁자가 수탁자에게 특정의 재산을 이전하거나 담보권의 설정 또는 그 밖의 처분을 하고 수탁자로 하여금 일정한 자(수익자)의 이익 또는 특정의 목적을 위하여 그 재산의 관리, 처분, 운용, 개발, 그 밖에 신탁 목적의 달성을 위하여 필요한 행위를 하게 하는 것이고, 신탁을

집합투자업24)의 성격과 유사할 것으로 판단되므로, 시민자산화 추진 주체는 자본시장법상 규제의 대상이 될 것이다. 한편 주식회사 이외의 형태로 시민자산화를 추진하는 경우에는 금융을 통한 자금조달이 원천적으로 봉쇄된다는 문제도 있다.

이에 따라 시민자산화를 추진하는 과정에서 자본시장법상 진입 규제, 건전성 규제, 증권신고서 및 투자설명서의 제출의무 규제, 집합투자기구 설립에 대한 제한 등의 완화가 고려되어야 한다.

마. 근거법령 부재로 인한 사업범위 등의 문제

시민자산화를 위해 자산화 주체로 기능할 법인을 설립하는 경우도 결국 상법상 주식회사나 민법상 재단법인 등의 성격을 가질 수밖에 없다. 때문에 위와 마찬가지로 출연·출자자가 누구인지, 그 성향은 어떤지에 따라 시민자산화의 유형과 범위가 달라질 수 있다. 특히 민간에 의하여 출자·출연되는 경우에는 지자체출자출연법 등에 의한 제약을 전혀 받지 않고 설립이 가능한데, 아직 시민자산화의 목적이나 사업범위에 대하여 명확한 합의가 이루어지지 아니하였다는 점을 고려하면, 시민자산화를 위하여 설립한 법인이 단순한 부동산 투자업 수준으로 운용될 위험도 있다. 그렇다고 시민자산화가 공공에 의하여 주도되는 경우에는 앞서 살펴본 것처럼 지역 시민의 의사가 반영되기 어려운 구조가 됨으로써 시민이라는 근간을

영업으로 하는 것을 신탁업이라 한다(자본시장법 제9조 제24항, 제6조 제8항)
24) "집합투자"란 2인 이상의 투자자로부터 모은 금전 등 또는 「국가재정법」 제81조에 따른 여유자금을 투자자 또는 각 기금관리 주체로부터 일상적인 운용지시를 받지 아니하면서 재산적 가치가 있는 투자대상자산을 취득·처분, 그 밖의 방법으로 운용하고 그 결과를 투자자 또는 각 기금관리 주체에게 배분하여 귀속시키는 것을 말하고, 집합투자업을 영업으로 하는 것을 집합투자업이라 한다(자본시장법 제6조 제3항, 제4항).

잃어버린 자산화가 될 수 있다. 따라서 중장기적으로는 관련 근거 법령을 마련하는 것이 필요하다.

2. 시민자산화 조직 모델별 한계

가. 지방공기업 모델

지방공기업은 지방자치단체가 직접 설치·경영하는 사업과 위 사업을 효율적으로 수행하기 위하여 설립된 지방공사 및 지방공단을 의미한다(지방공기업법 제2조, 제49조, 제76조). 시민자산화를 공공주도형으로 시행할 경우 지방공기업을 시민자산화 주체로서 고려할 수 있을 것이다. 시민자산화의 경우 설립의 목적은 "지역경제의 활성화나 지역개발의 촉진에 이바지할 수 있다고 인정되는 사업"에 해당될 여지가 있으므로, 시민자산화 사업을 목적으로 하는 지방공기업의 설립이 가능할 것이며, 지방공기업을 활용하는 경우에는 공공의 재정 지원을 통하여 안정된 사업 추진을 할 수 있다는 이점이 있다.25) 그러나 지방공기업법은 지자체출자출연법과 유사하게 지방직영기업, 지방공사, 지방공단의 설립·운영에 관하여 법률로 다양한 제한을 가하고 있고, 지방자치단체장 등의 폭넓은 감독권한을 인정하고 있다.26) 특히 경영진단과 경영평가, 시정 조치를 통하여 지방자치단체의 장이 지방공기업의 운영을 효과적으로 통제할 수 있고, 민간은 지방공기업에 대하여 지분을 보유할 수 없거나 지분을 보유

---

25) 참고로 현재 지방공기업 모델은 사회주택을 추진하면서 서울주택도시공사를 통한 공공토지의 공공자산화 후 민간 사업자에게 임대하는 방식(토지임대부 공동체주택사업 등)이나 주택을 직접 임대하는 방식 등으로 서울에서 주로 활용되고 있다.

26) 대신 지자체출자출연법은 지방공기업에 대하여 적용이 배제된다(지자체출자출연법 제2조 제2항).

하더라도 50%를 넘을 수 없기 때문에, 자산화 과정에서 시민들의 주도적인 참여가 법률상 제한된다.

시민자산화는 자산화를 통한 시민의 주인의식 및 소속감 증대를 핵심적 목적으로 하며, 여기서 중요하게 작용하는 장치가 시민에 의한 부동산 소유권의 확보이다. 그러나 지방공기업을 시민자산화 주체로 할 경우 공동체 소유권의 확보를 통한 자산화 효과를 온전히 누릴 수 없고, 시민에 의한 공동체 자산의 자율적인 운영도 쉽지 않다. 또한 지방공기업을 설치하는 경우 실무상 조례제정과 의회승인 과정 등 행정 절차를 거쳐야 하며, 지방자치단체의 예산확보에 대한 부담이 존재한다는 단점도 있다.

나. 비영리단체(재단법인) 모델

시민자산화의 추진 주체로서 재단법인의 모델을 생각해 볼 수 있다. 재단법인은 사회적 목적을 위해 재산을 출연하여 위 출연재산을 운용하기 위해 주로 사용되는 법인격이므로, 시민자산화를 위한 출연재산이 존재할 경우 활용 가능한 형태이다. 재단법인의 경우 기부금의 확보나 세금감면에 있어서는 다른 모델보다 유리한 지위를 점하고 있다. 재단법인은 법인세법 및 소득세법상 지정기부금단체로 지정받을 수 있으므로 기부자들이 세액공제 등의 혜택을 받을 수 있고(법인세법 제24조, 법인세법 시행령 제1항 제1호 사목, 소득세법 시행령 제80조 제1항 제1호), 비영리법인으로서 고유목적사업금에 의한 법인세 감면 등을 받을 수 있기 때문이다.

그런데 앞서 검토한 것처럼 시민자산화 사업의 경우 자본시장법상 금융투자업에 해당하여 금융투자업 인가가 필요하다. 그러나 금융투자업 인가를 받기위해서는 상법상 주식회사에 해당하여야 하는바, 재단법인은 금융투자업을 영위할 수 없고(자본시장법 제11조),

따라서 금융투자업을 영위할 수 없는 재단법인으로서는 신탁업자로서 부동산을 신탁받을 수 없다는 문제가 존재한다. 다만 민법에 따른 비영리법인, 공익법인의 설립·운영에 관한 법률에 따른 공익법인, 사회복지사업법에 따른 사회복지법인, 근로복지 기본법에 따른 우리사주조합, 그 밖에 관련 법령에 따라 허가·인가·등록 등을 받아 설립된 비영리법인 등이 해당 정관 등에서 정한 사업 목적에 속하는 행위를 하는 경우에는 집합투자에 해당되지 아니하는바(자본시장법 제6조 제5항, 자본시장법 시행령 제6조 제4항 제12호), 정관에 집합투자에 관한 내용을 추가함으로써 집합투자 형식의 자본조달은 가능할 것으로 보인다.

나아가 재단법인은 주식회사나 사단법인과 달리 주인이 존재하지 않고 출연재산의 존재에 따라 설립된 법적 주체이므로, 개념상 재단법인을 통한 공동체 소유를 달성하기 어렵다는 문제도 있다. 시민들이 재단법인에 기부를 하고 재단법인이 그 기부를 통해 부동산을 매입하였다고 하더라도 시민들에게 당해 부동산에 대하여 어떠한 소유권이 인정되는 것은 아니기 때문이다. 따라서 재단법인 모델 역시 공동체 소유라는 측면에서는 시작단계부터 한계가 존재한다고 할 수 있다.

다. 협동조합 모델

협동조합은 "재화 또는 용역의 구매·생산·판매·제공 등을 협동으로 영위함으로써 조합원의 권익을 향상하고 지역 사회에 공헌하고자 하는 사업조직"이며, 그 중 "지역주민들의 권익·복리 증진과 관련된 사업을 수행하거나 취약계층에게 사회서비스 또는 일자리를 제공하는 등 영리를 목적으로 하지 아니하는 협동조합"은 사회적 협동조합으로 분류된다(협동조합 기본법 제2호 제1호, 제3호). 협동조합은 조합원의 권익향상과 지역사회 공헌, 공동소유와 민주적 운영을 기본원칙으로 하는 조직인바(협동조합 기본법 제2조, 제6조), 시민의 공동소유와 참여를 통한 운영을 추구하는 시민자산화와 지향점이 유사하다고 할 수 있다. 그러나 협동조합을 시민자산화의 주체가 되기 위해서는 자기자본 조달 능력이 커야 하는데, 현행 자금 조달의 수단인 출자금 1인 한도(30%)가 걸림돌로 작용할 수도 있다. 또한 협동조합 기본법상 협동조합의 금융업이 제한되거나, 사회적 협동조합의 사업 및 배당 제한도 한계로 지적될 수 있다. 협동조합의 경우 자체적인 재원 조달이 어려울 뿐만 아니라, 자본시장법상 제한 때문에 금융투자업을 영위할 수도 없다. 결국 현행 법제하에서는, 시민의 참여를 독려하는 협동조합의 기본이념과 시스템에도 불구하고, 시민자산화의 종합적 주체로 협동조합을 활용하기는 한계가 있다.

라. 주식회사 모델

영리적인 사업에 있어서 가장 일반적으로 이용되는 법인격이 바로 상법상의 주식회사이다. 다른 법인격들에 비하면 공적인 규제나 감독도 강하지 않고 사업범위나 목적도 자유롭게 설정할 수 있으며, 증자나 차입에도 특별한 제한이 없어 원활한 자본조달이 가능하기 때문이다. 출자액에 비례하여 의사결정 권한이 발생하고 배당수익을 받을 수 있다는 점에서 시장에 의한 자원 배분을 원칙으로 삼는 시장경제체제에도 가장 적합한 모델이기도 하다. 또한 지자체출자출연법상 민관이 함께 공동으로 출자한 상법상 회사를 설립할 수 있으므로, 공공의 참여도 비교적 수월하게 가능하다. 그러나 위와 같은 장점에도 불구하고, 주식회사를 통해 시민자산화를 추진한다면 의사결정 구조와 시민의 민주적 참여에 어려움이 있을 수 있다.

또한 증권신고서 및 투자설명서 제출 의무 등을 감당할 내부역량이 부족한 것도 한계로 지적된다. 또한, 주식회사의 형태를 취하고 있는 부동산투자회사는 대규모의 부동산을 시민자산화할 경우에 한하여 적합한 모델이라고 할 것이다.[27] 주식회사 모델의 경우 법률적으로 극복하기 어려운 장애가 있는 것은 아니나, 다른 모델과 비교해 볼 때 소수주주인 시민들의 참여를 독려하기 힘들고 영리만을 추구하는 부동산 사업으로 변질될 위험도 크다. 때문에 시민들의 참여를 지속적으로 독려하여 지역 전체를 위해 부동산을 운용하도록 하는 장치가 필요할 것으로 생각된다.

마. 공익신탁 모델

최근 공익을 목적으로 하는 신탁을 규율하던 신탁법 내용이 분리되어 별도의 공익신탁법이 제정되었다. 위 법에서는 공익사업을 폭넓게 규정하고 있으므로, 공익신탁을 활용한 시민자산화도 가능할 것으로 보인다. 공익신탁은 수익자 없이 신탁재산을 공익적인 목적으로 사용하는 신탁이어서 공익신탁에 대한 신탁행위는 사실상 기부에 가깝다. 공익신탁의 신탁재산에서 생기는 소득에 대하여는 법인세가 비과세되며(법인세법 제51조), 공익신탁에 대한 기부금은 지정기부금으로서 손금인정이나 세액공제를 받을 수 있다(법인세법 시행령 제36조 제1항 제2호 나목). 시민자산화 주체로서 공익신탁의 기본적인 장단점은 재단법인과 궤를 같이하는 것으로 판단된다. 다

---

27) 최근 지축이나 별내에서 비영리적 성격을 가진 사회적기업 등이 부동산 투자·개발 자산관리회사(AMC) 등으로 부동산투자회사를 만든 후 입주자를 모집하고, 입주자들이 협동조합을 만들어 기존 리츠 지분을 사들이며, 결과적으로 협동조합이 직접 단지를 운영 관리하도록 하는 '협동조합 뉴스테이' 사업 모델이 진행되고 있는데, 부동산투자회사를 이용한 대표적인 사회주택 사업이라고 할 수 있다.

만 공시 의무와 외부감사 의무를 통해 투명성을 담보할 수 있고(공익신탁법 제10조, 제17조). 신탁재산으로서 수탁자의 고유재산으로부터 분리되어 보호받을 수 있으며, 재단법인에 비하여 조직관리 비용을 아낄 수 있다는 점[28])에서 재단법인보다 우위에 있다고 볼 수 있다.

3. 소결

이처럼 현행 법제상 시민자산화가 불가능한 것은 아니나, 시민자산화를 위해 동원할 수 있는 역량이나 조달할 수 있는 재원에 비해 매우 엄격한 규제가 적용된다. 나아가 이상의 내용은 시민자산화 관계법령을 개괄적으로만 검토한 것인바, 시민자산화를 실제로 사업화하여 진행할 경우 실무상 더욱 복잡한 제도적 난관에 부딪힐 것으로 짐작된다.

이는 부동산과 금융이 그 동안 사익 추구의 핵심적 수단으로 이용되어 왔기 때문이다. 반면 시민자산화는 부동산과 금융을 이용하여 공동체의 이익을 추구하는 새로운 개념인바, 오로지 사익을 추구하고자 하는 목적으로 부동산과 금융을 활용한 사업을 규제하던 내용이 시민자산화에도 그대로 적용되면서 불필요한 역량·자원낭비가 발생하게 되는 것이다.

따라서 시민자산화를 위해서는 정책적으로 규제를 완화해 줄 필요가 있으므로, 항을 바꾸어 시민자산화를 활성화하기 위하여 필요한 제도 개선의 방향에 관하여 살펴보고자 한다.

---

28) "내년부터 공익신탁 이용 쉬워진다.," 대한변협신문 (2014.3.17.)

V. 시민자산화 촉진을 위한 법·제도적 개선 방안

1. 새로운 시민자산화 모델과 특별법의 필요성

시민자산화는 민관 협력의 의사결정 구조와 재원조달 방안, 국·공유 부동산 활용, 도시개발 등 여러 이슈를 포함하는 것으로, 여러 가지 법령의 규제대상이 될 수 있다는 것을 보았다. 그러나 시민자산화 활성화를 위하여 모든 개별법에서 예외규정을 두면서 시민자산화를 규제하던 각각의 법률을 개정하는 방식은 비효율적이다. 또한 현재 우리 법제상 '시민자산화'라는 개념이 설정되어 있지 않기 때문에 입법기술의 측면에서도 개별법을 하나하나 개정하는 방법은 쉽지 않아 보인다.

나아가 시민자산화 구체적인 법적 모습에 관하여는 합의된 내용이 존재하지 않는다는 부분도 문제된다. 즉 시민자산화의 정의, 기본이념, 사업범위, 의사결정 구조에 대한 합치된 모델이 필요하고 이를 법률로써 확고하게 정할 필요가 있다. 이는 앞서 지적한 근거법령 부재의 문제와 맞닿아 있다.

위와 같은 내용을 종합해 보면, 시민자산화의 추진동력이 되어줄 근거법령이 새롭게 제정되는 방향이 가장 바람직할 것으로 판단된다. 따라서 본고에서는 가칭 "시민자산화 촉진을 위한 특별법"의 제정을 제안하며, 동 법안에 포함되어야 할 주요한 내용을 이하에서 간략하게 살펴보도록 한다.

2. 시민자산화 촉진을 위한 특별법(안)에 포함될 내용

가. 시민자산화 조직의 성격 – 민관공동출자형 주식회사

민간과 중앙정부·지자체가 공동으로 출자하는 형식으로 시민자산화를 추진할 주식회사(이하 가칭 '시민자산화신탁')의 설립이 필요하다. 주식회사 이외의 법인격은 공동체 소유라는 지분이라는 개념이 존재하지 않아 자산화된 부동산에 대하여 주인의식을 가질 수 없거나 민간으로부터 재원을 조달하기 까다롭기 때문이다. 또한 민간만이 출자할 경우 재원을 조달하기 어렵고, 공공에서만 출자하는 경우 공동체 소유라는 본래 취지에 맞지 않기 때문에, 절충안으로서 공동출자의 형식이 바람직하다고 보았다.

다만 이와 같이 공공이 출자하는 경우 지자체출자출연법 등의 법령상 시민자산화신탁의 운영에 관한 규제 및 지방자치단체의 감독을 받게 되므로, 시민자산화신탁의 경우 위 법령의 적용배제대상이 되도록 규정하고, 설립 단계에서 민간과 공공의 출자비율 한도를 정하거나 설립 전 민관 공동협의절차를 두고 청문절차를 거쳐 설립 허가를 받도록 하는 별도의 규율을 할 필요가 있다.

나. 사업의 범위

시민자산화신탁의 구체적인 사업범위를 법률에 어떻게 입법할 것인지는 시민단체, 정부, 국회 등 관계자들을 중심으로 논의가 필요할 것으로 생각된다. 다만 시민자산화신탁이 부동산신탁을 받는 방법, 부동산펀드 및 기부를 통해 확보한 재원을 부동산에 투자하는 방법을 통해, 벤처기업·소상공인·공익단체·마을기업·사회적기업이나 협동조합 등 부동산 소유에서 사실상 배제된 경제 주체들에게 공간을 싼 임대료로 장기간 임대해주는 임대사업이 가장 핵심적인 사업이 되어야 한다. 위와 관련하여 합의된 내용을 시민자산화 주체의 설립 목적 및 업무범위로 입법하여, 법적으로 시민자산화 주체의 활동폭을 제한할 필요가 있을 것이다.

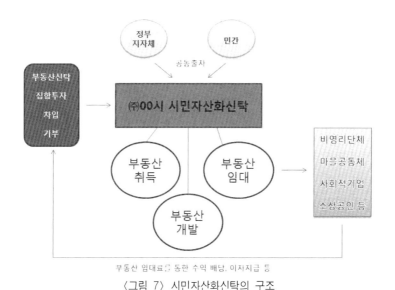

〈그림 7〉 시민자산화신탁의 구조

그리고 위와 같이 자산을 운용하기 위해서는 국공유재산법상 일부 규제가 적용되지 않도록 규정하여야 한다. 현행 국공유재산법상 국공유재산의 계약방법이나 사용방법이 엄격히 제한되어 각 지역에 맞는 시민자산의 운용이 어렵기 때문이다. 따라서 제정법에 국공유재산법의 특례를 인정하고, 정부나 지방자치단체 등이 시민자산화신탁에 대하여는 국공유재산(특히 유휴부동산)을 처분할 수 있도록 하는 법률적 근거가 만들어져야 한다.

다. 자본의 조달

먼저 소수 주주들이 시민자산화를 사유화하는 현상을 막기 위하여, 부동산투자회사법 제15조 등을 참고한 주식의 분산 및 의결권 제한규정이 필요할 것으로 판단된다. 다만 초기에는 공공의 역할이 클 것이므로, 지방자치단체 등의 공공부문 보유지분에 대하여는 위 규정의 예외로 삼을 수 있다. 또한 주식처분을 통한 투하자본 회수가 어려워 출자를 망설이는 시민들을 위해, 시민자산화 주체의 지분을 거래할 수 있는 플랫폼을 형성해 주거나, 매년 이익의 일정비율 이상 배당하도록 하는 규제를 하는 방법도 생각해 볼 수 있다.

또한 시민자산화신탁의 설립 허가를 득한 것 자체로서 이미 공공성이나 사업안정성이 담보되었다고 볼 수 있으므로, 자본시장법상 신탁업 등의 금융투자업 인가를 의제하도록 하는 규정도 필요하다. 불필요한 중복규제이기 때문이다. 다만 설립 허가의 요건으로서 법인격·최저자본금·사업계획 타당성 등 현행 자본시장법의 인가 요건이 반영될 필요는 있을 것이다.

집합투자기구의 경우 등록 의무나 자산신탁 의무 등 별도의 규제를 하고 있는데, 설립시부터 시민자산화 사업의 수행만을 예정하고 있었던 시민자산화신탁에는 위와 같은 추가규제도 필요하지 않을 것으로 보인다. 따라서 현행법상 사모펀드, 학술·종교·자선·기예·사교·그 밖의 영리 아닌 사업을 목적으로 하는 계(契)인 경우, 종중·그 밖의 혈연관계로 맺어진 집단과 그 구성원을 위하여 하는 영리 아닌 사업인 경우 등은 투자자 보호 필요성이 크지 않아 이를 집합투자로 분류하지 않는 것처럼(자본시장법 제6조 제5항, 자본시장법 시행령 제6조 제4항), 시민자산화 사업의 경우도 집합투자로서 받는 규제를 완화해 줄 필요가 있다.

한편 증권신고서 제출 의무도 실무상 지나친 부담을 야기할 수 있는바, 면제 내지 완화해 줄 필요가 있을 것이다. 대법원은 사모펀드의 경우 "증권거래법 제2조 제3항 , 제8조 제1항 및 같은법 시행령 제2조의4 제1항, 제3항, 제5항의 각 규정을 종합해 보면, 유가증권의 모집을 함에 있어서는 신규로 발행되는 유가증권의 취득 청약을 위 시행령 제2조의4 제5항 의 방법으로 권유받는 자의 수가 50인 이상이어야만 비로소 증권거래법 제2조 제3항의 "유가증권의 모집"에 해당하여 증권거래법의 규율을 받게 되어 유가증권 모집에 있어서 금융감독위원회에 대한 신고 의무가 있는 것이고, 그에 미달하는 경우는 그와 같은 신고 의무는 없는 것"이라고 판시하며(대법원 2003. 4. 11. 선고 2003도739 판결) 사모펀드에게 증권신고 의무가 없다고 해석하고 있으므로, 마찬가지로 투자자 보호의 중요도가 상대적으로 낮다는 점에서 시민자산화신탁의 증권신고서 제출 의무의 면제도 가능할 것으로 판단된다.

특히 크라우드펀딩을 활용한 모집금액을 완화하는 등 크라우드펀딩을 장려하여 시민자산화신탁이 자본시장법상 온라인소액증권 발행인에 대한 특례를 적용받게 함으로써, 간접적으로 규제완화를 해주는 것이 바람직한 방법으로 생각된다. 이는 크라우드펀딩이 온라인에 게재된 투자정보에 관하여 투자자들의 의견교환이 이루어지도록 하면서 자금공급자의 적극적 참여를 유도할 수 있는 금융[29]인데, 이와 같은 크라우드펀딩의 성격이 시민자산화의 목적과 부합하기 때문이다.

라. 기부 등에 대한 제도적 지원

기부 역시 시민자산화신탁의 주요한 자금조달 수단이다. 따라서

---

29) 장정은, "증권형 크라우드펀딩 발전을 위한 제도개선 제언" 제윤경 의원실 증권형 크라우드펀딩 제도개선 토론회 (2017.02.22. 발표), 3.

제정법에 의하여 설립 허가를 받은 시민자산화신탁의 경우 기부금품모집법의 적용을 받지 않도록 하고, 법인세법상 열거된 지정기부금단체30)에 추가하여 기부자들에 대해 세액공제를 받을 수 있게 함으로써 시민자산화신탁에 대한 기부를 촉진할 필요가 있다.

나아가 자산화 사업에서 발생하는 세부담을 경감하기 위하여, 조세특례제한법이나 지방세특례제한법에 법인세를 감면하고 부가가치세를 면제하는 특례를 둘 필요가 있다. 특히 시민자산화신탁은 사업성격상 여러 부동산을 취득하고 보유함으로써 취득세나 재산세 등 부동산에 관한 세금이 다수 발생할 수밖에 없는데, 이 부분에 대한 감면이 필요하다.

그 외에도 사회적 금융의 성격으로서 시민자산화신탁을 지원하는 시민자산화기금을 조성하거나,31) 시민자산화신탁 간 정보교류 및 시민들에 대한 정보공시를 위하여 시민자산화정보시스템을 마련하는 것도 시민자산화의 촉진에 도움이 될 것으로 예상된다.

3. 소결

현행법상 시민자산화신탁에 대한 여러 제약이 존재하므로, 시민자산화신탁을 활성화하기 위해서는 위와 같이 다양한 분야에서 다양한 법률에 대한 특례를 인정하는 시민자산화 촉진을 위한 특별법이 제정될 필요가 있다. 그러나 새로운 법률을 제정하는 데는 장기간이 소요될 것으로 예측되므로, 지자체 차원에서 시민자산화 추진

---

30) 사회복지법인, 학교, 학술연구단체·장학단체·기술진흥단체, 의료법인 등이 지정기부금단체로 열거되어 있다(법인세법 시행령 제36조 제1항).
31) 현행법상으로도 지방자치단체는 행정 목적을 달성하기 위한 경우나 공익상 필요한 경우에는 재산을 보유하거나 특정한 자금을 운용하기 위한 기금을 설치할 수 있다. 이 때 재산의 보유, 기금의 설치·운용에 관하여 필요한 사항은 조례로 정한다(지방재정법 제142조).

을 위한 사회적 실험의 토대를 다져놓는 것이 방법이라고 생각한다.

지방자치단체가 현행 법제도 하에서 조례 등을 통하여 시민자산화 주식회사를 설립·운영할 수 있는 방안을 모색해 볼 수 있다. 이러한 시도에는 무엇보다 단계별로 시민자산화의 역량을 강화시키는 것이 필요하다. 먼저 시민자산화는 시민 주도의 공동체적 소유를 전제로 하므로 시민자산화의 첫 단계는 시민자산화에 대한 인식을 확대하는 것이다. 시민자산화의 필요성 및 의미에 대해 이해하고 적극적인 참여를 유도할 수 있는 교육과 공론의 장을 확대하는 것이 필요하다. 다음으로는 시민들이 자산화를 추진하기 위해 필요한 조직을 구성하는 것을 지원할 필요가 있다. 주민들 다수의 명의로 부동산을 소유하는 것도 불가능한 것은 아니나 공동체 조직의 소유를 통해 안정적이고 효율적으로 부동산을 관리해나가도록 할 수 있다. 시민조직이 자산화할 대상을 발굴하고, 공동체적 활용을 모색하는 등 주도적인 역할을 수행해야 할 것이다. 다만 시민사회나 관련 주체들이 시민자산화에 대한 이해가 부족하고 조직적 대응 능력을 갖추지 못하고 있는 현황을 고려할 때, 시민들이 시민자산화에 공감하고 조직을 만들어 자발적 출자를 통해 자산화에 이를 수 있는 다양한 지원정책이 마련될 필요가 있다.

시민자산화 활성화 정책을 수립하고, 각종 지원 제도를 심의하는 민관협력위원회도 필요하다. 위원회는 민간 위원이 다수 포함되고 주도적으로 역할을 함으로써 시민의 수요나 의사를 충분히 반영하여 정책을 심의하여야 할 것이다. 시민조직이 자산을 확보한 이후에도 공동체 소유의 취지와 목적에 따라 사용하는 것이 필요하고, 지자체의 공유재산 임대, 기금 지원 등은 이러한 사용 조건과 연계되어야 할 것이다. 지자체의 조례 등을 통하여 위 활용 조건들의 제도적 기반이 마련되어야 한다.

따라서 위와 같은 내용을 종합하여 시민자산화에 대한 정의, 기본계획, 지원 방안, 기금 등에 대하여 규정하는 '시민자산화 촉진 조례'가 제정되어야 한다. 아울러 시민자산화 주식회사는 공유자산이 시민자산화되는 중간 과정에서 시민자산화 촉진을 지원하는 역할을 한다는 점 등을 명시하는 '시민자산화 주식회사 설립 및 운영에 관한 조례'를 제정하여 시민자산화 촉진을 위하여 지자체가 출자하는 주식회사의 설립 및 운영에 관한 내용을 규정할 필요가 있다.

Ⅵ. 결론

우리사회의 가장 큰 사회적 난제 중 하나는 자산불평등으로 인한 양극화 현상이다. 젠트리피케이션과 같은 내몰림 현상을 비롯하여, 빈부의 격차, 지대에 따른 도시공간의 계층화, 지속가능성을 담보하지 못하는 사회혁신의 시도들, 공공의 재원이 지역으로 흘러들어올 때 지역 내에 담아 순환시킬 도구의 부재 등이 양극화 현상과 관련하여 우리가 겪고 있는 문제들이다. 이제 우리는 사람이 중심인 시대, 사회적 가치를 우선순위에 두는 사회, 시민이 주인인 사회로 나아가고 있다. 이 과정에서 미래에 발전할 수 있는 유무형의 사회경제적 가치가 있는 자산을 시민들이 함께 공유하는 '시민자산화' 의제의 중요성은 아무리 강조해도 지나치지 않다.

본 연구에서는 시민자산화의 개념과 필요성을 다루었고 몇 가지 국내외 유형을 제시하였다. 이 과정에서 우리 사회에 시민자산화가 활성화 및 규모화 되는데 있어 현행 법제도가 지닌 한계들을 살펴보았고 적지 않은 제도적 장벽들이 존재함을 확인하였다. 결론 부분에서 제시한 시민자산화 활성화를 위한 특별법이나, 지방자치단체 차원에서의 조례 제정을 통한 아래로부터의 사회적 실험의 가능성을 확보하려는 시도 등은 앞으로 시민자산화를 추진해 감에 있어서 반드시 풀어내야 하는 과제이다.

하지만 이러한 제도적 과제를 풀어가는 과정이 탑다운(top-down) 방식으로 이루어지지 않도록 하는 것도 중요하다. 현장에서 작지만 다양한 시민자산화의 시도들을 해가는 것이 무엇보다 중요하다. 점-선-면으로 이어지는 시민자산화의 경험 축적은 우리가 만들어가야 하는 제도적 환경과 구체적 법률안들을 만들어감에 있어서 필수적으로 겪어야 하는 사전 단계라고 생각한다. 우리에게는 공유에 대한 감수성과 공감대가 먼저 형성될 필요가 있으며, 공유인으로 사고하고 공유인으로 행동하는 일상의 경험이 선행되어야 한다. 함께 속하고, 책임지고, 만들어 가는 공유지 속에서 우리는 공평하고, 지속 가능하며, 상호 호혜하는 시민경제를 경험하게 될 것이다. 그것이 시민자산화를 이야기하는 이유이다.

본 논문은 법제도 개선 방안을 연구한 것으로 개별법이 지닌 한계를 분석하고 특별법의 필요성을 제시하는 수준에서 마무리 되었다. 이 과정에서 시민자산화 활성화를 위한 연구의 과제들이 많이 나타났다. 향후 우리사회에 공유(공유·합유·총유) 구조를 구체화 하는 수단들에 대한 정리가 필요하고 각 수단들이 구현되기 위한 제도적 가능성 및 개선책들을 연구하는 것이 절실하며, 시민의 투자와 자산관리가 지역 단위에서 이루어질 수 있는 적정규모의 부동산 자산 운용 생태계에 대한 종합적인 연구도 필요하다고 생각한다. 부족한 이 글이 후속 연구를 촉발시키는 계기가 되기를 바라며 끝을 맺는다.

참고문헌

니시야마 야스오·니시야마 야에코,(김영훈 외 역), 영국의 거버넌스형 마을 만들기-사회적기업에 의한 도시 재생, 기문당 (2009).

"내년부터 공익신탁 이용 쉬워진다." 대한변협신문 (2014.3.17.)

서울시 보도자료, "젠트리피케이션 종합대책", 기획조정담당관 (2015.11.23.)

"서울시 '뜨는 동네' 젠트리피케이션 방지 위해 '자산화' 본격 추진", 경향신문 (2015.11.23.)

국토연구원, "젠트리피케이션 대응을 위한 지역 토지자산 공유방안 연구", 국토연구원 (2016)

이영범·김은희, "사회적기업을 이용한 주거지 재생. 도시재생 시리즈 19, 국토연구원 (2011)

장정은, "증권형 크라우드펀딩 발전을 위한 제도개선 제언" 제윤경 의원실 증권형 크라우드펀딩 제도개선 토론회 (2017.02.22. 발표), 3.

전은호, "적정구입가능주택의 공급을 위한 공동체토지신탁제도(CLT)의 도입 가능성 분석" 석사학위 논문, 서울시립대학교 (2008).

조성찬 외 6인, "지역자산관리조직 설립 및 운용에 관한 연구", 하나누리 토지+자유연구소 (2017).

최명식 외 3인, "젠트리피케이션 대응을 위한 지역 토지자산 공유방안 연구", 국토연구원 (2016).

"'자산03' 검색결과", 국립국어원 표준국어대사전, http://stdweb2.korean.go.kr (2018.04.05. 최종확인).

한상일, 한국의 인증사회적기업의 현황과 지역별 분포. 창조와 혁신. 4(1) (2011).

Marjorie Kelly(제현주 역), 그들은 왜 회사의 주인이 되었나, 북돋움 (2013) [Owing Our Future].

Aspen Institute, Enterprising Organizations: New Asset-Based And Other Innovative Approaches To Solving Social And Economic Problems. Washington, DC: Aspen Institute (2005)

Cavaye, Jim, The role of government in community capacity building. Rockhampton, Qld.: Dept. of Primary Industries (1999)

Dubb, Steve, "Innovations in Community Wealth Policy". Presentation at the Rocky Mountain Employee Ownership Cente, Denver: CO (2014.5.29.).

Future Communities, A review of urban Community Land Trusts in England, The Young Foundation (2011)

Heins·Payton·Abdelazim, T, Take it to the Bank: How Land Banks Are Strengthening America's Neighborhoods. Center for Community Progress (2014)

Miller·Ethan, Solidarity Economy: Key Concepts and Issues. In Kawano, E., Masterson, T.N., and Teller-Ellsberg, J. (eds). Solidarity Economy I: Building Alternatives for People and Planet. Amherst, MA: Center for Popular Economics (2010)

Nathalie P. Voorhees Center for Neighborhood and Community Improvement (2015)

Weikart, Lynne A, The Giuliani Administration and the New Public Management in New York City. Urban Affairs Review 36(3) (2001)

재단법인 동천은 공익법총서 4권 〈사회적경제법연구〉 발간에 있어 현장의 수요를 청취하고, 여러 전문가들의 의견을 반영하여 더욱 깊이 있고 실효적인 연구를 진행하고자 2차례 세미나를 개최하였습니다.

1차 세미나는 2017년 11월 27일 〈사회적경제법제도 발전방향〉이라는 주제로 진행되었습니다. 법무법인(유한) 태평양 강용현 변호사가 좌장을 맡은 위 세미나에서는 사회적경제법센터 더함의 양동수 변호사가 '사회적경제법제도 현황과 새로운 법체계 고안', 한양대학교 글로벌사회적경제학과 김종걸 교수가 '사회적경제 기본법의 의의와 쟁점', 한국교원대학교 김혜원 교수가 '사회적기업을 위한 새로운 법인격'에 대해 차례로 발제를 진행하였습니다.

이후 발제 내용을 바탕으로 서울시사회적경제지원센터 이은애 센터장, 한국사회적경제연대회의 김대훈 정책위원장, 재단법인 동천의 이희숙 변호사가 토론을 진행하였습니다. 위 세미나의 발제와 토론을 통해 사회적경제 관련 법제도 수립에 대한 기존의 논의와 현

재의 진행 방향, 그리고 법제도 수립 과정에서 관련 분야 전문가와
종사자가 유의해야 할 점에 대한 여러 전문가들의 의견이 제시되었
으며, 이어진 종합 토론 시간에도 사회적경제 법제도가 나아갈 방향
에 대한 열띤 질의와 토론이 이어졌습니다.

  2차 세미나는 2018년 2월 22일 <사회적경제 분야별 제도개선 방
향>을 주제로 진행되었습니다. 위 세미나에서는 한신대학교 장종익
교수가 '협동조합 기본법 현황과 개선 방안', 이화여대 김대인 교수
가 '사회책임조달의 발전방향', 새로운사회를여는연구원 진남영 원
장이 '사회주택 활성화를 위한 법제도 개선 방안'에 대해 차례로 발
제를 진행하였습니다. 이후 발제 내용을 바탕으로 법무법인(유한)
태평양 김광준 변호사, 함께하는세상 이철종 대표, 나눔과미래 전은
호 시민자산화팀장, 사회적경제법센터 더함의 양동수 대표가 참여
해 토론을 진행하였습니다.
  사회적경제 각 분야의 학자와 활동가, 변호사 등이 발제와 토론
을 맡은 위 세미나에서는 협동조합 기본법, 사회책임조달, 사회주택
등 사회적경제를 구성하는 여러 분야의 제도들이 지금까지 어떤 과
정을 거쳐 체계를 잡아왔으며, 앞으로 우리 사회 공익을 위해 어떤
방향으로 제도가 발전해가야 하는지에 대한 논의가 이루어졌습니
다. 특히 사회적경제 각 분야별 제도는 사회적경제 내에서 활동하는

각 주체들이 사회적가치를 만들어가는 것을 더 잘 지원할 수 있게
발전해야 한다는 의견과, 그것을 위해 사회적경제 주체들에 대한 배
려와 여러 새로운 상상력들이 필요하다는 목소리가 이어졌습니다.

    공익법총서의 집필자들은 위 세미나에서 논의된 사항을 반영하
여 2달여 간의 수정을 거쳐 공익법총서 최종 원고를 작성하였습니
다. 본 총서의 분량이나 주제의 한계상 세부 쟁점에 대하여 세밀하
게 다루지 못한 부분도 있습니다. 그러나 사회적경제 분야의 다양한
전문가들이 모여 함께 논의하며 특히 그 동안 사회적경제 분야에서
상대적으로 연구가 부족하였던 법률 쟁점에 대하여 폭 넓은 연구를
진행하였다는 점에서 의의가 있다고 생각합니다. 이 연구 성과를 바
탕으로 각 주제별로 더욱 깊이 있는 연구로 발전할 수 있기를 기대
하고, 동천도 적극 협력해 나가도록 하겠습니다.

집필자 약력

:: 이은애

이화여대 인문대학 졸업 (1990)

이화여대 사회복지학 석사 (2002)

서울시 사회적경제지원센터 센터장 (2013~현재)

저서: 서울을 바꾸는 정책- 사회적경제 (서울연구원, 2017)

한국의 보노보들-자본주의를 위한 가장 아름다운 이야기
(공저, 부키, 2010)

:: 양동수

고려대학교 법과대학 졸업 (1998)

제37기 사법연수원 수료 (2008)

재단법인 동천 상임변호사 (2009~2015)

와이앤로 법률사무소 대표변호사 (2016~현재)

유한책임회사 더함 / 사회적경제법센터 더함 대표 (2014~현재)

사단법인 서울사회적경제네트워크 이사 (2012~현재)

저서·연구: 사회적가치기본법 등 사회적경제 활성화를 위한 법제도 개선
방안 연구(기획재정부, 2017)

사회적경제 법제도 현황과 새로운 법체계 고안 (공저논문, 공
익과인권, 2017)

:: 김종걸

연세대학교 경제학과 졸업 (1985)

일본게이오대학교 경제학박사 (1996)

한양대학교 국제학대학원 교수 (1997~현재)

저서: 김종걸의 창- 낮은 곳으로부터의 연대와 혁신(아이쿱협동조합연구
소, 2017.2)

한국형 복지국가- 자유주의자의 시각(공저, 철학과 현실사, 2014)

:: 김혜원
　　서울대학교 사회과학대학 경제학과 졸업 (1992)
　　서울대학교 경제학박사 (2004)
　　한국교원대학교 교육정책전문대학원 교수 (2010~현재)
　　논문: 한국 사회적기업 정책 10년의 평가와 개선과제(민주사회와 정책연
　　　　　구, 2017),
　　　　　초중등학교에서의 사회적경제 교육 방식에 대한 연구(사회경제평
　　　　　론, 2015)

:: 장종익
　　연세대학교 경제학과 졸업 (1986) 및 동대학원 경제학 석사 (1988)
　　미국 미주리주립대학교 응용경제학 박사 (2003)
　　한신대학교 글로벌비즈니스학부 및 사회혁신경영대학원 교수 (2012~현재)
　　저서: 협동조합 비즈니스 전략 (동하, 2014)
　　　　　International Handbook of Cooperative Law (공저, Springer, 2013)

:: 김대인
　　서울대학교 법과대학 졸업 (1994)
　　서울대학교 법학박사 (2006)
　　이화여자대학교 법학전문대학원 교수 (2007~현재)
　　저서: 행정계약법의 이해 (경인문화사, 2007)
　　　　　민간투자사업 관리법제 개선방안에 관한 연구 (한국법제연구원, 2009)

:: 진남영
　　연세대학교 공과대학 졸업 (1990)
　　한성대학교 부동산학박사 (2010)
　　(사)새로운사회를여는연구원 원장 (현재)
　　공저: 리셋코리아(미래를소유한사람들, 2012), 분노의숫자(동녘, 2014)

:: 황서연
　　(사)새로운사회를여는연구원 (2017~현재)

:: 전은호

한동대 공간시스템공학부 졸업 (2006)

서울시립대 도시행정학 석사 (2008)

나눔과미래 시민자산화사업팀장 (2018~현재)

저서: 서울.시민의도시(공저, 정림건축문화재단, 2017)

안티젠트리피케이션(공저, 동녘, 2017)

:: 김광준

서울대학교 법과대학 졸업 (1990)

서울대학교 법학과 대학원 수료 (1994)

제23기 사법연수원 수료 (1994)

법무법인(유한) 태평양 변호사 (2012~현재)

:: 하영진

한국과학기술원 생명과학과 졸업 (2009)

고려대학교 법학전문대학원 법학전문석사 (2012)

제1회 변호사시험 합격 (2012)

고려대학교 법과대학 박사 (2016)

법무법인(유한) 태평양 변호사 (2012~현재)

:: 노은영

서울대학교 동양사학과 졸업 (2007)

서울대학교 법학전문대학원 법학전문석사 (2013)

법무법인(유한) 태평양 변호사 (2013~현재)

논문: "권리금 법리의 재구성"-정비사업 과정에서의 권리금 보장 가능성
을 모색하며(공저, 공익과 인권, 2010)

:: 강성윤

고려대학교 경영학과 졸업 (2011)

서울대학교 법학전문대학원 법학전문석사 (2014)

제3회 변호사시험 합격 (2014)

법무법인(유한) 태평양 변호사 (2014~현재)

:: 현예림

연세대학교 법학과 졸업 (2011)

연세대학교 법학전문대학원 법학전문석사 (2014)

제3회 변호사시험 합격 (2014)

법무법인(유한) 태평양 변호사 (2014~현재)

:: 정순문

서울시립대학교 세무학과 졸업 (2011)

서울대학교 법학전문대학원 법학전문석사 (2015)

공인회계사 시험합격 (2010)

제4회 변호사시험 합격 (2015)

재단법인 동천 변호사 (2017~현재)

:: 이희숙

성균관대학교 법학과 졸업 (2005)

북한대학원 대학교 북한학 석사 (2017)

제37기 사법연수원 수료 (2008)

재단법인 동천 상임변호사 (2015~현재)

저서: 라선경제무역지대 부동산제도 현황과 개선방안 (통일과법률 제31호
2017.8)

:: 한동아

고려대학교 법학과 졸업 (2012)

고려대학교 법학전문대학원 법학전문석사 (2015)

제4회 변호사시험 합격 (2015)

법무법인(유한) 태평양 변호사 (2015~현재)

법무법인(유한) 태평양은 1980년에 인재경영, 가치경영 및 선진경영이라는 3대 경영 철학을 바탕으로 설립되었으며, 설립 이후 현재까지 지속적으로 로펌의 사회적 책임을 다하기 위해 다양한 공익활동을 수행해 오고 있습니다. 2001년에는 보다 체계적인 공익활동을 위해 자원하는 변호사들로 공익활동위원회를 구성하였고, 변호사들의 공익활동 수행시간을 업무수행시간으로 인정하였으며, 2009년에는 공익활동 전담기구인 재단법인 동천을 설립하였습니다. 2013년에는 공익활동의 선도적인 역할을 한 공로를 인정받아 대한변호사협회가 시상하는 제1회 변호사공익대상 단체부문에서 대상을 수상하였고, 아시아 법률전문매체 ALB(Asian Legal Business)가 발표하는 CSR List에 2015, 2016년 국내 로펌으로는 유일하게 2년 연속 이름을 올렸으며, 2018년에는 The American Lawyer가 법무법인(유한) 태평양을 아시아 리걸 어워즈 '올해의 프로보노분야 선도 로펌'으로 선정하였습니다. 2017년 한 해 동안 법무법인(유한) 태평양 소속 국내변호사 414명(대한변호사협회 등록 기준) 중 70.53%인 292명이 공익활동에 참여하였고, 공익활동에 참여한 1인당 평균 공익활동 시간은 40.63시간으로 서울지방변호사회 1인당 공익활동 의무시간(20시간)의 2배가 넘는 공익활동을 수행하였습니다. 특히 뇌질환이 걸린 소방공무원의 공무상요양불승인처분취소, 난민아동 장애인등록거부처분취소, 2층버스 휠체어전용공간확보 소송 등을 대리하여 승소하였습니다. 태평양 공익활동위원회는 분야별로 난민, 이주외국인, 장애인, 북한/탈북민, 사회적경제, 여성/청소년, 복지 등 7개 분과위원회로 구성되어 2018년 6월 현재 185명의 전문가들이 자원하여 활동하고 있습니다.

재단법인 동천은 2009년 법무법인(유한) 태평양이 설립한 국내 로펌 최초 공익재단법인으로서 '모든 사람의 기본적 인권을 옹호하고 우리 사회의 법률복지 증진과 법률문화 발전을 통해 모두가 더불어 함께 사는 세상을 만들어 나가는 것'을 목표로 전문적인 공익활동을 전개하고 있습니다. 장애인, 난민, 이주외국인, 사회적경제, 탈북민, 여성, 청소년, 복지 분야에서 법률구조, 제도개선, 입법지원 등 법률지원활동을 수행하는 것과 함께 태평양공익인권상, 장학사업, 공익·인권 단체 지원사업, 공익·인권활동프로그램 공모전, 자선음악회 및 봉사활동 등 다양한 사회공헌 활동을 수행하고 있습니다. 특히 2016년 12월에는 NPO(비영리단체) 법률지원의 허브를 구축하여 NPO의 성장, 발전에 기여하고자 '동천NPO법센터'를 설립하고 2회의 NPO법률지원단 프로그램을 운영하여 NPO에 대한 전문적인 법률지원을 할 수 있는 변호사단을 배출하였습니다. 동천은 이러한 성과를 인정받아 2014년 국가인권위원회로부터 대한민국인권상 단체표창을 받았고, 2015년 한국인터넷기자협회 사회공헌상을 수상하였습니다.

초판 1쇄 인쇄 2018년 6월 1일
초판 1쇄 발행 2018년 6월 8일

사회적경제법연구

편   자   법무법인(유한) 태평양·재단법인 동천
발 행 인   한정희
발 행 처   경인문화사
총 괄 이 사   김환기
편   집   김지선 박수진 한명진 유지혜 장동주
마 케 팅   김선규 하재일 유인순
출 판 번 호   406-1973-000003호
주   소   파주시 회동길 445-1 경인빌딩 B동 4층
전   화   031-955-9300 팩스 031-955-9310
홈 페 이 지   www.kyunginp.co.kr
이 메 일   kyungin@kyunginp.co.kr

ISBN 978-89-499-4748-8 93360
값 30,000원